Barbara Beuys

Sophie Charlotte
Preußens erste Königin

Mit zahlreichen Abbildungen

Insel Verlag

Erste Auflage 2018
© Insel Verlag Berlin 2018
Alle Rechte vorbehalten, insbesondere das der Übersetzung,
des öffentlichen Vortrags sowie der Übertragung
durch Rundfunk und Fernsehen, auch einzelner Teile.
Kein Teil des Werkes darf in irgendeiner Form
(durch Fotografie, Mikrofilm oder andere Verfahren)
ohne schriftliche Genehmigung des Verlages reproduziert
oder unter Verwendung elektronischer Systeme verarbeitet,
vervielfältigt oder verbreitet werden.
Druck: CPI – Ebner & Spiegel, Köln
Printed in Germany
ISBN 978-3-458-17747-0

Inhalt

1 Unbeschwerte Kindheit
Die Bischofstochter von Schloss Iburg
1668 bis 1676   9

2 Die Eltern
Königliches Blut heiratet Deutschlands
ersten Gentleman   21

3 Umzug ins Schloss von Osnabrück
Erste Auftritte der kleinen Prinzessin
1677 bis Frühjahr 1679   33

4 Am Hof des Sonnenkönigs
Aber keine französische Heirat
1679 August bis Oktober   43

5 Tod in Herford, Tod in Venedig
Aufstieg zur Prinzessin von Hannover   53

6 In München scheitern Heiratsverhandlungen
In Berlin wird ein trauernder Witwer getröstet
1680 bis 1683   63

7 Die Ehe: Ein politisches Projekt
Der Kurprinz: Einen Kuss in meinem Namen
1683 bis August 1684   75

8 Hochzeit in Herrenhausen,
Hannover und Berlin
1684 September bis Jahresende   89

9 Endlich schwanger
Zwölf schreckliche Monate
1685 bis Mai 1688   99

10 Endlich ein lebenskräftiger Sohn
Als Kurfürstin in Königsberg umjubelt
1688 Juni bis 1690   113

11 Der neue Erzieher: Die Mutter setzt sich durch
Ein musikalisches Netzwerk entsteht
1691 bis 1696   131

12 Ein vergnügter Damen-Abend mit Zar Peter
Der Sturz des Ministers: Ein Segen für die Ehe
1697   155

13 Der große Leibniz schreibt schmeichelhafte Briefe
In Lietzenburg entsteht ein französischer Garten
1698   171

14 Die Kurfürstin begründet eine
Geburtstagstradition
Teamarbeit auf dem Weg zum Königstitel
1699   185

15 Berlins erste Oper – aufgeführt in Lietzenburg
Eine Mätresse, die nicht ins Muster passt
1700   195

16 Zärtlichkeit als Kern wahrer Liebe
Les Aventures de Télémaque:
Lektüre für Kutschfahrten   211

17 Brüssel – Den Haag:
In diplomatischer Mission unterwegs
1700 September bis November   221

18 Königsberg: Eine Umarmung für die Königin
Berlin: Triumphaler Empfang für
das königliche Paar
1700 Dezember bis Juni 1701   233

19 Die »Maison de Plaisir« wird zum Schloss
In Hamburg: Eine Oper für die Königin
1701   245

20 Fräulein von Pöllnitz kann sich Ironie erlauben
   Telemann wird ins Theater geschmuggelt
   1702 bis August   259

21 Die Königin setzt Maßstäbe:
   Radikale Geister haben Gedankenfreiheit in Preußen
   1702 September bis Dezember   279

22 Kampf um den Kapellmeister
   »Unsere Truppen haben schwer gelitten«
   1703   299

23 Eine Königliche Akademie in Lietzenburg
   Oder: Im Land der Zärtlichkeit   323

24 Der Philosoph verspricht: Es ist alles wie hier
   Der Mätresse zuliebe: Komödie am Taufbecken
   1704 bis Anfang November   329

25 Ein Übermaß an mütterlicher Belehrung
   Der Sohn soll sich gegen den Vater stellen
   1704 13. November bis Jahresende   353

26 Tod im Karneval
   1705 Januar und Februar   363

Epilog   375

Literaturhinweise   383
Bildnachweise   391
Register   393

1. Kapitel

Unbeschwerte Kindheit
Die Bischofstochter von Schloss Iburg
1668 bis 1676

Sie war ein erwünschtes Kind, endlich eine Tochter. Die Mutter schrieb ein Dutzend Jahre später in ihren Memoiren: »Ich freute mich darüber; denn ich hatte schon drei Söhne zu jener Zeit.« Und es war ein ganz besonderes Kind. Der Vater schrieb seinem Bruder, dass »der Allerhöchste ... Unsere freundliche liebe Gemahlin in Gnaden entbunden und Uns ... morgens um 7 Uhr mit einer jungen wohlgestalteten Tochter mildväterlich erfreut hat«. Er danke der »göttlichen Allmacht herzinniglich«, dass Mutter und Kind sich in einem »erträglichen Zustand« befänden. Absender dieser frohen väterlichen Geburtsanzeige: Ernst August, Herzog von Braunschweig-Lüneburg, Fürstbischof von Osnabrück.

Das ist allerdings eine Überraschung: Sophie Charlotte, die am 12. Oktober 1668 auf Schloss Iburg geboren und in der Schlosskapelle lutherisch getauft wurde, war die erste – und einzige – Tochter des Lutheraners Ernst August, allseits anerkannter Bischof im katholischen Bistum Osnabrück. Und ihre Mutter Sophie von der Pfalz, seit ihrer Heirat Herzogin von Braunschweig-Lüneburg, nannte sich in manchem Brief mit leichtem Augenzwinkern »Frau Bischöfin«.

Zwei Jahrzehnte zuvor, 1648, hatten die Glocken das Ende des Dreißigjährigen Krieges verkündet. Mit ausgeklügelten Verträgen gaben Europas Staaten dem Kontinent neue politische Strukturen und gelobten, in Zukunft keine Kriege mehr um der Religion willen zu führen. Für das uralte katholische Bistum Osnabrück, das Karl der Große gegründet hatte, fanden sie einen erstaunlichen Kompromiss, dem schließlich die damaligen protestantischen schwedischen Besatzer und die katholische Kirche zustimmten – die »alternierende Sukzession«, eine einmalige Konstruktion im Heiligen Römischen Reich Deutscher Nation.

Auf dem Bischofsthron sollten sich ab sofort ein katholischer und ein protestantischer Vertreter ablösen, und der Protestant sollte immer ein Abkömmling aus dem fürstlichen Hause Braunschweig-Lüneburg sein. Der Kompromiss war mehr als ein dekorativer Schachzug. Wie in den allermeisten deutschen Bistümern war das religiöse Oberhaupt des Bistums Osnabrück – auch auf katholischer Seite stets ein Adliger – seit Jahrhunderten zugleich der weltliche Landesherr. Der Fürstbischof hatte Zugriff auf alle Einnahmen des Landes, konnte Steuern und Abgaben erheben, Soldaten aufstellen.

Was Diplomaten am Konferenztisch ausgetüftelt hatten, funktionierte tatsächlich in der Praxis. Der von den Schweden im Dreißigjährigen Krieg vertriebene katholische Bischof durfte nach dem Frieden sein Osnabrücker Bistum wieder in Besitz nehmen. Als er im Dezember 1661 starb, wählte das katholische Domkapitel von Osnabrück gemäß der Absprache Herzog Ernst August von Braunschweig-Lüneburg, verheiratet und Vater von zwei Söhnen, zum neuen Fürstbischof und Osnabrücker Landesherrn. Anfang September 1662 verließ der Herzog seinen bisherigen Wohnsitz im Schloss von Hannover, ihm wurden als Zeichen seiner neuen Würde im Dom zu Osnabrück Mitra und Bischofsstab zu Füßen gelegt, und mit Frau und Söhnen zog er ins Schloss Iburg ein.

An Selbstbewusstsein fehlte es ihm nicht. In der Iburg, romantisch auf einem Bergrücken gelegen, hängt bis heute im Rittersaal zwischen den Porträts der katholischen Bischöfe des Bistums Osnabrück ein Doppelporträt, das Herzog Ernst August in Auftrag gegeben hat. Es zeigt ihn als ersten protestantischen Bischof – Bischofsstab und Mitra im Hintergrund – mit seiner

Frau und beide schauen freundlich-selbstbewusst in die Welt. Das Mieder der Frau Bischöfin zeigt einen großzügigen Ausschnitt unbedeckter Haut.

Die Burg am Übergang zwischen Teutoburger Wald und Münsterland, gut fünfzehn Kilometer südlich von Osnabrück, war seit dem Beginn des 12. Jahrhunderts die ständige Residenz der Osnabrücker Bischöfe. Um 1600 hatte ein Vorgänger von Ernst August sie zu einem kleinen Renaissanceschloss ausgebaut. Auf demselben Hügelkamm, fast Mauer an Mauer, befindet sich eine weithin sichtbare Klosteranlage, in der seit der Gründung der mittelalterlichen Burg bis heute Benediktinermönche zu Hause sind. Der Marktflecken Iburg zu Füßen von Schloss und Kloster erhielt 1254 Stadtrechte und wurde rundum von einer Mauer geschützt, von der sich Teile erhalten haben. Seit 1967 ist der lebendige kleine Ort, wo Fachwerkhäuser und moderne Häuserzeilen miteinander harmonieren, offizieller Kneipp-Kurort – Bad Iburg. Und das ehemalige fürstbischöfliche Schloss ein lohnendes Ausflugsziel.

Die bischöfliche Tochter Sophie Charlotte, auf Schloss Iburg geboren, erhält den ersten Namen nach der Mutter – Herzogin Sophie von Braunschweig-Lüneburg, eine geborene »von der Pfalz« – und den zweiten nach ihrer Patentante – Elisabeth Charlotte von der Pfalz. Die Sechzehnjährige lebt in Heidelberg bei ihrem Vater, dem Kurfürsten Karl Ludwig von der Pfalz. Er ist der Bruder von Sophie Charlottes Mutter und Elisabeth Charlotte ist somit die Kusine des Neugeborenen. Als Elisabeth Charlotte Ende Oktober 1668 erfährt, dass sie von den Eltern als »Tauffzeugin« gewählt wurde, schreibt sie ihnen: »Ich bin von hertzen erfreut geweßen ... das matante und oncle mir die ehr gethan und mich zu einer gevatterin erwehlt haben.« Sie würde gerne »mein patgen sehen undt mit ihr spillen«. Doch die junge fürstliche Patentante – »gevatterin« – mit angemessener Begleitung von Heidelberg ins westfälische Iburg reisen zu lassen, war zu aufwendig; die Taufe fand ohne sie statt.

Bevor Herkunft und Persönlichkeit der Eltern von Sophie Charlotte genauer in den Blick kommen, sollen einige Fakten die kleine Familie vorstellen. Das bischöfliche Paar war im Oktober 1668 auf den Monat genau zehn Jahre verheiratet, die Mutter 1630 geboren, der Vater 1629. Drei Söhne hatten sie jetzt, achteinhalb, sieben und zwei Jahre alt. Die Tochter kam in einem kleinen Zimmer, direkt über dem breiten Torbogen gelegen, der in den Innenhof von Schloss Iburg führt, zur Welt. Noch heute zieren die Initialen der Eltern den Schlussstein der Decke, ein Schrank mit kunstvollen Intarsien hat sich erhalten.

Die fürstliche Familie lebte beengt, denn die katholischen Bischöfe, die vor ihr im Schloss wohnten, brauchten keine Räume für Ehefrauen und Kinder. Wie unaufgeregt, geradezu bürgerlich, das Familienleben auf Schloss Iburg verlief, hat Herzogin Sophie, die Mutter, im Juni 1663 in einem Brief an ihren Bruder, den Kurfürsten von der Pfalz, beschrieben: »Wir kegeln, schießen Enten, besuchen das Bad, spielen Trictrac ...« Und drei Jahre später: »Wir leben hier in der angenehmsten Einsamkeit der Welt.« Es sind auch die Briefe der Mutter, in denen die kleine Sophie Charlotte – mit dem Kosenamen Figelotte belegt, Figelotte in den französischen Briefen – erste Erwähnung und Konturen erhält. Es sind sehr persönliche Bemerkungen, die heute, rund dreihundertfünfzig Jahre später, ein wenig Farbe und Licht in die frühen Kindheitsjahre bringen, eine Seltenheit für diese barocke Zeit.

Im März 1671 ist Herzogin Sophie ohne ihre Kinder bei ihrem Bruder in Heidelberg. Sie wartet dort auf ihren Ehemann, der wie zu seinen Junggesellenzeiten den Winter bis weit ins Frühjahr in Venedig verbringt, um sich dort an den besten Opernaufführungen des Kontinents zu ergötzen. Seine Heirat und sein bischöfliches Amt haben nichts daran geändert, dass er weiterhin die Dienste gewisser Damen, von denen es nirgendwo in Europa so viele gibt wie in Venedig, in Anspruch nimmt. Mitte des Monats greift Sophie zu Feder und Tinte: »Ich habe zwe früden nach einander gehabt: gestern kam unsser Herzug gans frisch undt gesundt, und heute schreibt ihr mir, dass ihr auch alle miteinander wol seit ...«

Gerichtet ist der Brief an »Madame de Harling, dame d'honneur et gouvernante des enfants de Brunswig et Luneburg«. Doch Anna Katharina von Harling, geborene von Uffeln, eine Adlige aus Kassel, ist weit mehr, als »Hofdame« und »Gouvernante«. Kennengelernt haben sich die beiden Frauen 1650 in Heidelberg am Hof von Sophies Bruder. Kurz nach ihrer Heirat beendete die Herzogin einen Brief an Anna Katharina als »eurer geaffectionirte fründin«. Sie holt sie an ihren Hof und vertraut ihr vorbehaltlos erst die Söhne und dann die Tochter an, wenn sie auf Reisen geht. Anna Katharina, die keine eigenen Kinder hat, weiß, womit sie die sechs Jahre jüngere Frau Bischöfin im Frühling 1671 im fernen Heidelberg erfreuen kann.

Sie lässt den neuneinhalbjährigen August – »Gustien« – einen Brief auch im Namen der zweieinhalbjährigen Sophie Charlotte – »Figelotte« – an seinen Onkel, den Kurfürsten, schreiben und gibt ein typisch westfälisches Präsent mit in die Post. »Figelottes und Gustiens brif waren gar schön undt so angnhem beim Courfürst als der pumpernickel«, schreibt die stolze Mutter über die Reaktion ihres Bruders.

Für die Herzogin ist der ältere Bruder in Heidelberg zeitlebens ihr engster Vertrauter. Jede Woche gehen Briefe, ausschließlich in Französisch geschrieben, zwischen den Geschwistern hin und her, und die Kinder werden in den lebendigen Austausch einbezogen. Im September 1673 erfährt der Bruder, dass die fünfjährige »Figuelotte« sich sehr geehrt fühle, weil ihre Kusine Friederike in Heidelberg, drei Jahre älter, ihr einen Brief geschrieben hat. Weiter schreibt die Mutter über ihre Tochter: »Sie kann noch nicht mit eigener Hand antworten, aber sie hat darauf bestanden, einen Brief zu diktieren, worauf sie ziemlich stolz ist.« Von ihrer Patentante Elisabeth Charlotte habe sie eine Puppe bekommen, die ihre ganze Freude sei.

Das Jahr 1673 hat nur noch wenige Tage vor sich, da erhält der Kurfürst in Heidelberg von seiner Schwester ein ausführliches Psychogramm seiner Nichte. Sie ist im Frühjahr mit der ganzen Familie in ein prächtiges neues Schloss in Osnabrück umgezogen, das dem Macht- und Repräsentationsbedürfnis von Herzog und Fürstbischof Ernst August wesentlich mehr entsprach als die kleine Iburg. »Was Figuelotte betrifft«, schreibt die Mutter, »sie ist ein verwöhntes Kind, denn sie will nicht lernen. Sie kann noch nicht einmal lesen, liebt es aber sehr, ihre Würde zu zeigen und die große Dame zu spielen – gerade so wie die Katze, wenn sie die Mäuse sieht. Denn sobald sie ihre Brüder vor sich hat, möchte sie alles genau so machen wie sie, die derzeit üben, einen kleinen Juden zu imitieren, der lustiger als irgendjemand sonst auf der Welt tanzt und hundert akrobatische Drehungen macht ...« Die Mutter scheint bei dieser liebevollen Beobachtung zu schwanken, ob das Spiel ihrer verwöhnten Tochter einer Laune entspringt oder Entschlossenheit dahintersteckt.

Schon wenige Tage später, Anfang Januar 1674, berichtet sie dem Bruder: »Figuelotte hat uns gestern in ihrem Zimmer bewirtet, und als wir beim Dessert waren, traten 20 maskierte Paare ein, die als Bauern und Bäuerinnen verkleidet waren und bis Mitternacht tanzten.« Sophie Charlotte spielt in ihrem sechsten Lebensjahr nicht nur die große Dame, sie organisiert selbstständig, was zu einer höfischen Einladung dazugehört – eine unterhaltsame Aufführung, opulentes Souper inbegriffen.

Nur drei Monate sind vergangen, da erfährt die Mutter, die mit ihrem Mann beim Schwager im Celler Schloss Schauspiele und fröhliche Feste genießt, dass ihre Tochter sich dem Lernen nicht länger verweigert. Das Ergebnis liegt einem Brief bei, den die Erzieherin Anna Katharina von Harling geschickt hat und Herzogin Sophie antwortet sogleich: »Ich bin recht froh, dass sie alle zu Osnabrück frisch und gesundt sein und dass mein Figelotte so schön schreiben kann; ich bringe ihr zeug zum rock mit.« So viel Fleiß soll mit einem schönen Stück Stoff belohnt werden.

Die kleine große Dame macht schnell weitere Fortschritte. Im März 1676 liest der Bruder in Heidelberg, dass eigentlich »keine Zeit für Galanterien« sei, weil die Zahlungen an den Fürstbischof nur spärlich fließen: »Dennoch werden wir heute Abend ›ein lust‹ haben, wenn Figuelotte zusammen mit 18 kleinen Jungfern eine französische Komödie spielen wird, die meisten von ihnen Adlige … Sie und ein gewisser verrückter Coltet haben das Stück gemeinsam gemacht; es besteht aus Reimen, die sich nicht reimen. Ofenschirme bilden die Bühne.« Der mütterliche Stolz ist nicht zu überhören, aber zu Sentimentalitäten neigt Herzogin Sophie nicht. Auch wenn es um die eigenen Kinder geht, behält sie ihren realistischen Blick.

Im April 1676 verbringt Sophie Charlotte mit ihren Eltern unbeschwerte Tage im Schloss der Grafschaft Diepholz, wo ihr Vater gerne auf die Jagd geht. Anna Katharina von Harling, die Erzieherin, ist krank und nicht mitgekommen. Diesmal ist es die Mutter, die ihrer »lieben Frau Hofmeisterin« Neues von der Tochter berichtet: »Unsere Figelotte macht sich hir recht lustig, sie schleft in mein kammer und ich ziege sie so wol, dass ihr werdet zu thun haben, sie wiederum in die schrancken zu bringen.« Herzogin Sophie schätzt die Lernbegierde und die Französischkenntnisse ihrer Tochter und die Fähigkeit, eine »Lustbarkeit« auf die Beine zu stellen. Aber die achtjährige Sophie Charlotte darf noch Kind sein und bekommt fern in Diepholz alle Freiheiten. Und die Entschuldigung an die Kinderfrau, sie werde dieses kurzfristig vom mütterlichen Wohlwollen verzogene Kind schon wieder an Regeln gewöhnen, ist mit einem Schuss Selbstironie gewürzt.

Hängen Sorge und Aufmerksamkeit der Herzogin um ihre Kinder mit der Geburt der ersehnten Tochter zusammen? Sind es echte Gefühle oder nur fürstliche Launen, während die Mutter in Wahrheit froh ist, ihren Nachwuchs an die Kinderfrau delegieren zu können, wie es adligen Frauen im historischen Rückblick lange Zeit vorgeworfen wurde? Es lohnt sich, weiteren Spuren nachzugehen, um der Persönlichkeit der Herzogin Sophie von Braunschweig-Lüneburg näherzukommen. Sie prägt nicht nur die Kindheit von Sophie Charlotte, sie wird als Vertraute und Vorbild die wichtigste Person für ihre Tochter bleiben. In allen Lebensumbrüchen ist sie der sichere Hafen, in den Sophie Charlotte sich flüchten kann.

Schon vor der Geburt der Tochter haben sich viele Briefe an Anna Katharina von Harling erhalten. Im September und Oktober 1663, als sich Sophie mit ihrem Mann im Jagdschloss Linsburg, Kreis Nienburg, aufhält, ist aus drei Briefen unüberhörbar, wie sehr Sophie in Gedanken bei ihren zwei Söhnen ist, der ältere drei, der jüngere zwei Jahre alt: »Weret ihr mit unssern kindern alhir, so were der ort recht lustig; ich dencke immer an sie, hoffe, der allerhöchste wirdt sie bewaren, dass ich sie lebendig wieder bekomme.« Sie freut sich über Anna Katharinas briefliche Zusicherung, »dass meine kinder noch wol sein«. Und ein weiterer Brief beginnt: »Ich bin recht fro gewesen, zu vernemmen, dass die kinder noch wol sein ...«

Ende April 1664 ist Herzogin Sophie in Augsburg und bricht mit großem Gefolge auf, um die Alpen zu überqueren. Ihr Ehemann ist schon in Venedig und will sich endlich einmal mit seiner Ehefrau dort vergnügen – ohne deshalb von den käuflichen Damen in der Lagunenstadt zu lassen. Noch von unterwegs gehen Briefe an die Kinderfrau, der die Mutter auf eine ungewisse Zeit ihre kleinen Söhne anvertraut hat: »Ich gedencke oft an mein zwei kleine; Gott behüte sie.« Im Mai kommt Post aus Venedig: »Ich verlange ser, meine kinder wiederum zu sehen, gefiele es meinem herzlichen Herrn so wol zu Iburg als hir, so wollte ich, dass wir schon alle thar werden.« Und sie ist »sehr fro, dass meine kinder gottlob noch wolauf sein«. Anfang Juni: »Ich verlange ser, wiederum bey euch zu sein, ob es schon lustig hir ist. Adieu.«

Aber das Verlangen einer Frau zählt nicht, wie sie ihrer Hofmeisterin im August schreibt, während ihr Ehemann prächtige Feste für seine venezianischen Geliebten gibt. Sophie hat eine kleine Hoffnung auf baldige Rückkehr, doch versprechen kann sie es nicht: »Was der mann will, das will die frauw auch ...« Die Hoffnung trog; im September 1664 reiste die ganze fürstliche Entourage – fast zweihundert Personen – auf Befehl des Herzogs nach Rom weiter. Als Sophie im Oktober in der Ewigen Stadt ankommt, ist ihre größte Freude der Brief, den sie dort aus Iburg vorfindet, »woraus ich vernemme, dass gottlob die Kinder noch wolauf sein«. Wenig später erfährt die Hofmeisterin, dass die Herzogin mit den Gedanken und dem Herzen bei den Kindern sei und lieber mit ihnen spielen würde, als römische Statuen zu betrachten.

Der Aufenthalt in Rom nimmt kein Ende, auch hier ist der Ehemann wieder an eine andere Frau gebunden. Im Februar 1665 bekommt die Kinderfrau einen Brief aus Venedig: »Es verlangt mir schrecklich nach die kinder undt wollte ihre commedien liber sehen als die operen in Venedig.« Der Tross ist auf dem Rückweg, immerhin. Aber erst muss der Herzog von Braunschweig-Lüneburg und Fürstbischof von Osnabrück noch einmal in Venedig ausgiebig die Opern genießen und in Mailand vierzehn Tage lang von einem Ball zum anderen tanzen. Dann geht es mit Kutschen, Sänften und Pferden über den St.-Gotthard-Pass nach Basel. Der Frühling hat bereits Einzug gehalten, als Sophie ihre Söhne auf Schloss Iburg endlich wieder in die Arme schließen kann.

Aus allen ihren Briefen sprechen echte Gefühle, Sehnsucht nach den Kindern und große Sorge. Immerzu erfährt Sophie aus dem weiten Umkreis ihrer fürstlichen Familienbeziehungen, wie prekär das Leben der Säuglinge und kleinen Kinder ist. Die hochgeborene Abstammung schützte nicht davor, dass rund 150 von 1000 Kindern im ersten Monat nach der Geburt starben und 250 im ersten Lebensjahr. Wie bedrohlich eine Geburt für jede Frau war – jede zehnte hat sie nicht überlebt –, wusste die Herzogin von Braunschweig-Lüneburg aus eigener Erfahrung.

Ihr erstes Kind, der Sohn Georg Ludwig, wurde im Mai 1660 geboren. An diese Geburt erinnert Sophie sich in ihren Memoiren. Sie »war so schwer, dass ich drei Tage und drei Nächte in beständigen Wehen lag. Man fürchtete, dass ich oder das Kind sterben müsste.« Die zweite Geburt im Oktober 1661 verlief ohne Probleme. Als Sophie Anfang 1664 nach Heidelberg reiste, war sie erneut schwanger. Sie wollte ihr Kind am Hof des Bruders zur Welt bringen und anschließend ihren Mann in Venedig treffen. Aus ihren Memoiren erfahren wir: »Indessen fesselte mich eine Fehlgeburt in Heidelberg ans Bett. Ich war noch kaum davon geheilt, als ich mich auf den Weg machte, um nach Venedig zu reisen.«

Auf dem beschwerlichen Rückweg über den St.-Gotthard-Pass im März 1665 spürt Sophie, dass sie abermals schwanger ist. Im April hat sie eine Fehlgeburt, Zwillinge. Im Dezember 1666 wieder eine qualvolle Zwillingsgeburt, einer überlebt, ihr dritter Sohn Maximilian. Wie zwei Jahre später Sophie Charlottes Geburt verlief, darüber gibt es keine Informationen. Ihre Mutter ist nun achtunddreißig Jahre alt, aber drei weitere Schwangerschaften werden folgen. Ihrem Bruder in Heidelberg hat sie ein Bekenntnis geschrieben, in dem sich ihr nüchterner Blick auf die Menschen und ihr weites Herz aufs Beste verbinden: »Kinder sind nichts als Zufallstreffer. Es ist weder ihr Fehler noch der unsere, wenn sie nicht so werden, wie man es sich wünschte, und man liebt sie darum nicht weniger. Ich liebe jedes von meinen nach seiner Art.«

Sophie von Braunschweig-Lüneburg war eine standesbewusste Frau. Wenn es um höfisches Zeremoniell ging, verlangte sie, was ihr zustand – einen Stuhl mit Armlehnen, auf einem ohne würde sie nicht Platz nehmen. Wenn man ihr an einer Tafel einen Platz zuwies, der ihrer Überzeugung nach nicht ihrem Rang entsprach, verzichtete sie auf das festliche Essen. Aber innerhalb ihres hierarchischen Weltbildes hatte jeder Mensch seine Würde. Den christlichen Konfessionen als mächtige Institutionen, die den Gläubigen verpflichtende Dogmen aufzwangen und rigorose Vorschriften für das Erdenleben machten, stand sie äußerst kritisch gegenüber. Sie durchschaute, dass es den geistlichen Herren zu oft um irdische Interessen ging.

In ihrem Brief vom Jahresende 1673 an ihren Bruder, in dem sie erzählt, dass Sophie Charlotte gerne die große Dame spielt, berichtet sie ihm von einer Frau, die beide kennen. Sie sei, nachdem man sie gefoltert habe, als Hexe verbrannt worden. Die Herzogin nennt das einen Skandal und kommentiert: »Wenn Gott sich um die Welt kümmert, lässt er solche Verbrechen nicht ungestraft, denn in Lemgo hat man eine große Anzahl von ihnen verbrannt, um an ihren Besitz zu kommen.« Die Frau Bischöfin war gut informiert. In keiner deutschen Stadt gab es so viele Scheiterhaufen, auf denen nach Pseudoprozessen als Hexen verurteilte Menschen, davon achtzig Prozent Frauen, verbrannt wurden. Nach offizieller Zählung waren es allein zwischen 1653 und 1681 rund einhundertfünfundzwanzig, wahrscheinlich noch viel mehr. Sophies Anfrage an Gott spricht für einen aufgeklärten Glauben und stützt sich auf ihre eigene Urteilskraft.

Schon das wenige, was wir bisher von ihr wissen, macht die Herzogin von Braunschweig-Lüneburg zu einer typischen Vertreterin des 17. Jahrhunderts. Der barocke Zeitgeist manifestiert sich für die Nachgeborenen vor allem in Kunst und Literatur. Aber es ist nicht weniger die Zeit der Frühaufklärung. Eine Epoche des Umbruchs und des Aufbruchs, in der die Wurzeln der Moderne liegen und die Menschen sich mehr denn je als Individuen empfanden, die sich ihr eigenes Urteil bildeten. Männer und Frauen begannen, die Natur und den Menschen systematisch zu erforschen, ohne sich von den orthodoxen Hütern des Glaubens – egal, ob protestantische oder katholische Priesterschaft – in ihrem Freiheitsdrang beschneiden zu lassen. Überzeugt, dass kritische Vernunft und persönliche Frömmigkeit sich nicht ausschließen.

Was im Laufe der modernen Zeit vergessen wurde: Das 17. Jahrhundert ist reich an gebildeten und selbstbewussten Frauen, die zu ihren Lebzeiten weit über den familiären Kreis hinaus Anerkennung erfuhren und von gelehrten Männern als Gesprächspartnerinnen und Brieffreundinnen geschätzt werden. Herzogin Sophie von Braunschweig-Lüneburg ist eine von ihnen. Es lohnt sich nachzuforschen, wo ihre Wurzeln liegen und was ihre Persönlichkeit prägt, die für ihre Tochter Sophie Charlotte zum Vorbild wurde. Und was sie an Lebenserfahrung weitergeben konnte.

2. Kapitel

Die Eltern
Königliches Blut heiratet Deutschlands
ersten Gentleman

Sophies Mutter, Elisabeth von der Pfalz, geborene Stuart, wird ihr davon erzählt haben: Ganz London war auf den Beinen, um etwas von der glanzvollen Hochzeit mitzubekommen, einen Blick auf das junge verliebte Paar zu erhaschen und die Musiker, die es mit Pauken und Trompeten begleiteten. Elisabeth, die Tochter des englischen Königs Jakob I. – ein Sohn der berühmten Maria Stuart –, heiratete im Februar 1613 Friedrich V., Kurfürst von der Pfalz, der zur Brautwerbung an die Themse gekommen war. Braut und Bräutigam waren siebzehn Jahre alt. Im Juni bereitete ihnen die Bevölkerung in Heidelberg einen jubelnden Empfang. Bis 1618 wurden drei Kinder im Schloss geboren.

Was so glücklich begann, nahm eine tragische Wende. Der protestantische Kurfürst ließ sich 1619 zum König von Böhmen wählen, zog mit seiner Familie nach Prag und provozierte damit den katholischen Kaiser in Wien, der traditionell Anspruch auf diese Krone hatte. Schon im November 1620 war Friedrich V. mit Frau und Kindern auf der Flucht, von den katholischen Truppen des Kaisers am Weißen Berg bei Prag vernichtend geschlagen. Es war der blutige Startschuss für den Dreißigjährigen Krieg um die konfessionelle und machtpolitische Vormachtstellung in Deutschland und Europa.

1621 bot die Vereinigte Republik der Niederlande, die sich gegen die katholischen Habsburger gerade erst ihre Unabhängigkeit erkämpft hatte, dem flüchtenden fürstlichen Paar in der

Hauptstadt Den Haag ein sicheres Exil. Kurfürst Friedrich V. ist als »Winterkönig« in die Geschichte eingegangen, denn länger dauerte seine königliche Herrschaft nicht. Seine Frau, Elisabeth von der Pfalz, gebildet, weltoffen, sprachbegabt, etablierte in Den Haag einen geistreichen Hof, der Gelehrte und Philosophen aus vielen Ländern anzog. Mitte Oktober 1630 wurde hier das zwölfte und zweitjüngste Kind des Exil-Paares geboren – Sophie von der Pfalz, eine Urenkelin der Maria Stuart und damit königlichen Blutes.

Noch im selben Jahr wurde Sophie nach Leiden in den »Prinsenhof« gebracht, wo die Eltern für ihre Kinder einen eigenen Hofstaat eingerichtet hatten. Die ältesten Kinder standen schon auf eigenen Füßen, doch ab September 1631 waren dort immerhin neun Geschwister versammelt. Und egal ob Töchter oder Söhne: Alle erhielten während des streng geregelten Tagesablaufes die gleiche Bildung in Geschichte, Geografie und Zeichnen und bekamen die wichtige musikalische Ausbildung. Der Tanzmeister war Sophie immer willkommen und ebenso der Gitarrenunterricht. Oft haben die Geschwister zusammen Musik gemacht und die Psalmen gesungen, ein fester Bestandteil ihres reformierten Glaubens. Wie ihr Vater, der pfälzische Kurfürst, gehörten sie zur calvinistischen Konfession, die Johannes Calvin, eine Generation nach Martin Luther, innerhalb des Protestantismus in Genf als eigene theologische Richtung begründet hatte.

Sprachkenntnisse standen im Stundenplan ganz oben an. Sophie lernte Französisch, die Sprache des Adels und der Gebildeten in Europa, fließend in Wort und Schrift. Selbstverständlich sprach sie Englisch und Deutsch, die Mutter- und Vatersprache; hinzu kam Italienisch, und sogar bei lateinischer Konversation konnte sie mithalten. Das Holländisch ihres Gastlandes nahm sie sozusagen nebenbei mit auf und hat in ihren späteren Briefen gerne holländische Brocken unter das elegante Französisch gemischt.

An ihren Vater hatte Sophie keine Erinnerung. Er starb 1632, da war sie erst zwei Jahre alt. Nach und nach verließen ihre älteren Geschwister den Prinsenhof in Leiden, und ab 1641 lebte auch Sophie in Den Haag am Hof ihrer Mutter. Die folgenden neun Jahre wurden eine Schule für das Leben. Den Haag war ein europäisches Zentrum, wo sich Diplomaten und Fürsten, Künstler und Gelehrte, auch adlige Touristen aus vielen Ländern trafen. Sie schätzten den weiten kulturellen Horizont der neuen holländischen Republik, die Toleranz gegenüber Religion und Forschung. Wer Rang und Namen hatte, stattete dem Hof der »Winterkönigin« einen Besuch ab und konnte sicher sein, dort andere interessante Besucher zu treffen und vor allem die Hauptperson. Elisabeth von der Pfalz, die Enkelin der Maria Stuart, war gebildet und schön. Sie liebte extravagante Auftritte mit ihren Hunden und Affen und bezauberte mit ihrem Charme. Als »Queen of Hearts« gewann sie tatsächlich viele Herzen.

In diesem Umfeld lernt Sophie, sich auf höfischem Parkett zu bewegen. Sie nimmt aktiv an Ballettaufführungen und Schauspielen teil, wie es sich für eine junge Adlige gehört. Sie liest viel und beteiligt sich bewusst an den Diskussionen der Gäste, um nicht mit dem Etikett »kleine Schwester« im Hintergrund zu bleiben. Sie ist witzig, schlagfertig. Sie lauscht den Gesprächen des Philosophen Descartes, der am Hof der Winterkönigin eine enge geistige Beziehung zu Sophies älterer Schwester Elisabeth knüpft. Sie lernt die Menschen kennen, übt sich darin, nicht die Contenance zu verlieren und – egal, was kommt – ein fröhliches Gesicht zu zeigen. Sophie macht die Erfahrung, dass sie umsetzen kann, was sie sich vornimmt. Ihr Selbstbewusstsein bekommt eine feste Grundlage.

Als endlich Frieden einkehrt nach dreißig Jahren Krieg, kann ihr Bruder Karl Ludwig 1649 aus dem Exil in die Pfalz zurückkehren und als neuer Kurfürst in Heidelberg seinen Hof einrichten. 1650 folgt ihm Sophie, denn das Leben in Den Haag, für das der Bruder zahlen muss, ist viel zu teuer. Die Zwanzigjährige sollte längst verheiratet sein. Aber welcher Fürst wählt sich eine Frau, die kein Land erben – denn das fiel an ihre Brüder – und keine Reichtümer mit in die Ehe bringen würde, denn die Pfalz war bettelarm. Andererseits: Welche Adelsfamilie hatte schon königliche Vorfahren, noch dazu die berühmte Maria Stuart. Der Kurfürst aus der Pfalz, der der Ehe seiner Schwester zustimmen musste, war entschlossen, ihr königliches Blut nicht unter Wert zu verkaufen.

Im Frühjahr 1652 kam Herzog Ernst August von Braunschweig-Lüneburg auf der Rückreise von seinem traditionellen Venedig-Aufenthalt auf einen Besuch in Heidelberg vorbei. In ihren Memoiren wird Sophie rückblickend über den damals Zweiundzwanzigjährigen schreiben: »Ich hatte ihn sehr jung in Holland gesehen, sein schönes Aussehen hatte noch zugenommen. Er gefiel jedermann. Aber da er der jüngste von vier Brüdern war, sah man ihn nicht als einen zum Heiraten geeigneten Prinzen an.« Ernst August besaß zwar einen Herzogstitel, und er kam aus dem uralten Hochadel der Welfen, deren Vorfahre Heinrich der Löwe vierhundert Jahre zuvor gegenüber Kaiser Barbarossa – wenngleich vergeblich – den Aufstand gewagt hatte. Doch da drei Brüder vor ihm sterben mussten, bevor er Anspruch auf welfisches Territorium hatte, war er keine gute Partie. Er lebte auf Kosten seines älteren Bruders in dessen Schloss zu Hannover.

Das hinderte die beiden jungen Leute nicht, sich gemeinsam zu vergnügen: »Wir spielten Gitarre zusammen, wobei er die schönsten Hände von der Welt zeigte, und auch beim Tanzen tat er Wunderdinge. Er bot mir an, mir Stücke für die Gitarre von Corbetta schicken zu wollen.« Ernst August hielt Wort. In Heidelberg trafen mit einem »Komplimente-Brief« einige neue Kompositionen des Gitarristen Francesco Corbetta ein, der 1652 am Hof zu Hannover die Musiker verstärkte. Sophie bedankte sich, das gebot die Höflichkeit, brach aber den Briefwechsel ab:

»Ich hatte Angst, die Welt möchte sagen, meine Freundschaft wäre zu stark.« Sie wusste aus neun Jahren unter den Augen der standesbewussten Mutter in Den Haag: Ein Prinz ohne Geld und Land kam als Ehemann für ihren königlichen Rang nicht in Frage. Ein längerer Briefwechsel hätte falsche Signale gesendet und die adlige Gerüchteküche angeheizt.

Das war im September 1652. Genau sechs Jahre später, im Oktober 1658, richtete Kurfürst Karl Ludwig von der Pfalz seiner Schwester Sophie in Heidelberg eine prachtvolle Hochzeit aus. Der Bräutigam war – Herzog Ernst August von Braunschweig-Lüneburg. Vorausgegangen war dieser Heirat eine Geschichte, die selbst im lebensprallen barocken Jahrhundert ihresgleichen suchte.

Georg Wilhelm, der als älterer Bruder von Ernst August über das Herzogtum Hannover herrschte, wurde Mitte der 1650er Jahre von den Ständen seines Landes gedrängt, endlich zu heiraten, seine verschwenderischen Venedig-Reisen aufzugeben und Nachkommen zu zeugen. Da fiel ihm Sophie von der Pfalz ein, die er von Besuchen in Heidelberg kannte. »Er konnte sich keine Prinzessin denken, die ihm mehr gefiele als ich«, wird sie in ihren Memoiren schreiben. Das sagte er ihr persönlich, als er auf der Reise nach Venedig – mit Bruder Ernst August – auf Brautschau war und ein Gespräch unter vier Augen mit Sophie hatte. Der stattliche, gebildete Zweiunddreißigjährige verlor keine Zeit »und fragte mich, ob ich es gütigst gestatten würde, dass er um mich bei dem Kurfürsten anhalte«.

Georg Wilhelm hatte mit seiner Direktheit eine Gleichgesinnte gewonnen: »Ich antwortete nicht wie eine Romanheldin; denn ich zögerte nicht, ja zu sagen.« Er gefiel ihr gut, und sie wusste, dass ihr Bruder diese Wahl – »bei der auch der Verstand auf meiner Seite stand« – billigen würde. Braut, Bräutigam und Kurfürst unterschrieben 1656 einen Heiratsvertag, und Georg Wilhelm versprach, aus Venedig viele Briefe zu schicken und bald zurückzukehren.

Doch nicht nur, dass Post aus dem Süden immer seltener eintraf: »Seine Briefe wurden kälter; er selbst kam nicht, wie man vereinbart hatte, was den Kurfürsten beunruhigte; aber ich war zu stolz, um dadurch gekränkt zu sein.« Sophie nennt in ihrem Memoiren nur wenig verschleiert den Grund, warum der Bräutigam sich ziemlich bald vom Hochzeitsvertrag distanzierte. Der Herzog habe sich in Venedig an »die erste Kurtisane gemacht, die ihm begegnet war, nämlich eine Griechin … sie hat ihn in einen für die Heirat sehr ungeeigneten Zustand versetzt«. Er löste die Verlobung auf.

Ob es die Syphilis war oder die Panik, sich mit einer Ehe aller Freiheiten zu berauben: Georg Wilhelm zog sich aus der Affäre, indem er einen Bräutigam-Tausch vorschlug und gewaltige persönliche Zusicherungen machte, damit der Handel schnell perfekt werden konnte. Sein jüngerer Bruder Ernst August sollte bei Sophie an seine Stelle treten. Da dieser ein Heiratskandidat ohne Land und Vermögen war, verpflichtete sich der Herzog von Hannover, dass alle seine Privilegien als älterer Bruder auf den jüngeren übergehen würden: Ernst August würde das Land erben und Georg Wilhelm »sein ganzes Leben zölibatär leben«, damit keine Kinder seiner Linie das Erbe beanspruchen könnten.

Ein ungewöhnliches Konstrukt, über das der Kurfürst von der Pfalz nun für seine Schwester verhandelte. Schließlich fragte er Sophie im Sommer 1658, ob sie diesem Handel zustimmen würde. Die Achtundzwanzigjährige wusste, es war ihre letzte Chance auf eine angemessene Heirat. In Den Haag und am Hof zu Heidelberg hatte sie die Realitäten des adligen Heiratsmarktes kennengelernt: Es ging – vor allem für die Frauen – nicht um Gefühle, sondern um politisches Kalkül und um finanzielle Absicherung, die konnte ihr Bruder ihr nicht garantieren. Sophie antwortete ihm, sie habe »niemals eine andere Neigung empfunden als die für eine gute Versorgung«. Da dies für den Älteren gegolten habe, »würde sie keine Trauer darüber empfinden, den einen um des andern willen zu verlassen«. Stolz und selbstbewusst unterschrieb sie den Vertrag mit dem neuem Bräutigam. Im Oktober 1658 bekräftigte der Donner der Heidelberger Kanonen das feierliche Jawort im Heidelberger Schloss.

Alles nur Kalkül und Contenance auf Seiten von Sophie? Bei einem Ehemann »mit schönem Aussehen, der jedermann gefiel«? Der »die schönsten Hände der Welt hatte und beim Tanzen Wunderdinge tat«? Nur elf Monate war Ernst August von Braunschweig-Lüneburg älter als seine Frau. Der jüngste von vier Brüdern war gebildet, sprach mehrere Sprachen und hatte beste Manieren. Der Musik, vor allem der Oper, gehörte seine Leidenschaft. Er hatte Charme. Zeitgenossen nannten ihn Deutschlands ersten Gentleman.

Nach Souper und Fackeltanz aller anwesenden Prinzen zogen sich Sophie und Ernst August am Hochzeitsabend im Heidelberger Schloss zu ihrer ersten gemeinsamen Nacht zurück. In ihren Memoiren erzählt sie freimütig, dass neben dem Stolz, sich keinesfalls als zweite Wahl zu fühlen, nach den ersten sehr persönlichen Begegnungen sich überraschend ein anderes Gefühl meldete: »Ich war sehr froh, ihn liebenswürdig zu finden, da ich entschlossen war, ihn zu lieben.« Wenige Tage nach der Hochzeit nahm Herzog Ernst August die Postkutsche nach Hannover, um die gemeinsame Wohnung im dortigen Schloss zu inspizieren. Seine Frau Sophie, nun Herzogin von Braunschweig-Lüneburg, machte sich eine Woche später mit großem Gefolge auf die Reise nach Norden – mit einer starken Gewissheit: Dass ihre Herzensgefühle gegenüber dem frisch angetrauten Ehemann »sehr viel weiter gingen als bis zu der Achtung, die seine Vorzüge mich immer für ihn hatten empfinden lassen, denn ich fühlte alles, was eine wahre Leidenschaft nur einflößen konnte«.

Beim Einzug in Hannover abermals Kanonendonner. Am Abend ein großes Fest im Schloss, wo die Frischvermählten mit ihrem Gefolge vom Hausherrn Georg Wilhelm, der nun – statt

Ehemann – Sophies Schwager ist, Kost und Logis erhalten. Sophies Brief Ende November an ihren Bruder schildert eine unbeschwerte Dreier-Konstellation: »Mein Gemahl und mein Herr Schwager sind bei mir; hier herrscht die Heilige Dreifaltigkeit.« Ihre Memoiren geben einen freimütigen Blick in die Flitterwochen: »Ich erinnere mich noch mit Vergnügen der Freude, die wir darüber empfanden, uns in voller Freiheit einander angehören zu dürfen.« Unabhängig vom ausgeklügelten Ehevertrag und allem Versorgungsdenken stellt sich zwischen Sophie und Ernst August tatsächlich ein, worauf keine adlige Heirat angelegt ist – Liebe. »Das Wunder des Jahrhunderts« nennt Sophie ihre Ehe in diesen Wochen in einem Brief an den Bruder.

Die meisten Wunder haben ein kurzes Verfallsdatum. Gerade weil man so viel Zeit zu dritt verbrachte, mit Spielen, Spaziergängen und Mahlzeiten, wurde dem älteren Bruder angesichts des fröhlichen Paares bewusst, was er sich hatte entgehen lassen. Sophie konstatiert nüchtern, dass sich ihr Ehemann »während der Nacht wohl versorgt fand, während sein Bruder nichts hatte, um ihn zufrieden zu stellen«. Eines Tages erklärte Georg Wilhelm ihr, »dass er sehr unglücklich sei, mich seinem Bruder überlassen zu haben«. Die Situation wird unangenehm für Sophie. Der Schwager versucht, ihr näherzukommen. Ernst August wird eifersüchtig und lässt seine Ehefrau nicht mehr aus den Augen. Da hat sie eine Idee, um die Lage zu entspannen.

Während Ehemann und Schwager ohne sie nach Venedig gereist sind, schreibt Sophie im Januar 1659 an ihren Bruder in Heidelberg und schlägt ihm vor, seine Tochter Elisabeth Charlotte für einige Zeit nach Hannover zu schicken. Es ist kein Geheimnis, dass die Situation im Heidelberger Schloss für das kleine Mädchen unerträglich ist. Karl Ludwig hat sich von seiner Frau getrennt und sich 1658 mit einer ihrer Hoffräulein »zur linken Hand« verheiratet. Doch die Kurfürstin weigert sich, das Schloss zu verlassen; ständig kommt es zu hässlichen Szenen zwischen den Frauen, und Elisabeth Charlotte ist mittendrin.

Der Bruder ist einverstanden. Im Juni 1659 kann Sophie ihre Nichte in Hannover in die Arme schließen. Sie hofft, dass die Konzentration auf den kindlichen Familienzuwachs die Eifersucht ihres Schwagers neutralisiert. Und so geschah es: Das kleine Mädchen stand sofort im Mittelpunkt; die Onkel waren entzückt und verwöhnten es. Zuerst kam Georg Wilhelm aus Venedig mit einem Hund für Elisabeth Charlotte zurück. Dann brachte Ernst August seiner Nichte aus Holland zwei Hunde mit. Übrigens war Anna Katharina von Uffeln, die spätere Frau von Harling, auf der Reise in den Norden für das Wohlergehen von Elisabeth Charlotte verantwortlich. Sie war als Hofdame in Heidelberg die vertraute Erzieherin des kleinen Mädchens gewesen und würde von nun an als Hofdame und Hofmeisterin Herzogin Sophie und ihre Familie als treue Freundin begleiten.

In ihrer neuen Familie darf Elisabeth Charlotte Kind sein, unbelastet von Protokoll und Etikette. Sie freut sich, wenn die Tante bei Ausfahrten in der Kusche fröhlich singt, und sie bekommt Gitarrenunterricht. Natürlich muss sie Sprachen lernen, Französisch vor allem, und wissen, wie man sich als junge Prinzessin in Gesellschaft bewegt. Aber insgesamt geht es ungezwungen zu; Sophie stärkt die Persönlichkeit ihrer Nichte, reist mit ihr nach Den Haag zur Großmutter, der »Winterkönigin«.

Elisabeth Charlotte lebte auch noch in der bischöflichen Familie, als diese Ende September 1662 auf Schloss Iburg einzog. Bei der Nachricht vom Tod des katholischen Bischofs von Osnabrück war der Herzogin Sophie ein Stein vom Herzen gefallen: »Ich war darüber sehr erfreut«, denn es »befreite mich aus aller Verlegenheit.« Mit der Wahl ihres Mannes Ernst August zum neuen Bischof von Osnabrück konnte sie endlich eine räumliche Distanz zwischen sich und den Schwager legen. Einen weiteren Grund zur Freude teilte Sophie dem Bruder gleich nach dem Einzug mit: »Vor drei Tagen bin ich hier eingetroffen und befinde mich in einem sehr hübschen Haus, das mir gleich bei meiner Ankunft sehr gefallen hat.«

Schloss Iburg ist ein überschaubares Kinderparadies. Elisabeth Charlotte besucht ungeniert die Mönche im Kloster nebenan und steht mit leuchtenden Augen vor dem Weihnachtsbaum, der mit Kerzen übersät ist und von Geschenken und Süßigkeiten eingerahmt. Drei Tage lang wurde Weihnachten gefeiert, und auch wenn es keine eigene Quelle gibt, wird die kleine Sophie Charlotte es später ebenso erlebt haben.

Als die Tochter des Bischofspaares im Oktober 1668 in Iburg auf die Welt kam, lebte ihre Kusine schon wieder fünf Jahre bei ihrer eigenen Familie in Heidelberg. Elisabeth Charlottes Mutter hatte im Sommer 1663 den Kampf um ihre Ehe aufgegeben und das Schloss verlassen; Kurfürst Karl Ludwig forderte seine Tochter zurück. Im Juli gab es im Iburger Schloss einen wehmütigen Abschied – Tante, Onkel und Nichte waren einander ans Herz gewachsen. Über vierzig Jahre später wird Elisabeth Charlotte schreiben: »Ich habe nie keine beßere zeit gehabt, alß zu Hannover«, und es steht außer Frage, dass die Zeit in Iburg mit in dieses Bekenntnis eingeschlossen ist.

Vor dem Hintergrund der vier Jahre, die alle Beteiligten miteinander verbunden haben, wird verständlich, warum die Eltern die Nichte als Taufpatin für Sophie Charlotte wählten. Zumal der Kontakt in den vorangegangenen Jahren nicht abgerissen war. Das war nicht zuletzt ein Verdienst von Elisabeth Charlotte, die sich zu einer leidenschaftlichen Briefschreiberin entwickelte. Mit dieser Leidenschaft hat sie – unter einem leicht veränderten Namen – weit über ihren Tod hinaus ein europaweites Lesepublikum gewonnen. Die für ihre direkten bis drastischen Briefe berühmte »Liselotte von der Pfalz« ist niemand anders als jene Elisabeth Charlotte, die Nichte der Herzogin Sophie von Braunschweig-Lüneburg und die Patentante von deren Tochter Sophie Charlotte. (Rund fünfzigtausend handgeschriebene Briefe haben sich insgesamt von ihr erhalten.)

Wer Herzogin Sophie kannte, der wusste, wie schwer ihr Herz war und wie leer ihr Schloss Iburg vorkam, als die Kutsche mit der Nichte den langen Weg an der Burg- und Klostermauer hinuntergefahren war. Doch noch im selben Monat Juli hellte sich ihr Gemüt wieder auf: »Um mich ein wenig aufzuheitern, ist unser Tanzmeister aus Paris zurückgekommen mit einer sehr guten Gruppe von Geigern, einem, der die Theorbe, und einem, der die Flöte spielt; ein anderer singt Bass ... kurzum, im ganzen Haus gibt es Musik ...« Für das herzoglich-bischöfliche Paar war die Musik Lebenselexier, deshalb wurde auch auf Schloss Iburg am Rand des Teutoburger Waldes nicht daran gespart, so beengt die Verhältnisse für die Unterbringung der Musiker und die Aufführungen waren.

Der französische Tanzmeister Jemme hielt dem Hof von Ernst August bis in die 1690er Jahre die Treue. 1666 kam seine Frau aus Paris nach und unterstützte ihn bei seiner Arbeit. Ein Jahr darauf engagierte der Herzog weitere Musiker für den Iburger Hof und die Sängerin Anne Sophie Bonne, die so gut war, dass sein Bruder in Hannover sie für seinen Hof abwarb. Doch das geschah einvernehmlich, denn umgekehrt stellten die Brüder in Hannover und Celle dem jüngeren Bischofs-Bruder Musiker aus ihren Kapellen zur Verfügung. Sie waren alle begeisterte Venedig-Reisende und die Musik Teil ihrer fürstlichen Welt, die sie nicht dilettantisch nebenbei, sondern mit großer Kennerschaft genossen.

Die älteren Brüder hatten in der Zwischenzeit Territorien und Schlösser getauscht. Herzog Johann Friedrich regierte nun im Schloss von Hannover, Georg Wilhelm in Celle. Johann Friedrichs Vorliebe für italienische Musik wurde durch seinen Übertritt zum Katholizismus noch verstärkt. 1666 hatte er den Opernkomponisten Antonio Sartorio aus Venedig in den Norden gelockt und zum Hofkapellmeister gemacht. Sartorio gelang es im Jahr darauf, »italiänische Musicanten« für Hannover zu verpflichten. Dass der katholische Herzog die lutherische Schlosskirche Mönchen übertrug, trübte sein Verhältnis zu den Brüdern nicht. Sie waren weltoffen und tolerant und scheuten sich nicht, in dem ehemals protestantischen Gotteshaus bei Besuchen katholische Kirchenmusik vom Feinsten zu hören.

Als Herzog Johann Friedrich 1668 die sechzehnjährige Benedicta Henriette von der Pfalz heiratete, kamen zwei Musik- und Bücherliebhaber zusammen. Benedicta sei zufrieden, so Herzogin Sophie, wenn sie »ihre Bücher und ihre Guitarre hat«. Und sie musste es wissen, denn die junge Frau im Schloss von Hannover war nicht nur ihre Schwägerin, sondern auch ihre Nichte: Benedicta war die Tochter von Sophies älterem Bruder Eduard, der sich dem Hof seiner Mutter in Den Haag durch Aufbruch nach Frankreich und der Konversion vom reformiert-calvinistischen Glauben zum Katholizismus entzogen hatte.

Seine Schwester Sophie, die laut Ehevertrag mit dem lutherischen Ernst August bei der Heirat nicht zum Luthertum wechseln musste, konnte damit gut leben. Ihrem Bruder Karl Ludwig, dem Kurfürsten von der Pfalz, schreibt sie im Juli 1677: »Man sagt, dass die Kirche, die Sie in Mannheim bauen lassen, für drei Religionen ist: Reformierte, Lutheraner und Katholiken, das freut mich sehr.« Im 17. Jahrhundert war das eine Außenseiterposition, in den Augen der offiziellen Glaubenshüter ein Skandal. (Und wo findet man im 21. Jahrhundert eine solche ökumenische Kirche?)

Das war die Welt, in die Sophie Charlotte im Oktober 1668 hineingeboren wurde – Musik im ganzen Haus, Musik in der ganzen weitverzweigten Familie, die es mit den konfessionellen Unterschieden nicht so genau nahm.

3. Kapitel

Umzug ins Schloss von Osnabrück
Erste Auftritte der kleinen Prinzessin
1677 bis Frühjahr 1679

»Das ganze Haus« war Schloss Iburg, und die ehemalige Burg war tatsächlich mehr Haus als Schloss. Mit jedem neuen Kind wurde die Situation beengter. Zugleich wuchs bei Ernst August die Entschiedenheit, auf dem Parkett der Macht selbstbewusster aufzutreten. Der liebenswürdige Gentleman wusste sehr genau, dass sein Ansehen unter den Fürsten von anspruchsvoller Repräsentation und äußerem Glanz abhing. Mit der Iburg konnte er niemals reüssieren.

Als Bischof von Osnabrück zwang er die Stadt, ihm ein Grundstück für den Bau eines Schlosses in der Neustadt bereitzustellen. Anfang April 1669 wurden die ersten Spatenstiche getan, um die Erde für das Hauptgebäude – den Corps de Logis – auszuheben. Als Mann von Welt, die prächtige Architektur Italiens vor Augen, während sich seine Frau in Hollands Schlössern auskannte, wird Ernst August dem Architekten eigene Anstöße gegeben haben. In Osnabrück entstand ein Schloss, das zu den ersten prächtigen Residenzen in Deutschland nach dem Dreißigjährigen Krieg zählt.

In diesem Frühjahr war die Frau Bischöfin schon wieder schwanger. Kein Grund, die traditionelle Gesundheitsreise nach Bad Pyrmont Ende Juni abzusagen. Sophie kurte ohnehin »mehr um sich zu vergnügen als die Wasser zu trinken«. Im Oktober 1669 – Sophie Charlotte war genau ein Jahr alt – wurde auf Schloss Iburg Karl Philipp geboren. Zum Jahresende brach der Vater mit seinen älteren Brüdern wieder nach Venedig auf. Sophie ertrug die Italien-Sucht mit Gelassenheit. Hauptsache, sie musste nicht mitreisen.

Es war nicht die letzte Schwangerschaft. Als das herzogliche Paar im Spätsommer 1671 eine dänische Prinzessin, die es als Heiratskandidatin an den Heidelberger Hof vermittelt hatte, an ihren neuen Lebensort begleitete, nahm Sophie ab Weinheim die Sänfte statt der rumpelnden Kutsche. Ihre Hebamme folgte in einer anderen. Ende September wird Christian geboren. Nun hat die dreijährige Sophie Charlotte fünf Brüder.

Vier Wochen nach der Geburt begleitet Herzogin Sophie ihren Bruder und ihre Nichte Elisabeth Charlotte nach Straßburg. Es ist keine unbeschwerte Reise; es wird ein herzzerreißender Abschied. In Straßburg soll die neunzehnjährige Elisabeth Charlotte von der Pfalz einer Abordnung ihres zukünftigen Ehemanns übergeben werden, des Herzogs von Orléans. Er ist der verwitwete Bruder des französischen Königs Ludwig XIV. Durch diese Heirat soll die Pfalz vor dem Expansionsdrang Ludwigs XIV., der in diesem Jahr die Niederlande mit Krieg überzogen hatte, bewahrt werden.

Das jedenfalls hoffte Elisabeth Charlottes Vater, der aus Staatsräson die Konversion seiner Tochter zum Katholizismus in Kauf nahm und auch die in adligen Kreisen bekannte »Zeitung«, dass der Herzog von Orléans den Männern sehr viel mehr zugetan war als den Frauen. Da wurde Toleranz in Glaubensdingen zu einer Gleichgültigkeit, die die eigene Tochter zur Ware im politischen Machtkampf machte. Elisabeth Charlotte sah das Verhängnis, wie sie ihre Ehe nennen sollte, fatalistisch auf sich zukommen. Sie hatte ihm beim Abschied nur ihre Tränen entgegenzusetzen.

Vier Jahre nachdem Sophie, die geliebte Tante, Elisabeth Charlotte in Straßburg in eine tragische Zukunft verabschiedet hatte, schrieb sie ihrem Bruder: »Es gibt in Deutschland nichts unglücklicheres als Töchter aus gutem Hause, denn sie haben kein Geld, nicht einmal die Fürstentöchter, die man in der Regel dem Erstbesten gibt, der ihre Hand verlangt. ... Ich danke Gott dafür, dass ich nur eine einzige Tochter habe, denn die Männer sind in Deutschland sehr im Vorteil gegenüber unserem Geschlecht.« Aber auch für diese einzige Tochter würde eines Tages die Probe aufs Exempel kommen.

Die Herzogin reiste gerne, vor allem inkognito. Es bedeutete, weniger Personal mitzunehmen und am Reiseziel keine aufwendigen Pflichtbesuche machen zu müssen. Im März 1673 ging es nach Amsterdam. Sophie liebte die Stadt, genoss das freie Spazieren durch die sauberen Straßen und das unkomplizierte Einkaufen in den Boutiquen. Erstmals war Sophie Charlotte dabei, viereinhalb Jahre alt. Als Mutter und Tochter zurückkamen, war der Umzug ins Osnabrücker Stadtschloss abgeschlossen, Iburg für die kleine Sophie Charlotte Vergangenheit.

Im September 1674 durchlitt die Herzogin im neuen Schloss ihre letzte Geburt. Wieder ging es um Leben und Tod, wieder bekam die einzige Tochter einen weiteren Bruder, Ernst August. Kein Grund, wenige Monate später nicht die Kutsche zu besteigen und zu Weihnachtseinkäufen nach Amsterdam zu reisen. Ihr Bruder in Heidelberg erfuhr erst am Jahresende davon, wie immer auf Französisch, mit kleinem deutschen Einschlag am Ende: »Ich habe nicht gewagt, Ihnen während unserer Reise nach Amsterdam zu schreiben, aus Angst, Sie nur mit dummem Zeug zu ermüden. Denn ich habe nichts gemacht als puppenzeug vors kristkindlinn zu kaufen.« Das Puppenzeug konnte nur für ihre Tochter sein.

Zur persönlichen Bilanz am Jahresende gehörte auch eine bittere Erkenntnis. Dass ihr Ehemann trotz aller stets aufs Neue bekundeten Liebe und Hochachtung für seine Frau nicht ohne Abwechslung vom ehelichen Zusammensein leben konnte, hatte sie schon Jahre nach der Hochzeit erkannt und mit Contenance ertragen. Die Schule des Lebens an den Höfen in Den Haag und Heidelberg hatte sie darauf vorbereitet. So waren sie nun einmal, die Herren Ehemänner, und ihr Ernst August in besonderem Maße: »Das heilige Band der Ehe hatte den galanten Sinn des Herzogs nicht geändert; es langweilte ihn, immer ein und dieselbe Sache zu besitzen ...« Darüber konnte sie in ihren Memoiren mit gewohnter Ironie plaudern. Aber was sich im Sommer 1674 unter ihren Augen angebahnt hatte, besaß andere, bisher nicht gekannte Ausmaße.

Clara Elisabeth von Platen, geborene von Meysenbug, war als Kammerjungfer an den Hof von Herzogin Sophie gekommen. 1673 hatte sie Franz Ernst von Platen, Jurist im Dienst des Herzogs Ernst August, geheiratet. Der Ehemann war offensichtlich bereit, zu Gunsten seiner Karriere darüber hinwegzusehen, dass der Herzog mehr als ein Auge auf seine Frau geworfen hatte. Die außereheliche Beziehung des Bischofs von Osnabrück mit der Gräfin Platen begann wohl 1674. Ihrer Tochter aus dieser Beziehung gibt sie den gleichen Namen: Sophie Charlotte. Was für ein Affront, und die Herzogin musste dazu bei Hofe gute Miene machen.

Im Gegensatz zu allen ihren Vorgängerinnen war die Gräfin Platen gekommen, um zu bleiben. Sie wurde – nach den Vorbildern am Hofe Ludwigs XIV. – die *Maîtresse en titre* des Herzogs von Braunschweig-Lüneburg, während ihr Ehemann als Hofmarschall Karriere machte. Es gab niemanden, mit dem Sophie über ihren Kummer reden konnte. In der Schule des Lebens hatte sie erfahren, »dass es für ein Verbrechen galt, wenn eine Frau sich über ihren Mann beklagt«. So schwieg sie auch über die Maîtresse von Platen, um sich nicht als »Törin« lächerlich zu machen. Mit ihrer ganzen Existenz, ihrer Würde, ihrem Stand in der Gesellschaft, ihrem finanziellen Auskommen war sie an ihren Ehemann gebunden.

Haltung bewahren, vielleicht auch Halt finden bei den eigenen Kindern und den Talenten der heranwachsenden Tochter. Es war im März 1676 als Sophie Charlotte mit einem Franzosen bei Hofe eine gereimte französische Komödie geschrieben, mit »18 kleinen Jungfern« eingeübt hatte und vor den Eltern zur Aufführung brachte. Aus dem folgenden Jahr haben sich mehr Beschreibungen in den Briefen der Mutter über ihre Tochter erhalten als zuvor. Der rote Faden ist das mütterliche Verständnis, dass die Neunjährige auf dem Weg zu einer jungen Frau ist, aber noch einen Schonraum als Kind beanspruchen darf.

Die Mutter trägt Verantwortung, dass eine heranwachsende Prinzessin auf dem höfischen Parkett eine gute Figur macht. Im Januar 1677 hält die Herzogin Ausschau nach »bescheidenen und hübschen« älteren Töchtern in ihrer Umgebung, die geeignet wären, »aus meiner Tochter eine feine erbare dame« zu machen. Sophie Charlotte beginne »ihren eigenen Kopf zu haben«, allerdings gelte ihre »größte Begeisterung« immer noch ihren »Meerschweintiens«. Und das sei ja auch das passende Tier für eine Prinzessin aus Westfalen. So erfahren wir, welche tierischen Spielgefährten die Neunjährige schon seit einiger Zeit besitzt und dass sie sich von diesen kleinen Lieblingen noch nicht trennen muss.

Wie jedes Jahr hat der katholische Schwager Herzog Johann Friedrich die bischöfliche Familie zum Jahresanfang 1677 in sein Schloss nach Hannover eingeladen, um fröhliches Zusammensein und gute Musik zu genießen. Diesmal haben die Eltern neben den Söhnen auch Sophie Charlotte mitgenommen, eine aufregende Abwechslung.

Im Gegensatz zum Tagesablauf im Osnabrücker Schloss wird in Hannover das Abendessen um Mitternacht serviert, so dass man erst gegen drei Uhr morgens schlafen geht. Zwischendurch muss der Nachwuchs zeigen, dass er sich in der Öffentlichkeit präsentieren kann, auch wenn es nur die eigene Verwandtschaft ist. Tanzen gehört zu den Grundlagen adliger Erziehung. Dem Bruder in Heidelberg schreibt Sophie Anfang März 1677 noch vor der Rückreise nach Osnabrück: »Hier sind drei kleine Prinzessinnen, alle sehr hübsch und wohl erzogen, … aber meine Infantin, die die älteste ist, hat mit ihrem Tanzen alle in Erstaunen versetzt. Man findet sie sehr stolz, so wie Damen nach Eurer Vorstellung sein sollen.«

Die drei Prinzessinnen sind die Töchter von Herzog Johann Friedrich, Nichten von Sophie und Kusinen von Sophie Charlotte. Sophies Mutter lobt sie ausdrücklich, um nicht ihre eigene Tochter zu bevorzugen. Dennoch ist der Stolz auf Sophie Charlotte unüberhörbar.»Infantin« wurde sie auch von ihrem Vater genannt, eine Bezeichnung, in der Hochachtung und Familienstolz mitschwingen, denn damit ist eine Prinzessin gemeint, die aus königlichem Hause kommt. Der kurfürstliche Onkel in Heidelberg vergisst seine Nichte nicht. Im Juni 1677 schickt er ihr ein »Pouppenspil«, ein Marionettentheater, das ihr »sehr große Freude macht« und das »sie nicht genug bewundern kann«. Die Mutter fügt in ihrem Dankesbrief hinzu,»ich auch nicht, ich habe etwas in dieser Art nie gesehen«.

Womit Sophie keinen Erfolg hat, ist die Suche nach einer geeigneten jungen Frau, die mit ihrer Tochter Französisch spricht und ihr zugleich den letzten Schliff als feine Dame gibt. Anfang August wird schließlich Elisabeth Charlotte, verheiratete Herzogin von Orléans, um Hilfe gebeten. Wenn sie nicht am Hofe von Ludwig XIV. präsent sein muss, wohnt sie mit ihrem Mann im Schloss von St. Cloud bei Paris; sie soll sich nach einer »französischen jungfer« für ihr Patenkind umsehen. Die junge Dame soll reformierten Glaubens sein, aus gutem Hause und wohl erzogen, siebzehn bis achtzehn Jahre alt »und nicht hässlich«. Aber dem strengen Maßstab wird so schnell keine gerecht. Das Jahr 1677 vergeht, ohne dass eine positive Nachricht aus Paris kommt.

Im August hält die Mutter eine Überraschung für Sophie Charlotte bereit. Sie geht mit ihrer Tochter erstmals auf eine richtig große Reise, »um meinen Gatten, den Herzog, aufzusuchen«. Der lag in Antwerpen im Quartier, denn es war Krieg. Ludwig XIV. hatte die Niederlande überfallen und Ernst August sich entschieden, auf der Seite des katholischen Kaisers in Flandern gegen den französischen König zu kämpfen. Von unterwegs schreibt die Herzogin dem Bruder nach Heidelberg: »Ich nahm nur meine Tochter mit, die außer sich war vor Freude, die durch die Kutschfahrt sehr gedämpft wurde, bei der sie ganz krank wurde.«

Mutter und Tochter werden von vier Edelleuten und fünf Hofdamen begleitet, Gepäck und Schlafzeug stecken in einem Extrawagen. In Bentheim, kurz vor der holländischen Grenze, kommt der Gepäckwagen am Abend nicht rechtzeitig an, »so dass ich gezwungen war, mit meiner Tochter auf Stroh zu schlafen«.

Nach der Strecke über Land geht es mit dem Schiff weiter nach Rotterdam. Ein Sturm wird Sophie Charlottes Reiselust weiter gedämpft haben. Als der Reisetross schließlich Antwerpen erreicht, warten nur zwei Briefe auf Mutter und Tochter; Herzog Ernst August hatte seinen Aufenthalt kurz zuvor abbrechen müssen.

Im Winter waren die fürstbischöflichen Eltern mit ihren Kindern wieder im Schloss zu Osnabrück versammelt, als ein Paket aus Heidelberg kam. Der Kurfürst hatte sich für die Nichte und die kleineren Neffen etwas sehr Besonderes ausgedacht. Während die Weintrauben – »Früchte aus Kanaan«, nannte sie die Herzogin in ihrem Dankesbrief – für alle gedacht waren, krochen zwei Schildkröten für die Kinder aus der Verpackung: »Figuelotte hatte Angst vor den Schildkröten, und die ganze kleine Familie versammelte sich, um dieses Wunder zu sehen. Erst nach langer Diskussion entschieden sie sich schließlich, sie zu berühren.«

Es dauerte bis in den August 1678, da kam endlich von der Patentante Elisabeth Charlotte aus Paris die Nachricht, dass ein französisches Fräulein nach Osnabrück unterwegs sei, um Sophie Charlotte in der französischen Sprache und besten Manieren perfekt zu unterrichten. Elisabeth Philipponeau de Montargis kam aus gutem reformiertem Hause und würde 1680 den

Obermundschenk des Herzogs heiraten. Sie war nur fünf Jahre älter als ihr Zögling.

Zusammen mit der Ankündigung von Fräulein Elisabeth schickt die Patentante »meinem patchen ... ein schreibzeug«; wahrscheinlich aus Porzellan, mit Ablage für die Schreibfeder und einer kleinen Vertiefung für die Tinte. Es sind Mosaiksteinchen, die sich über das Leben von Sophie Charlotte als Kind und als Jugendliche erhalten haben. Stets sind es andere, vor allem die Mutter, aus deren Perspektive sie geschildert wird. Ob Sophie Charlotte Briefe geschrieben hat? Eine müßige Frage, denn nichts aus diesen Jahren hat sich erhalten.

Doch im Rückblick ihres Lebens lassen sich Konturen schärfen. Sophie Charlottes perfektes Französisch, ihre Gewandtheit im Italienischen, ihre Kenntnisse auf grundlegenden und sehr speziellen Wissensgebieten, die später ihre Gesprächspartner rühmten: Alles weist auf eine umfassende Bildung hin, die sich nicht von denen ihrer Brüder unterschieden hat. Es spricht alles dafür, dass Mutter und Vater daran gelegen war, dass ihre Tochter eine gebildete Frau wird.

Für das Interesse an neuester Literatur war die Mutter ein Vorbild. Im November 1670 schrieb Herzogin Sophie an ihren Bruder Karl Ludwig, man habe ihr ein deutsches Buch empfohlen, »das nennt sich Sinplisis Sinplisissimos«. Sie bittet ihn, ihr ein Exemplar zu besorgen, »das man zweifellos in Frankfurt finden wird«. Der besorgt der Schwester eine Ausgabe in Europas berühmtester Bücherstadt. Sophie beginnt sofort mit dem Lesen des »Simplicissimus«, wie sie den Titel nun korrekt zitiert. Die Geschichte fange sehr fromm an, erfährt der Bruder schon im Dezember, »ich weiß nicht, ob der Schluss ebenso ist«.

Noch ansteckender für die Tochter wird die elterliche Leidenschaft für die Musik. Wie seit Jahren Tradition, reisten Ernst August und seine Frau im Februar 1678 zu Herzog Johann Friedrich ins Schloss nach Hannover, »wo es eine schöne Oper gibt«. Seit seiner Heirat mit Benedicta von der Pfalz waren die musikalischen Aufführungen dort noch glänzender und interessanter geworden.

Diesmal wurde in Hannover erstmals eine italienische Oper aufgeführt – L'*Orontea*, Königin von Ägypten. Premiere hatte sie 1649 in Venedig, die Musik war von Marc Antonio Cesti. Eine mutige Entscheidung von Benedicta. Hannovers kleine Bühne konnte sich nicht mit einem venezianischen Opernhaus messen. Aber die Hofmusiker waren kompetent, die Dramatik der Arien und Chöre war gut gelungen. Im Februar 1679 sahen die Verwandten aus dem Osnabrücker Schloss in Hannover eine zweite italienische Oper – L'*Alceste*, Musik Pietro Andrea Ziani. Wie die erste wurde auch sie auf Anregung der Herzogin Benedicta für die deutsche Bühne bearbeitet.

Im Frühjahr 1679 war für Herzog Ernst August nach der Kunst die Jagd angesagt. Es ging ins Schloss nach Diepholz, und seine Frau begleitete ihn, da gab es keine Ausrede. Umso mehr freute sich die Herzogin, als sie nach Osnabrück zurückkam und ihre Kinder wiedersah. Denen ging es gut, »außer meiner Tochter, die immer noch Fieber hat«. Mitte Mai schrieb sie ihrem Bruder, es habe »Figuelotte am meisten mitgenommen, aber ich glaube, dass ihre Fröhlichkeit mit der Gesundheit zurückkehren wird«.

Ein fröhliches Kind, so hat die Mutter ihre Tochter gesehen. Und dass Sophie Charlotte bald wieder ganz gesund werden möge, war zu dieser Zeit ein besonders konkreter Wunsch. Herzogin Sophie plante, im Sommer 1679 mit ihrer Tochter eine lange wichtige Reise anzutreten.

4. Kapitel

Am Hof des Sonnenkönigs
Aber keine französische Heirat
1679 August bis Oktober

Die Reisepläne waren möglich geworden, weil nach sieben Jahren Krieg zwischen Frankreich und seinem Gegner, dem Kaiser mit seinen Verbündeten, 1678 in Nijmegen endlich ein Friedensvertrag geschlossen worden war. Sophie »bekam die allergrößte Lust, die Frau Herzogin von Orléans zu besuchen und meine Schwester, die Äbtissin von Maubuisson, die ich seit dreißig Jahren nicht gesehen hatte«. 1671 hatte Sophie ihre geliebte Nichte Elisabeth Charlotte tränenreich verabschiedet, als diese zu ihrer Heirat mit dem Bruder des französischen Königs aufbrach. Die Äbtissin des Klosters Maubuisson bei Paris war Sophies ältere Schwester, die sich wie ihr Bruder Eduard vom Hof der königlichen Mutter in Den Haag nach Frankreich abgesetzt hatte und von der reformierten Konfession zum Katholizismus übergetreten war.

Noch von unterwegs hat die Herzogin ihrem Bruder in Heidelberg häufig geschrieben und ein Jahr später ausführlich in ihrem Memoiren darüber berichtet. Aber kein Wort darüber, dass Elisabeth Charlotte schon fünf Jahre zuvor, 1674, ihrer Tante mögliche Heiratspläne für ihr Patenkind ausgemalt hatte: »Wann meine wünsche wahr könnten werden, so möchte ich Euer Liebden prinzesschen, mein patchen, lieber monsieur le Dauphin als meinen sohn wünschen, denn das ist ein besser bissen ...« Dauphin ist die offizielle Bezeichnung für den französischen Thronfolger; Ludwig, nach seinem Vater, dem König, benannt, war zu diesem Zeitpunkt dreizehn Jahre alt, Sophie sechs. Die Zukunftsperspektive war durchaus ernst gemeint und der Sohn des Königs zweifellos eine bessere Wahl als der Sohn des königlichen Bruders, Liselottes Ehemann.

Beide Frauen, Elisabeth Charlotte am Hof des französischen Königs und Herzogin Sophie in ihrem bischöflichen Schloss in Osnabrück, wussten aus eigener Erfahrung, was für eine sensible Sache die Heirat einer Prinzessin war – von politischen Interessen diktiert und von langer Hand vorbereitet. Man reiste nicht mal eben nach Paris, um die Heiratsmöglichkeiten mit dem Dauphin in freundlichen Gesprächen auszutesten. Es war Sophie Charlottes Vater, der sich überlegen musste, ob er der Möglichkeit einer Verbindung seiner Tochter mit dem Sohn Ludwigs XIV., gegen den er in den Jahren zuvor in den Krieg gezogen war, auch nur den Hauch einer Chance geben wollte. Diese Staatsangelegenheit sollte Herzog Ernst August ein paar Frauen überlassen? Dass er der Reise zustimmte, lässt ahnen, welchen Stellenwert er ihr gab.

Ganz Kavalier, hat der Herzog und Fürstbischof Frau und Tochter auf der ersten Etappe Mitte August 1679 bis nach Amsterdam begleitet. Weil er dort krank wurde, blieb die Truppe für einige Tage in der Stadt an der Amstel. Der portugiesisch-jüdische Resident de la Costa nahm die Deutschen großzügig in seinem prächtigen Grachtenhaus auf und kochte für den Herzog persönlich die Bouillons zur Genesung. Behandelt wurde der Kranke erfolgreich von einem jüdischen Arzt, und Sophie schreibt dem Bruder von einer »sehr schönen Synagoge«. Tatsächlich war die große Synagoge der sephardischen Gemeinde Amsterdams, noch heute eine Zierde der Stadt, 1675 unter Teilnahme des christlichen Bürgermeisters und Rates feierlich eingeweiht worden. Keine andere Stadt Europas hätte ein so demonstratives Symbol für die freie Religionsausübung seiner Bewohner geduldet oder gar gefördert.

Die Bouillons taten ihre Wirkung: »Als er geheilt war, schifften wir uns ein.« Zu den Weiterreisenden gehörte als Vertrauensperson Anna Katharina Harling, die sich ständig um ihren Zögling Sophie Charlotte kümmern sollte. Für Sophie waren einige Kammerfrauen dabei und für alle etliche Diener. Drei Kavaliere ritten neben den insgesamt drei Kutschen, »was in Frankreich als ein großes Gefolge galt«. Trotzdem reiste Sophie, die Herzogin von Braunschweig-Lüneburg, auf eigenen Wunsch inkognito unter dem Namen »Madame d'Osnabrück«. Das ersparte Ausgaben, die man für teure Kleidung und für Gegeneinladungen auf der Reise hätte ausgeben müssen, und erleichterte das Leben überhaupt. Sophie, die als Herzogin sehr darauf achtete, in der Öffentlichkeit anderen Fürstlichkeiten gleichgestellt zu sein und entsprechend der Etikette behandelt zu werden, konnte inkognito erleichtert auf jedes Zeremoniell verzichten.

Fast drei Wochen brauchte man bis Antwerpen. Weiter ging es über Mons, Valenciennes und Cambray. In den ersten Septembertagen war das Ziel erreicht, Kloster Maubisson, wenige Kilometer nördlich von Paris am Ufer der Oise gelegen. Hier stand seit 1664 Sophies Schwester, 1622 als Louise Hollandine in Den Haag geboren, als Äbtissin Louise Maria der Nonnengemeinschaft vor.

Die Gäste aus dem Bistum Osnabrück hatten sich für die Ankunft einfach gekleidet, wie es sich nach ihrer Meinung für ein Kloster gehörte. Doch als die Kutschen in den Vorhof gelangten, wurden sie von höfischer Pracht umgeben – dem Hof der Herzogin von Orléans, dem gesamten Hofstaat ihres Mannes, des Herzogs von Orléans, und dem Hof einer Tochter aus erster Ehe. Sophie konnte kaum aus der Kutsche steigen, da wurde sie von ihrer Nichte umarmt: »Die gute Prinzessin küsste mich, weinend vor Freude, mich wiederzusehen, und hielt mich fortwährend in ihren Armen.« Am Klostertor warteten Sophies Schwester, die Äbtissin, und ihr Schwager, der Herzog von Orléans. Die Schwestern umarmten sich, erstmals nach dreißig Jahren. Sophies Aufmerksamkeit entging nicht, dass ihr französischer

Schwager sie »höchst zuvorkommend empfing und er verkehrte mit mir, als ob er mich sein Leben lang gekannt hätte«.

Am nächsten Tag ging es weiter nach Paris, ins Palais Royal, wo der Herzog und die Herzogin von Orléans eine Stadtwohnung hatten. Während der Kutschfahrt verzichtete die Herzogin auf den Platz neben ihrer Tante, »und ließ meine Tochter neben mir sitzen, weil diese nicht rückwärts fahren konnte, ohne krank zu werden«. Im Palais Royal war ein ständiges Kommen und Gehen der Damen vom französischen Hof, das selbst die weltläufige Herzogin Sophie »so konfus machte, dass ich mir ganz dumm vorkam«. Aber sie verlor ihren Verstand nur kurz, »fasste Mut und sah wohl, dass es an jenem Hof wie in der Arche Noah Menschen jeder Art gab«. Zumal eine ehrenvolle Einladung auf sie wartete.

In wenigen Tagen sollte die Hochzeit von Elisabeth Charlottes Stieftochter, aus der ersten Ehe ihres Mannes, mit dem König von Spanien stattfinden. Der Herzog von Orléans teilte Sophie mit, dass sein Bruder, Ludwig XIV., sie gerne auf der Feier sehen würde und ihr Logis anbot – im Schloss Fontainebleau. In diesem traditionsreichen Renaissanceschloss südlich von Paris residierte der Sonnenkönig, hier würde die Hochzeit stattfinden.

Noch waren Schloss und Garten von Versailles im Bau. Erst drei Jahre später, 1682, würde der König mit seinem Hofstaat und rund viertausend Höflingen in den gigantischen Komplex ziehen. Aber der Ruhm und die Faszination Ludwigs XIV., von königlichen Propagandisten systematisch gefördert, übertrafen schon Jahre zuvor alle Fürsten Europas. Noch in ihren Memoiren versucht die Herzogin ihre Begeisterung zu zähmen: »Da ich fast vor Begierde starb, den König und seinen ganzen Hof zu sehen, so hütete ich mich wohl, diesen Vorschlag zurückzuweisen.« Sofort wurden prächtige Stoffe gekauft, denn auch inkognito als »Madame d'Osnabrück« musste in Samt und Seide auftreten, wer vom König ins Schloss Fontainebleau geladen war.

Während in Paris die Schneiderinnen an der Arbeit saßen, gönnte sich Sophie drei Tage bei ihrer Schwester im Kloster. Für die Tochter gab es adlige Spielgefährtinnen. Dann fuhren Mutter und Tochter zurück nach Paris, »wo Schneider und Putzmacherinnen uns mit Kleidern und Schönheitspflästerchen herrichteten, damit wir angetan wären wie die anderen«. Weiter ging es ins Schloss Fontainebleau, wo ihr Schwager sie schon erwartete.

Als Erstes war die Verlobung angesagt. Die Gäste aus Osnabrück erlebten eine ausgeklügelte Zeremonie mit dem König, der Königin und »allen Prinzen und Prinzessinnen von Geblüt«. Am Ende verabschiedete sich die hochkarätige Festversammlung mit einer tiefen Verbeugung vom König und von der Königin. Nachdem auch die Königin mit einer tiefen Verbeugung ihren Gemahl verlassen hatte, wandte sich Ludwig XIV. an die Herzogin von Braunschweig-Lüneburg. Als König konnte er das Inkognito ignorieren. Er »machte mir ein sehr höfliches Kompliment und bezeugte mir die Hochachtung, die er für das Haus Braunschweig besäße und insbesondere für den Herrn Herzog, meinen Gemahl ...«

Am nächsten Tag fand die Hochzeit in der Schlosskapelle statt. Die feierliche Gesellschaft bot der Spottlust der »Madame d'Osnabrück« reichlich Nahrung, zumal sie freien Blick auf die alte und die jüngste Maîtresse des Königs hatte: »Die Montespan, deren Gunst sich dem Ende zu neigte, war in derselben Reihe plaziert, entfernt von ihrer Rivalin; sie war in sehr großem Hauskleid mit gesticktem Häubchen, in stolzer Zurückhaltung, gekränkt, eine jüngere als sie, die sehr geputzt war und sehr lustig schien, triumphieren zu sehen.«

Sophie erwähnt ihre Tochter nicht. Doch alles spricht dafür, dass die Elfjährige den Anschauungsunterricht eines ausgetüftelten Zeremoniells, das im machtpolitischen Zentrum Europas aus Anlass einer politischen Verheiratung glamourös über die Bühne ging, interessiert verfolgte. Die Herzogin verschweigt in ihren Memoiren nicht, welches Kalkül hinter diesem Schauspiel steckte und welche Rolle der Braut dabei zugewiesen war: »Zum Schluss der Zeremonie beschwor der König feierlich den Frieden mit dem König von Spanien; die schöne Königin war das Opfer, das man dieser angeblichen Versöhnung weihte.« Ein kühler Kommentar, der auf Lebenserfahrung beruhte und dem Bewusstsein, als Tochter aus fürstlichem Hause diesem Politpoker nicht entrinnen zu können. Die Herzogin, so klug und selbstbewusst sie auftrat, war gewillt, sich an die von ihr kritisierten Spielregeln zu halten. Sophies Reise an den französischen Hof war nicht frei von ähnlichen Überlegungen für ihre eigene Tochter.

Am selben Abend schenkte ihr der König nach dem Hochzeitsdiner noch einmal seine Gunst. Man traf sich im Zimmer der Herzogin von Orléans, und Ludwig XIV. »sagte mir alles Angenehme, was man nur sagen kann, um zu gefallen«. Ein Gespräch entspann sich, an dessen Ende der König sagte, »er wollte auch meine Tochter loben, die er, wie er sagte, schön fand, und die, wie er hätte sagen hören, viel Geist besitzen solle«. Wie viel Gewicht hatten diese Worte aus allerhöchstem Mund? Die Mutter musste sich gedulden, war aber entschlossen, die Sehenswürdigkeiten ihres Reiseziels mit Hilfe ihres königlichen Schwagers auszukosten. Während dessen Frau, Sophies Nichte Elisabeth Charlotte, am Tag nach der Hochzeit mit dem König auf die Jagd ging, zeigte der Herzog von Orléans ihr Schloss Fontainebleau »und die Gärten, die wunderschön sind«. Zusammen mit ihrer Tochter erlebte Sophie einen weiteren großen Ball, bei dem auch der König und die Königin zugegen waren. Dann ging es zurück zur Schwester Äbtissin im Kloster Maubuisson.

Die Herzogin fühlte sich »höchst zufrieden ... über alle mir erwiesenen Artigkeiten; aber es war mir sehr lieb, mich mit meiner Tochter bei meiner Schwester ausruhen zu können. Denn wir waren sehr ermüdet, und ich sah wohl, dass ich viel geeigneter war für das Kloster als für diesen Hof … Sogar meine Tochter hatte ein wenig Fieber davon«. Eine Erholungspause war wichtig, denn ein Besuch stand noch auf dem Reiseprogramm, auf den Sophie besonders gespannt war. Und sie wurde nicht enttäuscht.

Der Herzog von Orléans – »Monsieur« – und Sophies Nichte aus der Pfalz – »Madame« – bewohnten Schloss St. Cloud, heute ein westlicher Vorort von Paris; das Schloss hat die Zeiten nicht überdauert. St. Cloud mit seinen Gärten war für die Herzogin aus Osnabrück eine wunderbare Erfahrung. Ihre Begeisterung ist grenzenlos: »Nachmittags fuhren wir in den schönen Gärten spazieren. Der Wagen, in dem ich fuhr, war für zehn Personen.« Auch die Tochter wird ausdrücklich erwähnt, die mit einer ihrer französischen Kusinen einen Sitz erhält. Vielleicht eine Erinnerung, die Sophie Charlotte mitnehmen wird: »So fuhren wird höchst angenehm beim Rauschen der Springbrunnen und im kühlen Schatten in diesen Zaubergärten spazieren.«

Dem französischen König lag sehr daran, dass die Herzogin aus Deutschland nach ihrer Rückkehr nur Gutes vom wichtigsten Hof in Europa zu berichten wusste. Er hatte »befohlen, dass man mir Versailles zeigen solle, denn ohne Vorbereitung springen die Wasser nicht«. Als alle Vorbereitungen getroffen waren, »mussten wir uns dorthin begeben«. Sophies kritischer Blick lässt sich nicht blenden, als sie in Gesellschaft ihrer französischen Verwandtschaft die Anlagen besichtigt, teils im Wagen, teils zu Fuß: »… sobald wir den Fuß zur Erde setzten, reichte Monsieur mir immer die Hand und ging mit mir allen voran, um mich die Schönheit von Versailles bewundern zu lassen, wo das Geld größere Wunder getan hat als die Natur. Wenn ich zu wählen hätte, würde ich St. Cloud vorziehen«. Das war eindeutig.

Auch die hochgelobte Pariser Oper kann der Expertin kaum imponieren: »Darauf gingen wir in die Oper, die ich nicht so schön fand als die, welche ich zur Zeit meines Schwagers, des

Herzogs Johann Friedrich, in Hannover gesehen habe.« Aber etwas eitel ist Sophie doch: »Ich saß mit meiner Tochter in demselben Rang wie die Königin von Spanien.«

Unendlich viele Eindrücke unterschiedlichster Intensität musste Sophie Charlotte in diesen wenigen Wochen – es war noch kein Monat vergangen – verarbeiten. Was fiel anschließend durch das Erinnerungsraster? Was hat sich festgesetzt, als glückliche oder unangenehme Erinnerung? Blieben Ängste oder das Gefühl, am größten Hof Europas Eindruck gemacht zu haben? Fuhr sie selbstbewusster zurück, als sie gekommen war? Nicht die kleinste Bemerkung Sophie Charlottes ist überliefert.

Ihre Mutter hat versucht, eine gute Balance zu halten zwischen dem, was einer elfjährigen Fürstentochter auf dem höfischen Parkett und in einer so fremden Öffentlichkeit zuzumuten war, und dem Anspruch, auch in dieser Umgebung noch ein Kind sein zu dürfen. Glücklicherweise gab es die Tante und ihr Kloster: »Ich blieb den Tag noch in Paris, um einige Einkäufe zu machen. Meine Tochter spielte indessen mit der kleinen Mademoiselle, die nur ein Jahr jünger als sie war, und mit dem Herzog von Chartres und seiner kleinen Schwester.« Selbst die Mutter genoss den klösterlichen Rückzug: »Am folgenden Tag kehrte ich nach Maubuisson zurück, das mein Asyl war und wo es mir außerordentlich wohl gefiel … Acht Tage verlebte ich höchst angenehm bei meiner Schwester, denn die Unterhaltung mit ihr hat immer besonderen Reiz für mich gehabt.«

Dann erschien Elisabeth Charlotte. Sie kam direkt vom Hof und hatte eine widersprüchliche Nachricht: »Madame teilte mir mit, dass der König sehr vorteilhaft von mir gesprochen hatte.« Das war ein großes Kompliment, denn Ludwig XIV. war schließlich nicht irgendein König. Doch für seinen ältesten Sohn, den Dauphin, der ihm auf dem Thron folgen sollte, hatte er andere Heiratspläne als das Haus Braunschweig-Lüneburg: »Madame teilte mir auch mit, dass der Herr Dauphin die Prinzessin von Bayern heiraten würde …« Wie nebenbei fügt Sophie hinzu, dass es der Wunsch ihrer Nichte gewesen sei, »meine Tochter als Dauphine zu sehen«.

Die Distanzierung der Mutter von den französischen Heiratsplänen für die Tochter, ein Jahr nach der Paris-Reise in ihren Memoiren zu Papier gebracht, ist eindeutig. Ob sie wirklich eine seriöse Option für Herzogin Sophie und vor allem ihren Ehemann waren – denn nur er entschied über solche folgenreichen politischen Pläne –, lässt sich nicht belegen. Der kühle mütterliche Blick zurück schützt die Tochter und die Eltern: Im Herbst 1680 geht es darum, für das Haus Braunschweig-Lüneburg und die nun zwölfjährige Sophie Charlotte eine ruhmreiche Zukunft offenzuhalten und zu gestalten. Ein Jahr zuvor hatte Herzogin Sophie den Aufenthalt bei der Schwester im Kloster von Maubuisson, deren Unterhaltung für sie »einen besonderen Reiz« hatte, beendet: Es »ergriff mich die Ungeduld, den Herrn Herzog wiederzusehen«. Mitte Oktober 1679 kamen Mutter und Tochter auf der Rückreise ins heimische Osnabrück mit ihrem Reisetross und den drei Kutschen in Metz an.

Von dort sollte die Reise per Schiff auf Mosel und Rhein schneller und angenehmer sein. Aber aus Furcht vor Klippen ging man abends meist an Land und war abenteuerlichen Unterkünften ausgeliefert. Eine Einladung auf das Schloss eines reichen Edelmannes erforderte einen langen Marsch durch schmutziges Gelände. Was folgte, war nur mit größter Contenance zu ertragen: »Mein Koch wollte das Fleisch zubereiten, das er mitgebracht hatte, aber da ihm die ausgehungerten Windhunde des Edelmanns fast alles wegrissen, hatten wir ein sehr dürftiges Mahl.«

Der letzte Schiffswechsel kam in Köln. Das neue Boot war sehr klein, aber es gab kein anderes, und die Herzogin wollte nur noch nach Hause: »Der Wind war konträr und drehte mein Boot bei dem Unwetter rundherum, ohne dass wir vorwärts kommen konnten. Meine Frauen fingen an zu schreien, aber ich lächelte nur über die Verwirrung, und endlich kamen wir …

in Duisburg an.« Für Sophie Charlotte, der schon übel wurde, wenn sie rückwärts in der Kutsche fuhr, wird die stürmische Bootsfahrt ein Alptraum gewesen sein. Aber wie die ganze Reise war auch die Rheintour eine erneute Lektion, dass eine Prinzessin Unannehmlichkeiten aller Art klaglos zu ertragen hat. An ihrer Mutter konnte sie sich das beste Beispiel nehmen.

In Duisburg fand der Schrecken ein Ende: »Der Herr Herzog hatte die Güte gehabt, mir Equipage und Vorspann dorthin zu schicken, um mich in einem Tage nach Osnabrück zu bringen. ... Ich kann die Freude nicht schildern, die ich empfand, den Herzog wiederzusehen ...« So steht es in den Memoiren der Herzogin. In ihrem aktuellen Brief vom 15. Oktober 1679 schreibt Sophie an den geliebten Kurfürsten-Bruder in Heidelberg: »Ich bin letzten Sonntag voller Freude angekommen, denn ich traf Ernst August und alle meine Kinder bei guter Gesundheit an.« Aber das war nur eine, die erfreuliche Seite ihrer Heimkehr. Schon sehr bald erlebte Herzogin Sophie eine tiefe Enttäuschung und erfuhr eine schmerzliche Nachricht.

5. Kapitel

Tod in Herford, Tod in Venedig
Aufstieg zur Prinzessin von Hannover

Im Oktober 1679 waren einundzwanzig Jahre vergangen, seit Sophie von der Pfalz in Heidelberg Herzog Ernst August von Braunschweig-Lüneburg geheiratet hatte und etwas eintrat, was die Braut »ein Wunder« nannte: die liebevolle Neigung zu ihrem Ehemann übertraf bei weitem das Pflichtgefühl, das Sophie in diese Ehe geführt hatte. Zwar erlebte sie nach drei, vier Jahren Ehe, wie Ernst August ungeniert amouröse Abwechslungen suchte, ob bei westfälischen Hofdamen oder venezianischen Kurtisanen. Doch die Überzeugung, dass ihre Beziehung von einem soliden Kern gegenseitiger Hochachtung geprägt war, blieb davon unberührt.

Nach der Rückkehr aus Frankreich musste Herzogin Sophie erkennen, dass diese Überzeugung ein Irrtum war. Der Wiedersehensfreude folgt ein Schock: »Meine Freude wurde jedoch bald gedämpft durch seinen Plan ... eine Reise nach Italien zu machen ...« Der charmante, galante Ernst August wusste wohl, was er an seiner Ehefrau hatte. Er schätzte ihr Wissen und ihren tadellosen Auftritt, ob in Osnabrück oder am Hof Ludwigs XIV. Aber er war der Herr im Hause und nahm keine Rücksicht auf ihre Gefühle. Seine jährliche Venedig-Fahrt zu Opern- und Karnevalsvergnügungen hatte Vorrang.

Im Winter 1679/80 wollte Herzog Johann Friedrich den jüngeren Bruder Ernst August begleiten. Dessen Gemahlin Benedicta hatte sich schon nach Frankreich abgesetzt. Der Schwager verstand sich besonders gut mit Sophie und bat sie noch im Oktober zum Besuch. Er »wünschte dringend, ich möchte den Herrn Herzog nach Italien begleiten«. Doch bei aller Sympathie für den Schwager folgte Sophie ihrem eigenen Interesse: »Aber da ich schon dagewesen war, so hatte ich keine Lust, noch einmal dorthin zu gehen.« Das hatte sie sich nach ihrer Italienreise mit dem Ehemann 1664/65 geschworen: Es war ihre erste und letzte Reise in den Süden.

Vielleicht fiel der Neunundvierzigjährigen die Entscheidung auch leichter, weil sie neben der enttäuschenden Information über die baldige Reise ihres Mannes eine Nachricht verkraften musste, die sie tieftraurig machte. In ihrem Brief an den Bruder über die glückliche Rückkehr war von gedämpfter Freude die Rede, obwohl sie Mann und Kinder alle »bei guter Gesundheit antraf«. Es ging um die gemeinsame Schwester Elisabeth, die als Äbtissin eines evangelischen Frauenklosters in Herford lebte: »Aber die Freude wurde bald getrübt, als man mich über den elenden Zustand von Elisabeth informierte, gegen deren Krankheit es nach Meinung der Ärzte kein Mittel gibt ... Ich werde morgen sehr früh abreisen, um sie zu besuchen.«

Eine Woche später ist Sophie wieder zurück im Osnabrücker Schloss und berichtet dem Bruder in Heidelberg. Elisabeth war bettlägerig, »ihr ganzer Körper, ihre Beine, Arme und Hals wie ein Skelett«. Sie habe lachend über ihren Tod gesprochen – »man wird nicht viel gelt noch gutt bey mir finden«. Einen Sarg habe die Äbtissin schon anfertigen lassen, und sie wünsche, ohne Zeremonien und Leichenpredigt begraben zu werden, das seien doch nur Schmeicheleien.

Sophie wird sich in der Kutsche auf der Fahrt von Osnabrück nach Herford an vieles erinnert haben. Was für ein schicksalhaftes Zusammentreffen: Soeben zurück von einem herzlichen Wiedersehen mit ihrer Schwester Louise Hollandine, die sie drei Jahrzehnte nicht gesehen hatte, muss sie die Begegnung mit ihrer todkranken Schwester Elisabeth ertragen, mit der sie viele gemeinsame vertrauliche Lebensjahre verbinden.

Die beiden Töchter der Elisabeth von der Pfalz – Enkelin der Stuartkönigin Maria, die nach dem Tod ihres Mannes als »Winterkönigin« und »Königin der Herzen« im Exil in Den Haag einen glänzenden Hof führte – waren in jugendlichen Jahren Mitwirkende auf dieser fürstlichen Bühne, wo jeder mit Geist und Verstand willkommen war. Dabei war Elisabeth, 1618 als älteste Tochter geboren, für die zwölf Jahre jüngere Sophie ein beeindruckendes Vorbild.

Elisabeths umfangreiches Wissen in Philosophie und Mathematik, ihre Sprachenkenntnisse – Griechisch und Latein eingeschlossen – erregten sehr bald das Interesse des berühmten Descartes. Der Mann, dessen rationale Philosophie das neue moderne Zeitalter prägte, hatte in den Niederlanden persönliche Zuflucht und Druckfreiheit für seine Bücher gefunden und war seit 1640 ein gern gesehener Gast am Hof der »Winterkönigin«. Von 1643 bis zu seinem Tod im Januar 1650 verband den Philosophen und die Prinzessin von der Pfalz ein lebhafter Briefwechsel, den Elisabeth begonnen hatte.

Briefe waren ein Lebenselixier für Elisabeth. Sie korrespondierte mit gelehrten Männern und Frauen und hatte einen engen freundschaftlichen Kontakt zu Anna Maria van Schurman, der vielleicht berühmtesten Frau des 17. Jahrhunderts. Die sieben Jahre Ältere war an der Universität von Utrecht erste und für Jahrhunderte letzte Frau in Europa als Studentin zugelassen worden. Anna Maria van Schurman, ein Sprachengenie, Expertin in Philosophie und Theologie, promovierte mit der These, dass Frauen in den Wissenschaften gleichberechtigt waren und grundsätzlich die gleichen Fähigkeiten wie Männer hatten.

Europas Dichter und Denker waren stolz darauf, mit dem »Stern von Utrecht« Briefe zu wechseln oder der berühmten Frau in ihrem Haus am Domplatz einen Besuch abstatten zu dürfen. Anna Maria van Schurman, die bewusst unverheiratet blieb, pflegte ein eigenes Netzwerk mit gelehrten Frauen quer durch Europa – Elisabeth von der Pfalz war eine davon.

Die beiden trafen sich in Schurmans Haus in Utrecht und in der Sommerresidenz von Elisabeths Mutter in Rhenen bei Arnhem. Die »Winterkönigin« und alle ihre Kinder verbrachten dort viele Ferienwochen. Auch Sophie vergnügte sich hier mit ihren Geschwistern und deren Bekannten; die berühmte Anna Maria van Schurman war keine Fremde für sie. Auch von ihr wird sie der Tochter erzählt haben.

Während die jüngere Schwester durch Heirat Herzogin von Braunschweig-Lüneburg und Ehefrau des Bischofs von Osnabrück wurde, führte die Ältere ein Wanderleben bei fürstlicher Verwandtschaft in Berlin und Kassel. 1667 wurde Elisabeth zur Äbtissin des evangelischen Frauenstiftes Herford gewählt. Damit verbunden war der Rang einer Reichsfürstin, denn zum Kloster gehörte ein eigenes kleines Territorium. Die vertraute Beziehung zwischen den Schwestern hatte sich durch alle Jahre gehalten; Elisabeth war Gast in Hannover, auf Schloss Iburg und in Osnabrück.

Bevor sie ein zweites Mal zur kranken Schwester nach Herford aufbrach, verabschiedete die Herzogin Mitte November 1679 im Schloss von Osnabrück ihren Ehemann. Ein schwerer Sturm zog über das Land, aber Herzog Ernst August konnte nichts von seiner Reise nach Venedig abhalten. Die Route führte über Basel, während sein Bruder, Herzog Johann Friedrich, den Weg über Augsburg wählte. In der Lagunenstadt würden sie sich treffen. Ihrem Bruder in Heidelberg schrieb Sophie in diesen Tagen, was sie über die kranke Schwester erfuhr: »Elisabeth geht es immer schlechter ... sie sieht aus wie eine Kerze, die verlöscht. Sie möchte mich sehen ... es ist meine Pflicht, dem nachzukommen.«

Die Brüder sorgten sich um Elisabeth, die von ihren Geschwistern anerkennend »la Grècque« genannt wurde, und schickten besondere Medizin nach Herford. Wie wenig sie anschlug, erlebte Sophie: »Ich habe unsere arme Schwester besucht, es geht ihr noch viel schlechter ... Sie wünscht sich den

Tod, statt so elendig zu leben.« Doch der Tod nimmt sich Zeit. Gleich mit dem neuen Jahr 1680 macht sich Herzogin Sophie auf den Weg: »Es ist unmöglich, die Freude zu schildern, mit der sie mich empfing ...«, denn Elisabeth war »von Leuten umgeben, deren trübsinnige Frömmigkeit ein Martyrium für sie war«. Die Äbtissin hatte keine Autorität mehr, ihren Tod zu gestalten. Diese Leute haben sie »an jeder Art Erholung gehindert, sogar an der Musik, mit der sie ihr Leiden hätte vergessen können«. Dann wechselt völlig unerwartet die Szenerie. Der Tod tritt an anderer Stelle auf; alle Karten des Lebens werden neu gemischt.

Wir können diesen dramatischen Wendepunkt in einem Brief vom 4. Januar 1680 miterleben. Sophie schreibt aus Herford an ihren Bruder über Elisabeth: »... seit ich hier bin, spricht sie kaum noch vom Tod ... ihre Knochen stoßen schon durch die Haut. ... Sie kann kaum reden, möchte mich aber immer um sich haben.« Dann heißt es ohne Übergang: »In diesem Moment erfahre ich vom Tod des armen Herzogs von Hannover; das hat mich sehr betroffen gemacht ...« Ein Kurier ihres Mannes übermittelt der Herzogin im Krankenzimmer ihrer Schwester die Nachricht: Ihr Schwager, Herzog Johann Friedrich, ist am 28. Dezember 1679 auf der Reise nach Venedig in Augsburg gestorben.

Herzog Ernst August hatte sich nach der Todesnachricht sofort von der Schweiz aus auf den Rückweg nach Osnabrück gemacht. In Herford war der kranken Äbtissin klar, dass sie auf die tröstliche Sterbebegleitung ihrer Schwester verzichten musste: »Mit Trauer sah sie mich nach Osnabrück abreisen, und wir sagten uns das letzte Lebewohl.« So waren die Schwestern erzogen worden: Politische Anforderungen hatten absoluten Vorrang.

Warum dieser unerwartete Tod bei Herzogin Sophie ein Wechselbad der Gefühle auslöst, erklärt sie freimütig in ihren Memoiren: »Ich war so überrascht davon, dass ich selbst blass wie der Tod wurde. Zwar empfand ich den Verlust eines guten

Freundes tief, aber ich hatte allen Grund, Gott dafür zu danken, dass er dadurch den Herrn Herzog und seine Kinder gegen seine Feinde sicherstellte ...« Sowohl Sophie wie Herzog Ernst August hatten die großzügige Gastlichkeit des Verstorbenen in Hannover oft genossen. Sie schätzten seine geistreichen Unterhaltungen, seine Weltläufigkeit und seine Leidenschaft für die Musik. Die Trauer war ehrlich, doch der Tod von Herzog Johann Friedrich hatte eine hochpolitische Dimension. Er öffnete für seinen jüngeren Bruder Ernst August und dessen Familie das Tor zu einem Aufstieg in die Welt der regierenden Herrscherhäuser. Da war jedes persönliche Gefühl zweitrangig.

Die Erklärung führt zurück in das Jahr 1658 nach Heidelberg. Nachdem Herzog Georg Wilhelm von Braunschweig-Lüneburg seine Verlobung mit Sophie von der Pfalz gebrochen hatte, konnte er seinen jüngeren Bruder Ernst August mit einem gewagten Handel überzeugen, an seiner Stelle die Braut zu ehelichen, und zugleich Sophies Zustimmung zum neuen Bräutigam gewinnen. Georg Wilhelm verzichtete in einem Vertrag zu Gunsten seines Bruders Ernst August, der zwar den Titel Herzog führte, aber als der jüngste von vier Brüdern kein Land besaß und von Georg Wilhelm ausgehalten wurde, auf alle Erbansprüche auf das hannoversche Territorium. Da Herzog Johann Friedrich keine männlichen Erben hatte, trat mit seinem Tod der Vertragsfall von 1658 ein. Der Bischof von Osnabrück wurde regierender Herrscher in Hannover samt zugehörigem Territorium, und diese Herrschaft würde automatisch auf die nachfolgenden männlichen Erben seines Hauses übergehen.

Frauen waren im deutschen Adelskosmos vom Regieren ausgeschlossen, während sie in England als Königinnen herrschen konnten. Sophie Charlotte würde niemals als regierende Herzogin im Schloss von Hannover Kommandos geben, selbst wenn alle ihre sechs Brüder vor ihr sterben sollten. Trotzdem bekam die Prinzessin von Braunschweig-Lüneburg mit dem Aufstieg ihrer Familie zu einer regierenden Herrscherfamilie eine neue Wertigkeit. Der Zuwachs an Ansehen, Ranghöhe und Repräsentationsmöglichkeiten bei jedem öffentlichen Auftritt war enorm. Nicht weniger die finanziellen Mittel, die die Herrscherfamilie dank der Wirtschaftskraft des Landes einsetzen konnte, wenn es darum ging, familiäre oder politische Interessen durchzusetzen.

Herzogin Sophie hat in ihren Memoiren die Überlegungen, ihre Tochter mit dem französischen Thronfolger zu verheiraten, geschickt als nebensächliches Manöver abgetan. Aber jeder, der zum adligen Milieu gehörte, ging davon aus, dass für Sophie Charlotte, die im Oktober 1680 ihren zwölften Geburtstag feiern würde, die Zeit ernsthafter ehelicher Planspiele angebrochen war. Ihre potentielle Verheiratung wurde zu einer Angelegenheit, wo sich familiäre und politische Interessen verknüpften. Aus der Zeit dieser entscheidenden Weichenstellung ihres Lebens haben sich die zwei ersten Gemälde von ihr erhalten.

Auf dem repräsentativen Ölbild schaut uns Sophie Charlotte, die wir bisher nur aus Beschreibungen ihrer Mutter kennen, aus großen klaren Augen freundlich-entschlossen an. Das Originalgemälde ist verloren, es existiert nur eine zeitgenössische Kopie. Es gibt keinen Beleg für die genaue Entstehung, nur die Vermutung, dass dieses erste Porträt von Sophie Charlotte während ihrer Frankreichreise entstanden ist.

Aber kunsthistorische Expertise, die Qualität und die Komposition des Bildes lassen die These plausibel erscheinen, dass Pierre Mignard, einer der bedeutendsten Porträtmaler am Hofe Ludwigs XIV., es als Auftragsarbeit angefertigt hat. Herzogin Sophie war seit ihren Jahren in Holland mit erstklassiger Malerei vertraut und wusste, wie sehr ein gutes Porträt Teil einer gelungenen fürstlichen Repräsentation war.

Das Gemälde – 135 × 106 Zentimeter – zeigt eine junge Frau in leicht gedrehtem Porträt, deren rechter Arm locker auf einem kessen Schoßhündchen ruht, während sie – ab Kniehöhe gemalt – aufrecht stehend in die Welt blickt. Der prächtige Perlenohrring, die Perlenkette und die farbigen Edelsteine, die das Kleid und den Damastumhang zusammenhalten, weisen eine Prinzessin der höheren Adelsränge aus. Die künstlerische Inszenierung ist eine gelungene Mischung aus höfischer Distanz und eigenständiger Persönlichkeit. Hinter der hohen Stirn und den sorgfältig gekräuselten Locken lassen sich eigene Gedanken erahnen.

Auch das andere Bild hat sich nicht im Original erhalten. Es ist vermutlich ebenfalls während der Frankreichreise entstanden und wurde von Louise Hollandine, der Äbtissin von Maubuisson gemalt. Sie hatte in ihrer Jugend in Den Haag Malunterricht bekommen, vermutlich von Gerrit van Honthorst, einem von Hollands bekanntesten Malern im 17. Jahrhundert. Auch als katholische Äbtissin in Frankreich hatte sie ihr Talent nicht verkümmern lassen. Das Wiedersehen mit ihrer Schwester Sophie nach dreißig Jahren und deren Tochter war Anlass für ein Doppelporträt von Mutter und Tochter.

Es ist die Mutter, die das Bild beherrscht und selbstbewusst aus dem Rahmen schaut. Die Tochter zu ihrer Linken blickt mit einem Augenausdruck zur Mutter hoch, der – erwartungsvoll – auf Anerkennung hofft. Eine Anerkennung, die sich nicht nur auf die Blumen bezieht, die Sophie Charlotte in einer Schürze gesammelt hat, sondern den Kern der persönlichen Beziehung zwischen Mutter und Tochter zu treffen scheint. Trotz der mächtigen antiken Säule im Hintergrund strahlt das Bild eine private Atmosphäre aus. Es ist eine Momentaufnahme von zwei Frauen in sehr unterschiedlichen Lebenssituationen, die dennoch eng miteinander verbunden sind.

Die beiden Porträts bieten einen Einblick in Sophie Charlottes Persönlichkeit wie nichts zuvor. Sie legen zwei unterschiedliche Seiten der Elfjährigen offen, die sich ergänzen und keineswegs auf einen inneren Zwiespalt hindeuten. Ein frappantes Spiegelbild der doppelten Rolle, die das Mädchen während der Frankreichreise im Herbst 1679 ausfüllte: Am Hofe des französsischen Königs trat sie zusammen mit ihrer Mutter – nach neuester Mode gekleidet – als Prinzessin auf, die sich im höfischen Rahmen elegant zu bewegen wusste. Bei der Tante im Kloster Maubuisson spielte Sophie Charlotte mit Gleichaltrigen, während die Mutter in Paris Einkäufe machte.

Sophies Abschied von der sterbenden Elisabeth in Herford im Januar 1680 war ein »letztes Lebewohl«, das wussten beide Schwestern. Mitten in die Zukunftsplanungen der herzoglichen Familie traf die erwartete Nachricht aus Herford ein. Sophie informierte den Bruder in Heidelberg: »Sie hat diese Welt am 8. Februar verlassen« und sei »von ihrem bedauerlichen Zustand erlöst« worden. In ihren Memoiren erlaubte sich Sophie einen Blick auf die eigenen Gefühle, als sie »die traurige Nachricht von dem Tod meiner armen Schwester, der Frau Äbtissin von Herford« erhielt. Eine Nachricht, »die mich außerordentlich bewegte«.

Umgeben vom Umzugstrubel und der Ungewissheit, welche Konsequenzen das neue Leben für sie haben würde; konfrontiert mit dem Tod ihrer Tante, dem Schmerz der Mutter um die geliebte Schwester, war für Sophie Charlotte ihre vertraute Erzieherin Anna Katharina von Harling wie ein Fels in der Brandung. Ein Glücksfall, während die unbeschwerte Zeit der Kindheit endgültig Vergangenheit wurde. Sophie Charlotte mit der Schürze voller Blumen trat in den Hintergrund, die junge Frau mit dem freundlich-entschlossenen Blick nahm selbstbewusst den Platz ein, der ihr als Prinzessin der Herrscherfamilie im Schloss von Hannover zustand.

6. Kapitel

In München scheitern Heiratsverhandlungen
In Berlin wird ein trauernder Witwer getröstet
1680 bis 1683

Das Schloss von Hannover, mitten in der Altstadt gelegen, von Bürgerhäusern dicht umbaut, umgab ein Hauch von Abenteuer. Die über hundert Zimmer waren wie in einem Labyrinth angelegt, die Stiegen so schmal, dass man sich nicht ausweichen konnte. Für Herzogin Sophie allerdings war es ein Alptraum. Ende Februar 1680 schrieb sie dem Bruder aus Osnabrück, man bereite sich auf den Umzug vor, »um uns in Hannover in einem recht schmutzigen und hässlichen Haus einzurichten und dafür ein schönes und bequemes zu verlassen, wo es einen schönen Garten gibt«.

Auch im Juni, der Umzug lag schon fast drei Monate zurück, nahm das Klagen kein Ende: »In Osnabrück haben mich leblose Dinge erfreut … wie mein Garten, meine Blumen, mein Haus und meine Möbel. Alle diese Vergnügen sind mir hier auf einmal genommen; hier kann man nicht ohne Kutsche spazieren gehen.« Das war der größte Schmerz für die Herzogin: Nicht wie in Osnabrück vom Erdgeschoss auf die Terrasse zu treten und in wenigen Schritten in einem großen Garten zu sein, wo sie sich stundenlang in frischer Luft bewegen und an Blumen und Pflanzen erfreuen konnte. Für einen ähnlichen Genuss musste sie im Stadtschloss von Hannover die Kutsche besteigen und sich nach Herrenhausen, dem fürstlichen Garten außerhalb der Mauern, fahren lassen.

Dass frische Luft und ein Leben außerhalb der dichten Stadtbebauung selbst für die herzogliche Familie kein überflüssiger

Luxus war, erfährt Sophies Bruder, der Kurfürst von der Pfalz, Ende Mai 1680: »Es hat mir das Herz zerrissen, meine Tochter so schwer krank zu sehen. Es hat jetzt mit den Pocken aufgehört. Ich glaube, sie ist jetzt außer Gefahr.« Knapp vierzehn Tage später folgt die gute Nachricht: »Meine arme Tochter hält sich gut, und man hofft, dass sie nicht verunstaltet wird. Das Elend der Menschen ist groß, in der ganzen Stadt herrschen die Pocken.« Gegen die ansteckende Infektionskrankheit der Pocken, auch Blattern genannt, gab es damals – und bis ins frühe 19. Jahrhundert – kein Heilmittel.

Es ist verständlich, dass die Eltern von Sophie Charlotte während der Krankheit von sehr unterschiedlichen Gefühlen heimgesucht wurden. Die Hilflosigkeit angesichts der Qualen, die ihre Tochter durchmachte, die Verzweiflung über die tödliche Gefahr haben Sophie und Ernst August zweifellos tief erschüttert. Natürlich wünschten sie ihrem Kind aus ganzem Herzen, dass es nicht durch hässliche Narben zur Außenseiterin wurde. Aber sie konnten sich auch nicht frei machen von weitergehenden Überlegungen politischer Natur, die für die Tochter in nächster Zeit anstanden.

Eine pockennarbige Prinzessin hatte kaum Chancen auf dem Heiratsmarkt. So manches fürstliche Heiratsprojekt war durch die Folgen dieser Krankheit jäh beendet worden. Die Patentante Elisabeth Charlotte drückt in ihrem Brief aus Paris Mitte Juli 1680 aus, was alle empfanden, denen es im weitesten Sinn um das Wohl von Sophie Charlotte ging: »… dass unßere liebe princes so woll von den blattern kommen – hat mich von hertzen erfrewet.« Die Zwölfjährige war noch einmal davongekommen und nun immun gegen zukünftige Ansteckungen.

Ein Grund zur Erleichterung. Doch die Herzogin gewinnt ihre positive Lebenssicht nicht zurück. »Ich bin immer noch sehr stark vom Elend und vom Tod Elisabeths bewegt, und ich tue alles, um nicht daran zu denken, denn es zerreißt mir das Herz …« Der Bruder, Kurfürst Karl I. Ludwig von der Pfalz, gehört zu den wenigen Menschen, denen Sophie sich anvertraut, Woche für Woche seit sie 1658 seinen Hof in Heidelberg verlassen und nach Hannover geheiratet hat. Ende August 1680 erreicht sie die Nachricht von einem weiteren Todesfall, der sie noch mehr ins Herz trifft: Ihr geliebter Bruder ist im Alter von dreiundsechzig Jahren an einem Schlaganfall gestorben.

Nach diesem Jahr der Verluste und Umbrüche hofft Sophie auf ruhige Monate im Kreis ihrer Familie, mit dem Herzog als Stütze und Trost an ihrer Seite. Doch Ernst August denkt wie immer zuerst an seine eigene Befindlichkeit. Er neigt zur Melancholie und ist überzeugt, dagegen hilft nur ein Mittel: Venedig. Hatte er im Winter 1679/80 darauf verzichten müssen, weil sein Bruder auf der Reise dorthin starb, ist er diesmal entschlossen, sich die dunklen Monate in der Lagunenstadt mit Oper, Konzerten und Frauen aufzuhellen. Mitte November 1680 bricht er auf, Rückkehr ungewiss.

Es ist der Augenblick, wo seine Frau Sophie sich wieder auf ihre Stärken besinnt, entschlossen, nicht in ihrer Traurigkeit zu versinken. Sie nimmt die Feder zur Hand und erklärt, dass »es in dem Alter, worin ich mich befinde, keine bessere Beschäftigung für mich gibt als die, mich vergangener Zeiten zu erinnern«. Allerdings will sie nicht als »Heldin« erscheinen, zumal »diese Schrift nur für mich bestimmt ist«. Gerade deshalb hat die Fünfzigjährige kein Selbstmitleid im Sinn: »Ich beabsichtige nur, mich während der Abwesenheit des Herrn Herzogs, meines Gemahls, zu zerstreuen, um der Melancholie zu entgehen und mich in guter Stimmung zu erhalten. Denn ich bin überzeugt, dass das die Gesundheit und das Leben erhält, das mir sehr teuer ist.« Sie will kein Opfer sein.

So schreibt Herzogin Sophie – auf Französisch – zu ihrem eigenen Nutzen Memoiren, eine Seltenheit im 17. Jahrhundert, zumal aus weiblicher Feder. Sophie Charlotte und ihre Brüder werden die gute Stimmung der Mutter erfreut registriert haben, die die Wintermonate ohne ihren Gemahl auf kreative Weise verbrachte. Die Tochter nutzt die Abwesenheit des Vaters, um für ihn ein kunstvolles Spektakel zu organisieren, eine »Mascerade mise en balet dansé« mit dem Titel *Le charme de l'amour*. Nach der Rückkehr des Herzogs im Februar 1681 wird diese »Maskerade in Form eines getanzten Balletts« ihm zu Ehren im Schloss aufgeführt. Im Mittelpunkt steht Sophie Charlotte als Amazonenkönigin, aber auch ihre vier Brüder beteiligen sich an den Tanzeinlagen, ebenso Offiziere und adlige Damen. Ein Chor tritt auf, und einfache Arien werden gesungen, von der Hofkapelle begleitet. Einstudiert wurde der gesamte Auftritt von Tanzmeister Jemme, der seit den Tagen auf Schloss Iburg im Dienst der herzoglichen Familie steht. Das Ganze ist nur der Probelauf für die glanzvoll überbordende Aufführung eines Opernballetts im Juni 1681. Und wieder dreht sich auf der Bühne alles um Sophie Charlotte, die in ihrem dreizehnten Lebensjahr steht.

Am 26. Juni bot Herzog Ernst August in Hannover ein noch nie gesehenes Zeremoniell, um die dänische Königin, seine einzige Schwester, zu empfangen. Der gesamte Hof mit seinen adligen Damen und Kavalieren kam dem hohen Gast, der in Bad Pyrmont zur Kur gewesen war, in sechsspännigen vergoldeten Kutschen entgegen. Es folgten die herzogliche Leibgarde in neuen Uniformen, Reiter und Fußvolk, bevor die prächtigen Kutschen mit den Mitgliedern der herzoglichen Familie an den Einwohnern, die Spalier standen, vorbeizogen: die ältesten Prinzen, Sophie Charlotte und als krönender Abschluss, von Trompetern und Paukisten begleitet, das Herzogspaar.

Die ganze Gesellschaft versammelte sich in einem Festzelt; es wurde Salut geschossen. Anschließend ordnete sich der Zug erneut, und Gäste und Gastgeber bewegten sich aus der Stadt hinaus in Richtung Herrenhausen, zu den fürstlichen Gärten. Der eindrucksvolle Festzug zu Ehren der dänischen Königin gab Ernst August die Gelegenheit, sich als neuer Herrscher zu präsentieren.

In Herrenhausen vollzog sich des Spektakels zweiter Teil. In den Gärten wurde eine Art Ballettoper in zwei Akten über Diana, die Göttin der Jagd, aufgeführt – *Chasse de Diane*. Es wurden rund zehntausend Lichter entzündet, während junge Adlige als Schäfer und als Schäferinnen tanzend und singend die Oper eröffneten. Im zweiten Akt der Höhepunkt: In einem Prunkwagen, von zwei Hirschen gezogen, zieht Göttin Diana ein, begleitet von Paukisten auf edlen Schimmeln. Es gibt Solo-Arien, ein Chor tritt auf, und die Hofkapelle setzt mit Flöten und Geigen, Theorben und Oboen ein. Ein Konzert folgt, bevor ein großes Feuerwerk den dunklen Himmel beleuchtet.

Was diesem prunkvollen Abend seinen besonderen Reiz verlieh, war die Person, die als Diana im Mittelpunkt der exquisiten musikalischen Aufführung stand – Sophie Charlotte. Für die hohen Gäste war die Botschaft dieses festlichen Tages und Abends unmissverständlich. Der außerordentliche Prunk, mit dem Herzog Ernst August sich selbst, seine Familie und sein neu gewonnenes Land präsentierte, sollte weit hinaus ins deutsche Land strahlen.

An den Fürstenhöfen sollte man sich davon erzählen und anerkennend zur Kenntnis nehmen, dass ein solcher Aufwand und künstlerischer Ehrgeiz für politische Durchsetzungskraft und finanzielle Potenz standen. Mit Ernst August war in Zukunft zu rechnen, wenn es um Macht und Einfluss unter den führenden Fürsten im Deutschen Reich ging. Und Sophie Charlotte war ein wichtiger Teil der ehrgeizigen Pläne ihres Vaters.

Als das Herzogspaar im Januar 1682 zu einem offiziellen Besuch nach Berlin reiste, wurde es vom ältesten Sohn, dem Erbprinzen, und der vierzehnjährigen Sophie Charlotte begleitet. Ein Ereignis, bei dem Familiäres und Politisches eng verbunden war. In Berlin regierte seit 1640 Kurfürst Friedrich Wilhelm die Mark Brandenburg, zu Recht der »Große Kurfürst« genannt. Das drittklassige Land im Osten, im Dreißigjährigen Krieg total zerstört und ausgeplündert, hatte sich unter Friedrich Wilhelm durch geschickte Bündnispolitik, Wirtschaftsreformen und ein schlagkräftiges Heer zu einem neuen Machtfaktor entwickelt und wurde vom französischen König wie vom Kaiser in Wien gleichermaßen umworben. Der Kurfürst sah in Frankreich seinen besten Verbündeten und hatte mit Ludwig XIV. 1679 ein geheimes Bündnis geschlossen. Herzog Ernst August von Hannover, Brandenburgs geografischer Nachbar, setzte dagegen auf den Kaiser, um für sich und sein Land auf der politischen Landkarte Deutschlands einen einflussreicheren Platz zu erobern.

Es gab viel Gesprächsstoff für die beiden Herrscher, um auszuloten, ob nicht doch gemeinsame Interessen die beiden größten norddeutschen Länder auf der Bühne deutscher und europäischer Politik zusammenführen könnten. Unabhängig vom komplizierten höfischen Protokoll kamen alle Beteiligten schnell zur Sache: Beide Familien waren direkt und durch Heirat miteinander verwandt. Herzogin Sophie und der Kurfürst waren sich schon in den 1630er Jahren in Den Haag begegnet, als ihr brandenburgischer Vetter – wie viele junge Adlige in Europa – einige Jahre das weltoffene, tolerante Milieu der Niederlande genoss. Friedrich Wilhelms erste Frau, Louise Henriette von Oranien, kam aus den Niederlanden. Seine zweite Frau, Dorothea von Lüneburg, die in Berlin zur festlichen Runde gehörte, war durch ihre erste Ehe eine Schwägerin von Herzog Ernst August.

Spannungen, die während des Besuches aufgrund politischer Meinungsverschiedenheiten hätten entstehen können, wurde vom Gastgeber souverän und herzlich der Boden entzogen: »Der Herr Kurfürst von Brandenburg hat uns so viel Ehre erwiesen, dass er nicht mehr hätte tun können, wenn er den Kaiser bei sich empfangen hätte, und hat uns so viel Freundschaft bezeigt, dass er unser ganzes Herz gewonnen hat.« Die begeisterte Bilanz ihres Besuches schreibt Herzogin Sophie nach ihrer Rückkehr Anfang Februar 1682 an den hannoverschen Gesandten in Berlin.

Dass im Gefolge des Herzogs von Hannover sein ältester Sohn und Nachfolger mit nach Berlin kam, zeigt, welche Bedeutung Ernst August diesem Zusammentreffen beimaß. Da war es selbstverständlich, dass auch der Gastgeber den Besuchern seinen Nachfolger vorstellte, den Kurprinzen Friedrich. Begleitet wurde der Fünfundzwanzigjährige von seiner Frau Elisabeth Henriette, Kurprinzessin von Brandenburg. Die beiden waren seit über zwei Jahren verheiratet, lebten mit ihrer kleinen Tochter in Schloss Köpenick und verkörperten in der Adelswelt der arrangierten Ehen eine absolute Ausnahme: Sie hatten aus Liebe geheiratet, ohne jedes machtpolitische Kalkül.»Eine sehr gute Fürstin«, nennt Herzogin Sophie die einundzwanzigjährige Elisabeth Henriette in ihrem Brief.

Tochter Sophie Charlotte hatte an der Festtafel und bei weiteren Begegnungen während des Berlin-Besuchs schnell einen guten Kontakt zu den jungen Frauen der kurfürstlichen Familie gefunden. Eine Schwiegertochter des Großen Kurfürsten sei »sehr liebenswürdig« und habe »große Freundschaft mit meiner Tochter geschlossen« und das Gleiche gelte für Kurprinzessin Elisabeth Henriette.

Dem Besuch in Berlin folgte bald der Gegenbesuch des kurfürstlichen brandenburgischen Ehepaares in Hannover. Sophie Charlotte ist mit von der Partie, um die hohen Gäste zu unterhalten: sei es beim festlichen Mahl, sei es bei der Aufführung der Oper *Alceste,* die Kurfürst Friedrich Wilhelm begeisterte. Wenn es überhaupt noch eines Beweises bedurft hätte: Herzog Ernst August weiß, seine Tochter ist vorzeigbar in der Welt der Herrschenden, und er kann sie bei seinen politischen Überlegungen einsetzen.

Der katholische Abt Lodovici Ballati war Vertrauter des verstorbenen Herzogs Johann Friedrich gewesen und genoss auch bei Ernst August hohes Ansehen. Im April 1682 schickte der Herzog den Edelmann aus Florenz in einem delikaten Auftrag nach München: »... dass ihr durch Eure Gewandheit, Euren

Scharfsinn und Euer bestechendes Auftreten eine Angelegenheit zum guten Ende führt, die für meine Familie so wichtig ist.« Nicht nur in Hannover wusste man, dass der siebzehnjährige Kurfürst von Bayern auf Brautsuche war. Der Abt, dessen Qualifikationen für schwierigstes diplomatisches Parkett der Herzog schmeichelnd umschrieb, sollte erreichen, dass die Wahl auf Sophie Charlotte fiel.

Unter den engen Beratern von Ernst August, zu denen auch seine Frau Sophie Kontakt hielt, waren die Pläne des Vaters für seine Tochter kein Geheimnis. Während Ballati am Hof in München viele Gespräche führte, versprühte die stolze Mutter im Mai 1682 in ihren Briefen Optimismus: »Es wird meiner Tochter nicht an Freiern fehlen, sie wachsen nach wie die Köpfe des Cerberus … Wir werden an ihrer Heirat sehen, ob der Papst, Calvin oder Luther die Oberhand behält.« Der Hinweis, dass ein Konfessionswechsel ihrer Tochter für die Eltern kein Hinderungsgrund war, zielte vor allem in Richtung München. Um dort Kurfürstin zu werden, würde Sophie Charlotte, lutherisch getauft, von ihrer calvinistischen Mutter im Geist religiöser Toleranz erzogen, eben katholisch werden – kein Grund zur Aufregung.

Das Jahr 1682 ging zu Ende, der Hof in München sandte trotz vieler Gespräche keine positiven Signale. Man einigte sich auf eine Denkpause. Der Rest ist schnell erzählt. Im Februar 1683 begann Lodovico Ballati im Auftrag von Herzog Ernst August in München mit neuen Verhandlungen, betonte nochmals, dass eine Konversion der Braut zum Katholizismus kein Problem sei. Im April wurden die Gespräche offiziell beendet. Der Kurfürst von Bayern hatte sich entschieden, eine Tochter des Kaisers zu heiraten. Sie war nicht nur von Hause aus katholisch, sondern mit ihrem familiären Hintergrund ein politisches Schwergewicht.

Doch wegen der gescheiterten Heiratspläne für seine Tochter musste sich der Herzog in Hannover nicht verstecken. Gegen den Kaiser zu verlieren, war keine Schande; immerhin hatte der einflussreiche bayerische Kurfürst über Monate ernsthaft verhandeln lassen. Ein wichtiger Nebeneffekt: An Deutschlands Fürstenhöfen sprach sich herum, dass Herzog Ernst August fest entschlossen war, mit seinem Land und seiner Familie in den höchsten fürstlichen Rang aufzusteigen. Aus dem Herzogtum sollte das Kurfürstentum Hannover werden, mit Ernst August als einem der Kurfürsten des Deutschen Reiches, die seit dem 15. Jahrhundert den deutschen Kaiser wählten. Eine Erweiterung der Kurfürsten-Runde war aber nur möglich, wenn die jetzigen Kurfürsten und vor allem der Kaiser in Wien zustimmten.

Es galt, Verbündete zu finden. Warum nicht mit Hilfe seiner heiratsfähigen Tochter? Als zukünftiger Ehemann von Sophie Charlotte kam für ihren Vater nur ein Kurfürst oder ein Anwärter auf die Kurfürstenwürde in Frage. Ob Sophie Charlotte wusste, dass ihr Vater Ausschau nach einem Bräutigam hielt, der seine politischen Pläne fördern würde? Ob ihre Mutter über die konkreten Verhandlungen in München mit ihr sprach? Es gibt keine Hinweise. Doch die nüchtern-selbstbewusste Analyse, mit der Herzogin Sophie im Mai 1682 die positiven Heiratschancen ihrer Tochter benennt und einen Konfessionswechsel als nebensächlich darstellt, spiegelt eine Einstellung, die sie Sophie Charlotte als Lebensregel mitgegeben hat und die ihr selbst in jungen Jahren anerzogen wurde.

Wer als Prinzessin zur Welt kommt, ist ausschließlich seiner fürstlichen Familie – der Dynastie – verpflichtet. Die Eltern entscheiden über den Ehemann, und bei dieser Verbindung geht es weder um Neigung noch um Liebe. Die Tochter soll gut versorgt sein und durch ihre Heirat möglichst das Ansehen und den politischen Einfluss ihrer elterlichen Familie mehren. Diskussionen sind undenkbar. Zugleich konnte die Herzogin ihrer Tochter aus eigener Erfahrung mit auf den Weg geben, dass solche arrangierten Heiraten eine liebevolle Beziehung zwischen den Eheleuten nicht ausschlossen.

Während im Schloss von Hannover Überlegungen über potentielle Heiratskandidaten angestellt wurden, kam traurige Nachricht aus Berlin. Am 7. Juli 1683 war im Schloss von Köpenick Kurprinzessin Elisabeth Henriette von Brandenburg, zweiundzwanzig Jahre jung und schwanger, an den Pocken gestorben. Der französische Gesandte in Berlin meldete, ihr Ehemann, Kurprinz Friedrich, sei »von so großer Trauer ergriffen, dass man um seine Gesundheit fürchtet«.

In ihrem persönlichen Beileidsschreiben an Friedrich, der seinem Vater als Kurfürst von Brandenburg nachfolgen würde, lud Herzogin Sophie den Witwer nach Hannover ein. Hier könne er seine traurigen Gedanken vertreiben. Wie sehr hinter ihrem persönlichen Mitgefühl schon weitergehende Überlegungen standen, verrät der Brief der Herzogin an den hannoverschen Gesandten in Berlin vom 30. Juli. In Bezug auf den trauernden Ehemann ist sie von erstaunlicher Direktheit: »Ich wünschte wohl, er könnte hier etwas finden, mit dem er sich trösten könnte, und ich bin sicher, er könnte keine wählen, die eine aufrichtigere Freundschaft und Achtung für ihn hätte. Das sei unter uns gesagt, denn Ehen werden im Paradies geschlossen.« Ist der Paradies-Vermerk wirklich ernst gemeint – oder der augenzwinkernde Schlenker einer klugen Frau, die es besser weiß?

Schon der folgende Satz legt dem Vertrauten in Berlin die wahre Intention dieses Schreibens offen: »Indessen würden Sie mich verpflichten, wenn Sie mir mitteilen, ob Sie irgendwelchen Anschein bemerken, dass der Kurprinz ebensoviel Neigung für hier hat, als man hier für ihn besitzt ...« Für den Gesandten Hannovers am Regierungssitz des Kurfürsten der Mark Brandenburg steht außer Zweifel, dass der Tod der Kurprinzessin Anlass für neue Heiratspläne in Hannover ist und dass die Frau Herzogin einen solchen Brief nicht ohne Absprache mit ihrem Gemahl, dem Herzog, verfasst.

Einen Tag später bedankt sich Kurprinz Friedrich für Herzogin Sophies »herzliche Kondolenz, die Sie sowohl Ihrerseits wie auch im Namen Ihres Herrn Gemahls und Ihrer Prinzessin Tochter mir haben bezeugen wollen«. Der calvinistische Glaube, in dem er erzogen wurde, ist ihm ein Trost in aller Verzweiflung. So dunkel Gottes Wege sind, Friedrich ist überzeugt, dass der Tod seiner Frau in Gottes Ratschluss aufgehoben ist. Er tue alles, was er könne, »der Traurigkeit über diesen unglücklichen Trauerfall zu widerstehen«. So schwer es ihm falle, sich zu trösten, wenn er an die große Liebe und Einigkeit zwischen seiner Frau und sich denke, hoffe er doch, »durch Gottes Gnade und mit der Zeit mich darein zu finden«.

Ausführlich geht Friedrich auf den Vorschlag der Herzogin ein, nach Hannover zu kommen, »um meine traurigen Gedanken zu vertreiben«. Grundsätzlich würde er gerne »Euer Liebden, ihrem Herrn Gemahl und der Prinzessin Tochter« seine Aufwartung machen. Seine Traurigkeit sei aber noch so groß, dass »ich fürs erste noch keinen besseren Trost als in der Einsamkeit am hiesigen Ort finden kann«. Trotz seiner Absage ist dem Witwer daran gelegen, Herzogin Sophie zu vermitteln, dass sie und ihre Familie seinem Herzen nahestehen. Es werde ihm immer zum Trost gereichen, »der mütterlichen Zuneigung versichert zu sein, die Sie mir entgegenbringen, und um deren Bewahrung und Vermehrung ich nicht allein bitte, sondern Euer Liebden zugleich inständig ersuche«. Die Herzogin soll ihn auch »Ihrem Gemahl und der Prinzessin Tochter aufs beste empfehlen«.

Vierundzwanzig Tage nach dem Tod seiner geliebten Frau schließt Friedrich den Brief an Herzogin Sophie ohne Selbstmitleid, sondern mit dem Versprechen, den Kontakt zu ihr als tröstende Stütze seines zukünftigen Lebens entschlossen aufrecht zu halten: »Ich bin und bleibe bis in mein Grab Euer Liebden demütiger Vetter, Diener und gehorsamer Sohn ...« Ein sehr persönlicher Brief, bei dem kein Berater die Feder geführt hat.

Gehen dem zukünftigen Kurfürsten beim Schreiben des Briefes vielleicht Gedanken durch Kopf und Gemüt, die er keinem Papier und keinem Menschen anvertrauen möchte? Ausgelöst durch die direkte unprotokollarische Einladung der Herzogin, in Hannover bei ihrer Familie von der Trauer zurück ins Leben zu finden?

Mitte August 1683 meldet der hannoversche Gesandte in Berlin an seine Auftraggeber, Kurprinz Friedrich habe ihm während eines Gesprächs im Potsdamer Schloss gesagt: »Glaubt ihr wohl, dass sie einen armen Witwer nehmen wird?«

7. Kapitel

Die Ehe: Ein politisches Projekt
Der Kurprinz: Einen Kuss in meinem Namen
1683 bis August 1684

Anderthalb Jahre vor dem bitteren Schicksalsschlag, der ihn zum Witwer machte, hatte Kurprinz Friedrich als glücklicher Ehemann mit seiner Frau, der Kurprinzessin Elisabeth Henriette, in Berlin die Gäste aus Hannover, das Herzogspaar und ihre Tochter Sophie Charlotte getroffen. In ihrem Lob über die freundliche Aufnahme in Berlin nannte Herzogin Sophie Ende Januar 1682 die Kurprinzessin »eine sehr gute Fürstin« und schrieb über Kurprinz Friedrich: »… was der liebe Gott an dem Wuchs des Herrn Kurprinzen vergessen hat, hat er ihm doppelt an Geist und Güte gegeben.« Ein kluger Blick, ungetrübt von Eigeninteressen. Die Herzogin bewies mit ihrem Urteil mehr Menschenkenntnis als viele Historiker und selbsternannte Experten, die mit ihren Vorurteilen und Klischees Friedrichs Bild durch Jahrhunderte ins Negative verzerrten.

Was für ein Mensch war der »arme Witwer«, der mit seiner Bemerkung im August 1683, einen Monat nach dem Tod seiner Frau, eine Botschaft an die Eltern der fünfzehnjährigen Sophie Charlotte richtete, die nur einen Schluss zuließ: Der zukünftige Kurfürst von Brandenburg konnte sich vorstellen, mit Sophie Charlotte an seiner Seite einen neuen Lebensabschnitt zu wagen.

»Fritzchen«, wie der zweitälteste Sohn des Kurfürsten Friedrich Wilhelm von Brandenburg von seiner holländischen Mutter, Louise Henriette von Oranien-Nassau, genannt wurde, litt an zwei Behinderungen: Seine Wirbelsäule war stark gekrümmt, wahrscheinlich eine Skoliose, außerdem hatte er – nach eigener Aussage – »ganz schiefe Füße«. Angeblich soll das Neugeborene der Hebamme entglitten und zu Boden gefallen sein. Der Vater sparte nicht an Kosten, um seinem Sohn durch Experten Linderung, wenn möglich Heilung zu verschaffen. Bis in die 1670er Jahre erhielt Friedrich in Kleve, Utrecht und Kassel immer neue Korsette, um seine Wirbelsäule aufzurichten; manche aus Eisen, etliche zu eng. Es müssen Jahre voller Schmerzen gewesen sein.

Das Familienleben am Berliner Hof wurde nicht vom Protokoll diktiert. Friedrich war vier Jahre alt, als der Kurfürst einem wichtigen politischen Mitarbeiter anvertraute, seine Frau sei »mit beiden Kindern itzo bei mir, welche so rasen, dass ich kaum schreiben kann«. Friedrich war ein geliebtes und behütetes Kind. Über den Sechsjährigen schrieb sein Vater dem Lehrer, der sich mit den kurfürstlichen Söhnen im Spandauer Schloss aufhielt, er möge wegen der großen Kälte auf die Kinder achtgeben, »insonderheitt für den iungsten, welcher sehr zart ist«. Die »schiefen Füße« konnten gerichtet werden, Friedrich bekam Tanzunterricht und konnte am Ballett teilnehmen.

Die Eltern ernannten einen hochrangigen politischen Mitarbeiter des Kurfürsten zum Erzieher, mit dem der tägliche Ablauf genau besprochen wurde. Der Tag begann und endete mit Gebeten, dazwischen Psalmen und Bibellektionen. Mit der umfassenden religiösen Erziehung sollte »dem Herzen die wahre Gottesfurcht eingepflanzt« werden.

Ebenso wichtig aber waren weltliche Fähigkeiten, allem voran das Erlernen verschiedener Sprachen, auf perfektes Französisch wurde größter Wert gelegt. Friedrich bekam einen französischen Kammerdiener, der »allzeit« Französisch mit ihm sprechen musste. Außerdem standen Holländisch – die Sprache seiner Mutter – und Polnisch, die Sprache von Brandenburgs Nachbarn im Osten, auf dem Stundenplan.

Auch die Förderung der musischen Talente kam nicht zu kurz. Seit der Herrschaft von Friedrichs Vater war die Mark

Brandenburg keine kulturelle Wüste mehr. Der Große Kurfürst hatte als junger Mann in den Niederlanden Malerei, Musik, Architektur in höchster Qualität kennen und lieben gelernt. Zusammen mit seiner holländischen Frau setzte er neue künstlerische Standards für das Schloss in Berlin und die Schlösser ringsum im Land.

Für die Hofkapelle wurden exzellente Musiker nach Berlin geholt, andere auf Kosten des Kurfürsten ausgebildet. Friedrich Wilhelm wusste, dass die erstarkte politische Rolle Brandenburgs sich in repräsentativer Kunst spiegeln musste. Ein Herrscher der neuen Zeit tat gut daran, sich neben dem Militär auch in der Musik auszukennen, weshalb Friedrich, der Sohn, eine gründliche musikalische Ausbildung erhielt. Schon mit acht Jahren spielte er sehr gut Flöte und trug mit seinem zwei Jahre älteren Bruder Karl Emil Flötenduette vor. Außerdem spielte er Clavichord und hatte eine angenehme Singstimme. Besonderes Talent zeigte er in der Malerei und erlernte sogar die Herstellung von Kupferstichen. Friedrich hatte eine elegante Handschrift, sein Schreibstil ist lebendig, frei von Floskeln.

Im Sommer 1667 kam der erste tiefe Schmerz in das junge Leben. Friedrich war zehn Jahre alt, da starb seine Mutter, von vielen Geburten geschwächt. Ein Jahr zuvor hatte die Vierzigjährige ihren jüngsten Sohn geboren. Als der feierliche Trauerzug über den Schlosshof in Berlin-Cölln zum Dom zog, wo die Kurfürstin ihre letzte Ruhe fand, ging Friedrich als Erster hinter dem Sarg. Nach ihm folgte der ältere Bruder; dann erst der Kurfürst.

Im Sommer 1668 heiratete der Vater zum zweiten Mal; drei Söhne und eine Tochter wurden in dieser Ehe geboren. Für Friedrich und seinen älteren Bruder Grund genug, der Stiefmutter mit größtem Misstrauen zu begegnen. Lag es nicht nahe, dass sie den Kurfürsten beeinflusste, ihre Söhne in der Erbfolge zu bevorzugen?

Friedrich war sechzehn Jahre alt, als ihm Ende 1672 bis März

1673 in Kassel ein neues Korsett angepasst wurde. Seine Tante, die Landgräfin von Hessen-Kassel, war ihm eine freundliche Gastgeberin, und zwischen ihrer zwölfjährigen Tochter Elisabeth Henriette und dem Kusin aus Berlin sprang spontan ein Funke herzlicher Zuneigung über. Im Juni 1673 schrieb die Landgräfin über das junge Paar: »Ich glaube, dass es zu beiden Theilen wohl rechte liebe so ohne falsch seindt undt aus Grund des Herzens herkommen.«

Die Liebe zwischen den beiden war ein festes Band geworden, als im Dezember 1674 Karl Emil, der älteste Sohn des Kurfürsten, während eines Feldzuges im Elsaß an einer Infektion starb. Karl Emil war nicht nur der legitime Nachfolger, sondern ein Sohn nach dem Herzen des Vaters: kraftstrotzend, entscheidungsfreudig, leidenschaftlich an allem Militärischen interessiert. Eine Katastrophe für das Haus Brandenburg und vor allem für den Großen Kurfürsten. Friedrich, der als jüngerer Bruder davon ausgehen konnte, sein Leben abseits der Verpflichtungen der großen Politik zu gestalten, musste sich nun mit der Last der kurfürstlichen Nachfolge arrangieren.

Im August 1679 heiraten Kurprinz Friedrich und Elisabeth Henriette von Hessen-Kassel in Berlin und ziehen ins Schloss Köpenick. Im September 1680 wird die Tochter Luise Dorothea geboren. Das Verhältnis des Thronfolgers zu seiner Stiefmutter bleibt problematisch, schwankt zwischen tiefem Misstrauen und Versöhnungsversuchen. Knapp drei Jahre später, im Juli 1683, stirbt die schwangere Elisabeth Henriette.

Für die Eltern von Sophie Charlotte ist im selben Monat die Entscheidung gefallen: Sie werden sich mit allem Einsatz auf diplomatischen und vertraulichen Wegen dafür einsetzen, dass ihre Tochter und der Kurprinz von Brandenburg in den heiligen Bund der Ehe treten. Die Bemerkung Friedrichs – des »armen Witwers« – gegenüber dem hannoverschen Gesandten signalisiert, dass die Eltern im potentiellen Schwiegersohn den engsten Verbündeten haben. Ein sogenanntes Liebesknotenarmband, das er im September für Sophie Charlotte nach Hannover schickte, unterstreicht die Ernsthaftigkeit seiner Absichten.

Weder die Eltern noch der Kurprinz machen sich Illusionen: Diese Hochzeit ist ein politisches Projekt. Das schließt nicht aus, dass bei Friedrich und Sophie Charlotte Gefühle im Spiel sind. Doch die werden nicht den Ausschlag geben.

Herzog Ernst August will durch die familiäre Verbindung mit dem Kurfürstentum Brandenburg einen Verbündeten gewinnen, der ihn in seinem Streben nach der Kurfürstenwürde innerhalb des Kreises der jetzigen Kurfürsten und beim Kaiser zuverlässig unterstützt. Umgekehrt muss Kurfürst Friedrich Wilhelm überzeugt sein, dass es für sein Land von Vorteil ist, wenn in Zukunft Hannover auf der politischen Bühne des Reiches und Europas als Bundesgenosse auftritt. Das ist leicht gesagt. Tatsächlich bedeutet ein politischer Zusammenschluss mit Hannover für Friedrich Wilhelm eine politische Kehrtwende: Er würde damit zu einem Verbündeten des Kaisers und müsste seine bisherige Allianz mit Frankreich aufkündigen.

Nur wenn die unterschiedlichen Interessen zwischen Hannover und Brandenburg auf einen gemeinsamen Nenner gebracht werden, ist der Weg frei für das Ehebündnis.

Am Hof zu Hannover wurde vom Herzogspaar und seinen engsten Vertrauen ein Masterplan aufgestellt, in dem die Herzogin eine wichtige Funktion hatte. Sie war diejenige, die in den folgenden Monaten, als die Verhandlungen zwischen Berlin und Hannover zwischen Erfolg und Abbruch schwankten, brieflich Kontakt mit dem Kurprinzen hielt. Eine geniale Idee, denn dank ihrer umsichtigen und unaufgeregten Klugheit, ihrer Menschenkenntnis und ihrem Gespür für Stimmungen gelang es ihr, eine stabile Vertrauensbasis zu dem jungen Witwer aufzubauen.

Friedrich erfuhr über Vertraute, dass sein Vater die Verhandlungen mit Hannover immer aufs Neue blockierte und Gerüchte streute, dass ihm die Wahl seines Sohnes für die hannoversche Prinzessin gar zu eilig sei. Doch der Kurprinz ließ sich davon nicht einschüchtern. Er tauschte sich über viele Monate freimütig mit Herzogin Sophie über seine Gefühle und seine Sorgen aus, gab ihr sogar Hinweise, wie Herzog Ernst August die Gespräche in Berlin zu ihrem gemeinsamen Vorteil beeinflussen könne.

Im November 1683, als sich das Vorgeplänkel um ernsthafte Bündnisverhandlungen zwischen Hannover und Berlin immer noch in die Länge zog, riskierte Ernst August ein Doppelspiel. Er schickte Abt Lodovici Ballati, der im Jahr zuvor, wenn auch vergeblich, versucht hatte, dem bayerischen Kurfürsten Sophie Charlotte als Ehefrau zu vermitteln, an den Hof Ludwigs XIV. Der französische König war im Sommer Witwer geworden. Unter dem Vorwand, aus Hannover herzliches Beileid zu übermitteln, sondierte Ballati, ob der fünfundvierzigjährige König vielleicht Interesse an der fünfzehnjährigen Sophie Charlotte hatte. Dass die bei ihrer Paris-Reise im August 1679 dem König als mögliche Partie für seinen Sohn vorgestellt worden war – diplomatischer Schnee von gestern.

Herzogin Sophie allerdings war die Strategie ihres Ehemannes zu riskant. In einem Brief empfahl sie Ballati, er solle »dilatorisch« vorgehen, also mit größter Vorsicht. Die Gefahr war groß, es sich mit Berlin zu verscherzen und in Paris eine Absage zu bekommen. Oder wollte die Mutter ihre Tochter vor dieser Verbindung bewahren? Die Pariser Absage kam tatsächlich noch im selben Monat. Der Herzog in Hannover fühlte sich persönlich gekränkt und ließ alle Galanterie und väterliche Fürsorge fahren. »Westfälischer Schinken« sei wohl nicht das geeignete Fleisch für Leckermäuler, schrieb er seinem Diplomaten an der Seine.

Immerhin: Im Dezember 1683 begannen ernsthafte Verhandlungen über einen politischen Schulterschluss zwischen dem Herzogtum Hannover und dem Kurfürstentum Brandenburg. Hochrangige Mitarbeiter verhandelten mal in Berlin, mal in Hannover. Es ging nur zäh voran. Kurfürst Friedrich Wilhelm hielt sich bedeckt. Unabhängig von Strategien war auch ein innerer Konflikt zwischen Vater und Sohn im Spiel: Sollte der Herrscher, der Brandenburg groß gemacht hatte, sich dem Drängen seines Sohnes beugen, einen neuen politischen Weg einzuschlagen? Zumal eines Sohnes, an dessen Fähigkeiten zur kurfürstlichen Nachfolge er zweifelte? Der nur durch den Tod seines älteren Bruders ohne entsprechende Vorbereitungen in die Nachfolgeposition gelangt war.

Kurprinz Friedrich nutzte den Auftakt der Gespräche, um die herzogliche Familie in Hannover über deren Gesandten am Berliner Hof noch einmal seiner Freundschaft zu versichern; Sophie Charlotte wird von ihm ausdrücklich erwähnt. Eine Vorlage für Herzogin Sophie, dem Kurprinzen zu beweisen, wie sehr der positive Ausgang für die Eltern auch eine Herzensangelegenheit war. Der Gesandte erhielt von der Herzogin den brieflichen Auftrag, dem Kurprinzen zu vermitteln, dass er »keine ihm mehr ergebene Dienerin hat als mich«.

Auch Ernst August, schon ganz der zukünftige Schwiegervater, ließ über seine Gemahlin im selben Brief ausrichten, er suche nur noch eine Gelegenheit, um sich »für die Ehre erkenntlich zu zeigen, die der Kurprinz unserer Tochter erweisen will«. Er wolle »mit Gottes Hilfe einem vollkommenen Einvernehmen zwischen unsern beiden Häusern dienen«. Ein Wink, der dem Kurprinzen, der nur zu gut über die skeptische Haltung seines Vaters informiert war, Mut machen sollte.

Und dann gegen Ende des Briefes wird Sophie Charlotte in den Blick genommen, kein Wort mehr von Politik und strategischen Winkelzügen. Jetzt spricht die Mutter mit ungewöhnlicher Offenheit über die Gefühle ihrer Tochter, und sie weiß, dass der Gesandte dieses sehr persönliche Bekenntnis an den Mann weitergeben wird, der mit dem Präsent des Liebesknotenarmbands ein starkes Zeichen gesetzt hat:

»Was meine Tochter betrifft, so muss ich nach allem, was ich sehen kann, glauben, dass die Achtung, die sie immer für den

Herrn Kurprinzen gehabt hat, sich ohne Mühe in eine unverbrüchliche Liebe verwandeln wird. Ich habe wohl an ihrem Erröten gemerkt, dass sie in ihrem Herzen auf das Kompliment des Herrn Kurprinzen geantwortet hat. Ich glaube, das Liebesknotenarmband, das er ihr geschenkt hat, ist immer ein Zauber für sie gewesen.« Die Herzogin muss weder den Gesandten noch den Kurprinzen darauf hinweisen, dass diese Heirat nur gelingt, wenn eine politische Lösung zustande kommt. Umso mehr ist es ihr Part, ihr mütterliches Vorrecht, von Achtung, ja von Liebe zu reden. Und Sophie kann nach der bisherigen Korrespondenz davon ausgehen, dass sie damit Friedrich von Brandenburg das Herz erwärmt.

Der Kurfürstennachfolger in Berlin ist auch deshalb von einem guten Ende überzeugt, weil er auf einen allerhöchsten Verbündeten setzt. Das Frühjahr 1684 kommt, immer noch haben sich die Unterhändler in Berlin und Hannover nicht geeinigt, als Friedrich im März nach Hannover schreibt, dass auch er – wie die Herzogin – in allen Verwicklungen um das »geplante Ehebündnis« eine »Schickung Gottes« erkenne. Er zweifelt nicht, »der Höchste, der alles so sichtlich geführt, werde … auch dafür sorgen, dass alle noch vorhandenen Hindernisse aus dem Weg geräumt werden …«

Wie Sophie Charlotte diese quälend lange Wartezeit durchsteht, darüber gibt es keinerlei Hinweise. Im April 1684 beschreibt ihre Mutter einer ihrer Nichten die Gefühle, die ihre Tochter dem zukünftigen Ehemann entgegenbringt. Dass diese Gefühle erwidert werden, steht am Anfang: »Was meiner Tochter Heirat anbelangt, ist es zwar noch nicht gewiss; allein ihre Liebden der Kurprinz trägt keine Scheu, sich ganz für sie zu deklarieren und sich sehr passioniert für dieselbige zu erzeigen.« Um nicht politisch naiv zu erscheinen, fügt sie hinzu, dass der Kurfürst erst noch »Staatsaffairen« ordnen wolle; erst wenn man sich politisch einig sei, gebe es den Konsens zur Heirat.

Dann ist ihre Tochter an der Reihe, und die Mutter scheut

sich nicht, in diesem Zusammenhang die körperlichen Schwächen des Kurprinzen anzusprechen: »Sie ist auch eben nicht grausam und hat allzeit Amitié und Estime für ihn spüren lassen, wie Ihre Liebden die Kurprinzessin noch lebte, und wohl niemand an dies gedachte ... Der Kurprinz ist eben nicht schön von Taille, aber sehr gut von Humor und guten Verstand; sein Gesicht ist auch nicht hässlich. Es ist ein Glück, dass sie ihn so wohl leiden mag und nach dem Äußerlichen nicht fragt ...« Mitfühlende Worte, die für die Zukunft eine glückliche Beziehung suggerieren sollen.

Man kommt allerdings ins Nachdenken, wenn man liest, wie die Mutter den Satz über ihre Tochter, die auf Äußerlichkeiten nichts gibt, zu Ende bringt: »... denn Ihre Liebden der Herzog und ich auch haben sie so lieb, dass wir sie ihrer Inklination gerne würden folgen lassen, wenn sie eine andere Partie wählen würde.« In Anbetracht der bisherigen elterlichen Verheiratungspläne, die sich ohne Absprache mit der Tochter um den katholischen Kurfürsten in München und den dreimal älteren Ludwig XIV. in Paris mühten, ist mehr als zweifelhaft, dass Sophie Charlotte bei ihrer Partnerwahl freie Hand bekäme.

Noch im April 1684 schafft Herzogin Sophie Fakten, die sicherlich mit dem Herzog abgestimmt sind. Der Kurprinz weiß es zu schätzen: »Im übrigen bin ich Euer Liebden sehr verbunden, dass Sie die Prinzessin in unserer Religion haben zum Abendmahl gehen lassen, worüber ich denn eine herzliche Freude habe.« Ob der Papst, Luther oder Calvin bei der Verheiratung ihrer Tochter die Oberhand behält, werde man sehen, hatte die Herzogin im Mai 1682 mit leichter Hand geschrieben.

Sophie Charlotte war lutherisch getauft, aber in ihrer religiösen Erziehung auf keine Konfession festgelegt worden. Der lutherische Herzog Ernst August war sich mit seiner reformiertcalvinistischen Frau in Sachen religiöse Toleranz einig: Man könne sich bei einer fürstlichen Hochzeit problemlos für die Konfession entscheiden, die den größten Nutzen brachte.

Das calvinistische Abendmahl als Demonstration für Sophie Charlottes Konfessionszugehörigkeit war kein geringer Pluspunkt bei der sehnlich gewünschten Hochzeit mit dem zukünftigen Kurfürsten von Brandenburg. Friedrich war aus Überzeugung ein frommer reformierter Christ. Undenkbar, dass seine Frau seinen Glauben nicht teilte, zumal in einer Epoche, wo Luthertum und Calvinismus – obwohl beide protestantische Konfessionen – sich als feindliche Lager gegenüberstanden.

Der Brief Friedrichs vom April 1684 zeigt, wie sehr der Kurprinz der Herzogin vertraut und welches politische Gewicht er ihr zumisst. Er wisse, dass sein Vater bei den Verhandlungen immer noch Schwierigkeiten mache. Aber wenn sie Einfluss auf ihren Mann nehme, damit er noch kompromissbereiter sei, werde alles gut. Zum Abschluss wird Friedrich erstmals sehr privat und erzählt von seiner fast vierjährigen Tochter Luise Dorothea: »Meine Tochter empfiehlt sich ihrer zukünftigen Großmama untertänigst und bittet, sie allezeit etwas lieb zu haben. Ich bin gewiss, wenn Euer Liebden das Kind sähen, würden sie es lieb haben; sie trinkt fleißig auf das Wohl ihrer zukünftigen Mama und ich hoffe, die Prinzessin wird sie auch lieb haben, sobald sie sie sieht.« Da treten alle politischen Überlegungen in den Hintergrund, und die Hoffnung auf ein glückliches Familienleben wird spürbar.

Am 15. Juni schreibt Herzogin Sophie einen Brief an Lodovici Ballati. Der Abt und Diplomat war nach den erfolglosen Gesprächen über ein Heiratsprojekt im November 1683 auf Bitten von Herzog Ernst August als Kontaktmann in Paris geblieben. Frankreichs Hauptstadt war zu wichtig, ob es um politische Informationen aus dem Machtzentrum Europas oder die neueste Mode ging – der Herzog war sehr modebewusst. Im Sommer 1684 sollte sich diese Investition auszahlen. Die Gemahlin des Herzogs hatte einen sensiblen Auftrag für den katholischen Edelmann. Sie ist bereit, ein kalkuliertes Risiko einzugehen – denn die festlichen Kleider für eine Hochzeit lassen sich nicht in wenigen Tagen herstellen, schon gar nicht, wenn sie nach der neuesten Pariser Mode ausgerichtet werden sollen.

Es werde hier bald eine Gesellschaft stattfinden, so Herzogin Sophie, »auf die meine Tochter sich vorbereiten muss«. Der Herzog werde eine Schnell-Post schicken, mit der sie Ballati bittet, ihrer Tochter mehrere Kleidungsstücke zu schicken. Genaue Angaben werde er auf dem Billet finden, das ihre Tochter selbst diktiert habe – selbstverständlich in elegantem Französisch: »Da mein Vater mir erlaubt hat, mir einige Kleider kommen zu lassen und sie nach meinem Geschmack zu wählen, wüsste ich niemanden als Sie, an den ich mich besser wenden könnte, denn Sie sind jemand, der sich bestens in allen Dingen auskennt.« Die schmeichelhafte Bitte wird von fünf Zetteln begleitet, auf denen ihre Wünsche stehen: ein Umhang in Blau und Gold, zwei Kleider, die vorne geschlitzt sind, dazu festliche Unterkleider. Ein rosa Hausmantel mit Gold- und Silberstickereien soll es sein, sechs Paar Schuhe, Pantoffeln, achtzehn Paar Handschuhe, Nachthemden und Seidenstrümpfe – und natürlich alles *à la mode*. Der Vater gestattete seiner Tochter Ausgaben ohne finanzielle Begrenzung und sich selbst eine Bestellung extrem teurer Seidenbrokatstrümpfe.

Einen Monat später, die Herzogin hält sich in den Gärten von Herrenhausen auf, geht der nächste Brief nach Paris. Ballatis Sendung aus Paris ist angekommen, und »meine Tochter war begeistert, so schöne Dinge zu sehen«. Bald werde eine weitere Bestellung folgen. Diesmal setzt sich Sophie Charlotte, bald sechzehn Jahre alt, durch: Der Abt soll ein Kleid aus schwarzem Samt beschaffen, das die Mutter bei der ersten Sendung noch abgelehnt hatte, weil es zu sehr auftrug. Außerdem wird ein Schneider aus Hannover nach Paris kommen und sich um die rechten Maße kümmern. So viel Aufwand für eine nicht näher benannte Festlichkeit?

Der Abt wird sich seine Gedanken gemacht haben und wird Anfang September für seine Verschwiegenheit belohnt. Die Herzogin entschuldigt sich für ihre Schreibpause. Sie habe die Messe in Braunschweig und anschließend bei der fürstlichen Verwandtschaft in Wolfenbüttel die Oper besucht. Schon an ihrem letzten Tag in Braunschweig sei ein Kurier des Herzogs eingetroffen, um ihr mitzuteilen, in Berlin sei alles nach ihren Wünschen gelaufen. Sein Unterhändler werde ihm so schnell wie möglich den ratifizierten Vertrag, den er mit dem Hause Brandenburg geschlossen habe, schicken. In einer Audienz habe der Kurfürst auf das Allerzärtlichste erklärt, er wünsche, dass man dem Herzog und mir in seinem Namen erkläre, sein Sohn, der Kurprinz, könne meine Tochter heiraten.

Der Durchbruch für ein Bündnis zwischen Hannover und Berlin war in den ersten Augusttagen 1684 gelungen. Ein Jahr nachdem Kurprinz Friedrich, der »arme Witwer«, mit der Frage, »ob sie ihn noch nehme«, die entscheidenden Weichen stellte – für eine neue Politik in Brandenburg und für Sophie Charlotte als seine zweite Gemahlin.

Das lange politische Tauziehen hatte ihn Vorsicht gelehrt. Mitte August antwortete Friedrich auf einen Brief von Herzogin Sophie, »dass Sie mir nun auch gute Hoffnung geben, dass unser Roman nun bald zum Ende komme«. Nach diesem rhetorischen Schlenker folgte eine Bitte, die verriet, dass der Kurprinz des guten Ausgangs gewiss war. Seine zukünftige Schwiegermutter solle ihre Tochter »in meinem Namen küssen und ihr mein sehnliches Verlangen, sie zu sehen, bezeugen«. Die politische Seite war abgehakt, nun durfte das Gefühl sprechen.

Drei Tage später schrieb Prinzessin Sophie Charlotte von Hannover an ihren zukünftigen Schwiegervater, den Kurfürsten Friedrich Wilhelm von Brandenburg, was ihr ein Vertrauter ihres Vaters aufgesetzt haben wird: »Weiln Euer Gnaden mir die Ehre getan, vor eine Tochter mich zu erwählen, nehme ich die Freiheit, durch diese wenigen Zeilen mich in Dero Gnaden und Affektion weiter zu recommendiren und demütig Dank zu sagen für alle Ehre, so Euer Gnaden gegen mir erzeugen.«

Ein hochpolitischer Brief, der dennoch neben der staatstragenden Note dem alten Mann eine emotionale Verbindung anbot. Nicht ohne Eigeninteresse: In Zukunft würde die Schwiegertochter Sophie Charlotte in Berlin zur großen kurfürstlichen Familie gehören.

Auch an fürstlichen Höfen, wo das Machtwort des Herrschers entschied, mussten bürokratische Wege eingehalten werden, um die eheliche Verbindung zwischen zwei Fürstenhäusern protokollgerecht in die Wege zu leiten und am Ende mit der Hochzeit zu krönen. Und dieser festliche Abschluss ist ein gesellschaftliches Ereignis ersten Ranges. Herzogin Sophie ist entschlossen, für ihre fürstliche Familie diesen öffentlichen Auftritt so glänzend wie möglich zu gestalten. Mehr denn je vertraut sie auf Lodovici Ballati in Paris als ihren Gewährsmann für edle Kleidung und andere Einkäufe rund um die Hochzeit.

Ihr Bedarf an Papier und Tinte muss enorm gewesen sein. Der katholische Abt ist ein Mann von Welt, mit dem Sophie auf brieflichem Wege auch protokollarische Fragen besprechen kann. Zum Beispiel das Bett für die erste Nacht des Hochzeitspaares: Es muss besonders prächtig angefertigt sein, und in der Hochzeitsnacht seine Premiere haben. Die Kutsche, in der das Paar durch Hannover fährt, soll ebenfalls neu sein und in dieser Ausstattung erstmals bewundert werden. Aber keins von beidem lässt sich in wenigen Wochen herstellen. In einem Brief vom 1. September 1684 erfährt Ballati: »Ich glaube, meine Schwiegertochter wird uns ihr Bett und die Kutsche überlassen.« Beide waren für die Hochzeit des Erbprinzen von Hannover und seiner Frau geplant gewesen. Sie kamen aber erst sechs Wochen danach an; das fürstliche Ehepaar hat sie nie benutzt.

Einmal die Feder in der Hand, bedankt sich Herzogin Sophie am selben Tag bei einem der hannoverschen Vertrauten, die in Berlin einen guten Vertrag ausgehandelt haben. Ihre Tochter scheine mit dem Los, wie es nun für ihre Heirat gefallen sei, zufrieden. Aber ihr seien doch die Tränen gekommen, als der Vater ihr Glück wünschte, weil »sie von so ein gutten Papa undt Mama sollte gehen, aber sie wirdt sich hirin wol gewonen, die schrift zu folgen«. Keine Frage, als Schriftsprache floss das Französisch der Herzogin wesentlich eleganter aus der Feder als das Deutsche. Neben dem elterlichen Stolz, der einen Blick auf Gefühle der Tochter erlaubt, verweist sie hier auf die radikale Aussage im 1. Buch Mose, 2,24: »Darum wird ein Mann seinen Vater und seine Mutter verlassen und seiner Frau anhangen, und sie werden sein ein Fleisch.«

Die im calvinistischen Glauben erzogene Herzogin Sophie kennt die Bibel und hält es für selbstverständlich, dass dieses biblische Gebot gleichermaßen für den Mann wie für die Frau gilt. Sophie Charlotte wird mit der Heirat ihre elterliche Familie im Schloss von Hannover verlassen und mit dem Kurprinzen in Berlin eine eigene Familie gründen. Der hatte Ende August an Herzogin Sophie geschrieben: »Gott sei Dank, unser Roman ist nun zum Ende gekommen ... Jetzt kommt es nur noch auf die Vollziehung an ...«

8. Kapitel

Hochzeit in Herrenhausen, Hannover und Berlin

1684 September bis Jahresende

Damit alles seinen geordneten Gang geht, gibt Kurfürst Friedrich Wilhelm am 6. September 1684 in Berlin an die Verantwortlichen bei Hofe die Anweisung, in Hannover um die Hand der Prinzessin anzuhalten. Auch die organisatorischen Einzelheiten für die Hochzeit und die »Heimführung« der Braut an die Spree mussten zwischen den Herrscherhäusern besprochen werden.

Acht Tage später traf der brandenburgische Oberhofmarschall als offizieller Brautwerber in Hannover ein. Er hatte seinen kleinen Sohn mitgebracht, der – in einem Amorkostüm – der Prinzessin einen Brief ihres Bräutigams überreichte. Am nächsten Tag übergab der Berliner Abgesandte Herzog Ernst August Briefe vom Kurfürsten und dessen Gemahlin und wurde der Herzogin und ihrer Tochter vorgestellt. In einem Brief an Abt Ballati schwärmte Herzogin Sophie von den »zärtlichsten Komplimenten« der zukünftigen Schwiegereltern.

Der Oberhofmarschall hatte nicht nur Briefe im Gepäck. Kostbare Geschenke waren Teil des Rituals und wurden von den Empfängern penibel auf ihren Wert nach Talern taxiert. Sophie Charlotte erhielt vom Kurprinzen ein Bild, von Diamanten eingerahmt, dazu Ohrringe mit großen reinen Diamanten und zwei birnenförmige Perlen. Von der Braut nahm der Brautwerber als Geschenk für den Bräutigam einen Ring mit auf den Rückweg nach Berlin und insgesamt die erfreuliche Botschaft, sich mit den Verantwortlichen in Hannover über den Ablauf des außerordentlichen Ereignisses einig zu sein.

In diesen Tagen schreibt Herzogin Sophie an ihren Gewährsmann und »Einkäufer« in Paris, wahrscheinlich zittere er jedes Mal, wenn ein Brief von ihr komme – mit immer neuen Aufträgen. Wohl eine richtige Vermutung, denn selbst dem welterfahrenen Edelmann Ballati wird das Hin und Her der ausgefallenen Wünsche Kopfzerbrechen bereitet haben. Neben zusätzlichen Kleiderwünschen ist das Hauptthema in den Septemberbriefen die Kombination Brautbett und Paradekutsche, mit der man während der Hochzeitsfeierlichkeiten öffentlich prunken möchte.

Die ursprüngliche Idee der Herzogin, wegen der kurzen Vorbereitungszeit für die Hochzeitsnächte und -tage auf Bett und Kutsche der Schwiegertochter – nie benutzt – zurückzugreifen, gefiel ihrem Herrn Gemahl gar nicht. In seinen Augen war die Schwiegertochter-Kutsche »zu gewöhnlich für ein solches Ereignis«. Ernst August hätte auch gerne ein schöneres Bett für Tochter und Schwiegersohn, aber das Problem sei nicht ganz so drängend. An Lodovici Ballati erging der Auftrag, einen Kostenvoranschlag für eine prächtige Anfertigung in Frankreich einzuholen. Dagegen war der Auftrag, in Paris eine hübsche Puppe zu organisieren, modisch gekleidet und mit der Frisur einer Vierjährigen, eine Kleinigkeit. Sophie Charlotte will sie ihrer kleinen Stieftochter schenken, wenn sie in Berlin einzieht.

Am 29. September – Kurprinz Friedrich bricht mit einem gewaltigen Gefolge, zweihundert Pferde sind dabei, Richtung Hannover auf – erfährt Ballati von der Herzogin, dass Ernst August sich gegen die hohen Kosten einer Neuanschaffung und »endgültig für das Bett der Schwiegertochter entschieden« habe. Es sei »schön genug für Deutschland, wo man keinen so feinen Geschmack hat wie anderswo«. Der folgende Hinweis, das Kleid aus schwarzem Samt für ihre Tochter müsse »à la mode« geschnitten sein, wird sogleich eingeschränkt: »Machen Sie es auch herbei wie die Kenner und wie Sie es für gut halten ...«

Verständlich, dass in Hannover die Nervosität steigt. Niemals zuvor hat dort eine ähnlich hochrangige Hochzeit stattgefunden. Die Herzogin vergisst nicht, dass sie und ihre Tochter in Kleidung und modischer Beratung völlig vom Geschmack und von den Beziehungen Ballatis abhängig sind. Doch der ist auf diesem Gebiet für einen katholischen Abt erstaunlich beschlagen. Sophie Charlotte schreibt ihm noch vor dem Monatsende einen eigenen Brief. Sie sei mit allem, was er ausgewählt habe, sehr zufrieden und ihm zu unendlichem Dank verpflichtet.

Unterdessen verlor der Kronprinz die Geduld mit dem riesigen Tross, der sich in Richtung Hannover bewegte. Mit wenigen Begleitern reiste er seiner Braut so flott entgegen, dass die Schwiegereltern und Sophie Charlotte am 4. Oktober im Schlosshof hastig eine Kutsche bestiegen, um den Bräutigam noch vor der Stadt abzufangen. Es begrüßten sich keine Fremden. Herzogin Sophie umarmte ihren Schwiegersohn. Die Vorstellung von Sophie Charlotte war von keinem Zeremoniell überlagert. Das Brautpaar setzte sich nebeneinander in die Kutsche, und man fuhr an Hannover vorbei nach Herrenhausen. Zeit genug, um sich gegenseitig in Augenschein zu nehmen.

Was Friedrich sah, lässt sich in der Pariser Monatszeitschrift *Mercure Galant*, die seit 1672 mit ihrer Mischung aus Politik, Kultur und Galanterien aus der Adelsgesellschaft eine beliebte Lektüre an Europas Höfen war, nachlesen. Das Novemberheft berichtete ausführlich über die Fürstenhochzeit in Hannover und über die Braut: »Sie hat einen wunderschönen Hals und die zarteste Haut, die man sich vorstellen kann, große, sanfte, blaue Augen, eine Fülle schwarzen Haares, wie mit dem Zirkel gezogene Augenbrauen, eine wohlproportionierte Nase, einen blutroten Mund, sehr schöne Zähne und einen sehr gesunden Teint. ... Was den Geist angeht, ist sie sehr begabt und von sehr teilnehmender Einfühlsamkeit. Sie singt gut, spielt Cembalo, tanzt mit viel Würde und weiß, was sehr wenige Menschen auch in fortgeschrittenerem Alter als ihrem wissen.«

Am 8. Oktober 1684, einem Sonntag, fand im Herrenhäuser Schloss ohne besonderen Pomp die Unterzeichnung des Ehevertrages statt. Darin wurde unter anderem die finanzielle Absicherung der Braut festgelegt, falls ihr Mann vor ihr sterben würde; ebenso, welches Gefolge ihr zu Lebzeiten zustand – unter anderem ein Hofmeister und eine Hofmeisterin, vier adelige Kammerjungfrauen, Pagen, Lakaien, Kammerdiener, eine Näherin und eine Wäscherin sowie drei Kutschen mit Personal und Pferden. Bei Einstellungen und Entlassungen hatte Sophie Charlotte das letzte Wort.

Während die Herbstsonne den Tag vergoldete, gelobten die Eheleute sich »alle eheliche Liebe und Treue wie solches dergleichen hohen churfürstlichen Eheleuten nach Anweisung des Christenthums ... wohl ansteht, eignet und gebühret«. Es folgte ein festliches Essen in kleinem Kreis. An der Festtafel kam es zu einem Zwischenfall. Sophie Charlotte, deren Prunkkleid viele Kilo wog und die eine mit Perlen und Diamanten besetzte Krone trug, wurde plötzlich so blass, dass ihr Ehemann ebenfalls erbleichte und seine Schwiegermutter alarmierte. Ob nicht der Wechsel zu einem leichteren Kleid erlaubt sei? Herzogin Sophie kam der Bitte großzügig nach. Ihre Tochter durfte die Gesellschaft verlassen und erschien wenig später mit einem neuen feuerroten Brokatkleid, schöner denn je.

Dass die Eltern am nächsten Morgen im Schlafgemach der Eheleute erschienen, noch bevor diese das Hochzeitsbett verlassen hatten, war Tradition in Europas Fürstenhäusern. Den Tag verbrachte die familiäre Gesellschaft in Herrenhausen an festlichen Tafeln, mit Spielen und der Einstimmung auf die Feierlichkeiten, die in Hannover folgen würden.

Einen solchen Festzug wie die Hochzeitskarawane, die am 10. Oktober 1684 von Herrenhausen zum Schloss in Hannover zog, hatten die Einwohner der Stadt noch nie gesehen. Nach den vier Dutzend Paradepferden an der Spitze des Zuges waren dreißig sechsspännige Hofkutschen zu bestaunen. Drei von ihnen hatte der Kurprinz aus Berlin mitgebracht, sie übertrafen alle mit ihrer prächtigen Ausstattung aus silbernem Samt, mit goldenen Blumen bestickt. Die Kutsche des Brautpaares war mit gold- und silberbesticktem purpurnem Samt ausgeschlagen. Es folgten die Garde des Herzogs, die des Kurprinzen, beide in neuen farbigen Uniformen und sechs Kutschen mit den Ehrendamen und Ehrenjungfern. Auf den Stadtwällen wurden dreihundert Kanonenschüsse abgegeben. Im Schlosshof warteten Pauken und Trompeten. Von dort wurden die Neuvermählten in ihre Apartments geführt. Nach kurzer Zeit der Erfrischung folgte ein Gala-Essen, wieder von Musik begleitet, dem sich ein Ball anschloss.

Die nächsten Tage waren angefüllt mit Ballett, Komödien und Theater sowie mit Hirsch- und Wildschweinjagden für die männlichen Gäste. Überall erklang Musik, waren köstliche Tafeln gedeckt. Dem hohen Schwiegersohn aus Berlin wurde vor Augen geführt, dass er in eine Familie eingeheiratet hatte, der es nicht an Kultur, Finanzkraft und Standesbewusstsein mangelte. Voraussetzungen, um auf der politischen Bühne eine wichtige Rolle zu spielen.

Ein Höhepunkt war die Aufführung einer Maskerade, die aus Tanz und Musik bestand. Unter dem Titel *Réjouissance de l'hereux mariage* – Freude über die glückliche Heirat – begann die Aufführung mit einem Prolog über den Fluss Leine, an dem Hannover lag. Dann kam der große Auftritt von Jean-Baptiste Farinelli, Kapellmeister am Hof zu Hannover. Der Sohn einer französischen Musikerfamilie hatte eine opulente Ouvertüre komponiert und die Musik für die folgenden Arien und Balletteinlagen, in denen auch die zwei jüngsten Brüder Sophie Charlottes auftraten.

Direkt nach der Ouvertüre erschienen zwei Zephire, in der griechischen Mythologie die göttliche Verkörperung der frühlingshaften Westwinde, und stimmten ein Loblied auf die Braut an: »Animons nos voix / Et disons cent fois: / Il n'est rien dans la vie / De plus beau que Sophie.« – Erheben wir unsere Stimmen / Und sagen hundertfach: / Es gibt im Leben / nichts Schöneres als Sophie. Das Abschlussballett bezog alle Anwesenden als Tänzer und Tänzerinnen mit ein. Die Hochgelobte wurde während dieser feierlich-fröhlichen Tage am 12. Oktober sechzehn Jahre alt; ihr Ehemann zählte siebenundzwanzig.

Nach dem Geschmack der Zeit gehörte zu einem gelungenen Fest der Auftritt einer französischen Komödiantentruppe. Im Rahmen der Vermählungsfeiern wurde *L'inconnu* – Der Unbekannte – von Pierre Corneille geboten. Auch dazu hatte Farinelli eine Musik komponiert, was eine Anreicherung mit den populären Balletteinlagen möglich machte. Und wem der Sinn danach stand, konnte sich eine Tragödie ansehen, *Britannicus* von Jean Racine. Ein funkelndes Feuerwerk bildete den eindrucksvollen Abschluss der Feiern, mit denen die Familie der Braut ihren Teil zur Hochzeit beitrug.

Die Gedenkmünzen, die anlässlich der Hochzeit geprägt wurden, trugen die Inschrift:»Der Prinz, verkörpert durch einen Diamanten, spricht zu seiner Sonne: *Für immer.* ... Die Prinzessin, verkörpert von der Sonne, spricht zum Diamanten: *Nur du bist meiner Strahlen würdig.*« Gedichtet hatte diese Zeilen Gottfried Wilhelm Leibniz, Hofbibliothekar, juristischer Berater und vom Herzog vor allem gefragt, wenn es um geistreiche Festsprüche und historische Recherchen ging. Der achtunddreißigjährige Leibniz, studierter Jurist, mit Wissenschaftlern und Philosophen in Paris, London und den Niederlanden eng vernetzt, hatte zum Herzog eine nüchterne Beziehung, während ihn philosophische Gespräche und ein immer vertrauteres Verhältnis mit Herzogin Sophie verbanden. In einigen Jahren werden wir Leibniz wiederbegegnen – im intensiven Kontakt mit Sophie Charlotte.

Während man in Hannover noch feierte, plante Kurfürst Friedrich Wilhelm in Berlin die Fortsetzung der Hochzeitstage. Der Kurprinz reist am 19. Oktober zurück an die Spree, vom

Schwiegervater mit edlen Pferden reich beschenkt. Sophie Charlotte wird mit den Eltern in einem eigenen Festzug nachkommen. Ihr Schwiegervater drängt auf baldige Ankunft; er fürchtet, bei zunehmender Kälte durch seine Gicht an gemeinsamen öffentlichen Auftritten gehindert zu sein. Zur selben Zeit bekommt Ernst August eine schwere Entzündung am Bein, die eine Reise vor November unmöglich macht.

Herzogin Sophie kommt die Verzögerung sehr gelegen. Sie ist verärgert über Lodovici Ballati, der bisher so gute Dienste geleistet hat. Nun wartet sie ungeduldig auf die Kleider für die »Heimführung« der jungen Ehefrau nach Berlin, die ohne die Sendung aus Paris nicht angetreten werden kann.

Nachdem die Erkrankung des Herzogs einen glaubwürdigen Grund für die Verschiebung der Reise liefert und der Schmuck der Kutsche für Berlin alle Erwartungen übertroffen hat, kehrt bei der Herzogin die übliche Gelassenheit zurück. Die Mutter nimmt sich Zeit, den Abt in Paris über den Eindruck vom Schwiegersohn in seinen ersten Tagen als Ehemann zu informieren: »Das ist die schönste Freundschaft der Welt. Jeden Tag hatte er Geschenke für sie und tat alles, um ihr zu gefallen. Wenn man sich an seine Figur gewöhnt hat, findet man ihn schön, denn sein Gesicht ist kräftig und sein Teint sehr frisch, dazu sind seine Manieren so einnehmend, dass er nicht nur das Herz des Herzogs, sondern des ganzen Hofes gewonnen hat.«

Ende Oktober kommen die letzten Kleider aus Paris. Höchstes Lob der Herzogin für den Mann in Paris: »Ich kann Ihnen versichern, wir finden die Kleidung für die Kurprinzessin und mich admirable – alle Kleider sind so unterschiedlich und sehr schön.« Die allerkostbarsten werden die Frauen beim Einzug in Berlin tragen: »Die Kleider für meine Tochter passen ihr so gut, als wären sie ihr auf den Leib geschneidert.« Mit den Kleidern der Mutter hatte der Schneider in Paris Probleme, sie müssen etwas geändert werden.

Die Herzogin wird mit ihrer Tochter und dem ältesten Sohn

im November ohne den Herzog reisen, dessen Bein nicht heilen will. Ernst August wird den Besuch beim Kurfürsten im Dezember nachholen.

Der Tross aus Hannover, der Sophie Charlotte endgültig zu ihrem Ehemann in die neue Heimat brachte, wurde ab der brandenburgischen Grenze von elftausend kurfürstlichen Soldaten begleitet. Vor dem Einzug in Berlin übernachteten die Hannoveraner in der Festung Spandau. So waren die neue Kurprinzessin und ihre Mutter ausgeruht und in ihren festlichen Kleidern schick hergerichtet, als Kurfürst Friedrich Wilhelm sie zusammen mit seiner Frau und dem Kurprinzen empfing, während aus zweiundvierzig Kanonen Salut geschossen wurde. Herzogin Sophies Bilanz der Berlin-Reise: »Der gute Kurfürst war alle Tage in Spitzen gekleidet und immer vergnügt und froh wie ein Mann von 40 Jahren. Ich gab ihm mit Vergnügen einen Kuss; ob mein Mann das Gleiche mit der Frau Kurfürstin getan hätte, weiß ich allerdings nicht.« Bei den Spannungen, die zwischen der zweiten Frau des Kurfürsten und dem Kurprinzen aus erster Ehe herrschten, stellte sich Sophie auf die Seite ihres Schwiegersohnes.

Eine ganze Woche wurde gefeiert, um den Gästen zu imponieren und der jungen Kurprinzessin das Heimweh zu vertreiben. Und weil die neue Familie in Berlin wusste, was die Schwiegertochter am meisten freuen würde, stand im Mittelpunkt der Festwoche das Opern-Ballett *Der Götter Freuden-Fest*. Am 16. Oktober traf sich die Festgesellschaft »Auf dem Stallplatz« im neu erbauten kurfürstlichen Marstallgebäude – auch heute noch Breite Straße, nur Minuten vom Schloss entfernt –, wo sich in den Untergeschossen die Stallungen für Hunderte von Pferden befanden. Die hohen Räume in den oberen Etagen eigneten sich vorzüglich für Ballett- und Theateraufführungen.

Kurfürst Friedrich Wilhelm, der Musik ebenfalls sehr zugetan, hatte sich persönlich um die Aufführung gekümmert, für deren Einstudierung neben den beiden Berliner Hoftanzmeistern zwei Kollegen aus Hamburg und Hannover engagiert waren. Die Hofkapelle wurde durch Musiker aus Hamburg verstärkt. Als besondere Geste gegenüber der Braut und dem Hause Hannover hatte der Kurfürst den Konzertmeister am Hofe von Hannover, Jean-Baptiste Farinelli, als Komponist für *Der Götter Freuden-Fest* engagiert.

Die brandenburgische Herrscherfamilie stand fest zur calvinistisch-reformierten Konfession. Aber im Gegensatz zu manchen ihrer Glaubensgenossen verdammte sie irdische Vergnügen nicht. Am Abend ging die Hochzeitsgesellschaft ins Theater »Auf dem Stallplatz«, am Morgen traf man sich im Dom zum feierlichen Gottesdienst und erbat Gottes Segen für die Neuvermählten. Der reformierte Hofprediger Benjamin Ursinus schreckte in seiner Predigt nicht vor dem schlechten Ehebeispiel von König Salomo zurück, der sich von seiner Frau »knechtisch führ'n ließ«, um sogleich Sophie Charlotte zu preisen, die eine Seele »voll Cherubim« habe und ihrem Ehemann dergleichen nie antun würde. Der Hofprediger wünschte reichen Kindersegen und fügte in barockem Überschwang verwirrend hinzu: »Wie nun Unsere Hoffnung bereits hiezu Blüthe trägt.« Gemäß dem christlichen Rollenbild versprach Friedrich, seine Frau zu lieben, Sophie Charlotte, ihrem Ehemann gehorsam zu sein, und die Hochzeitsringe wurden übergestreift.

Als der Abend mit dem gewaltigen Feuerwerk kam, wusste Sophie Charlotte, kein Weg führte zurück in ihr bisheriges Leben. Dem festlichen Intermezzo würde der Abschied von der Mutter folgen und dann der Alltag als Ehefrau und Kurprinzessin von Brandenburg beginnen. Aber ein Mensch würde Sophie Charlotte bei diesem Übergang begleiten, der seit ihrer Geburt mehr als jeder andere liebevoll um sie war: Anna Katharina von Harling.

Am 3. Dezember 1684 schrieb Herzogin Sophie aus Hannover an ihre Oberhofmeisterin »Madame de Harling«, die sie bei ihrer Tochter in Berlin zurückgelassen hatte: »Eüer schreiben hat mir ser erfreüwet, zu sehen, dass alles so wol thar hergehet undt der Courfürst sowol als die Courfürstin so viel guttheit vor mein tochter haben. Ich zweivele nicht, sie wirdt durch ihr wolverhalten gegen dieselbige solges suchen sich würdig zu machen.«

Gerade sechs Tage sind vergangen, da geht der nächste Brief aus Hannover an die Vertraute: »Ich verlange gar ser, eüch wiederum hir zu sehen … Ich habe nur einen brif von eüch bekommen, seider ich wech bin, undt einen von mein tochter, da schien ihr alles ser gut und herlich.« Das hörte sich gut an. Sophie Charlotte, eine junge Frau, zu einem Leben als Fürstin an der Seite ihres Gemahls erzogen, eine geistreiche, gebildete und musikalisch hoch talentierte Persönlichkeit, war angekommen.

9. Kapitel

Endlich schwanger
Zwölf schreckliche Monate
1685 bis Mai 1688

Für Herzogin Sophie begann das neue Jahr mit einem wohlbekannten Abschied. Am 18. Januar 1685 verließ ein opulenter Reisetross Hannover. Köche und Federbetten, Porzellan und feinste Kleidung: Wie immer, wenn Herzog Ernst August nach Italien zog, verband er das Angenehm-Vertraute mit dem Reiz des Südens. Seiner Frau hatte er großzügig freigestellt, ihm im Frühling oder Sommer über die Alpen zu folgen. Sie habe sich noch nicht entschieden, schrieb Sophie an Anna Katharina von Harling und fügte hinzu, »dan ich habe Italien gans nicht lieb«.

Unabhängig davon gab es für die Mutter einen guten Grund, sich für die kommenden Monate auf keine Reise zu begeben. Auch wenn niemand darüber sprach, so hofften die fürstlichen Familien in Berlin und Hannover mit dem neuen Jahr täglich auf Nachricht: dass die jung vermählte Kurprinzessin von Brandenburg schwanger war und hoffentlich ihre wichtigste Aufgabe erfüllte – einen gesunden Sohn zu gebären und damit der kurfürstlichen Familie die Herrschaft für die übernächste Generation zu sichern.

Schon im Februar war es so weit, wie die Herzogin einer Freundin schrieb, die Glück zur Hochzeit gewünscht hatte. Die sei »schon lang vorbei, und wird man nun mit der Zeit auf eine Kindtauf müssen gedenken, wenn Gott seinen Segen gibt, denn meine Tochter soll, wie man meint, von neun Wochen schwanger sein. Dieses ist mir eine sehr große Freude, und werde ich sehr geschäftig sein, für alles zu sorgen«. Die vielfache Mutter gibt die Nachricht nur mit Vorsicht weiter, denn sie weiß, dass neun Wochen noch keine sichere Gewähr bieten.

Der Frühling kommt, die Schwangerschaft ist endgültig, und Herzogin Sophie tritt in Aktion. Sie ist bereit, bis in den Herbst auf ihre Oberhofmeisterin zu verzichten, damit Sophie Charlotte während dieser entscheidenden Monate einen vertrauten Menschen mit viel lebenspraktischer Erfahrung um sich hat. Das Angebot wird in Berlin gerne angenommen. Zugleich hat die Herzogin mit Anna Katharina von Harling einen Stützpunkt in Berlin. Ab Mai 1685 gehen viele Briefe zwischen den beiden Frauen hin und her. Ein Glücksfall für die Nachwelt, denn die Briefe von Sophie Charlotte aus dieser Zeit sind alle verloren, und von denen der Mutter an die Tochter sind nur wenige erhalten.

Drei Themen ziehen sich als rote Fäden durch die Korrespondenz. Das Wichtigste: Ihrer Tochter geht es gut. Anna Katharina von Harling zeichnet auch im neuen Jahr ein positives Bild von Sophie Charlottes Aufnahme am Berliner Hof. Erfreut hört die Mutter, dass der Kurfürst und seine Frau »so wol mit mein tochter zufrieden sein undt insunderheit dass der liebe Courprins so content ist«. Im Juli arrangiert Sophie Charlotte zum Geburtstag ihres Mannes erstmals ein Fest. »Sie habe es mit großem Vergnügen gelessen, ... Es wirdt dem Courprinssen wol gefallen haben«, freut sich ihre Mutter. Und weil sie den Schwiegersohn schätzt, erlaubt sich Sophie eine ironische Anmerkung. Nur das späte Zubettgehen aus Anlass des Festes wird dem Kurprinzen nicht so gefallen haben, »das Ihre Liebden nicht pflegen zu lieben. Es ist aber mein tochter nun zu verzeihen, weil Ihre Liebden des nachts nicht wol schlafen können«.

Bei aller Vertraulichkeit ist die Herzogin darauf bedacht, sich den werdenden Eltern nicht aufzudrängen. Im Mai schreibt sie Katharina von Harling über einen möglichen Besuch bei der Tochter, sie sei zufrieden, wenn »ich bey ihr zu Berlin sein mag, wan sie niederkombt...« Und im Juni: »Ich werde so frühe nach

Berlin kommen, als man mir haben will, wir haben aber noch 4 monat Zeit.«

Mitte Juni wundert sich die Mutter, dass ihre Tochter so gut auf den Beinen und »so frisch« sei, und sie hofft, daraus schließen zu können, dass es ein Sohn ist. Diese Festlegung nimmt die Herzogin allerdings im August wieder zurück. Vielleicht, um Sophie Charlotte zu schützen, der inzwischen viele aus ihrer Umgebung einen Sohn prophezeien. Niemand könne wissen, »was es sein wirdt, man mus zufrieden sein mit was Gott schickt, man mus sich nicht zu viel flatiren. Der gutte Courprins mus vorlieb nemmen, wie es kombt«. Daraus spricht Erfahrung, wenngleich eine umgekehrte: Sophie, die bis auf eine Tochter nur Söhne zur Welt brachte, hätte sich ein weiteres Mädchen gewünscht.

Es wundert nicht, dass die Herzogin in diesen ersten Schwangerschaftsmonaten ihrer Tochter mehrfach nach Hebammen in Berlin fragt und ob vielleicht Hebammen aus Hannover benötigt werden. Im Juni schreibt sie, es gehe der Tochter wohl wie einst ihr selbst, die bei ihrem ersten Kind auch glaubte, alles alleine machen zu können. Sophie Charlotte wird von den mütterlichen Ängsten nicht bedrängt. Aber Anna Katharina von Harling, die ihr nähersteht als alle in der Familie, kann die Herzogin einen Seufzer anvertrauen: »Gott gebe nur, dass alles wol mag ablaufen.«

Über solche Sorgen kommen die praktischen Geschäftigkeiten nicht zu kurz. Anfang Juni erhält Anna Katharina von Harling den Auftrag nachzufragen, ob genug »kinderzeüg« da ist. Eine überflüssige Frage, denn die zukünftige Großmama bringt wenig später »kinderzeüg«, das sie in Holland besorgt hat, auf den Weg. Ende Juni schickt der zukünftige Großpapa aus Venedig »recht schönes kinderzeüg«. Ernst August hat wohl nachgedacht und legt sich erstmals auf einen Termin für die Rückkehr fest. Er will am 1. September wieder in Hannover sein, in der Hoffnung, seine Frau dort noch zu sehen. Sophie plant ihre Berlin-Reise für den 10. September.

Der August kommt, und die Herzogin ist »recht in sorgen«, dass ihr Mann erst im Laufe des Septembers eintreffen wird. Es müssen frustrierende, schmerzliche Tage für sie gewesen sein. Aber selbst auf die Gefahr hin, in den Tagen der Geburt ihrer Tochter nicht beistehen zu können: Undenkbar, dass die Ehefrau vor der Rückkehr ihres Gemahls zu ihrer Tochter abreist. Noch hat Sophie die Hoffnung, dass Ernst August sich beeilt. Und freut sich über die Nachricht, »dass mein tochter noch so leicht auf die bein ist; das tantzen ist ihr nun gesundt, aber viel zu faren nicht«. Das lässt sich nachvollziehen, denn auch die prächtigen fürstlichen Kutschen konnten die Stöße in den holprigen Straßen nicht auffangen.

Am 11. September traf Herzog Ernst August nach rund neunmonatigem Aufenthalt in Italien wieder im Schlosshof von Hannover ein. Wie es sich gehörte, empfing ihn seine Gemahlin – erleichtert, dass sie endlich nach Berlin aufbrechen konnte. Für alle Fälle schickte sie als medizinische Vorhut den anerkannten hannoverschen Hofchirurgen August La Rose, der den Herzog auf der Italienreise begleitet hatte. Mit ins Gepäck gab ihm die Großmutter Windeln, eine große weiße Decke aus Satin für die Wiege und einen Mantel.

Schließlich machte sich Herzogin Sophie selbst auf die Reise und erreichte rechtzeitig Schloss Köpenick, um die letzten Tage vor der Geburt bei ihrer Tochter zu sein. Am 16. Oktober 1685 brachte Sophie Charlotte, Kurprinzessin von Brandenburg, vier Tage zuvor siebzehn Jahre alt geworden, ihr erstes Kind zur Welt: einen Sohn, der auf den Namen Friedrich August getauft wurde.

Herzogin Sophie blieb bis zur Taufe ihres Enkels, dann reiste sie zurück ins Jagdschloss Göhrde, wo Ernst August schon ungeduldig auf sie wartete. Aus Berlin erhält sie von der medizinischen Autorität noch im Oktober gute Nachricht: »Ich bin recht fro gewesen, von la Rose zu vernemmen, dass die Courprinces undt der kleine Prins gottlob so wol sein.« Und noch etwas hat die Mutter vom Hofchirurgen erfahren: »La Rose hat mir auch gesagt, dass mein tochter so schön geworden ist.«

Herzog Ernst August, der Großvater, schließt aus den guten Nachrichten, dass die jungen Eltern »in 3 wochen wol reissen können« – nach Hannover natürlich. Anfang November erfährt Anna Katharina von Harling, die noch eine Weile die junge Mutter und den Säugling umsorgte, in einem Brief der Herzogin: »Wir verlangen nun ser, sie alle miteinander zu sehen …« Dass zu dieser Jahreszeit nur die Eltern auf Reisen gehen können, klärt die Großmutter sogleich: »Were es im summer, käm das kleine princessien wol mit.« Die Bitte, Tochter und Ehemann bald zu sehen, ist aus Sicht des fürstlichen Hausherrn in Hannover nicht ohne Eigennutz.

Ernst August plante schon die nächste Italienreise, und als sich aus Berlin kein Familienbesuch ankündigte, ließ er sich nicht aufhalten. Am 16. Dezember 1685 setzte sich der Südland-Tross im Schlosshof von Hannover wieder in Bewegung, gewaltiger denn je. Acht Monate würde der Herzog sich jenseits der Alpen amüsieren. Dass er diesmal von seiner Schwiegertochter, der Frau seines ältesten Sohnes, begleitet wurde, gab dem Gefolge einen besonderen Glanz.

Herzogin Sophie war allein mit ihrer hilflosen Verzweiflung, als sie die Nachricht aus Berlin erreichte, dass Ende Januar 1686 Friedrich August gestorben war. Gerade einmal hundert Tage alt wurde der kleine brandenburgische Prinz. Es gab keine vorausgehenden Anzeichen für die Tragödie, nur Gerüchte über das plötzliche Ende. Der kaiserliche Gesandte berichtete nach Wien, der Prinz sei an einem »Fieberlein durch gar zu häufig empfangene Nahrung, wodurch es gar zu geschwinde zugenommen und übermäßige Feiste angesetzt«, gestorben. Wenn überhaupt etwas den Eltern Trost nach diesem Schicksalsschlag spenden konnte, war es der feste Glaube, »durch Gottes Gnade und mit der Zeit sich darein zu finden«.

Der Tod von Neugeborenen in den ersten Tagen, Wochen

und Monaten ihres Lebens war allgegenwärtig, in Schlössern, Bauernkaten und Bürgerhäusern, bei Arm und Reich. Doch über die persönliche Trauer hinaus waren die Eltern – je nach ihrer gesellschaftlichen Stellung – einem sehr unterschiedlichen Druck ausgesetzt. Es klingt zynisch, ist aber Realität: In den Familien der Armen und Minderbemittelten belastete jedes Kind die Haushaltskasse. Ganz andere Sorgen plagten die adligen Familien, wenn Kinder – genau genommen: Söhne – ausblieben oder starben. Nur durch männliche Nachkommen war die Fortdauer der Familie samt ihrem Herrschaftsanspruch und Besitz gesichert. Nach dem Tod ihres ersten Sohnes stieg der Druck auf Sophie Charlotte und ihren Ehemann Friedrich gewaltig.

Im Jagdschloss Göhrde grübelt Herzogin Sophie im September 1686 über die Nachricht eines ihrer Vertrauten am Hof in Berlin: »… alles were ser wol, wan nur kinder kommen wollten.« Sie hat eine Idee, die sie sogleich ihrer Oberhofmeisterin, die schweigen konnte, mitteilte: »Ich habe meiner tochter proponirt, ihr die fraw Zeigel zu schicken aus pretext …« Die Herzogin hat sogar einen Vorschlag, wo diese Frau Zeigel wohnen könnte, während sie unter einem Vorwand im Schloss Köpenick von der Kurprinzessin empfangen wird. Unter vier Augen, denn diese Vertrauensperson bekommt von der Herzogin den Auftrag, »mein tochter kinder machen zu lernen, ohne dass ein mensch tharvon gewar wirdt«. Selbst der Ehemann erfährt nichts von den geheimnisvollen Praktiken, die auch ihn betreffen: »Der Courprins, welger nicht kan schweigen, mus selber nicht tharvon wissen, bis ein gutter effect tharvon kombt.«

Die Erwartung an das junge Kurprinzenpaar, für das Kurfürstentum Brandenburg einen männlichen Nachfolger »zu machen«, wurde durch die Söhne des Kurfürsten aus seiner zweiten Ehe noch verstärkt. Kurprinz Friedrich, der älteste Sohn aus erster Ehe, war der legitime Nachfolger im Kurfürstenamt. Doch der Verdacht, die zweite Frau und Kurfürstin wolle Friedrich ausschalten und einen ihrer Söhne zum Herrscher in

Brandenburg befördern, sorgte seit langem für Spannungen innerhalb der Großfamilie, vor allem zwischen Friedrich, seinem Vater und seiner Stiefmutter.

Die Gerüchteküche bei Hofe tat das Ihrige dazu. Der Kurprinz besaß nicht die kraftvoll-soldatische Figur seines Vaters; seine Rückenprobleme waren bekannt. Für manche war er ein Schwächling, und die Frage wurde nachgeschoben, ob ein solcher wohl gesunde Kinder bekommen könne. Es war an Friedrich und Sophie Charlotte, den Gegenbeweis zu erbringen.

Doch erst einmal kamen zwölf schreckliche Monate für das junge Paar. Es begann im November 1686, als Kurprinz Friedrich so krank wurde, dass er sein Testament machte. Er wurde wieder gesund. Aber Ende April 1687 starb nach kurzer heftiger Krankheit Friedrichs jüngerer Bruder, der Markgraf Ludwig.

Die beiden Brüder waren durch das Band der gemeinsamen Mutter in tiefem Misstrauen gegen die Stiefmutter verbunden. Friedrich war außer sich in seinem Schmerz und machte seine Anklage öffentlich: Es war Mord. Die Stiefmutter habe den Sechsundzwanzigjährigen durch eine vergiftete Orange aus dem Weg geräumt. Der Kurfürst versuchte, den Skandal an seinem Hofe durch eine medizinische Kommission auszuräumen: Todesursache Scharlach, lautete deren Urteil. Doch alle Unterlagen wurden vernichtet, und Friedrich hielt an seiner Giftmordthese fest.

Aber dann schien eine gute Nachricht die dunklen Wolken dieses Frühjahrs zu vertreiben. Sophie Charlotte war erneut schwanger. Statt freudig mit guten Wünschen zu reagieren, meinte der Kurfürst, nur Gott wisse, von wem. In Windeseile machte diese demütigende Bemerkung, die Sohn und Schwiegertochter gleichermaßen aufs Tiefste in ihrer Ehre verletzte, bei Hofe die Runde.

Der französische Gesandte Rébenac berichtete nach Frankreich, dass der ganze Hof nur noch darüber rede und der Kurfürst wenig später sogar den Namen des angeblichen Vaters genannt habe. Ausführlich beschrieb er das Verhältnis von Sophie Charlotte zu ihren Schwiegereltern. Sie zeige »jede mögliche Ergebenheit« und würde dennoch unwürdig behandelt, weil sie »das Missgeschick hat, dem Kurfürsten und der Kurfürstin zu missfallen«. Die junge Kurprinzessin sei mit Geist und Schönheit ausgestattet, mit unendlich viel Sanftmut und Tugend: »Ihr Lebenswandel ist so einwandfrei und die Sache so wenig wahrscheinlich, dass man sich nicht genug über die Äusserungen des Kurfürsten wundern kann.« Die Prinzessin sei sehr betrübt, aber machtlos.

Keiner der Gesandten in Berlin hatte ein so enges Vertrauensverhältnis zum Kurfürsten wie Rébenac, der seinen Dienst für Ludwig XIV. in Berlin 1679 angetreten hatte. Wenn selbst er keine Erklärung für die gehässige Reaktion des Kurfürsten auf eine Nachricht hatte, die im Interesse der ganzen kurfürstlichen Familie war, bleiben alle Vermutungen im Bereich der unbewiesenen Gerüchte.

Die Gerüchte suggerieren, der Kurfürst habe die Herzogin Sophie von Hannover immer schon verachtet und ihre Tochter Sophie Charlotte niemals als Schwiegertochter akzeptiert. Die Herzogin wird im November 1687 schreiben, der Kurfürst soll über ihre Tochter »braf schelten, wan sie nicht tharbey, welges bey ihm nichts neües ist«. Aber gerade ihre Briefe über die Begegnungen mit ihrem Vetter, dem Kurfürsten, vor der Hochzeit und etliche Bemerkungen über die Aufnahme ihrer Tochter in Berlin zeichnen ein positives Bild.

Was die schroffe Kälte des Kurfürsten gegenüber seinem Sohn betrifft, gibt es ebenfalls nur Spekulationen. Angeblich konnte er dem Sohn nicht verzeihen, dass der sich für die Prinzessin aus dem Hause Hannover entschieden und damit eine Änderung der Politik erzwungen hatte. Oder war Friedrich Wilhelm doch unter dem Einfluss seiner zweiten Frau und traute einem der Söhne aus dieser Ehe das Kurfürstenamt eher zu? Kein einziges Wort ist dazu überliefert.

Friedrich und Sophie Charlotte machen einen klugen Schachzug. Sie lassen die böswilligen Gerüchte und das vergiftete familiäre Klima hinter sich und reisen zur Kur ins böhmische Karlsbad, wo sich der europäische Adel auf der Promenade und beim Gesundbrunnen trifft. Die Distanz zu Berlin führt zu einem Entschluss, den der Kurprinz seinem Vater mitteilt: Seine Frau möchte ihr Kind in Hannover zur Welt bringen, und anschließend will die Familie sich in Kleve am Niederrhein niederlassen. Hier, im westlichen Landesteil des Kurfürstentums, wo Friedrich ohnehin Statthalter ist, kann er standesgemäß Hof halten.

Ein Kompromiss, um die zerrütteten Familienverhältnisse wieder ins Lot zu bringen? Nicht mit dem Kurfürsten, der sich in seiner politischen und väterlichen Befehlsgewalt provoziert fühlt. Ihm kann niemand etwas vorschreiben. Er trifft alle Entscheidungen im Land und in der Familie und befiehlt Sohn und Schwiegertochter, sofort nach Berlin zurückzukehren. Friedrich weigert sich, von seiner Frau unterstützt, und beide machen sich im Juni auf den Weg von Karlsbad nach Hannover. Zu viel Aufregung für die Schwangere? Zu lange Kutschfahrten über schlechte Wege? Kurz vor Wolfenbüttel muss der Reisetross anhalten.

Eigentlich wollte die herzogliche Familie ihren sehnlich erwarteten Gästen entgegenfahren. Aber dann bekam Herzogin Sophie »die böse Zeitung, dass meine Tochter auf dem Weg jenseits Wolfenbüttel ein bös Kindbett hätte bekommen«. Sophie Charlotte erlitt eine Fehlgeburt, und die Mutter kennt nur ein Ziel: »Ich machte mich stracks auf und fuhr die ganze Nacht, bis ich zu Ihrer Liebden kam ... Wir haben ihr ein Bett in einer Chaise machen lassen und haben dieselbige also hierher gebracht, da Ihre Liebden sich nun so wohl wiederum erholt haben, dass sie schon aus der Kammer wiederum gehen.« Die Eltern trauerten um ihren zweiten Sohn.

Die Schwiegermutter ist Zeugin, dass der Kurfürst sich vom

persönlichen Kummer seines Sohnes nicht beeindrucken lässt: »Der Kurprinz bekommt aber einen Haufen böser Briefe von dem Herrn Vater, welche Ihre Liebden verfluchen wollen, wann sie nicht wiederum nach Berlin gehen ...« Die Herzogin kann nachfühlen, dass Friedrich dem Berliner Hof weiterhin fern bleiben möchte. Es sei kein Wunder, »dass Ihre Liebden der Kurprinz gern an einem Ort sein, da sie sicher vor Gift können sein, denn solches ist ihm von seinen besten Freunden geraten worden«. Keine Seite will nachgeben: Der Kurfürst droht, seinen legitimen Nachfolger zu enterben, der Kurprinz verlangt Sicherheiten für seine Rückkehr. Vertraute versuchen, zwischen den feindlichen Lagern zu vermitteln. Was wohl Sophie Charlotte, die im Oktober in ihrem Elternhaus den neunzehnten Geburtstag feiern kann, während dieser quälenden tragischen Monate fühlt?

In den ersten Novembertagen 1687 wird das fürstliche Familienzerwürfnis demonstrativ im Potsdamer Schloss beendet. »Der Courfürst hat den Courprinsen und Courprinces al wol empfangen«, erfährt Anna Katharina von Harling von der Herzogin. »Zum Courprinsen hat er gesagt: ›Ihr lecker, ihr habet mir viel grauwe haar gemacht‹; mit mein tochter hat er nur von indifferente sachen geredt und gefragt, ob sie sich nun wol befünde.« In einem anderen Brief nennt sie die Gründe, die den Schwiegersohn veranlasst haben, sich den Forderungen des Vaters zu beugen: »Der Kurprinz von Brandenburg ist durch Gehorsam, Affection und Respect vor seinem Herrn Vater bewogen worden, wieder nach Berlin zu reisen.«

Ein Blick auf die Realitäten wird diese Entscheidung erleichtert haben: Gegen den unumstrittenen Herrscher Brandenburgs, mit dem niemand bei Hofe sich anlegen wollte, konnte der Kurprinz diesen Machtkampf nicht gewinnen. Aber eines war allen klar, die den Kurfürsten im Laufe des Jahres 1687 erlebten: Der Siebenundsechzigjährige wurde zusehends schwächer. Wegen Gicht in den Beinen musste Friedrich Wilhelm im Stuhl durch das Schloss getragen werden. Die irdischen Tage dieses Herrschers waren offensichtlich gezählt.

Vater und Sohn hatten eine lange Aussprache, und der äußerliche Burgfriede hielt. Auch Sophie Charlotte war darin eingeschlossen, wie ihre Mutter – allerdings mit Einschränkung – Mitte November an Anna Katharina von Harling schrieb: »Zu Berlin ist eüsserlich zwar alles herrlich, man caresirt den Courprins und mein tochter gar ser, aber der Courfürst soll doch brav über sie schelten, wenn sie nicht tharbey ist, welges bey ihm nichts neüwes ist.«

Ihre Korrespondenz haben Mutter und Tochter stets auf Französisch geführt. Ab dem neuen Jahr haben sich wieder Briefe zwischen Mutter und Tochter erhalten. Einer der Herzogin stammt aus dem Februar 1688: »Wir brechen morgen auf, um in Braunschweig auf den Markt zu gehen und in Wolfenbüttel in die Oper. Domdekan Busche wird Ihnen gepökelte Ammern und Wachteln bringen; dazu gehört eine gute Sauce wie man sie für Hasen macht, denn sonst sind sie zu sauer …«

Seit seiner Rückkehr aus Italien im August 1686 war Herzog Ernst August nicht mehr gen Süden aufgebrochen. Keine Frage, dass er Venedig mit seinen exquisiten und ausgelassenen Festivitäten vermisste, die im Karneval ihren jährlichen Höhepunkt hatten. Und so versuchte er in Erinnerung an vergnügte Zeiten in der Lagunenstadt in Hannover mehr denn je diesem Beispiel nachzueifern. Einer Freundin schrieb die Herzogin am 10. März 1688, man habe »den Karneval gestern in großer Kompagnie beschlossen und à grand bruit«. Ordentlich auf die Pauke hauen wollten die fürstlichen Teilnehmer also und dazu »in vier Banden von Hanswürsten«, die je aus dreißig Paaren bestanden, in großen Triumphwagen durch Hannover ziehen. Paukisten und Trompeter fuhren, ebenfalls verkleidet, in einem Wagen voraus.

Der Umzug endete im Rathaus, und dort »gingen alle die hundertzwanzig Hanswürste an eine Tafel«; nach dem Essen wurde getanzt und Bassett gespielt. Einer der adligen Hanswürste erzählte der Herzogin anschließend, dass Einwohner am Straßenrand sagten, früher lachten die Herren über die Untertanen, jetzt ist es umgekehrt, die Herren vergnügen sich für die Untertanen. Der Brief ging nach Berlin, und die Herzogin wusste, dass die Adressatin mit Sophie Charlotte befreundet war. Sie schreibe dies so ausführlich, »um meine Tochter damit zu divertieren, welche gerne was von Hannover hört«. Die Mutter brauchte nicht zu kommentieren, warum ihre Tochter, die solchen Vergnügen sehr zugetan war, sich an diesem Karneval nicht beteiligte: Sophie Charlotte war zum dritten Mal schwanger.

Für Anfang Mai 1688 hatte Kurprinz Friedrich mit seiner Frau abermals eine Reise nach Karlsbad geplant. Sie wurde kurzfristig abgesagt, weil der ohnehin fragile Gesundheitszustand seines Vaters sich in der zweiten Aprilhälfte extrem verschlechtert hatte. Friedrich Wilhelm hatte im Februar seinen achtundsechzigsten Geburtstag gefeiert. Die Ärzte mixten Arzneien und klebten Pflaster auf seine aufgedunsenen Beine. Aber das Wasser stieg immer weiter den Körper hinauf. Friedrich Wilhelm war überzeugt, es ging dem Ende zu, und tat, was er als Herrscher und Christ für seine Pflicht hielt.

Am 7. Mai versammelte er im Schloss zu Potsdam den Geheimen Rat mit Prinz Friedrich an der Spitze um sich. Der Kurfürst erinnerte daran, in welch miserablem Zustand Brandenburg war, als er 1640 die Regierung übernommen hatte. Stolz konnte er auf die positive Entwicklung des Landes verweisen, das er zum zweitmächtigsten Staat im Deutschen Reich gemacht hatte. Zum Kurprinzen Friedrich, seinem Nachfolger, sagte er: »Mögt Ihr den Ruhm, den ich Euch vererbe, bewahren und vermehren.« Danach sprachen Vater und Sohn noch einmal unter vier Augen, und Friedrich erhielt den väterlichen Segen.

Zwei Tage blieben dem Kurfürsten noch. Er nutzte diese Zeit, um von der Familie Abschied zu nehmen und alle zu segnen. Als Sophie Charlotte an das Sterbebett trat, entschuldigte sich der Schwiegervater, dass er die Schlafmütze nicht abnehmen könne. Die reformierten Hofprediger beteten mit dem Kranken, und Friedrich Wilhelm tröstete seine verzweifelte Frau: »Es muss doch einmal geschieden sein und einer dem andern vorangehen ... seid versichert, dass wir uns dereinst in der frohen Ewigkeit gewiss wiederum vereinigen werden.« Die tröstliche Gewissheit des Sterbenden nährte sich aus einem Glauben, der keinen Zweifel kannte. Am Vormittag des 9. Mai 1688 tat Friedrich Wilhelm, der Große Kurfürst, seinen letzten Atemzug.

Weil Friedrich mit einem reibungslosen Übergang vom alten auf den neuen Herrscher seine Kontinuität unter Beweis stellen wollte, wurden sofort alle Wege, die aus Potsdam hinausführten, blockiert und in Berlin die Stadttore geschlossen. Der kaiserliche Kurier, der die wichtige Nachricht nach Wien bringen wollte, musste warten. Erst als der neue Kurfürst – in der Reihenfolge seiner Vorgänger Friedrich III. – in Berlin einzog und ihm die Garnison gehuldigt hatte, ritten die Boten und Gesandten in alle Himmelsrichtungen mit der Nachricht, dass es Gott gefallen habe, Kurfürst Friedrich Wilhelm »aus dieser Sterblichkeit hinweg zu nehmen«.

In Hannover ordnete Herzog Ernst August Hoftrauer an. Alle Zimmer im Schloss und die Hofkutschen wurden schwarz ausgeschlagen. Und Herzogin Sophie schrieb: »Das ist das Mindeste, das man für einen Mann tun kann, der uns den Gefallen getan hat, zu sterben.«

Mit dem Tod des Schwiegervaters war aus der Kurprinzessin die Kurfürstin Sophie Charlotte geworden.

10. Kapitel

Endlich ein lebenskräftiger Sohn
Als Kurfürstin in Königsberg umjubelt
1688 Juni bis 1690

Man tut den beiden kein Unrecht zu vermuten, dass Sophie Charlotte und ihr Ehemann Friedrich auf den Tag gehofft haben, an dem sie endlich in die allererste Position im Kurfürstentum Brandenburg aufrücken. Dreieinhalb Jahre hatte Sophie Charlotte den Berliner Hof studieren können, nicht selten unter ihm gelitten. Sie wusste, dass sie mit den Vorteilen und Pflichten ihrer neuen Würde, aber auch mit Intrigen klug umgehen musste. Und sie konnte auf ihre Mutter als kluge Ratgeberin zählen.

»Erinnern Sie sich an die kleine pelniz, wenn Sie ihr Gefolge vergrößern«, schrieb die Herzogin nur eine Woche nach dem Tod des Großen Kurfürsten. Wiederum eine Woche darauf, am 22. Mai 1688, kam der mütterliche Dank aus Hannover an die Tochter, »dass sie die kleine pelniz angenommen hat«.

Als Kurfürstin hatte Sophie Charlotte Anspruch auf einen größeren Hofstaat. Das betraf die Anzahl der Kammerfräuleins und Hofmeisterinnen, die alle von Adel waren und zu ihrem ständigen Gefolge gehörten. Ob Sophie Charlotte in die Kirche ging oder ins Konzert, ihren Ehemann bei öffentlichen Auftritten oder auf die Jagd begleitete, sich ankleidete oder im Schlossgarten spazierte – einige ihrer Frauen waren immer dabei.

Die Kammerfräuleins und Hofdamen waren wichtig für die Repräsentation nach außen. Sie organisierten den Tagesablauf der Kurfürstin, managten ihre Verbindungen zur Welt außerhalb des Hofes und ihr Wohlbefinden nach innen. An ihnen kam keiner vorbei, der Kontakt zu Sophie Charlotte aufnehmen wollte. Zugleich waren sie Gesprächspartnerinnen und Vertraute. In einem Satz: Ihr Einfluss war enorm. Für die einen war das Amt ein Sprungbrett zu einer vorteilhaften Heirat, andere blieben ein Leben lang unverheiratet an der Seite ihrer Herrin – so wie die »kleine pelnitz«.

Henriette Charlotte von Pöllnitz, um 1670 geboren, war aus altem thüringischen Adel und in den Hofstaat der Herzogin Sophie in Hannover aufgenommen worden. Sie hatte eine exzellente Allgemeinbildung, war geschult in Musik und Tanz, sprach perfekt Französisch. Mitte Mai 1688 wurde die Pöllnitz von der Herzogin in Hannover freigegeben und Teil des Hofstaates der brandenburgischen Kurfürstin. Für die folgenden Jahre war niemand bei Hofe für Sophie Charlotte unabkömmlicher, niemand ihr persönlich so nahe wie Henriette Charlotte von Pöllnitz. Herzogin Sophie hatte ein sehr gutes Gespür für die Menschen, die ihrer Tochter guttaten.

Und sie hatte Erfahrungen, die sie nun teilen konnte. »Da sie sich an der Nase zur Ader lassen, wird ein Aderlass Ihnen und Ihrem Kind sehr gut bekommen«, wird die Schwangere am 19. Mai ermuntert. Und erfährt, dass ihre Mutter bei den meisten Schwangerschaften ebenso verfahren ist.

Nach den Fehlschlägen und traurigen Ereignissen der vergangenen Jahre scheint endlich ein glückliches Leben anzubrechen. Jetzt steht das Wohlergehen der schwangeren Tochter im Mittelpunkt, und die Großmutter kann wieder helfend aktiv werden. Noch bevor der Mai zu Ende geht, erhält Sophie Charlotte die Nachricht, dass die Mutter Anna Katharina von Harling zusammen mit dem bewährten Hofchirurgen August La Rose nach Berlin schicken wird. Dann wechselt die Herzogin das Thema, weil die Tochter ihr offensichtlich umstrittene Neuigkeiten vom kurfürstlichen Hof mitgeteilt hat und die Mutter auch auf diesem Gebiet guten Rat geben kann: »Ich wäre nicht überrascht über das neue Zeremoniell in Berlin, denn ich bin mit dem gleichen erzogen worden.«

Aufgeregt hatten die Gesandten aus aller Herren Länder, die am Hof zu Berlin Augen und Ohren offen hielten, ihren Auftraggebern gemeldet, Kurfürst Friedrich habe kurz nach seinem Regierungsantritt »wieder öffentlich gespeist, aber an einer ovalen Tafel und nicht mit gestrigen Ceremonien«. Es blieb bei dieser Veränderung, die vor allem darin bestand, dass der Kurfürst entweder ganz allein oder in Gesellschaft seiner Gemahlin und Stiefbrüder Tafel hielt. Die »gestrigen Ceremonien« hatten Wert darauf gelegt, so viele adlige Personen wie möglich an die kurfürstliche Tafel zu bitten. Friedrich dagegen hielt sichtbar mehr Distanz zu den Fürsten seines Hofes, um seine einzigartige kurfürstliche Würde zu betonen. »Damit auch die Churfürstl. Dignität desto mehr von denen Fürsten unterschieden würde«, schrieb der Gesandte Sachsens im Juni 1688 nach Dresden.

Doch Friedrichs Bemühen, in der Öffentlichkeit eigene Akzente zu setzen, und der Wirbel, den das neue Zeremoniell auslöste, legen eine falsche Spur. In ihrem Brief an die Tochter vom 22. Mai 1688 rückt Herzogin Sophie die Proportionen zurecht. Sie sei vor fast vierzig Jahren, als sie vom Hof ihrer Mutter in Den Haag zu ihrem Bruder kam, der als Kurfürst von der Pfalz in Heidelberg Hof hielt, noch viel überraschter gewesen. Denn im Gegensatz zu Den Haag nahmen die Pfälzer Prinzen mit jedermann ihre Mahlzeiten ein.

Die mütterliche Anmerkung aus Hannover erinnert daran, dass in Berlin nach dem Tod des Großen Kurfürsten trotz einiger Neuerungen keine Revolution von oben ausgerufen, nicht der Staub von Jahrhunderten entfernt werden musste. Der Sohn wollte sich sichtbar vom Vater absetzen, das ist verständlich. Aber gerade Friedrich wusste, dass er damit in der Tradition des Großen Kurfürsten stand, der das Land Brandenburg bewusst und mutig in die Moderne geführt hatte.

Ob es die Verwaltung des Kurfürstentums betraf, politische Bündnisse, den Aufbau eines angemessen stattlichen Hofes, den Ausbau des Schlosses in Berlin-Cölln oder strenge Anordnungen für die Stadt Berlin: In allem hatte der Verstorbene neue Wege eingeschlagen, keine Kosten gespart und angesehene Männer in die Hauptstadt geholt – zu seinem Ruhm und dem des Landes. Nehmen wir die Meldungen der Gesandten, die gierig auf spektakuläre Nachrichten waren, nicht zu ernst.

Die meisten Gedanken der Großmutter in Hannover gelten ihrer Tochter und dem ungeborenen Kind. Aus ihrem Brief vom 13. Juni »À Madame de Harling à Berlin« wissen wir, dass Anna Katharina von Harling in Berlin angekommen ist und sich um die schwangere Sophie Charlotte kümmert: »Ich bin von hertzen fro, dass ihr alles in so ein guten zustandt gefunden habet …« Weil die Vertraute seit Kindestagen die Prinzessin lieb habe, sei sie sicher »fro, die Courfürstin zu sehen; ich verlange auch tharnach, werde also die zukunftige woche von hir aufbrechen …« Die Herzogin von Hannover hielt Wort und kam mit ihrem Gefolge am 22. Juni 1688 in Berlin an, von einem großzügigen Ehrengeleit begleitet, das ihr Schwiegersohn befohlen hatte. Die Mutter – nervenstark und mitfühlend – war für Sophie Charlotte während der letzten Schwangerschaftswochen eine Stütze.

Der 14. August 1688 wird für die kurfürstliche Familie und alle, die ihr wohlwollten, wie eine Erlösung gewesen sein. Gegen halb drei Uhr am Nachmittag brachte Sophie Charlotte im Schloss zu Berlin-Cölln einen Sohn zur Welt; dass er auf den ersten Blick gesund und lebenskräftig war, sollte sich auch für die Zukunft bewahrheiten. Am 22. August wurde er im Dom auf der Spreeinsel – nicht mit dem heutigen identisch – auf den Namen Friedrich Wilhelm getauft, eine politisch-versöhnliche Geste an seinen vier Monate zuvor verstorbenen Großvater.

Zehn Tage nach der Geburt hat die Nachricht Paris erreicht, und von Versailles meldete sich Sophie Charlottes Patentante, Elisabeth Charlotte von der Pfalz, die Herzogin von Orléans. Sie schreibt an Anna Katharina von Harling, mit der sie – wie ihr Patenkind – aufgewachsen war: »Ich bitte eüch gar sehr – ihr wolt doch so gut sein undt mein glückwünschung undt compliment auff best meinetwegen, bey Ihro Liebden abzulegen. ... Ich wünsche von hertzen – dass Ihro Liebden die churfürstin viel trost an dießem prinzen erleben mögen ...« Als Nachschrift fügt sie hinzu, auch dem Kurfürsten, den sie zwar nicht kenne, »mein compliment zu machen«.

Die private Freude im Hause Brandenburg entspricht so gar nicht der Besorgnis über die politische Situation im europäischen Machtgefüge. 1688 ist ein Krisenjahr mit bedrohlichen Aussichten. Zwar war es dem Kaiser in Wien gelungen – auch mit Hilfe von achttausend Soldaten aus Brandenburg – den Angriff der Türken auf Europa endgültig abzuwehren. Aber im Westen plante Ludwig XIV. offen einen kriegerischen Überfall auf die deutschen Länder jenseits des Rheins. Die diplomatischen Kuriere reisten hektisch zwischen Berlin und Amsterdam, Dresden und Hannover, London, Wien und Madrid hin und her, um eine Allianz gegen den kriegswütigen König der Franzosen zu schmieden.

Aufgrund der unsicheren Lage stimmte Kurfürst Friedrich nach anfänglichem Zögern schließlich dem Vorschlag seiner Schwiegermutter zu: Sein Neugeborener, auf dem Brandenburgs glückliche Zukunft lastete, sollte fürs Erste im sicheren Hannover von der Großmutter zusammen mit Katharina von Harling erzogen werden. Auf Brandenburgs Hauptstadt und den Hof könnten politisch unruhige Zeiten zukommen. Außerdem gehörte es zur Aufgabe der Kurfürstin, an der Seite ihres Mannes zu sein, repräsentative Aufgaben zu erfüllen und ihn auf Reisen zu begleiten. Da würde kaum Zeit für den kleinen Sohn bleiben. An Gottfried Wilhelm Leibniz schreibt Herzogin Sophie am 24. August aus Berlin, sie werde morgen abreisen, »voller Jubel über das, was meine Tochter so schön erledigt hat«. Sie lasse ihre Tochter und den kleinen Kurprinzen »in bester Gesundheit zurück. Sie will ihn mir in Obhut geben, wenn sie mit dem Herrn Kurfürsten in Preußen sein wird«.

Zurück in Hannover, bereitete die Großmutter alles für den

Aufenthalt des Enkels vor: »Ich bin recht froh gewesen, aus ihr schreiben zu sehen, dass die Courfürstin und mein kleiner Sohn sich gottlob noch wol befinden undt dass er schon lachen kann ... Wan ich eüre abreis wissen werde, will ich alles zu Hanover fertig machen lassen.« Diese Zeilen vom 8. September 1688 gehen an Anna Katharina von Harling, jetzt die Kinderfrau des Enkels in Berlin. Dass sie von Friedrich Wilhelm als ihrem »Sohn« spricht, ist wohl kein Schreibfehler, sondern offenbart ihre tiefe emotionale Bindung an den Enkel und die große Erleichterung, dass dieses Kind lebenstüchtig ist.

Sie teilt ihrer Oberhofmeisterin noch mit, dass der Kurfürst von Brandenburg sich mit dem Prinzen von Oranien treffen wird und auf der Durchreise einen Besuch bei seinen Schwiegereltern in Hannover macht. Herzogin Sophie muss nicht erklären, dass Kurfürst Friedrich mit dem Statthalter der Niederlande hochpolitische Gespräche über das Bündnis gegen Frankreich und militärische Aktionen führen wird. Ihre vertraute Oberhofmeisterin ist für sie auch eine Gesprächspartnerin in politischen Dingen. Und so fährt die Herzogin fort: »Hier wissen wir von keinem krig; man denckt an nichts als an die opera dissen winter spilen zu lassen und carneval zu halten ...« Mag Hannover auch fernab von möglichen Kriegsschauplätzen liegen, der Herzogin ist bewusst, wie groß die Gefahr eine Krieges ist.

Viele Briefe sind in diesen Wochen zwischen den Schlössern in Hannover und Berlin hin- und hergegangen. Schon am 12. September reagiert die Großmutter auf neue gute Nachrichten, freut sich, dass es »unserm lieben Kindchen« so gut geht und schreibt sehnsüchtig, »ich wolte ihn so gern recht wol undt gemechlich hir logiren ...«. Am Ende dankt sie Anna Katharina von Harling für all die Mühe, die sie sich mit dem kleinen Enkel mache. Sie sei ihr lebenslang verpflichtet und möchte sich, wo sie kann, ihr gegenüber und ihren Lieben von Herzen als »eüre ser affectionirte trüwe fründin« beweisen.

Wie vertraulich das Verhältnis der Herzogin zu ihrer Oberhofmeisterin ist, zeigt ein Brief, der nur vier Tage später verfasst wurde. Er enthält die indirekte Aufforderung, Sophie Charlotte eine Kritik ihrer Eltern zu übermitteln. Die Freude, dass die Kurfürstin gesund ist, wird mit dem ausdrücklichen Hinweis verbunden, man hoffe, dass sie zum Begräbnis ihres Schwiegervaters gehen wird. War das nicht selbstverständlich?

Wie bei den pompösen Beerdigungen hochherrschaftlicher Personen üblich, brauchte man auch in Berlin Monate, um den Großen Kurfürsten, der am 9. Mai 1688 verstorben war, mit der gebotenen Feierlichkeit zu Grabe zu tragen. Zumal dieses Ereignis seinem Nachfolger die Möglichkeit bot, sich den Untertanen wie Europas fürstlichen Höfen als neuer Machthaber zu präsentieren. Der Staatsakt fand am 22. September 1688 statt. Würdenträger aus ganz Europa begleiteten in langer Prozession den Sarg vom Schloss in den Dom, wo Friedrich Wilhelm bis heute in der Gruft seine letzte Ruhe gefunden hat.

In Hannover hatte man den Eltern offenbar zugetragen, dass ihre Tochter in Berlin in keiner guten Gesellschaft sei, sondern von Schmeichlern umgeben. Sie nahmen dieses Gerücht so ernst, dass Anna Katharina von Harling erfuhr, der hannoversche Gesandte in Berlin, Johann Caspar von Bothmer, solle Kurfürstin Sophie Charlotte im Auftrag ihrer Eltern zur Vernunft bringen: »Ich habe an Mr. Botmer tharvon geschrieben; der Herzog sowol als ich würden es ser übel finden, wan sie nicht mit solte gehen.« Als Kurfürstin am zeremoniellen Begräbnis für den verstorbenen Schwiegervater nicht teilzunehmen, nur weil sie keine Lust habe – undenkbar für Herzogin Sophie und ihren Mann.

Aber sie hielten eine solche Laune ihrer Tochter für möglich und wussten: An allen europäischen Höfen würde man einen solchen Skandal breittreten. Was für ein Affront gegenüber dem neuen Kurfürsten, ihrem Ehemann. Die Eltern setzten ihre ganze Autorität ein, um die Tochter davor zu bewahren, und scheuten sich nicht, ihren Gesandten als Vollstrecker zu beauftragen – auch wenn Sophie Charlotte auf der Stufenleiter der fürstlichen

Hierarchie als Kurfürstin über ihren Eltern stand. Es ging auch um die Familienehre: Sophie Charlotte sollte das Haus Hannover in Berlin würdig vertreten, so wie ihre Mutter alles aufbieten wird, um dem Erben der kurfürstlich-brandenburgischen Familie im Schloss zu Hannover das Leben so schön wie möglich zu machen.

Dem Brief der Mutter lagen gute Wünsche bei, die Gottfried Wilhelm Leibniz an Sophie Charlotte geschrieben hatte. Herzogin Sophie dankte ihrem Philosophen-Freund für die »schönen Briefe, die Sie meiner Tochter und mir zur Geburt des Kurprinzen geschrieben haben. Ich werde ihr den Brief mit dieser Post schicken und bin sicher, dass er ihr sehr gefallen wird.« Gut möglich, aber wir wissen es nicht; der große Leibniz erhielt von Sophie Charlotte keine Antwort.

Unterdessen hofft Herzogin Sophie: Wenn die Beerdigungsfeierlichkeiten in Berlin vorbei sind, wird Anna Katharina von Harling schreiben, »wan der kleine Courprins kommen wirdt ... Wan ihr kombt, werdet ihr wol alles befehlen, wie es am besten sein mus.« Tatsächlich dauert es nicht mehr lange. Anfang Oktober 1688 trifft der Reisetross mit dem noch keine zwei Monate alten Kurprinzen Friedrich Wilhelm von Brandenburg und seiner Kinderfrau Anna Katharina im Schlosshof von Hannover ein. Großmutter Sophie ist überglücklich; drei Jahre wird der Enkel in ihrer Obhut bleiben.

Ende September war eingetreten, was Europas Fürstenhöfe nicht überraschte: Ludwig XIV. gab seinen Truppen den Befehl, den Rhein zu überschreiten und in Richtung Osten so viel Land wie möglich zu erobern. Die Pfalz wurde zerstört, französische Soldaten besetzten Trier, Mainz und Bonn, marschierten in Richtung Schwarzwald und Donau und hinterließen überall verbrannte Erde. Mit dem neuen Jahr 1689 fand sich eine große Koalition gegen Frankreich zusammen. Ein europäischer Krieg hatte begonnen.

Wie sein Vater es schon politisch eingefädelt hatte, war Kurfürst Friedrich von Brandenburg ein wichtiger Partner in der antifranzösischen Allianz, zusammen mit England, Spanien, dem Kaiser in Wien und den Niederländern, deren Statthalter aus dem Hause Oranien seit 1688 als Wilhelm III. englischer König war. Am 1. Januar 1689 schrieb Herzogin Sophie aus Hannover ihrer Tochter, »dem Herrn Kurprinzen geht es Gott sei Dank sehr gut«. Die junge Mutter wird es gefreut haben, ihren Sohn in guter Obhut zu wissen, während sie ihren Mann auf seinen offiziellen Reisen begleitete: Am 2. Januar kam das Paar in Den Haag an. Dort traf sich der Kurfürst von Brandenburg mit Wilhelm III.

Während die Herren sich über gemeinsame politische und militärische Strategien berieten, brachte das Damenprogramm Sophie Charlotte und die Gemahlin des Statthalters einander näher. Die Kurfürstin schrieb ihrer Mutter, sie sei »ganz beglückt« über die Fürstin Maria Stuart von Oranien. Man könne von ihr gar nicht genug Gutes sagen, und die Schönheit ihrer Erscheinung entspreche auf liebenswürdige Weise der ihres Geistes. Eine Freundschaft begann, die brieflich fortgeführt wurde. Die Rückreise des kurfürstlichen Paares ging über Hannover. Die Eltern sahen ihren kleinen Sohn wieder und nahmen als Ehrengäste an einer glanzvollen Premiere teil.

Am 30. Januar 1689 wurde in Hannover neben dem Schloss ein neues Opernhaus eröffnet, aber nicht irgendeines. Herzog Ernst August war der Bauherr von Europas prächtigstem und größtem Opernhaus: im Parterre, auf drei Rängen und in neunzehn Logen war Platz für eintausenddreihundert Besucher; der ganze Innenraum war dank feuerroter Samtstreifen und Goldstoff eine Symphonie in Rot und Gold; das Orchester spielte vor dem Parterre, für die Bühne war modernste Technik eingebaut. Für die Eröffnung hatte ein Mann eine Oper komponiert, der in Europa einen berühmten Namen hatte als Diplomat, Komponist, virtuoser Cembalo- und Orgelspieler und dazu noch katholischer Priester war. Bevor Agostino Steffani, 1654 bei Venedig geboren, 1688 als herzoglicher Kapellmeister durch den protestantischen Hof von Hannover abgeworben wurde, stand er im Dienst des katholischen Kurfürsten von Bayern.

Für seinen neuen Herrn komponierte Agostino Steffani die Oper *Enrico Leone*. Was konnte passender sein an diesem Tag in Hannover als ein Stück über Heinrich den Löwen, den prominentesten Vorfahren des regierenden Welfenhauses. Der Herzog von Sachsen und Bayern musste sich als Widersacher Kaiser Barbarossas geschlagen geben, aber als starke, eigenwillige Persönlichkeit ist Heinrich der Löwe in die Geschichte eingegangen. Das Libretto zu *Enrico Leone* schrieb Steffanis Landsmann Ortensio Mauro; auch er ein geweihter Priester und seit Beginn der 1670er Jahre Sekretär, Dichter und Zeremonienmeister am Hof zu Hannover.

Auf den ersten Blick scheint Herzog Ernst August mit dem prächtigen Opernhaus und dem neuen Hofkapellmeister nur seiner musikalischen Leidenschaft zu frönen. Doch in diesem sichtbaren Engagement für die Musik verkörpern sich mehr als persönliche Vorlieben. Ludwig XIV. machte es in Versailles vor und zum Exempel für Europa: Der fürstliche Hof ist die Bühne, auf der der Herrscher sich öffentlich inszeniert, und bei dieser bewussten Inszenierung ist die Musik – vor allem Oper und Ballett – nicht selbstgenügsame Begleitung. Musik wird gegen Ende des barocken Zeitalters endgültig zu einem flexiblen Instrument, mit dem sich im Konzert der europäischen Mächte politische Ansprüche sichtbar und hörbar repräsentativ darstellen lassen. Je professioneller die Hofmusiker, je glänzender der Gesang der Kastraten und der Primadonnen, desto größer das politische Gewicht des Fürsten, der solche Inszenierungen aufbieten kann.

Ob beim Bau des Schlosses in Osnabrück, den Ernst August als Bischof durchsetzte oder den glanzvollen Empfängen fürstlicher Gäste in Hannover, als er dort 1680 nach dem Tod seines älteren Bruders die Herrschaft übernahm: Jedes Mal setzte der Herzog ein unübersehbares Zeichen, dass sein Aufstieg in höhere fürstliche Ränge noch nicht ans Ende gekommen war. Der neue Opernbau mit seinen Aufführungsmöglichkeiten instrumentalisierte auf höchstem Niveau Musik, um das politische Endziel seines Erbauers, das für seine fürstlichen Kollegen zwischen Berlin und Wien kein Geheimnis mehr war, zu bekräftigen: Herzog Ernst August von Hannover beanspruchte die Kurfürstenwürde für sich und seine Nachfolger.

Das erlesene Premierenpublikum konnte den ungeheuren Aufwand einordnen, sowohl was die bauliche Präsentation als auch das außerordentliche Niveau der musikalischen Darbietung betraf. Mochten sie Ludwig XIV. als Kriegsherrn bekämpfen, als Vorbild wirkungsmächtiger Repräsentation durch die Künste eiferten Deutschlands Fürsten ihm nach. Wer am 30. Januar 1689 Agostinos *Enrico Leon* hörte, war auf die neue Bewertung und Zielrichtung höfischer Musik eingestellt, und das galt besonders für das Kurfürstenpaar aus Brandenburg.

Selbst auf der abgelegenen Iburg, wo Sophie Charlotte geboren wurde, war ein französischer Tanzmeister angestellt gewesen und das Haus ständig voller Musik. Der Bischof und seine Frau waren jedes Frühjahr bei den Verwandten in Hannover zu Ballett und musikalischen Aufführungen eingeladen. Und eines Tages durfte auch ihre Tochter mitkommen.

Im Schloss von Hannover gab ein anerkannter Musiker und Cembalo-Experte Sophie Charlotte Unterricht. Auch nach der Heirat nahm die Kurprinzessin sich täglich Zeit für ihr geliebtes Cembalospiel. Sophie Charlotte wird die Premiere im Opernhaus genossen haben und konnte die politische Bedeutung dieser fulminanten Darstellung einordnen.

Kurfürst Friedrich werden ähnliche Gedanken durch den Kopf gegangen sein. Er wusste, dass sein Schwiegervater mit großer Entschlossenheit den Kurfürstentitel anstrebte und war bereit, ihn darin zu unterstützen. Als Nachfolger in Berlin maß er dem »Ceremoniel«, der Repräsentation auf der Bühne des Hofes entscheidende Bedeutung zu. Friedrich hatte miterlebt, wie sein Vater, der Große Kurfürst, die Hofkapelle in Berlin förderte und sich Entlassungen seiner Musiker, weil Ebbe in der Staatskasse war, widersetzte. Auch die musikalische Erziehung Friedrichs und den Flötenunterricht hatte der Vater gefördert. Die Tage bei den Schwiegereltern gaben dem jungen Kurfürstenpaar Zielvorgaben für den eigenen Hof, der gerade begann, ein eigenes Profil zu entwickeln.

Ein neuer Kurfürst muss sich mit seiner Frau den führenden Gesellschaftsschichten seines Landes und den einfachen Untertanen zeigen. Friedrich war überzeugt, neben den eindrucksvollen Zeremonien durch persönliches Erscheinen ein festes Band zwischen Herrscher und Untertanen zu knüpfen. Er wollte durch eine »liebenswürdige Herrschaft« in Erinnerung bleiben. Darum zog der kurfürstliche Tross im Februar 1689 von Hannover weiter nach Magdeburg. Dann verlangte die Ausdehnung des Krieges, dass Friedrich III. sich als oberster Heeresführer bei seinen brandenburgischen Truppen im Rheinland zeigte, wo die Franzosen inzwischen Neuss, Kaiserswerth und Bonn besetzt hatten.

Am Rhein angekommen, trennten sich die Wege des Ehepaares. Die Kurfürstin nahm in Köln Quartier, der Kurfürst begab sich zu seinen Truppen, die Bonn belagerten und unter seinem Befehl die Franzosen vertrieben. Im Juni 1689 verfasste Sophie Charlotte in Köln ihr Testament.

Der Aufenthalt am Rhein war ein Erfolg für Kurfürst Friedrich. Als sich wenig später das Kollegium der Kurfürsten in Augsburg traf, machte der Brandenburger den Vorschlag, Herzog Ernst August mit seinem Land in das höchste Gremium des Reiches aufzunehmen. Der Kaiser lehnte ab. Doch wer Ernst August kannte, wusste, aufgeben war seine Sache nicht.

Die wichtigste Huldigung außerhalb Berlins für das neue Kurfürstenpaar stand noch bevor. Im Frühjahr 1690 ging es auch für Sophie Charlotte auf eine lange Reise – nach Königsberg, in die Hauptstadt Preußens. Denn ihr Gemahl Friedrich herrschte über das Kurfürstentum Brandenburg-Preußen. Ein kurzer Blick in die Geschichte bringt Aufklärung.

Preußen nannte der Deutsche Orden den Staat, den er nach Eroberung der Gebiete, die ungefähr dem späteren Ostpreußen entsprechen, gründete. 1525, nach Auflösung des Ordens, wurde daraus ein weltliches Herzogtum, über das der polnische König die Oberhoheit erhielt. 1618 fiel das Herzogtum durch Erbschaft an das Kurfürstentum Brandenburg, und schon 1657 gelang es dem Großen Kurfürsten dank militärischer Erfolge sich aus der polnischen Oberhoheit zu befreien. Als Herzog von Preußen war der Kurfürst von Brandenburg ein souveräner Herrscher, unabhängig vom deutschen Kaiser, da dieses Land außerhalb der Grenzen des Deutschen Reiches lag.

Das Jahr 1690 hatte für Kurfürstin Sophie Charlotte mit einer traurigen Nachricht begonnen. Ihr Bruder Karl Philipp war am 1. Januar im Kampf gegen die Türken als Oberst der kaiserlichen Armee gefallen. Die Mutter schrieb am 11. Februar: »Mir will das Herz brechen und der Herzog ist aufs tiefste niedergeschlagen.« Doch in aller Verzweiflung weiß sie den Grad des Schmerzes zu unterscheiden: »… liebe Tochter, ich glaube, dass Sie ebenso getroffen sind wie ich, obschon ich den Unterschied zwischen einem Sohn und einem Bruder wohl fühle, denn nie im Leben erlitt ich einen Schmerz wie diesen.« Ein Jahr später würde ein weiterer Sohn und Bruder auf dem Balkan im Kampf gegen die Türken getötet werden.

Nun aber warteten Jubel und Festlichkeiten auf Sophie Charlotte. Das Auftreten des Kurfürstenpaares im Frühjahr 1690 in Königsberg war ein hochpolitisches Unternehmen. Kurfürst Friedrich war entschlossen, sich bei den Huldigungsfeiern als souveräner Herzog von Preußen auf Augenhöhe mit Europas Monarchen zu präsentieren. Es war kein Zufall, dass er im Zuge der Vorbereitungen erstmals für Brandenburg-Preußen einen Zeremonienmeister ernannte.

Seine Wahl fiel auf den sechsunddreißigjährigen Johann Besser, der in Königsberg Philosophie und Theologie studiert hatte. Er war in den 1680er Jahren mit seinen Lobgedichten auf das Haus Brandenburg am Berliner Hofe aufgefallen, was ihm eine Stelle als Legationsrat im diplomatischen Dienst brachte. Das Amt führte ihn nach London an den britischen Hof, wo Besser die Bedeutung von Protokoll, Zeremonien und öffentlichkeitswirksamen Publikationen aus erster Hand erlebte. Er begann, ein Privatarchiv zu diesen Themen anzulegen.

Kurfürst Friedrich, der sich mit eigenen Vorgaben in Protokollfragen und festliche Abläufe kräftig einmischte, hatte mit Johann Besser eine gute Wahl getroffen. Die Feste und Ehrbezeugungen rund um die Huldigung der Königsberger für ihren neuen Kurfürsten und seine Gemahlin übertrafen an Glanz und Inszenierungen alles, was man bisher in der Stadt gesehen hatte. In Königsberg, einer bürgerlich-wohlhabenden Stadt, waren die Häuser mit Wappen und Bildern, Tapeten und Blumen geschmückt. Und Besser sorgte mit seinen Publikationen dafür, dass die Königsberger Ereignisse in allen Einzelheiten an den Fürstenhöfen Europas verbreitet wurden.

Besonders eindrucksvoll war die Teilnahme polnischer Gesandter, die mit einem Gefolge von 355 Menschen und 419 Pferden anreisten; ein Zeichen, welchen hohen – fast königlichen – Rang das Königreich Polen diesem neuen Kurfürsten zugestand. Der Weg zum Schloss führte an reich geschmückten Ehrenpforten vorbei, mit denen die Bürgerschaft ihren Herrscher grüßte. Die Bürger selbst zogen feierlich zum Schloss; die Studenten der Universität hatten allerlei Darbietungen eingeübt. Der Kurfürst machte Besichtigungen in der Stadt, und auch an feierlichen Predigten war kein Mangel.

Offizieller Höhepunkt war die Huldigung der preußischen Stände am 14. Mai 1690 vor dem Ostflügel des Schlosses, wo eigens ein Balkon für das Kurfürstenpaar errichtet worden war. Auf dem Schlosshof waren die Ständevertreter angetreten und sprachen mit unbedecktem Kopf den Huldigungseid laut nach, der verlesen wurde. Anschließend waren die Gesandten, Amtsträger und Ständevertreter zu einem festlichen Mahl ins Schloss geladen. Die einfachen Untertanen konnten auf kurfürstliche Kosten ausgiebig im Freien feiern.

Ob Kurfürst oder König, Papst oder Kardinal, Herzog oder Graf: Seit Generationen ließen alle, die über Menschen oder Seelen herrschten, sich als Konterfei auf einer Leinwand verewigen. Je berühmter der Maler, den sie mit ihrem Porträt beauftragten, umso mehr konnten sie auf ewigen Ruhm hoffen.

Friedrich Wilhelm, der Große Kurfürst, hatte während seines langen Aufenthaltes als junger Mann in Leiden und Den Haag Geschmack an der holländischen Malerei des 17. Jahrhunderts gefunden. Später gelang es ihm, niederländische Maler mit Aufträgen an den Berliner Hof zu locken. 1685 traf er eine folgenreiche politische Entscheidung für sein Land, die unter anderem dazu führte, dass Brandenburg-Preußen zum Zufluchtsort von Künstlern aller Art wurde.

Im Oktober 1685 hatte Ludwig XIV. das Edikt von Nantes widerrufen, das der Minderheit der Reformierten, den Anhängern des Genfer Predigers Johannes Calvin, bisher in Frankreich politische Gleichberechtigung und Religionsfreiheit zusicherte. Jetzt durften sie ihren Glauben nicht mehr ausüben; wer es dennoch tat, musste mit Folter und Tod rechnen. Der Kurfürst, ein reformierter Christ, versicherte seinem Gesandten in Paris, ihm gehe die »harte und fast unerhörte Art der Verfolgung ... tief und empfindlich zu Herzen«. Mit dem Edikt von Potsdam bot er schon Anfang November den reformierten Flüchtlingen »sicheres und freies Asyl« und Religionsfreiheit an. Dank Steuer- und Zollfreiheit sollten die Refugiés – wie sie offiziell genannt wurden – sich im Kurfürstentum Brandenburg ein neues Leben aufbauen können.

Von den rund 200 000 Hugenotten – so hießen die Reformierten in Frankreich –, die ihr Vaterland verließen, kamen immerhin 13 000 bis 16 000 nach Brandenburg. Bis 1700 siedelten sich etwa 5500 Hugenotten in Berlin an. Sie brachten neben französischer Lebensart und Kultur neue moderne Gewerbe in die Stadt. Nun gab es seidene Strümpfe zu kaufen, feine Lederhandschuhe, Hüte und Seidenstoffe. Französische Uhrmacher und Buchhändler hoben den bisherigen Standard. Es kamen Ärzte, und so manche Französin wurde als Gouvernante in Berliner Familien angestellt. Die Theologen, die nach Berlin flüchteten, konnten eine eigene reformierte Gemeinde gründen; die Besten von ihnen fanden Anstellung bei Hofe.

Zu den Religionsflüchtlingen gehörte der renommierte Maler Abraham Romandon. 1686 ernannte ihn der Große Kurfürst zum Hofmaler. Doch der Maler mit dem eleganten französischen Stil starb schon im Februar des folgenden Jahres. Sein Sohn Gedeon, gerade einmal zwanzig Jahre alt, vom Vater ausgebildet, besaß großes Vertrauen bei Hofe. Er wurde umgehend zum Nachfolger als Hofmaler berufen. Als ein Jahr später Friedrich Wilhelm starb, ließ sein Sohn und Nachfolger noch im selben Jahr 1688 von Gedeon Romandon das offizielle Staatsporträt malen. Es zeigt Kurfürst Friedrich III. mit dem herrschaftlichen Hermelin über seiner Ritterrüstung, das Zepter in der Rechten. Das schmale nachdenkliche Gesicht des Kurfürsten verleiht dem Bild trotz herrschaftlicher Pose ein nachdenkliches Flair.

Ein Parallelbild der neuen Kurfürstin Sophie Charlotte ist 1688 nicht entstanden. Aber zwei Jahre später bekam Gedeon Romandon den Auftrag, die zweiundzwanzigjährige Kurfürstin zu malen. Wir begegnen einer jungen Frau, die der Welt und dem Leben mit offenem Blick und gelassener Neugier entgegentritt. Gut zehn Jahre trennen dieses Porträt vom Bild der Elfjährigen, wo ihre rechte Hand dekorativ auf einem Schoßhündchen ruht. Dennoch verbindet die beiden Darstellungen ein innerer Zusammenhang. Die Persönlichkeit von Sophie Charlotte hat sich auf gleicher Linie, ohne Bruch, fortentwickelt.

Aber nun ist statt Hündchen ein exotischer Drachenbrunnen im Hintergrund erlaubt, während die fantasievolle Kleidung der Kurfürstin, mit Brosche und Perlen reich geschmückt, barocke Wellen schlägt. Was wie Kostümierung aussieht, ist dennoch kein altbackenes Zubehör, sondern bringt die Lebendigkeit der dargestellten Persönlichkeit gekonnt zum Ausdruck und gibt ihr eine besondere Note. Die kunstvoll hochgesteckten schwarzen Locken setzen diese Bewegtheit fort. Das tief ausgeschnittene Dekolleté entspricht der zeitgenössischen Mode. Die makellose weiße Haut gehört zu den Schönheitsattributen von Sophie Charlotte, die in Journalen und von Zeitgenossen gerühmt wird. Sophie Charlotte, Kurfürstin von Brandenburg-Preußen, ist bereit, mit eigenem Stil und eigenen Ideen aufzutreten.

Wie es sich für einen bedeutenden und glanzvollen europäischen Fürstenhof gehört, vermacht Kurfürst Friedrich seiner Frau 1690 ein eigenes Schloss auf Lebenszeit. Schloss Caputh in der lieblichen Havellandschaft nicht weit von Potsdam war zwei Jahre zuvor als Witwensitz für die zweite, inzwischen verstorbene Frau des Großen Kurfürsten im holländischen Stil erbaut worden. Sophie Charlotte begann sogleich mit dem Umbau, um hier nach ihrem Geschmack »Plaisir und Divertissement« zu pflegen.

11. Kapitel

Der neue Erzieher: Die Mutter setzt sich durch
Ein musikalisches Netzwerk entsteht
1691 bis 1696

Den Jahresanfang 1691 erlebt das brandenburgische Kurfürstenpaar in Den Haag. Die Niederländer sind ein wichtiger Bündnispartner; Sophie Charlotte und Ehemann Friedrich verbinden verwandtschaftliche Beziehungen mit dem Fürstenhaus der Oranier und kulturelle Vorlieben mit dem kleinen, weltoffenen Land. Die Rückreise über Hannover bietet sich aus zwei Gründen an: Es gibt ein Wiedersehen mit dem Sohn, der nun schon über ein Jahr bei der Großmutter aufwächst, und außerdem wird an der Leine der Karneval festlich begangen. Zwar trauern Herzog Ernst August und seine Frau Sophie erneut um einen ihrer Söhne, der im Kampf gegen die Türken gefallen war. Doch sie haben beschlossen, das nun schon traditionelle Karnevalstreiben nicht ausfallen zu lassen.

Im April richtet der Kurfürst von Brandenburg einer seiner Halbschwestern, die den Herzog von Kurland heiratete, eine prächtige Hochzeit aus. Die Kurfürstin ist an seiner Seite, und sein Zeremonienmeister lässt Europas Fürstenhöfe wissen, dass zu Ehren der Brautleute »ein sehr rares Feuerwerk angesteckt« worden sei mit sieben Zelten auf den Wällen von Berlin »für die Zuseher«.

Mindestens in Gedanken wird Sophie Charlotte sich um diese Zeit schon mit ihrer Idee zum Geburtstag ihres Gemahls am 11. Juli beschäftigt haben. Es war ein ehrgeiziges Vorhaben, mit dem sie als Kurfürstin ein erstes Zeichen am Berliner Hof und für die Öffentlichkeit setzen wollte. Die Überraschung gelang.

Der Festtag, an dem Kurfürst Friedrich in Berlin anwesend war, begann mit einer »schönen Predigt und Musik«. Eine opulente Tafel wurde für die Geburtstagsgesellschaft gedeckt, wo »Nymphen von der Spree« Verse vortrugen, die die dreijährige Regierungszeit des Kurfürsten verherrlichten: »Wer seine Thaten wird von den drey Jahren lesen, / wird dencken, dass es gar drei Friedrichs gewesen.« Sophie Charlotte bringt einen Spruch auf die Gesundheit ihres Gemahls aus und verteilt selbstverfasste Gedichte. Was Zeremonienmeister Johann Besser anschließend verkündet, entspricht der Realität: »Seiner Churfürstl. Durchl. Zu Brandenburg Erfreulicher Gebuhrts-Tag von dero Durchlauchtigsten Gemahlinn gefeyret«.

Die Krönung der Feier – »eine schöne Serenade« – wurde um 17 Uhr gegenüber vom Schloss am Spreeufer zelebriert. »Serenata« bezeichnet abendliche Musiken mit Sängern und Sängerinnen, nicht unüblich in der Barockzeit. Das Niveau der Aufführung, die Sophie Charlotte im Juli 1691 in Berlin organisierte, hatte die Residenzstadt noch nicht erlebt.

Auf zwei Schiffen, die am Ufer lagen, waren prächtige Kulissen aufgebaut, ein Venustempel und der Parnass, nach griechischem Mythos der Gebirgszug, wo Apollo, die Musen und Künste zu Hause sind. Da die brandenburgische Hofkapelle bisher nicht mit italienischen Sängern musizierte, hatte Sophie Charlotte sich von ihrem Vater in Hannover vier erstklassige Sänger ausgeliehen, darunter als Sopran ein Kastrat. Für die Kurfürstin kamen wie für ihren Vater nur die Besten in Frage. Der Komponist der »Serenata« ist unbekannt, wahrscheinlich gehörte auch er zur Hofkapelle in Hannover.

So anspruchsvoll die Aufführung war, Sophie Charlotte wusste, dass sie ein Risiko einging. Der Kurfürst war ein frommer reformierter Christ. Die reformierten Hofprediger sahen in Aufführungen aller Art – ob Schauspiel, Komödie oder weltliche Konzerte – irdische Vergnügungen, die vom Weg zum Himmel ablenkten. Besonders verwerflich waren Musik im italienischen Stil und italienische Musiker, die den verhassten katholischen Kulturkreis verkörperten.

Doch Sophie Charlotte, die sicherlich keinen Skandal am Geburtstag des Kurfürsten provozieren wollte, hat das Risiko wohl kalkuliert. Sie wusste, ihr Gemahl war nicht nur musikalisch. Kurfürst Friedrich hatte ein Gespür dafür, wie sehr eine spektakuläre Musikaufführung das politische Gewicht seines Hofes europaweit stärkte. Und sein Zeremonienmeister Johannes Besser sorgte dafür, dass der Glanz dieser Geburtstagsfeier weit über Berlin hinaus strahlte.

Fast nahtlos ging es weiter mit festlichen, freudigen Ereignissen. Am 1. August 1691 machte sich ein Kammerherr im Auftrag des Kurfürsten auf den Weg nach Hannover, um den Kurprinzen Friedrich Wilhelm nach Hause zu holen. Als zwei Monate alten Säugling hatten ihn die kurfürstlichen Eltern im Oktober 1688 in die Obhut der herzoglichen Großeltern gegeben. Nach knapp drei Jahren hieß es für sie Abschied zu nehmen. Am 8. August gaben Herzogin Sophie von Hannover, ihre Söhne und wichtige Männer des Hofes dem kleinen Kurprinzen unter Kanonendonner und Trompetenschall das Geleit zur Stadt hinaus. Seine Kinderfrau Anna Katharina von Harling und ein Leibarzt waren die engsten Begleiter von Friedrich Wilhelm, als es zurück nach Berlin ging.

Am 14. August 1691, dem dritten Geburtstag des Kurprinzen, hielt der Zug um die Mittagszeit in Brandenburgs Residenzstadt feierlichen Einzug. Anna Katharina von Harling, die während der Jahre in Hannover den zukünftigen Kurfürsten wie ihren Augapfel gehütet hatte, erhielt als Dank und Anerkennung der Eltern eine »Berlinische Kutsche mit sechs Pferden«, dazu tausend Dukaten, Armbänder und eine Brosche. Dann reiste die Siebenundsechzigjährige zurück nach Hannover, und Herzogin Sophie hatte ihre Vertraute und Oberhofmeisterin wieder ganz für sich.

Für den kleinen Jungen war es eine beängstigende Situation:

Alles war fremd – die Eltern, all die Menschen im Saal, die ihn ehrfürchtig betrachteten, und auch Marthe von Montbail, der Friedrich Wilhelm nun übergeben wurde. Die Kurfürstin kannte und schätzte die Witwe, die als Hugenottin aus Frankreich geflüchtet war. Der gebildeten, fröhlichen Frau vertraute sie den Sohn mit einem guten Gefühl an. Das entsprach nicht nur traditioneller fürstlicher Kindererziehung. Selbst wenn Sophie Charlotte es gewollt hätte: Ihre Repräsentationspflichten als Kurfürstin bei Hofe und auf Reisen an der Seite ihres Gemahls, auch die Verfolgung eigener Interessen ließen viel zu wenig freie Zeit übrig, um sich der Erziehung des Sohnes zu widmen und jederzeit für ihn da zu sein.

Noch im August begleitete die Kurfürstin mit ihren Hofdamen den Kurfürsten zu einer Wasserjagd am Mühlenbecker See nördlich von Berlin. Ausländische Gesandte am Hofe waren als Gäste geladen. Für die Damen wurde am Ufer ein Aufbau errichtet, um das männliche Schauspiel bequem aus der Distanz genießen zu können.

Das neue Jahr 1692 hatte gerade begonnen, als Sophie Charlotte beschloss, zwei Briefe von Gottfried Wilhelm Leibniz zu beantworten. Sie kannte Leibniz, den ihr Vater 1680, als er Herzog von Hannover wurde, von seinem Vorgänger als Hofbeamten übernommen hatte, seit vielen Jahren, ohne dass es einen engeren Kontakt gegeben hätte. Sie wusste, dass der gelehrte Philosoph ein enger Vertrauter ihrer Mutter war. Trotzdem kam ihre Antwort auf seinen Glückwunsch zur Geburt des Kurprinzen mit drei Jahren Verspätung; auch wenn ihr dieses Versäumnis, wie sie ihm schrieb, stets auf dem Herzen gelegen habe.

Als habe der Gelehrte, der mit hunderten Briefpartnern in ganz Europa korrespondierte, nur auf die Möglichkeit gewartet, mit Sophie Charlotte einen ausgiebigen Briefwechsel führen zu können, antwortet er drei Wochen später ausführlich. Die Kurfürstin nimmt den Faden nicht auf; der große Leibniz bekommt keine Antwort.

Im Dezember 1692 empfängt der Kurfürst seine Schwiegereltern. Es ist bei aller familiärer Verbundenheit ein offizieller Besuch: Im Berliner Schloss wird das Bündnis zwischen beiden Ländern feierlich erneuert. Es soll vorbei sein mit den politischen Misshelligkeiten und dem unguten Konkurrenzkampf zwischen Hannover und Berlin. Gefördert wird der erneute politische Schulterschluss durch eine Entwicklung, auf die alle Beteiligten in diesen Tagen mit Hochspannung warten.

Am 26. Dezember 1692, Ernst August und seine Frau Sophie sind schon wieder in Hannover, ist es so weit: Ein reitender Kurier erreicht Berlin mit der Nachricht, dass der Kaiser in Wien in einer prunkvollen Zeremonie Herzog Ernst August – durch einen Gesandten vertreten – mit der Kurfürstenwürde belehnt hat. Kurfürst Friedrich war in dem jahrelangen politischen Kampf um dieses Ziel ein treuer Verbündeter seines Schwiegervaters gewesen; nicht zuletzt weil ihm daran gelegen war, dass mit dem Lutheraner Ernst August das protestantische Lager im Kurfürstenkollegium verstärkt wurde. Im Wissen um den baldigen Erfolg hatten die beiden in Berlin den politischen Neuanfang beschworen.

Umgehend schickt Kurfürst Friedrich einen Kammerherrn seines Vertrauens mit einem persönlichen Glückwunschschreiben an Ernst August. Die neue Würde sei »zu seiner Kirche Besten, zu des Reiches Wohlfahrt und zu einiger Belohnung von Ew. Liebden weltbekannten großen Meriten«. Hannover war endgültig zu einem Machtfaktor im Heiligen Römischen Reich Deutscher Nation geworden, auch wenn etliche Kurfürsten die Entscheidung des Kaisers nicht anerkannten. Erst der zweite Kurfürst von Hannover wurde als ebenbürtiger Partner im Kurfürstengremium akzeptiert. Ernst August antwortete seinem Schwiegersohn in Berlin sogleich mit eigener Hand und bekräftigte das Bündnis vom 23. Dezember; im Januar 1693 solle eine »Ewige Union« beschworen werden. Sophie Charlotte wird der politische Erfolg ihres Vaters mit Stolz und seine gleichzeitige

Einladung an das kurfürstliche Paar zum Karneval 1693 in Hannover mit großer Vorfreude erfüllt haben.

Der Karneval von 1693 ist in die Annalen des Kurfürstentums Hannover als das Fest aller Feste eingegangen. Die ersten Vergnügungen erlaubte man sich schon im Januar, offiziell fand der endlose Reigen von Bällen, Maskeraden, Tanz und Gala-Diners, von hochkarätiger Tafelmusik begleitet, vom 11. Februar bis zum 10. März statt. Kurfürstin Sophie gab dem Ganzen in ihrer Einladung eine lockere Note – man wolle »bunte rey« machen. Bei diesem Karneval wurde nicht darum gestritten, wer oben an der Tafel saß oder wer den Stuhl mit Armlehnen bekam. Masken ja, aber keine erstarrten Rituale; prächtige Kostüme ja, aber sie sollten nicht einzwängen.

Im Schloss waren zwanzig Spieltische aufgestellt. Im Schlosshof unterhielten Gaukler die Gäste aus ganz Europa. In einem langen Brief hat Gräfin Aurora von Königsmarck der schwedischen Königin Ulrike Eleonore, einer Nichte der Kurfürstin Sophie, das prunkvolle Panorama dieses Karnevals ausgebreitet und seine Statisten mit feinen Profilstrichen nachgezeichnet. Für sie gehörte er »zu den schönsten und prächtigsten, den man vielleicht jemals gesehen hat«. Als Beweis folgt ein Porträt der Kurfürstin von Brandenburg, die mit ihrem Gemahl anwesend war. Briefschreiberin und Adressatin schätzen Sophie Charlotte vom Hörensagen, und Königin Ulrike kannte Gemälde von ihr. Aber nachdem Gräfin Aurora sie leibhaftig gesehen hat, gesteht sie, »dass sie alles übertrifft, was man von ihr sagen mag, da sie einen Reiz der Persönlichkeit besitzt, den Worte nicht auszudrücken vermögen. Sie ist vollendet schön und geistreich, sie ist gut und von der besten Gemütsart, das sind Eigenschaften, die eine Fürstin sehr anziehend machen.«

Wer die Musik liebte, ging ins schönste und größte Opernhaus Europas. Hier wurden zwei Opern des berühmten Agostino Steffani, seit 1688 Hofkapellmeister, aufgeführt. Die italienischen Sängerinnen und Sänger bei Hofe konnten sich hören lassen, doch zusätzlich wurde die Primadonna Agnete Landini aus Rom engagiert. Geld spielte keine Rolle. Im Schlosstheater brachte eine französische Schauspieltruppe, schon lange am Hof in Hannover angestellt, Corneille und Molière auf die Bühne.

Das gewaltige Vergnügen endete am Fastnachtsdienstag mit vier Quadrillen, die von den höchsten Fürstinnen dieses Karnevals angeführt wurden, darunter Sophie Charlotte, die Kurfürstin von Brandenburg, ihre Mutter Sophie, die frisch gekürte Kurfürstin von Hannover, und ihre Schwiegertochter Sophie Dorothea, die Kurprinzessin von Hannover, mit Sophies ältestem Sohn verheiratet. Die Quadrillen sollten nacheinander durch alle Galerien des Schlosses ziehen, wo sich »italienische Marquis, Grafen und Gräfinnen aus Deutschland, Minister, Kavaliere und Damen von allen europäischen Höfen drängten«.

Als Erste erschien um sieben Uhr abends die fünfundzwanzigjährige Kurfürstin von Brandenburg mit ihrer Truppe, die griechische Kunst und Mythologie verkörperte. Vorweg gingen die Musiker, Orpheus folgte, von der Musik und der Poesie begleitet, hintendrein Bacchus, Satyren und Nymphen, unter ihnen Henriette von Pöllnitz, Sophie Charlottes vertraute Hofmeisterin. Bacchantinnen beschlossen den Zug und rührten eifrig ihre Tambourine zum Klang der Glöckchen auf ihren Kleidern.

Die zweite Quadrille war als »Türkische Nation« konzipiert, in der Türken mit Krummsäbeln, Paschas und Sultane, gefesselte Sklaven und Sklavinnen und sogar der Prophet auftraten. Der Aufwand an Schmuck, Musikern und Menschen legte den Verdacht nahe, dass die siebenundzwanzigjährige Kurprinzessin Sophie Dorothea sich als Konkurrentin ihrer Schwägerin verstand und keinen Vergleich scheuen wollte. Die Berichterstatterin Gräfin Königsmarck nannte Sophie Charlottes Quadrille »fein, heiter und voll Anmut«. Den Aufzug von Sophie Dorothea, die als Sultanin verkleidet war, schildert sie als »sehr majestätisch« und »glänzend«.

Am Mittwochmorgen um fünf Uhr, als die Fastenzeit schon begonnen hatte, kamen alle Vergnügungen an ihr Ende. Alle Beteiligten würden sich noch lange an diesen außerordentlichen Karneval 1693 in Hannover erinnern.

Die lutherische Geistlichkeit hat die Leidenschaft von Ernst August und seiner Frau Sophie für Oper und Theater, ihre Lust an Maskeraden und Musik nicht getadelt. Ob in Hannover, Wolfenbüttel oder Braunschweig: In den Fürstentümern der Welfen wurden seit Generationen Musik und Schöne Künste über Grenzen und Konfessionen hinweg gepflegt und gefördert. In der brandenburgischen Residenzstadt Berlin war die Musik unter dem Großen Kurfürsten auf ein neues Niveau gehoben worden. Selbst ein überzeugter reformierter Christ, wusste Friedrich Wilhelm aus seinen Aufenthalten in den reformierten Niederlanden, dass die reformierte Konfession musikalischen Aufführungen grundsätzlich nicht feindlich gegenüberstand.

Ob der Skandal, den Sophie Charlotte Pfingsten 1693 ausgelöst haben soll, wirklich stattfand, dafür fehlen Belege. Vielleicht ist es nur eine Anekdote, die weitererzählt und ständig ausgeschmückt wurde. Aber sie steht für einen Konflikt, der ihren reformierten Ehemann, Kurfürst Friedrich, immer wieder umtrieb.

Seine reformierten deutschen Hofprediger waren dem »Theater«, wozu auch musikalische Aufführungen zählten, nicht gewogen. Diese irdischen Vergnügen hielten die Gläubigen nur davon ab, sich um ihr Seelenheil zu kümmern. (Die aus Frankreich geflüchteten hugenottischen Prediger waren gegenüber solchem Kunstgenuss toleranter.) Trotz dieser Kanzelschelte wurden seit dem Regierungsantritt des neuen Kurfürsten kleine »Lustballette« mit musikalischen Einlagen aufgeführt, wenn hoher fürstlicher Besuch nach Berlin kam. Nichts Kritisches war zu hören, als Sophie Charlotte zum Geburtstag des Kurfürsten im Juli 1691 eine spektakuläre »Serenata« am

Ufer der Spree aufführen ließ. Doch was sie angeblich zu Pfingsten 1693 organisierte, ging der Geistlichkeit zu weit.

Wo genau *Il Filindo*, eine Pastorale, am Hof zu Brandenburg aufgeführt wurde, ist nicht bekannt. Vielleicht in den Räumen der Kurfürstin im Berliner Schloss. Sie jedenfalls soll für die Aufführung, die aus Chören, sechs Balletteinlagen und Arien bestand, eine kleine Bühne aufbauen haben lassen und bei der musikalischen Vorbereitung mitgewirkt haben. Es traten keine Stars auf; alle Beteiligten waren junge Edelleute und Hofdamen. Das Stück hatte am Pfingstsamstag Premiere und ging problemlos über die Bühne. Als jedoch der reformierte Hofprediger Christian Cochius erfuhr, dass die zweite Aufführung für Pfingstmontag geplant war, predigte er umgehend »gegen die Versuchungen des Theaters und bedrohte die Vergnügungssüchtigen mit göttlichen Strafen«.

Die Kurfürstin soll daraufhin die Frau des Predigers mit deren Tochter in die nächste Aufführung von *Il Filindo* eingeladen haben, mit dem Hinweis, dann könne sie ihrem Mann erzählen, wie harmlos das Ganze sei. Naivität oder Provokation? Kurfürst Friedrich sorgte angeblich für eine andere Lösung. In der Nacht zum Montag habe er die provisorische Bühne seiner Ehefrau abreißen lassen.

Zweifel sind angebracht: Eine solche drastische Reaktion widerspricht dem dokumentierten Verhalten des Kurfürsten über viele Jahre. Es gab kein Theaterverbot im Kurfürstentum Brandenburg, und Friedrich ging gerne in die Komödie. Trotz seiner frommen Lebensführung war er ein aufgeklärter Monarch, der keine theologischen Scharfmacher duldete und seinem Sohn empfehlen wird, die Kleriker auf Abstand zu halten. Die Überlieferung sagt nicht, wie die Kürfürstin reagierte. Aber sie verrät ungewollt, warum sich Sophie Charlotte 1689 einen hugenottischen Prediger aus Frankreich für ihren Hof gewählt hatte.

Es gibt nur wenige authentische Dokumente über Sophie Charlottes Leben, über ihre Sicht auf die Welt und ihre Gefühle.

Zu viele ihrer Briefe sind vernichtet worden oder verloren gegangen, sie hat keine Memoiren geschrieben wie ihre Mutter Sophie. Seit Sophie Charlotte mit sechzehn Jahren an den Berliner Hof kam, der berüchtigt war für seine Intrigen und noch mehr, seit sie 1688, mit zwanzig Jahren, Kurfürstin der Mark Brandenburg wurde, musste sie jedes Wort außerhalb ihrer privaten Gemächer und jede Geste abwägen – und war dennoch nicht vor Gerüchten und Falschmeldungen sicher, die von den unterschiedlichen Parteien bei Hofe in Umlauf gesetzt wurden. Die Neugier ihrer Umgebung galt besonders ihrer ehelichen Beziehung. Welchen politischen Einfluss hatte die Kurfürstin auf ihren Mann? Welches emotionale Verhältnis hatten die Ehepartner?

Für die ausländischen Gesandten am Berliner Hof war es lebenswichtig, ihre fürstlichen Auftraggeber, vor allem in den führenden europäischen Ländern wie Frankreich und England und am Kaiserhof zu Wien, mit immer neuen Nachrichten zu versorgen; möglichst vertrauliche Einzelheiten zu berichten, um den eigenen Status zu festigen. Die schöne Kurfürstin, noch dazu geist- und kenntnisreich, regte die Fantasie vieler an, sowohl der Gesandten wie der Männer, die im Umkreis des Kurfürsten wichtige Ämter innehatten und in Konkurrenz zueinander standen. Wer mehr über die Kurfürstin wusste oder weitergeben konnte, hatte einen politischen Vorteil. Ob alles der Wahrheit entsprach? Niemand konnte es nachprüfen.

Dass die damaligen Akteure bei Hofe es mit der Wahrheit nicht so genau nahmen, ist nachvollziehbar. Doch es enthebt jene, die mit dem Abstand der Jahrhunderte versuchen, die Persönlichkeit von Sophie Charlotte in Umrissen zu zeichnen, nicht der Pflicht, Wahrheit und Dichtung zu unterscheiden. Nicht jede Aussage der Zeitgenossen über sie für bare Münze zu nehmen; nicht jeden Mythos über diese ungewöhnliche Frau ungeprüft weiterzuerzählen.

Der französische Gesandte Jean-Baptiste de la Rosière verfasste um diese Zeit einen ausführlichen Bericht für den französischen Hof über die Kurfürstin. Rosière konnte davon ausgehen, dass Ludwig XIV. an einem solchen Porträt sehr interessiert war, hatte er doch die elfjährige Sophie Charlotte zusammen mit ihrer Mutter 1679 an seinem Hof begrüßt. Die Kurfürstin wurde vorgestellt als »eine der schönsten Frauen von Deutschland«. Aber schnell zählte der Gesandte andere Eigenschaften auf: »Ihr Verstand ist lebhaft und angenehm ... Sie weiß viel, sie liest täglich drei bis vier Stunden, aber keine Schmöker, sondern die besten Autoren. Sie spricht gut Italienisch, und sie liebt die Kunst ... sie ist eine Gelehrte, aber in der Art einer Fürstin.«

Nachdem die gelehrte Seite der Kurfürstin anerkennend gewürdigt wurde, kommt eine andere Seite ihrer Persönlichkeit zur Sprache: »Das Vergnügen liebt sie ebenso wie der Kurfürst es hasst, und sie verbringt die Hälfte ihrer Tage damit, zu tanzen, zu singen, zu lachen und zu spielen ... Sie ist kokett und möchte gefallen, aber alle Leute, die sie seit ihrer Kindheit kennen, loben ihre Tugendhaftigkeit.« Ein zweischneidiges Lob, in dem Urteile ohne Beweise gefällt werden. Aber der Gesandte weiß, wie gierig solche pikanten Details aufgenommen werden. Er blickt noch etwas intensiver durch das Schlüsselloch auf die eheliche Beziehung: »Vor fünf oder sechs Jahren hatte sie wenig Achtung für den Kurfürsten und konnte es nicht über sich bringen, Gefühle zu zeigen, die sie nicht hatte.« Anschließend verknüpft de la Rosière das Intime mit dem Politischen. Die Kurfürstin habe sich inzwischen überlegt, dass diese Gefühllosigkeit »ihren Gegnern willkommen sein könnte, und jetzt benimmt sie sich wie eine Frau, die ihren Mann liebt«. Nun pflege sie die Beziehungen zu ihrem Mann und zu seinen Ministern.

Der Gesandte ist ein altgedienter Diplomat. Er verpackt seine Botschaft, dass die Kurfürstin eine skrupellose Frau ist, die vor keinem taktischen Manöver zurückschreckt und den eigenen Mann über ihre Gefühle hinters Licht führt, geschickt, indem er jedem moralischen Urteil ausweicht. Er will seinem

Auftraggeber Argumente liefern, um am Berliner Hof politisch aktiv zu werden und zu beweisen, wie gut er informiert ist. Es gibt Leute, so de la Rosière, die meinen, die Kurfürstin kümmere sich um nichts und habe keinen Einfluss. Doch das sei ein großer Irrtum:»... wenn diese Fürstin sich für irgendeine Sache einsetzt, so hat sie Erfolg; ich konnte es selber beobachten ...« Ein Hinweis, dass es lohnt, die Kurfürstin für die Ziele französischer Politik zu gewinnen. Mit kostspieligen Geschenken, was denn sonst bei einer Frau – das braucht der Diplomat nicht hinzuzufügen.

Die als Fakten drapierten Thesen, die von de la Rosière und anderen zu Lebzeiten von Sophie Charlotte in Umlauf gebracht werden, sind nicht durch Dokumente oder belegbare Aussagen gestützt. Sie werden zu Stereotypen, die über viele nachfolgende Generationen Sophie Charlotte und auch Kurfürst Friedrich charakterisieren sollen.

Kein Dissens zwischen den Eheleuten kommt auf, als Sophie Charlotte Anfang Juni 1694 Schloss Caputh, das ihr Friedrich 1690 als Landsitz geschenkt hatte, per Urkunde zurückgibt. Sie könne »das Plaisir und Divertissement dieses angenehmen Ortes«, die der »hochgeliebte Herr und Gemahl« ihr damit hätten gönnen wollen, »nicht nach Wunsch und Verlangen genießen« wegen der »Abgelegenheit von der Kurfürstlichen Residenz«.

Schon wenige Wochen später entdeckt die Kurfürstin bei einer Ausfahrt das Dorf Lietze am Spreebogen rund eine Meile westlich von Berlin als den Ort ihrer Wünsche. Hier, auf dem Weg nach Spandau am Rand des Tiergartens, auch auf dem Wasserweg von der Residenz aus erreichbar, soll ihr Lustschloss stehen. Der Kurfürst ist einverstanden. Schon in den nächsten Wochen besichtigen Vertraute von Sophie Charlotte das Gelände. Der Graf de la Tour schreibt ihr im September, er wolle sich in Turin, seiner Heimatstadt, um architektonische Pläne für ein Lustschloss bemühen. Daraus wird nichts. Die Mühlen der kurfürstlichen Verwaltung mahlen langsam. Laut Befehl des Kurfürsten wird seiner Gemahlin im folgenden Jahr, am 30. Juli 1695, Gut und Dorf Lietze »mit allen Einkünften als Eigentum« übertragen. Der Bau, der unter den Augen und in kritischer Begleitung von Sophie Charlotte entsteht, ist als Schloss Charlottenburg bis heute eine Attraktion Berlins.

Als Sophie Charlotte im Oktober 1684 nach der Hochzeit mit großem Gefolge in Berlin ankam, wo das gemeinsame Leben mit Kurprinz Friedrich begann, war ihr der Name Danckelmann nicht unbekannt. Der Westfale Eberhard von Danckelmann hatte mit einundzwanzig Jahren schon ein abgeschlossenes Jurastudium hinter sich, als er 1665 zum Erzieher Friedrichs von Brandenburg, jüngerer Sohn des Großen Kurfürsten, nach Berlin berufen wurde. Der junge Lehrer, ein strenger Calvinist, hielt nichts von sanfter Pädagogik und ließ seinen Zögling immer wieder brutal wissen, dass er dessen geistige Fähigkeiten mit denen eines Esels gleichsetze.

Trotzdem wurde Danckelmann für den Heranwachsenden, dessen geliebte Mutter schon 1667 starb, zum Halt in unruhigen Zeiten; umso mehr, seit nach dem Tod des älteren Bruders die Nachfolge des Großen Kurfürsten auf Friedrich lastete. Als der Sohn im erbitterten Streit mit seinem Vater sich weigerte, mit Sophie Charlotte an den Berliner Hof zurückzukommen, vermittelte Danckelmann erfolgreich. Mit dem Beginn seiner Ära als Kurfürst machte Friedrich den Mann, der schon so lange sein Leben mit ihm teilte und längst sein engster Vertrauter war, zum leitenden Minister. Was Danckelmann sich erlauben konnte, selbst Sophie Charlotte gegenüber, erfuhr sie im Januar 1690.

Am Berliner Hofe hatte man beschlossen, sich im Schloss mit einer »Wirtschaft« in Szene zu setzen. Diese Bezeichnung galt einer in Deutschland beliebten Art von Volkstheater, das eine Herberge suggerierte, in der sich Gäste aller Art zusammentaten, um die Langeweile zu vertreiben. Jeder schrieb einen möglichst gemeinen und ordinären Beruf auf einen Zettel, zog dann einen der eingesammelten Zettel aus einem Hut und verkleidete sich, wie es dem Beruf entsprach, den er – oder sie – gezogen hatte. Mit den eleganten Kleidern wurden auch höfische Regeln und die übliche französische Sprache ad acta gelegt.

Der *Scheerenschleifer* hieß die »Wirtschaft«, deren Verse für die Laienschauspieler – allesamt höchster Adel vom Hofe – Oberzeremonienmeister Johann Besser geschmiedet hatte. Das Los hatte Eberhard von Danckelmann, den wichtigsten Mann nach dem Kurfürsten in Brandenburg, zum Hauptdarsteller gemacht. Als Scherenschleifer gab der Minister mit seinem Eingangsmonolog den Ton an, der bei einer »Wirtschaft« davon lebte, je grober desto vergnüglicher:

»Zum Scheerenschleifer hat das Los mich heut erkohren / Ich bin es eben nicht, auch nicht dazu gebohren: / Jedoch weil sich der Mensch in alles schicken soll, / Gefällt auch dieser Stand mir diesesmahl gar wohl.« Er werde mit dem Schleifstein jede Schere schleifen. Dabei müsse es aber nicht bleiben: »Es ist doch heute Brauch in fremdes Amt zu greiffen, / Trägts mit den Scheeren nichts, so werd ich Menschen schleiffen.« Vielleicht war es Eberhard von Danckelmann nur recht, wenn mancher der Umstehenden ins Grübeln geriet, ob diese Drohung nicht über das Theater hinausreichte.

Die Kurfürstin hatte sich für diese »Wirtschaft« als Gärtnerin verkleidet und ihr Gärtner-Partner war Graf Dönhoff aus altem Adelsgeschlecht, Oberkämmerer bei Hofe. Der »Scheerenschleifer« wandte sich an die beiden: »Herr Gärtner, wie so lahm? Wie stehts ums Gartenmesser? / Mich dünckt, es wird stumpf: geschliffen war es besser. / Wer aber hat so schön die Gärtnerin polirrt? / Ein ander, meyn ich wohl, als der sie jetzund führt.« Erstaunlich, welche Obszönitäten sich Minister Danckelmann gegenüber der Kurfürstin und ihrem Ehemann, dem Kurfürsten, erlauben konnte. Von irgendwelcher Verstimmung nach diesem Auftritt ist nirgendwo die Rede. Die Zitate beweisen, der engste Mitarbeiter des Kurfürsten hatte bei diesem Auftritt Sophie Charlotte nicht einmal zur besonderen Zielscheibe seines Spottes gemacht. Doch die Chemie zwischen den beiden stimmte nicht.

Dass die Kurfürstin in Berlin sozusagen als Trojanisches Pferd ihrer ehrgeizigen Eltern agierte und auf Biegen und Brechen versuchte, die brandenburgische Politik zugunsten Hannovers zu beeinflussen und damit Danckelmanns Zorn auf sich zog, gehört zu den ständig wiederholten Mythen. Was überzeugender ist: Dass dieser strenggläubige pedantische Mensch Sophie Charlottes Unmut herausforderte, weil er jene Seiten ihres Mannes stärkte, die ihrem Wesen nicht entsprachen; dass für Danckelmann eine Kurfürstin verdächtig war, die Kunst, Schönheit und einen weiten geistigen Horizont zum Leben brauchte.

Besonders im Hinblick auf die Entwicklung im Jahr 1694 gilt: Sophie Charlotte war entschlossen, in ihrem privaten Umkreis – trotz aller höfischer Regeln, die das kurfürstliche Familienleben regelten und regulierten – ihre Vorstellungen als Mutter durchzusetzen. Doch immerzu spürte sie Danckelmanns Einfluss. Das schwierige Verhältnis zwischen Kurfürstin und oberstem Minister spitzte sich schließlich zu einem Machtkampf um den Sohn und Nachfolger zu. Welche erzieherischen Ideale sollten Friedrich Wilhelm prägen, der im Sommer 1694 sechs Jahre alt wurde? Welches Bild von der Welt und den Menschen sollten dem Heranwachsenden, der einmal über das Kurfürstentum Brandenburg herrschen würde, vermittelt werden?

Die Beschreibungen über Friedrich Wilhelm in den ersten Jahren am elterlichen Hof in Berlin nach der Rückkehr 1691 aus Hannover überschlagen sich mit haarsträubenden Geschichten. Sie zeichnen das Bild eines kindlichen Tyrannen, der seine Umgebung zur Verzweiflung bringt; ein schwieriges Kind, das ständig seine Grenzen auslotet, dem Mitleid, Zuneigung, Geduld fremd sind. Mal verschluckt Friedrich Wilhelm seine kleine vergoldete Schuhschnalle oder kriecht – frisch angekleidet – in den rußigen Kamin, um seinen Widerwillen gegen die höfischen Kleider, in die er gesteckt wird, zu demonstrieren.

Mal verprügelt er mit aller Härte seinen älteren Kusin; mal klettert er auf die Brüstung eines Fensters, als Marthe von Montbail, seine Kinderfrau, ihm Strafe angedroht hat, zu springen, wenn sie die Strafe nicht zurücknimmt.

Der Junge scheint unfähig zu sein, seine Gefühle zu kontrollieren. Wutausbrüche wechseln mit Tränen und Zerknirschung ab. Friedrich Wilhelm verweigerte sich jedem Zuspruch und jeder Drohung. Doch die überlieferten Schauergeschichten geben keine tiefergehenden Erklärungen, sieht man von dem Versuch so manchen Historikers ab, die Frauen als Schuldige auszumachen: Ihnen sei er – angefangen bei Großmutter Sophie in Hannover – sechs Jahre lang überlassen worden; das konnte nicht gut gehen.

1694 wurde Sophie Charlotte aktiv, um die Erziehung ihres Sohnes in Bahnen zu lenken, die ihrem Menschenbild entsprachen: gebildet, den Künsten, der Philosophie und den Menschen zugetan. Anfang des Jahres hatte der Vater, Kurfürst Friedrich, den Wunsch seines engsten Vertrauten Danckelmann erfüllt, dessen Sohn zum ersten Kammerjunker des Kurprinzen zu ernennen. Wahrscheinlich war die Kurfürstin höchst alarmiert. Sollte auch der kommende Kurfürst von Brandenburg unter dem Danckelmann'schen Einfluss aufwachsen und von dessen rigidem, engen Welt- und Lebensbild geprägt werden? Die Befürchtung war so abwegig nicht. Vor diesem Hintergrund wird Sophie Charlottes Kampf um die Erziehung ihres Sohnes verständlich.

Die Kurfürstin war gut vernetzt und hatte einen Kandidaten als Erzieher im Sinn, der ihrem Ideal entsprach. Graf Alexander von Dohna, 1661 in Genf geboren, kam aus einem alten ostpreußischen Geschlecht, seine Mutter war Französin, entsprechend weltoffen seine Erziehung. Er hatte sich als Diplomat und Offizier bewährt, war ein gläubiger Calvinist mit besten Manieren. Nach geheimen Kontakten zwischen Sophie Charlotte und ihrem Wunschkandidaten signalisierte Graf Dohna im März 1694 seine Bereitschaft. Jetzt war es an der Kurfürstin, ihren Mann zu überzeugen. Im September ernannte der Kurfürst Graf Alexander von Dohna zum Oberhofmeister – das bedeutete zum umfassenden Erzieher – seines Sohnes. Ihm unterstand der Lehrer, der den täglichen Unterricht gab. Die Kurfürstin hatte Danckelmann bewiesen, dass seine Macht über den Kurfürsten begrenzt war.

Im Juni 1694 hatte Sophie Charlotte Schloss Caputh an ihren Mann zurückgegeben, im Juli Gut und Dorf Lietze als passenden neuen Ort für ein Lustschloss entdeckt. Doch das musste erst noch gebaut werden. Der Herr Gemahl überließ ihr in der Zwischenzeit Schloss Schönhausen in der Altmark, 1680 gebaut und 1691 samt Ländereien vom Kurfürsten erworben. Es gehörte noch zu Berlin – heute Bezirk Pankow –, aber mit seinem Park, durch den die Panke fließt, gab Schönhausen der Kurfürstin das Gefühl, die Freiheit des Landlebens zu genießen. Sie liebte es, während des Sommers 1694 in kleiner Begleitung zu kommen und vertrauten Besuch einzuladen.

In den letzten Monaten des Jahres 1694 arbeitete Minister Paul von Fuchs, ein enger Mitarbeiter des Kurfürsten, der ebenso das volle Vertrauen der Kurfürstin besaß, an einer »Instruktion« mit den grundsätzlichen Regeln für die Erziehung des Kurprinzen. Im Januar 1695 legte er sie dem Kurfürstenpaar vor. Fuchs, ein gebildeter Mann mit weitem geistigen Horizont, verwies darauf, dass von der Erziehung zu einem »großen Fürsten« das »Wohl und Wehe von Millionen« abhängt. Während die Untertanen »durch Strafen der Obrigkeit vom Bösen zum Guten geführt werden«, ist der souveräne Herrscher in seinem Handeln frei von allen menschlichen Gesetzen. Weil es für ihn auf Erden keinen Richter gibt, vor dem er sich verantworten muss, kann »allein die Gottesfurcht« ihn in die Schranken weisen und ein tyrannisches Regiment verhindern.

Der Fürst muss einsehen, dass er zwar »über allen Menschen steht«, aber vor Gott »nur Staub und Asche« ist. Er wird einst vor ihm über alle seine Taten Rechenschaft ablegen müssen, »wie der geringste Untertan«. Darum war die Erziehung zur Gottesfurcht der erste und wichtigste Teil der »Instruktion«. Der zweite Teil beschreibt das Wissen, das der Kurprinz sich aneignen soll: Latein, Französisch, Geschichte, Mathematik und Beredsamkeit stehen auf dem Stundenplan. Aber der Schüler soll nicht überfordert werden, »ohne Ekel und Verdruss gleichsam spielend lernen«. Eine menschenfreundliche »Instruktion«, auch wenn der gesamte Tagesablauf von Friedrich Wilhelm – von sechs Uhr morgens, noch im Nachtgewand, bis abends um zehn – fortwährend von Gebeten, Bibellesungen und Psalmengesang begleitet ist, mal auf Deutsch, mal auf Französisch. Lesen sollte er anhand von dreihundertfünfundsiebzig Katechismusfragen lernen.

Die »Instruktion« war die Grundlage für Graf Dohnas Aufgabe. Ende Februar 1695 wurde er im Berliner Schloss in Anwesenheit der kurfürstlichen Eltern und des gesamten Hofstaats in einer Zeremonie in sein neues Amt als Oberhofmeister des Kurprinzen eingeführt. Graf Dohna gab zu Protokoll, dass er sich bewusst sei, seine schwere Aufgabe nicht nur vor den Eltern und dem Volk, sondern auch vor Gott verantworten zu müssen. Die Feierlichkeit endete damit, dass Frau von Montbail den siebenjährigen Prinzen an Graf Dohna übergab. Es muss ein schöner Tag für Sophie Charlotte gewesen sein. Sie hatte ihren Teil dazu beigetragen, dass ihr Sohn auf einem guten Weg war.

Im Mai besuchte Kurfürstin Sophie ihre Tochter in Berlin. Im Juli gab es Neuigkeiten bei Hofe, die nicht nur Sophie Charlotte überraschten. Eberhard Danckelmann richtete am 11. Juli 1695 in seinem Haus den achtunddreißigsten Geburtstag des Kurfürsten aus, der persönlich anwesend war – umgeben vom Hofstaat und Gesandten aus vielen Ländern. Friedrich wusste sich zu inszenieren und nutzte die festliche Gelegenheit, ohne jede Vorankündigung Eberhard von Danckelmann zum Premierminister und Oberpräsidenten des Geheimen Rates zu ernennen. Seine Frau war gewarnt, dieser Mann würde weiterhin der Dritte im Bunde sein.

Zum Monatsende gab es Grund zur Freude. Ins Dorf und Gut Lietze kamen Soldaten, um Sophie Charlottes Baugrund von wilden Büschen und Gestrüpp zu befreien. Der angesehene kurfürstliche Oberbaudirektor Johann Arnold Nering erstellte den Entwurf für ein kleines Lustschloss. Unerwartet starb Nering mit nur sechsunddreißig Jahren im Oktober. Der kurfürstliche Landbaumeister Martin Grünberg, vom Kurfürsten mit dem Weiterbau beauftragt, verzichtete auf einen eigenen Entwurf und führte die Arbeit nach Nerings Plan fort. Noch vor Jahresende wurde der Grundstein gelegt und mit dem Ausschachten begonnen.

Für Sophie Charlotte war ein Schlossgarten unverzichtbar. Kaum hatte die Arbeit an den Fundamenten des Gebäudes begonnen, schrieb sie Ende 1695 an ihre Kusine und Patentante, die Herzogin Elisabeth Charlotte von Orléans. Mit ihrer Bitte, in Frankreich einen qualifizierten Gartenarchitekten für Berlin anzuwerben, war sie an der richtigen Adresse. Den herzoglichen Garten ihres Schlosses St. Cloud bei Paris hatte André Le Nôtre entworfen, der berühmteste Gartenarchitekt der Epoche. Die Patentante war dank ihrer ausgezeichneten Kontakte erfolgreich.

Am 16. Januar 1696 erhielt der Pariser Gartenarchitekt Simon Godeau in der Residenzstadt an der Spree die Bestallungsurkunde der Kurfürstin, weil er »uns empfohlen wurde wegen seiner Erfahrung, seiner Fähigkeit und seiner Sorgfalt«. Er wurde von der Kurfürstin zum »Designateur et Conducteur unserer Gärten von Lietzenburg« bestellt, um sie »zu entwerfen und zu vollenden«. Sein Gehalt von fünfhundert Talern nebst freier Wohnung und Brennholz lag weit über dem Durchschnitt. Schließlich hatte der französische Architekt eine sichere Anstellung in Paris für das ferne Berlin aufgegeben.

Dass sie eine anspruchsvolle selbstbewusste Chefin war, erfuhr Godeau im Sommer, als seine Pläne vorlagen. Sophie Charlotte, gerade in Hannover bei ihrer Mutter zu Besuch, schickte sie von dort an die Patentante in Paris, und diese gab sie an André Le Nôtre mit der Bitte um Verbesserungsvorschläge weiter. Der Stararchitekt machte einen veränderten Entwurf; Simon Godeau überarbeitete danach seinen Plan, und 1697 wurde mit der konkreten Anlage der Gärten von Lietzenburg begonnen. So entstand in Brandenburg, wo bisher die holländischen Gärten Vorbild waren, erstmals im deutschsprachigen Raum ein Garten im französischen Stil des berühmten Le Nôtre.

Zunächst aber ging die Kurfürstin auf Reisen. Der geliebte Karneval bei den Eltern in Hannover war auch 1696 angesagt. Ein Brief von Liselotte an ihre Tante Sophie in Hannover belegt, dass ihr Patenkind Sophie Charlotte noch im März in Hannover ist. Dann war ihre Anwesenheit in Berlin gefragt. Die verwitwete Kurfürstin von Sachsen hatte sich für den Mai zu Besuch angesagt. Eine Gelegenheit für den Berliner Hof, im Auftrag des Kurfürsten, mit einer Aufführung musikalisch zu glänzen, die Zeremonienmeister Johann Besser, der das Libretto schrieb, eine Mischung aus »Ballett und Singspiel« nannte.

Sämtliche Mitwirkende von *Florens Frühlingsfest* – Tänzer, und Sängerinnen – waren Mitglieder der adligen Hofgesellschaft, wie es der Tradition des »Lustballetts« entsprach. Aber die Funktion der Musik und des Textbuches für die fünf Akte ging diesmal über die bisherige dienende Stellung hinaus. Sie hatten ihre eigene Dramatik. Die Zuhörer wurden durch die Musik erstmals mit Emotionen konfrontiert. *Florens Frühlingsfest* ist ein Schritt in Richtung Oper, der Komponist ist nicht überliefert. Vielleicht war es der Berliner Hofkapellmeister Carl Friedrich Rieck. In einer Arie wurden Sophie Charlotte als Venus und der Kurfürst als Liebesgott Cupido verherrlicht. Eine besondere Tanzeinlage bot ihr Sohn, der achtjährige Friedrich Wilhelm, der als Liebesgott auf die Bühne kam.

Der exzellente musikalische Geschmack der Kurfürstin von Brandenburg, ihre Kenntnisse und ihre Empfänglichkeit für gute Musiker waren kein Geheimnis an Europas Fürstenhöfen. Sophie Charlotte wurde Teil eines Netzwerkes, über das die Höfe ihre musikalischen Talente austauschten. Das war kein privates Hobby, sondern Ausdruck gegenseitiger Wertschätzung und Anerkennung. Die Kurfürstin konnte sich geschmeichelt fühlen, als sich im August 1696 der Markgraf Georg Friedrich von Brandenburg-Ansbach brieflich bei ihr meldete. Er bedankte sich bei Sophie Charlotte, dass sie ihm erlaubt habe, seinen Kapellmeister Pistocchi und dessen »Kameraden Torelli« zu ihrer Aufwartung nach Berlin zu schicken. Er wünsche sich nichts mehr, als »dass dieselbe capable sein mögen, E.Gn. mit ihrer musikalischen Science Vergnügen zu geben«. Er würde sich dazu gratulieren und sich darüber ganz besonders freuen. Sie dürfe beide so lange behalten, wie es ihr gefalle.

Dem Markgrafen war es 1687 gelungen, den Komponisten und Sänger Francesco Antonio Pistocchi, 1659 in Palermo geboren, als Kapellmeister an seinen Hof zu holen. Der Konzertmeister Giuseppe Torelli, ebenfalls am Hof von Ansbach angestellt, war ein vorzüglicher Geiger, der erstmals Konzerte nur für Violine schrieb. Die beiden Komponisten widmeten der Kurfürstin von Brandenburg mehrere »Concerti Instrumentali« und sechs Kantaten.

Bevor Kurfürst Friedrich mit seiner Frau im August 1696 zu einer Reise ins Herzogtum Kleve am Niederrhein aufbricht, den westlichsten Teil des Kurfürstentums, gründet er zu seinem Geburtstag am 11. Juli in Berlin eine »Kunst-Academie«; nach Rom und Paris die dritte in Europa. Die Residenzstadt an der Spree war im Aufbruch und brauchte dringend Maler, Bildhauer und Architekten, die an der Akademie ausgebildet werden sollten. Der Kurfürst wusste, welchen wichtigen Beitrag die Kunst zu einer glanzvollen Außendarstellung und damit zum politischen Gewicht eines Hofes beitrug. Er begrüßte persönlich die beiden neuen Direktoren, einen Maler aus der Schweiz und einen aus den Niederlanden.

Als Sophie Charlotte am 24. August 1696 die Ankündigung des Markgrafen beantwortet, dass er seine beiden Star-Musiker an ihren Hof schicken wird, kommt ihr Schreiben aus Kleve. Mit ganz großer Freude habe sie seinen Brief gelesen und hoffe, ihn bald persönlich zu treffen. Noch andere Freuden erlebt die Kurfürstin während des Aufenthalts am Niederrhein, wie sie am selben Tag nach Hannover schreibt. Sie bittet die Mutter, es ihr nicht übel zu nehmen, dass sie sich jetzt erst melde. Der Kurfürst habe ihr »einen kleinen Ausflug nach Loo gestattet. Ich sah dort einen Garten, der als vollendet schön gelten darf ... Er hat mich so entzückt, dass ich von den elf Stunden meines Aufenthalts neun zum Umhergehen verwandte und mich nur bei der Mahlzeit niedersetzte.« Die Begeisterung der Gartenliebhaberin über ihren Besuch im Schloss Het Loo der Oranier durchzieht den ganzen Brief. Beim Gang durch die Anlagen wird Sophie Charlotte an ihren Garten in Lietzenburg gedacht haben, der noch ganz in den Anfängen lag, vielleicht auch Anregungen mitgenommen haben.

Zurück in Berlin, bedankt sich die Kurfürstin noch einmal beim Markgrafen von Ansbach, dass sein Kapellmeister Pistocchi die Erlaubnis bekam, »hir zu sein« – verbunden mit dem Wunsch, dass sie ihn noch eine Weile behalten kann: »Dan ich bekenne, ich bin charmiret von seiner music und habe mein leben desgleichen nicht gehört.« Ausnahmsweise schreibt Sophie Charlotte auf Deutsch und signalisiert am Ende des Briefes, dass sie bei dem Musikfreund Georg Friedrich auf papierenes Zeremoniell verzichten kann: »... ich habe das vertrauen, das sie mir nicht übel nehmen, das ich sans facon schreibe, dan ich mich auch schlecht in die ceremonien schicke ...«

Den Hinweis, dass die Kurfürstin sich gerne des Zeremoniells entledigt, bestätigt Alessandro Bichi, ein Malteserritter, der im Frühjahr 1696 auf Empfehlung mehrmals von Sophie

Charlotte im Berliner Schloss empfangen wurde. Der vierunddreißigjährige Bichi, aus adliger Familie in Siena, war auf großer Europa-Tour. Er hatte Österreich und Böhmen bereist und seine Neugier würde ihn bis Stockholm führen. Die Kurfürstin liebte interessante Gäste, war an ungeschminkten Neuigkeiten aus aller Welt interessiert.

In ihrem Audienzzimmer, so interpretiert es der Gast aus Italien, standen Spieltische bereit, um eine gelockerte Gesprächsatmosphäre zu schaffen: »Sie bedient sich des Spieles nur als Vorwand, indem sie sich bei dieser Gelegenheit auf das kurzweiligste mit allen ... unterhält. Das Spiel ist von keiner Bedeutung und so, dass viele zusammen daran Teil nehmen können.« Ein seltener unverstellter Blick auf Sophie Charlotte, achtundzwanzig Jahre alt, die offensichtlich die Kunst beherrscht, sich als Kurfürstin auf elegante Weise Freiräume zu schaffen, und nicht bereit ist, persönliche Interessen und Vorlieben einem starren Protokoll zu opfern.

Alessandro Bichi hat noch mehr über die Kurfürstin berichtet. Ihre Wohnung im Berliner Schloss sei klein, aber gut ausgestattet, im Garten von Schloss Potsdam unterhalte sie sich gerne mit Gästen und ihren Hofdamen. Wenn sie die Gäste zu ihren privaten, eher einfachen Mahlzeiten bittet, sind die Tische für je acht Personen gedeckt. Serviert werden zwei warme Gerichte, zum Nachtisch gibt es Früchte mit Zuckerwerk, französische Konfitüren und Eis. Getrunken wird nur mäßig – im Unterschied zur Tafel des Kurfürsten, wie Bichi bemerkt –, ein Gebet eröffnet und beschließt die Mahlzeit. Während Kurfürst Friedrich zum Essen abwechselnd zweiunddreißig Trompeter und vier Paukisten aufspielen lässt, hat die Musik bei der Kurfürstin ihren eigenen Rang abseits der Tafel.

Das Reisen, das Sophie Charlotte von früher Jugend an gewöhnt ist, gehört zu ihren kleinen Freiheiten und glücklicherweise ist das heimatliche Hannover nicht weit. Mitte Oktober 1696 schreibt Kurfürstin Sophie an eine Nichte: »Mein tochter ist nun hir mit Dero Courprins undt Princessin.« Ein ganz seltener Hinweis auf Luise Dorothea, die Tochter des Kurfürsten aus erster Ehe, Sophie Charlottes Stieftochter. Sophie hat auch sie in ihr Herz geschlossen. Sie sei »eine recht artige princessin, die ser eingezogen erzogen ist, derhalben sie nicht viel spricht«. Sie habe »sehr schöne händt … und tantzen wol. Das gutte kindt hatt mir recht lieb und ich muntere sie auch gans auf …« Zuvor hatte sie stolz von Enkel Friedrich Wilhelm, ihrem Liebling, berichtet, er sei »recht artig«. Keine Rede von kindlichen Trotzausbrüchen, über die Friedrich Wilhelms Berliner Umgebung klagt.

Acht Jahre nach dem Tod des Großen Kurfürsten scheint der Alltag eingekehrt in Sophie Charlottes Leben als Kurfürstin: Repräsentation zusammen mit dem Ehemann in Berlin oder auf Reisen durch das Kurfürstentum; in Berlin bei fürstlichen Gästen die Honneurs machen; musikalische Inszenierungen bei Hofe fördern und anregend unterstützen; Kontakte zu auswärtigen Fürstenhäusern pflegen, um erstklassige Musiker auszuleihen. Das alles hält Sophie Charlotte nicht ab, die Erziehung ihres Sohnes intensiv zu begleiten, in der Hoffnung, dass Graf Dohna dem Jungen ein Vorbild ist und Eberhard von Danckelmann in die Schranken weist. Der neuernannte Premierminister hat weiterhin den größten Einfluss auf den Kurfürsten, weit über die Politik hinaus. Warum sollte er den Sohn seines Herrn – der im Grunde immer noch sein Schüler war – dem Einfluss seiner Mutter und ihrer Vertrauten überlassen?

12. Kapitel

Ein vergnügter Damen-Abend mit Zar Peter
Der Sturz des Ministers: Ein Segen für die Ehe
1697

Das Jahr fing nicht gut an. Oberhofmeister Alexander von Dohna fühlte sich der Kurfürstin, die ihn zum Erzieher ihres Sohnes ausgewählt hatte, zu besonderer Loyalität verpflichtet. Doch die permanente, untergründige Gegnerschaft des Premierministers hatte ihn zermürbt, regelrecht krank gemacht. Eberhard von Danckelmann verschleppte Zahlungen an Dohna über Monate, leitete dessen Briefe an den Kurfürsten nicht weiter, setzte hässliche Gerüchte über Dohnas Frau in die Welt.

Danckelmann verpflichtete für den Kurprinzen einen Lehrer, der eine totale Fehlbesetzung war. Wenn Friedrich Wilhelm in zwei Wochen nur drei Vokabeln lernte, dem Lehrer war es recht. Die Wutausbrüche des jungen Prinzen ließen ihn ungerührt. Wenn die Sonne in das Prinzenzimmer schien, legten sich Lehrer und Schüler einvernehmlich zum Schlafen auf das Ruhebett. Alle Versuche Alexander von Dohnas, an dieser Situation etwas zu ändern, blieben ohne Erfolg. Er war ein Erzieher ohne Autorität gegenüber seinem Schüler. Er wisse nicht mehr, ob es gut oder schlecht sei, was er tue, schrieb er Anfang des Jahres an Sophie Charlotte. Es gebe keinen Zustand, »den ich nicht von ganzem Herzen meinem jetzigen vorziehen würde«. Er denke ernsthaft daran, Danckelmann zu weichen, und wolle lieber »Kohl anbauen«.

Die Kurfürstin hatte Dohna in den vergangenen Monaten in Gesprächen den Rücken gestärkt, ihm Mut zum Durchhalten gemacht und ihres Vertrauens versichert. Sie wollte nur nicht ständig als Bittstellerin oder Kritikerin bei ihrem Gemahl antreten; ihr war zu bewusst, welchen Einfluss Danckelmann auf den Kurfürsten hatte. Aber nun wurde sie doch aktiv. Es ging nicht nur um Dohna, sondern um ihren Sohn, den zukünftigen Kurfürsten, den Danckelmann absichtlich dumm und verwahrlosen lasse, wie sie ihrer Mutter nach Hannover schrieb. Das war nicht die Übertreibung einer hysterischen Mutter, wie spätere Historiker gemäß ihrem verächtlichen Frauenbild geurteilt haben.

Sophie Charlotte schilderte ihrem Ehemann die demütigende Lage, in der der oberste Erzieher seines Sohnes war, und wie negativ das den jungen Kurprinzen beeinflussen musste. Der Kurfürst, offensichtlich beeindruckt, handelte. Der bisherige Lehrer Friedrich Wilhelms wurde entlassen und als neuer Lehrer am 8. Mai 1697 der vierunddreißigjährige Jean Philippe Rebeur eingeführt, den Sophie Charlotte und Dohna vorgeschlagen hatten. Rebeur hatte französisch-hugenottische Wurzeln, eine gute Allgemeinbildung, war studierter Jurist und legte Wert auf gute Manieren und Kleidung. Nach einer Prüfung seines neuen Schülers stellte er fest, der Kurprinz könne nicht bis zehn zählen, spreche auswendig Gelerntes wie ein Papagei nach und buchstabiere mühsam einzelne Wörter. Konzentriertes Lernen sei ganz unmöglich.

Im Mai und Juni 1697 hatte Sophie Charlotte einen ausführlichen Briefwechsel mit Minister Paul von Fuchs, der die »Instruktion« für die Erziehung ihres Sohnes ausgearbeitet hatte. Fuchs gehörte zum innersten Zirkel des Kurfürsten und zu den wenigen Menschen im Regierungsapparat, zu dem die Kurfürstin vollstes Vertrauen hatte. Der Minister war in diesen Wochen mit dem Kurfürsten in Königsberg, der dort mit großem Prunk eine russische Gesandtschaft empfing, zu der inkognito auch Zar Peter gehörte. Ende Mai schrieb die Kurfürstin an Paul von Fuchs, es mache ihr Genugtuung zu wissen, dass ihr Sohn gut lerne, und sie wisse, dass er als guter Freund daran Anteil nehme. Mehr brauchte sie nicht zu sagen; der gute Freund war über alles informiert und konnte die Bemerkung der Kurfürstin deuten: Der neue Lehrer hatte eine positive Wirkung.

Die Briefe, die im Mai und Juni nach Königsberg gingen, hatten alle »Schloss Schönhausen« als Absender. Im Frühling 1697 war der Berliner Hofprediger Ernst Jablonski auf Wunsch der Kurfürstin öfter in Schönhausen zu Gast, ein Gottesmann mit breitem theologischem Wissen. Nach seinem Gottesdienst saß der Hofprediger mit an der Tafel. Noch im folgenden Jahr erinnerte sich Jablonski in einem Brief an Gottfried Wilhelm Leibniz daran, dass sich die Kurfürstin ein Vergnügen daraus machte, mit ihm Gespräche »die Ober-Welt betreffend« zu führen. Sophie Charlotte fand es demnach passend, irdische Vergnügungen mit tiefgehenden Fragen nach dem himmlischen Dasein in »oberen Welten« zu verknüpfen.

Bleibt nachzutragen, dass Sophie Charlotte in der zweiten Maihälfte 1697 Post von Gottfried Wilhelm Leibniz bekam. Kurfürstin Sophie hatte Leibniz gebeten, ihrer Tochter fünfzig von hundert Exemplaren einer deutschen Übersetzung zu schicken, die ein Buchhändler in Lüneburg mit ihrem finanziellen Zuschuss neu gedruckt hatte. Es war der Bestseller *Vom Trost der Philosophie*, den der antike Philosoph, Gelehrte und Politiker Boethius im Gefängnis verfasste, bevor er um das Jahr 524 hingerichtet wurde. Die Kurfürstin schrieb großzügig, die übrigen Boethius-Exemplare stünden »allen, die eines haben wollen, ohne dass es sie etwas kosten soll, zur Verfügung«. Da sie hergestellt worden seien, »um meine und meiner Tochter Frömmigkeit zu verbreiten, müssen sie auch in die Welt hinausgehen«.

Leibniz nahm seine Übermittlerrolle nur zu gerne wahr, um mit der Kurfürstin von Brandenburg nach vergeblichen Versuchen endlich in einen kontinuierlichen Briefwechsel zu treten. Aber auch der erneute Anlauf blieb ohne Echo. In diesen Tagen begann der neue Lehrer den Kurprinzen zu unterrichten und berichtete Sophie Charlotte, wie miserabel das Wissen ihres Sohnes war. Sie hatte anderes im Kopf.

Am Monatsende, als sie überzeugt war, dass der Kurprinz »gut lernte«, wie sie Paul von Fuchs schrieb, bedankte sie sich bei ihm für die genaue Beschreibung der russischen Gesandtschaft, die ihr Gemahl in Königsberg empfangen hatte. Der Vertraute erfuhr, ihre Einsamkeit sei so groß, dass sie Neuigkeiten wünsche, die sie zerstreuen könnten.

Sophie Charlotte hatte sich darauf gefreut, dass die Gesandtschaft der »Moskoviter« auf ihrem Weg in die Niederlande auch in Berlin Station machen werde und sie Zar Peter begrüßen könne. Im Juni erfuhr Paul von Fuchs, die Kurfürstin werde nicht im Berliner Schloss sein, falls der Zar komme. Sie sei sehr gebeten worden, nach Hannover zu reisen, weil sich der Zustand ihres Vaters dramatisch verschlechtert habe. Kurfürst Ernst August war schon 1696 ernsthaft erkrankt. Kuraufenthalte in Wiesbaden im Kreise diverser Damen – weshalb seine Frau ihn nicht begleitete – hatten keine Besserung gebracht. Seit einem Schlaganfall im Mai 1697, der ihn teilweise gelähmt und sein Sprachvermögen wesentlich vermindert hatte, duldete er im Schloss von Herrenhausen allerdings nur noch seine Frau Sophie um sich.

Als sich im Juli der Zustand ihres Mannes stabilisierte, ergriff Kurfürstin Sophie zusammen mit ihrer Tochter die Initiative, den russischen Herrscher zu treffen, der auf dem Weg an den Niederrhein war. Die beiden Frauen waren neugierig auf den Mann, über den so viele abschreckende Geschichten im Umlauf waren – ungewaschen, ungebildet, ohne Manieren, ein Frauenverächter und Säufer. Im Juli 1697 kam es im Amtshaus von Koppenbrügge – zwischen Hameln und Hildesheim gelegen – im kleinen Kreis zu einem geheimen Abendessen von Zar Peter und den Kurfürstinnen. Die beiden Damen waren davon so angetan, dass sie diesen ungewöhnlichen Abend in zwei Briefen ausführlich beschrieben; die Mutter an eine ihrer Nichten, die Tochter an Paul von Fuchs.

Der fünfundzwanzigjährige Zar, der an der Tafel zwischen

ihnen saß, widerlegte alle Vorurteile. Er trug einen eleganten goldbestickten Rock, und auf die vielen Fragen antwortete er schnell und präzise. Den Dolmetscher brauchte er die meiste Zeit nicht. Seine Niederländischkenntnisse, eine Sprache, die den beiden Kurfürstinnen vertraut war, reichten für die Verständigung. Schnell hatten die beiden selbstbewussten Frauen eine entspannte Atmosphäre hergestellt.

Kurfürstin Sophie schrieb im Rückblick: »Der Zar ist ein langer schöner Herr, von Gesicht recht wohl gestaltet, hat eine große Lebhaftigkeit des Geistes … Er hat ein gutes Herz und bemerkenswerte Gefühle. Ich muss auch sagen, dass er in unserer Anwesenheit nicht betrunken war.« Was auffällt, schreibt Sophie Charlotte an Paul von Fuchs: »Er hatte nicht gelernt, richtig zu essen.« Als ihm eine Serviette gereicht wird, weiß der Zar damit nichts anzufangen. Doch der Kurfürstin aus Brandenburg ist anderes wichtiger: »Er hatte eine natürliche ungezwungene Art, die mir gefällt.«

Aus dem Brief ihrer Mutter erfahren wir: »Meine Tochter ließ ihre Italiener singen …« Für Sophie Charlotte war es durchaus üblich, sich auf Reisen von ihren Musikern, Sängern und Sängerinnen begleiten zu lassen. Sie war gespannt, wie der Zar auf Musik reagieren würde. Peter zog sich elegant aus der Affäre, indem er erklärte, dass ihm die Darbietung gefallen habe. Kurfürstin Sophie berichtet in ihrem Brief, der Zar mache sich nicht viel aus Musik.

Um zwanzig Uhr war die kleine Gesellschaft zu Tisch geschritten, bis morgens um vier saßen die Kurfürstinnen angeregt mit dem hohen Gast zusammen. Am Schluss wünschte der Zar, die Deutschen tanzen zu sehen. Die Kurfürstin aus Hannover ließ es sich nicht nehmen, mit dem Anführer der russischen Gesandtschaft zu tanzen. Peter entschuldigte sich bei Sophie Charlotte, er habe keine Handschuhe dabei, also durfte die Kurfürstin aus Brandenburg sitzen bleiben. Zum Abschied wurden goldene Tabaksdosen getauscht. Erst nachdem die Damen den Saal verlassen hatten, folgte im Amtshaus zu Koppenbrügge ein wüstes Trinkgelage.

Zurück in Berlin, gelang Sophie Charlotte im Spätherbst 1697 dank ihrer Kontakte zu fürstlichen Musikfreunden ein Coup: Der Herzog von Mantua, dessen Vorgänger den berühmten Claudio Monteverdi an seinen Hof holte, ließ seinen Star Attilio Ariosti nach Brandenburg ziehen. Ariosti, ursprünglich Mönch in einem Bettelorden, war vom Klosterleben als Musiker für den Hof von Mantua dispensiert worden. Der Einunddreißigjährige spielte vorzüglich die Viola d'amore, war Sänger und Komponist. Sophie Charlotte bezahlte ihn fürstlich aus eigener Schatulle und sah in ihm von nun an den wichtigsten Künstler ihres musikalischen Ensembles.

Noch spielte ihr italienischer Kapellmeister im Berliner Schloss für sie. Aber langsam nahm Lietzenburg Gestalt an, wo Sophie Charlotte über ihr eigenes kleines Reich herrschen würde. Es sollte ursprünglich »ein schönes Lust-Haus und Garten« werden und war »sehr klein angefangen, dann Ihro Majestät nur gesinnet war, des Tages allorten ihre Zeit bey angenehmen Wetter zu passiren, und gegen der Nacht wieder nacher Berlin zu kehren«. Das »Lust-Haus« würde keine Seitenflügel bekommen, die zu einem Schloss gehörten. Aber wie bei vornehmen Häusern üblich, sah der Entwurf im ovalförmigen Saal des ersten Stocks das Zentrum der fürstlichen Lustbarkeiten. Eine breite Treppe sollte dorthin hinaufführen, wo auch die Wohnung der Kurfürstin geplant war.

Es muss im Laufe des Jahres 1697 gewesen sein, die Außenmauern waren hochgezogen, die Fundamente für die Treppe schon gelegt, als Sophie Charlotte entschied, dass ihre Wohnräume im Erdgeschoss liegen sollten. Sie wollte dem Garten, der nach den Plänen des französischen Meisterarchitekten langsam Gestalt annahm, vielleicht besonders nahe sein. Der Baumeister von Lietzenburg musste umdenken, neue Entwürfe machen, denn ein breiter repräsentativer Treppenaufgang ließ keinen

Platz für Wohnräume im Erdgeschoss. Eine Kurfürstin konnte ihr Logis nicht in kleinen Kammern unterhalb einer Treppe einnehmen. Bis nach Stockholm gab es Anfragen des Hofes bei einem berühmten Architekten für bauliche Alternativen. In der Praxis wurde der Plan einer Treppe vorerst aufgegeben; das kurfürstliche Apartment im Erdgeschoss hatte Vorrang.

Während ihr musikalisches Star-Ensemble sich positiv entwickelte und der bauliche Fortschritt in Lietzenburg unübersehbar war, kamen schlechte Nachrichten vom Krankenlager ihres Vaters. Im August reiste Sophie Charlotte nach Hannover. Ernst August nahm alle verbliebene Energie zusammen und ließ sich von Herrenhausen nach Hannover bringen, um noch einmal mit seiner Tochter in seinem prächtigen Opernhaus eine Aufführung zu sehen. Als er in das Schloss am Rand der Herrenhäuser Gärten zurückkam, wusste seine Begleitung, er würde Herrenhausen nicht mehr verlassen. Betrübt kehrte seine Tochter nach Berlin zurück.

Der Briefwechsel im Herbst 1697 zwischen Sophie Charlotte und ihrer Mutter, der Kurfürstin Sophie, ist dominiert vom Auf und Ab der Krankheit. »Gott erhalte meinen Vater uns zum Trost, aber Eure Kurfürstliche Durchlaucht versetzen mich von neuem in Sorge«, schreibt Sophie Charlotte Mitte Oktober, »ich habe so viel Trauriges im Sinn, dass ich nur konfus schreiben kann.« Wenige Tage danach erleidet Kurfürst Ernst August einen weiteren Schlaganfall. Kurfürstin Sophie schreibt einer Nichte, »dass ich in 8 dag nicht geschlaffen noch gessen habe«. In Berlin fürchtet Sophie Charlotte die Nachrichten aus Hannover, denn »mit jeder Post kommen nur betrübliche«.

Der Vater möchte die Tochter noch einmal sehen. Am 29. Oktober trifft Sophie Charlotte in Herrenhausen ein. Am 9. November ist sie wieder im Berliner Schloss: »Gestern morgen bin ich hier angekommen, so traurig wie zuvor, denn ich sehe für meinen Herrn Vater keine Hoffnung auf Besserung mehr.« Die Tochter »muss immer an die Güte und Liebe denken, die mir mein Vater erwiesen hat, und an den traurigen Zustand, in dem ich ihn verließ; all dies will mir nicht aus dem Sinn nebst dem Lieben, was er mir gesagt hat«.

Ihre größten Sorgen jedoch gelten der Mutter: »Ich hoffe, dass ich mich mit der Zeit besser in das Unabänderliche schicken werde; aber ich muss gestehen, dass es mir unerträglich wäre, wenn auch Sie krank würden.« Sophie Charlotte ist überzeugt, das wird eintreten, »wenn Sie so weiter machen, wie ich es sah«. Die Tochter entschuldigt sich am Ende, dass sie die Mutter mit ihren Sorgen beschwert, aber sie könne sie nicht unterdrücken. Sie ist wohl auch deshalb so offen, weil sie ihre Mutter als eine Frau kennt, die rationalen Gedanken zugänglich ist und – wie sie es ihre Tochter gelehrt hat – sich Situationen anpasst, die sie nicht ändern kann.

Im November erhielt die Kurfürstin von Brandenburg Post aus Hannover, in der keine betrüblichen Nachrichten standen. Die Information eines Hofbeamten, die Kurfürstin sei sehr daran interessiert, dass in Berlin ein Observatorium errichtet werde, war der Anlass eines begeisterten Briefes von Gottfried Wilhelm Leibniz. Der Gelehrte bestärkte die Kurfürstin in diesem Vorhaben, fügte seine Lieblingsidee hinzu, zusammen mit dem Observatorium eine wissenschaftliche Akademie zu gründen, und erklärte Sophie Charlotte zur Seele des ganzen Vorhabens. Damit nicht genug der Schmeicheleien. Er habe oft gedacht, »dass Frauen von Geist mehr als Männer geeignet sind, die schönen Wissenschaften zu fördern. Die Männer, beansprucht von ihren Geschäften, denken meist nur ans Notwendige, während die Frauen, die ihr Stand der Mühen und Sorgen enthebt, freier und fähiger sind, ans Schöne zu denken.«

Es war ein vergiftetes Lob, das die traditionellen Schablonen für Frauen und Männer von Stand und Adel fortsetzte. Man solle den weiblichen Geist nicht auf die Beschäftigung mit ihrem Äußeren beschränken, dann »wären ihre Wißbegier und ihr Feingefühl nützlicher für das menschliche Geschlecht und würden zum Ruhme Gottes mehr beitragen als all die Pläne von Eroberern, die nur Wirren und Vernichtung bringen«. Auch dieser Annäherungsversuch des großen Leibniz ging vorerst ins Leere. Die Kurfürstin von Brandenburg brauchte ihre Zeit und ihren Verstand, um auf eine unerwartete Entwicklung klug und angemessen zu reagieren.

Am 7. Dezember 1697 schrieb Kurfürst Friedrich an seine Schwiegermutter. Er fasste sich kurz und entschuldigte sich mit dem Hinweis, dass die Kurfürstin mit »heutiger post« auch von ihrer Tochter über die Berliner Ereignisse informiert werde: »Ewer Liebden werden Sich sehr verwundern über die enderung, so ich in meinen affairen gemachet habe, aber die höchste noht hat mich gleichsahm bei denen haren herzu gezogen ... So viel wil ich sagen, dass meine Gemahlin Liebden und ich nuhn gantz wol zusammen leben ...« Das waren zwei Neuigkeiten: eine dramatische Veränderung in den politischen Angelegenheiten – »affairen« bei Hofe – und daraus folgerte zum zweiten, dass sich die Beziehung zwischen den kurfürstlichen Eheleuten wesentlich gebessert habe. Der Kurfürst vertraute darauf, dass seine Frau ihre Familie in Hannover über beides wahrheitsgemäß informieren wird.

Tatsächlich schrieb Sophie Charlotte unter demselben Datum ihrer Mutter einen ausführlichen Brief: »Eure Kurfürstliche Durchlaucht werden, denke ich, überrascht genug sein zu hören, dass der Oberpräsident Danckelmann seinen Abschied genommen hat und dass dem Kurfürst nunmehr die Augen aufgegangen sind über ihn, seine ungerechte Amtsführung und alle seine Schelmenstücke.« Ihr Mann habe ihr alle Verleumdungen anvertraut, die Danckelmann »beständig gegen mich vorbrachte ... Ich habe mich so gut gegen alle diese Vorwürfe gerechtfertigt, dass der Kurfürst von meiner Unschuld überzeugt ist und darüber hinaus nun auch noch alle Streiche kennt, die jener mir gespielt hat – man könnte Bücher darüber schreiben an Stelle eines Briefes.« Darauf verzichtet die Kurfürstin und will »nur sagen, dass ich endlich mit dem Kurfürsten im Reinen bin, und, wie ich glaube, er mit mir auch, denn er erweist mir tausend Freundlichkeiten ...«

Eberhard von Danckelmann hatte Anfang Dezember 1697 seinen Rücktritt eingereicht. Er glaubte, mit diesem Schachzug seinen Gegnern bei Hofe zuvorzukommen. Der Plan schien aufzugehen: Er wurde von seinem Dienstherrn mit einer fürstlichen Pension entlassen. Danckelmanns Feinde gaben keine Ruhe. Noch im Laufe des Dezembers ließ Kurfürst Friedrich seinen ehemaligen Lehrer und Vertrauten verhaften und in die Festung Spandau bringen.

In der Aussprache der kurfürstlichen Eheleute nach dem Sturz des Premierministers erfuhr Sophie Charlotte, dieser habe behauptet, »ich sorgte mehr für das Haus, aus dem ich hervorgegangen bin, als für das, in das ich hineingeheiratet habe; zweitens soll ich herrschsüchtig sein ... und weiter, dass aus der Erziehung meines Sohnes nicht Gutes werden könne, weil sie der Graf Dohna nach hannoverscher Weise betreibe«. Die Erleichterung der Tochter, sich endlich aussprechen zu können und der Mutter gegenüber zu rechtfertigen, ist spürbar: »Ich muss sagen: ich fühle mich sehr erleichtert, nachdem ich 13 Jahre unter der Tyrannei dieses Menschen gestanden habe, der es durch seine Schliche soweit gebracht hatte, dass ich nicht einmal daheim in Hannover über seine Umtriebe gegen mich zu sprechen wagte.« Ein freimütiges und erstaunliches Bekenntnis. Bei ihren vielen Besuchen in Hannover hätte es Gelegenheiten für Sophie Charlotte gegeben, ihre missliche Lage zu offenbaren. Dazu fehlte ihr offenbar der Mut.

Nicht neu für die Mutter sind die Vorwürfe der Tochter über die Erziehung ihres Sohnes, des Kurprinzen. »Verbrecherisch«, nennt Sophie Charlotte die Bemühungen Danckelmanns, die Erziehungsziele des Oberhofmeisters Dohna zu hintertreiben, Friedrich »alle schlechten Launen beizubringen« und anschließend zu behaupten, ihr Sohn »wäre bösartig veranlagt«.

Die Tochter nimmt in Kauf, ihre Mutter in ihrem Brief mit den bekannten Anklagen »zu ermüden, aber ich halte mich für verpflichtet, es auszusprechen als einen Teil meiner Rechtfertigung ...« Die Kurfürstin von Brandenburg will endlich das ganze Paket aufschnüren und auf den Tisch bringen – ansprechen, was all die Jahre gegen sie intrigiert wurde, ob in Berlin oder in Hannover.

Die kurfürstlichen Postkuriere zwischen Berlin und Hannover haben im Dezember 1697 viele ausgeruhte Pferde gebraucht, um alle Briefe postwendend an die Adressaten auszuliefern. Ihrem Brief vom 7. Dezember lässt Sophie Charlotte nur drei Tage später einen weiteren folgen. Es sind lange unterdrückte Ängste, die ihr die Feder führen: »Ich weiß wohl, dass man unglücklicherweise in Hannover fürchtet, ich wäre von gewissen Leuten voreingenommen; so kann ich es nur der Zeit überlassen zu zeigen, wie sehr man mir Unrecht tut.«

Ähnliches hatte sie schon im Brief zuvor angedeutet: dass die Eltern eine schlechte Meinung von ihr haben, die auf falschen Informationen beruht. Dergleichen Intriganten werden beim Kurfürsten kein Gehör mehr finden, und beschwörend fügt sie hinzu, »zumal ich nichts tue, woraufhin man mich angreifen könne«. Sie hofft, ihre Mutter sei »nun hoffentlich überzeugt, ... dass ich Ihrem Vertrauen keine Schande machen werde«.

Noch bevor dieser Brief in Hannover eintrifft, schreibt Kurfürstin Sophie ihrer Tochter am 11. Dezember, was sie über den Fall Danckelmann denkt. Dieser habe »allein durch seine Falschheit Ihnen gegenüber verdient, was ihm widerfahren ist, verdient auch dafür, dass er Ihren Sohn hat dumm machen wollen. ... Gott sei gelobt, dass Sie nun den Vormund los sind und selber das Herz Ihres Gemahls besitzen! Sie werden diesen Platz, hoffe ich, gegen alle Angriffe behaupten und werden in Zukunft zeigen, dass Sie mehr können als Klavierspielen. Diese Stellung hat Ihnen unser Herr Kurfürst lange, lange gewünscht.« Ist das ein kritischer Blick zurück, was das Verhalten der Tochter am Hof von Berlin betrifft und eine strenge Aufforderung für die Zukunft?

Über mehr als drei Jahrhunderte schwebte dieser Vergleich von der klavierspielenden Tochter durch die Zeiten und wird als kritische Aufforderung der Mutter verstanden: Die Tochter solle sich endlich am Berliner Hof politisch einmischen. Doch Zurückhaltung ist geboten. Wir wissen nicht, wie oft Mutter und Tochter über dieses Thema schon gesprochen haben. Vielleicht wusste Sophie Charlotte aus Gesprächen und Briefen den Hinweis auf ihre musikalischen Künste sehr genau zu deuten.

Vielleicht ist das Gegenteil richtig: Die Mutter will ihre Tochter ermuntern, noch selbstbewusster aufzutreten. Kurfürstin Sophie ist jedenfalls keine, die ihre Tochter zum Intrigenspiel ermuntert; das hat sie ihr Leben lang verachtet. Zudem weiß sie aus eigener Erfahrung: Sie konnte mit ihrem Mann politisch diskutieren, doch über die Politik im Kurfürstentum Hannover hat Ernst August ganz allein entschieden.

Auch der Alltag der Kurfürstin Sophie hat seinen Platz in ihrem Brief. »Doch nun genug von den großen Staatsgeschäften«, schreibt sie gegen Ende und bedankt sich für eine Unterjacke, die Sophie Charlotte geschickt hatte. Für die Mutter »ein Beweis Ihrer angenehmen Freundschaft«. Die Jacke »ist sehr hübsch und sehr praktisch in dieser Jahreszeit, namentlich beim Schreiben im Bett, wie ich es tue«.

Ihren ausführlichen Brief beschließt Kurfürstin Sophie mit einem sehr persönlichen, tröstlichen Wunsch: »Gottlob, dass Sie nun zufrieden sind – möchten doch alle, die uns Frauen so schlechtmachen wollen, ebenso behandelt werden.«

Nur drei Tage nach diesem Brief der Kurfürstin Sophie ergreift in Braunschweig einer ihrer engsten Vertrauten die Gelegenheit, sich der Kurfürstin Sophie Charlotte wieder ins Gedächtnis zu rufen und ihre Unterstützung zu erbitten. Für Gottfried Wilhelm Leibniz scheint ein Lebensziel greifbar nahe. Ende November 1697 hat der reformierte Berliner Hofprediger

Ernst Jablonski, der das Vertrauen der Kurfürstin besitzt, im Auftrag ihres Gemahls ein theologisches Memorandum ausgearbeitet. Es soll die Grundlage für Gespräche sein, an deren Ende die bisher streng getrennten Konfessionen der Lutheraner und der Reformierten sich zu einer Kirchen-Union zusammenschließen.

Leibniz, gelehrter Philosoph und Lutheraner, pflegt seit Jahren Beziehungen zu hohen protestantischen und katholischen Würdenträgern. Sein Herzensanliegen ist es, die Spaltung der Reformation wieder aufzuheben. Doch jetzt soll er zusammen mit Hofprediger Jablonksi erst einmal die Einheit der beiden großen protestantischen Kirchen bewerkstelligen. Dieses theologische Ziel ist mit einer politischen Absicht verbunden: dass das lutherische Kurfürstentum Hannover und das Brandenburgische Kurfürstentum, dessen Herrscher dem reformiert-calvinistischen Glauben verpflichtet sind, sich durch die konfessionelle Einheit endlich zu einer festen Allianz verbinden, die der protestantischen Sache gegenüber dem katholischen Kaiser und den katholischen Kurfürsten im Reich neue Schlagkraft verleiht.

Doch die Gespräche der Reformierten und der Lutheraner werden nur zum Erfolg führen, wenn die Herrscher in Hannover und Berlin entsprechenden politischen Druck ausüben. Gottfried Wilhelm Leibniz, der als Hofbeamter für Hannover in diplomatischen Missionen unterwegs war, weiß, dass öffentliche Aktionen von klugen Strategien im Hintergrund begleitet werden müssen – und ergreift die Gunst der Stunde. Denn wer könnte nach dem Sturz Danckelmanns besser das Ohr des Kurfürsten von Brandenburg erreichen als seine Gemahlin?

Er wolle, schreibt Leibniz an Kurfürstin Sophie, »eine so günstige Konjunktur zum allgemeinen Besten ausnützen« und sei überzeugt, dass ihre Tochter, die Kurfürstin von Brandenburg, »alle Herzen gewinnen würde, wenn sie diesen Weg einschlüge, der so nahe liegt«. Leibniz legt den Brief, den er am

4. Dezember 1697 an Sophie Charlotte geschrieben hat, einem Brief bei, den er an ihre Mutter in Hannover schickt. Denn Kurfürstin Sophie kann Briefe mit der Hofpost wesentlich schneller nach Berlin expedieren als die normale Post.

Der Briefschreiber ist bestens informiert und weiß, wie er das Herz der Kurfürstin erwärmen kann. Leibniz preist »das Ihnen anvertraute heilige Gut des Kurprinzen, Ihres Sohnes, dessen glückliche Anlagen (von denen man mir Wunderdinge erzählt hat) und schöne Bildung (deren sich Eure Kurfürstliche Durchlaucht selbst annehmen) Ihre Freude und das Glück des Volkes ausmachen müssen«. Nach diesem schmeichelhaften Entree folgt das Hauptanliegen: dass Sophie Charlotte durch ihre Heirat »die enge Verbindung« der beiden Häuser Hannover und Brandenburg – samt deren Ländern – verkörpere und Einfluss auf beide Seiten nehmen könne.

Diese Länder haben »die gleichen naturgegebenen politischen Ziele«, und dazu gehört »vor allen Dingen die Bewahrung und Verbreitung der protestantischen Religion, bei welcher, wie ich glaube, man die beiden Parteien der Evangelischen und Reformierten nicht voneinander unterscheiden muss«. Eine solche protestantische Union liege »im staatlichen Interesse«, wollten die protestantischen Fürsten nicht auf lange Sicht ihr Land und ihre Freiheit an die katholische Partei verlieren.

Leibniz zögert nicht, die Verantwortung für eine bessere Zukunft der protestantischen Sache an Sophie Charlotte zu delegieren und mit göttlicher Dynamik aufzuladen: »Indem Gott die Verbindung dieser beiden Häuser durch Eure Kurfürstliche Durchlaucht hat befestigen wollen, scheint er Sie, Madame, auserwählt zu haben als wirkungsvolles Mittel zur Erreichung eines so großen Gutes wie des eben ausgesprochenen ...«

So viel Verantwortung muss schmackhaft gemacht werden. Kein Problem für den eloquenten Juristen, der 1646 in eine Leipziger Bürgerfamilie geboren wurde, aber sich seit seinem ersten Amt am Hof des Kurfürsten von Mainz an Europas Fürstenhöfen wie ein geborener Höfling bewegt, elegante Kleidung und perfekte Manieren inbegriffen. Je höher das Podest, auf das Leibniz die Kurfürstin von Brandenburg stellt, umso weniger kann sie sich seinem Ansinnen entziehen: »Die Musik, die Malerei, die schönen neuen Erkenntnisse und Erfindungen im Bereich der Natur und Technik vermögen es, einen so feingebildeten Geist wie den Eurer Kurfürstlichen Durchlaucht zu fesseln, und regen ihn selbst zu hohen und frommen Gedanken über den Schöpfer aller Dinge an, welcher der Quell der Schönheit und Vollkommenheit ist.« Aber dies ist noch nicht der Gipfel der Schmeichelei.

Nun gilt es, die persönliche Lobeshymne mit dem politischen Anliegen zur höheren Ehre Gottes zu verbinden. »Die natürlichen Schönheiten und die körperliche und geistige Anmut« der Kurfürstin von Brandenburg deutet Leibniz als Verweis auf die Schönheiten und Güter des Landes, zu denen »Eure Durchlaucht immer beitragen werden, indem Sie die Pläne des Gemahls, des Vaters, des Bruders, die Sie als eine Göttin der Eintracht und des Glücks ansehen, so löblich unterstützen«. Als habe selbst der große Leibniz damit sein rhetorisches Pulver verschossen, fügt er nur noch einen Satz hinzu: »Gebe Gott, dass dies für eine große Zahl von Jahren sei, in voller allseitiger Zufriedenheit.«

Am Weihnachtstag kommt ein Emissär aus Brandenburg in Hannover an und übermittelt Leibniz den Wunsch der Kurfürstin, ihn in Berlin begrüßen zu dürfen. Noch am selben Abend greift Leibniz zur Feder: »Die Beweise für die Güte Eurer Kurfürstlichen Durchlaucht verwirren mich, denn ich bin nicht fähig, sie mir zu verdienen. Diese Güte überstrahlt alles, wenn sie mir sagen lassen, es wäre Ihnen nicht im Geringsten unangenehm, wenn ich in nächster Zeit einmal nach Berlin käme... Ich weiß, dass diese Hauptstadt jetzt der Sitz der Wissenschaften und schönen Künste ist, und man kann sagen, dass sich dort nun Salomo und die Königin von Saba zur gleichen Zeit aufhalten.« Wie zum Beweis, sich in einer so prominenten Stadt behaupten zu können, empfiehlt Leibniz sich mit Informationen, die er durch einen Jesuiten über China bekommen wird. Er könne an seiner Tür ein Schild mit der Aufschrift »China-Büro« anbringen.

Einmal in Fahrt, suggeriert Leibniz, die Kurfürstin von Brandenburg käme in sein China-Büro: »Wenn Ihre Kurfürstliche Durchlaucht etwas wissen möchte, was den großen Philosophen Confutius betrifft oder die alten Kaiser von China gleich nach der Sündflut, die deshalb zu den ersten Nachkommen von Noah zählen, oder den Trank der Unsterblichkeit ... Sie muss es mir nur befehlen.« Seine Fantasie überschlägt sich: Der große Philosoph würde sich sofort auf einen Hundeschlitten setzen, um ihr den Trank der Unsterblichkeit zu holen.

Leibniz ist auf der Höhe der Zeit. Europas Fürstenhöfe waren gegen Ende des 17. Jahrhunderts von einer regelrechten China-Manie infiziert. Porzellan aus China und chinesische Lackmöbel zierten die Schlösser. Kultur, Religion und technische Erfindungen dieses geheimnisvollen Landes faszinierten die Gelehrtenwelt. Doch ob Sophie Charlotte in diesen Tagen der Sinn nach dem fernen China steht, darf bezweifelt werden. Zu den Leibniz-Briefen vom Dezember 1697 liegen keine Antworten vor.

13. Kapitel

Der große Leibniz schreibt schmeichelhafte Briefe
In Lietzenburg entsteht ein französischer Garten
1698

In der ersten Januarwoche 1698 werden Ohrringe, die Elisabeth Charlotte in Frankreich besorgt hatte und für ihre Patentochter über Hannover nach Berlin geschickt wurden, zum Briefthema: »Ich machte mir die Freude, sie zwei Tage zu tragen, jeder bewunderte sie, fand sie aber zu teuer.« Sophie Charlotte kündigt der Mutter an, den Schmuck zurückzuschicken, zumal sie anderen aus Holland bekomme, wenn es bei einem Preis von über siebentausend Talern bliebe. Doch es fällt ihr schwer, »ich würde sie liebend gerne behalten«.

Nur eine Woche später folgt abermals ein Seufzer, wie gerne sie die Ohrringe behalten würde, die »sehr schön und gleichmäßig« seien. Allerdings müsse man viel vom Preis abhandeln, und das will die Kurfürstin weder der Mutter noch der Patentante zumuten. In der dritten Januarwoche lässt sich Sophie Charlotte noch eine Hintertür offen. Weil die Ohrringe aus Holland ausbleiben, bittet sie die Mutter, die zurückgeschickten französischen Ohrringe vorläufig aufzubewahren. Schöne Dinge haben ihren Preis, davon ist die Kurfürstin überzeugt und grundsätzlich bereit, ihn zu zahlen.

Wie sehr die schönen und die traurigen Dinge im Leben zusammengehören, erlebt Sophie Charlotte in diesen Tagen. Kein Brief an die Mutter, ohne den schwer kranken Vater zu erwähnen und die Mutter zu bitten, nicht Tag und Nacht am Krankenbett zu sitzen: »Sie haben Ruhe nötig.« Bei aller Betrübnis hofft die Tochter, »Eure Kurfürstliche Durchlaucht werden sich, wie gewohnt, darein ergeben und sich von der Bekümmernis nicht unterkriegen lassen«.

In den Januarbriefen informiert Sophie Charlotte die Kurfürstin über ihren Gemahl. Er sei jeden Tag zufriedener über sein Vorgehen und »fängt selber an zu arbeiten, was er früher nicht getan hat«. Fürsorglich bittet die Tochter ihre Mutter, »mir so zu schreiben, dass ich Ihre Briefe dem Herrn Kurfürsten zeigen kann, denn er ist immer gespannt auf Ihr Urteil über sein Vorgehen«.

Auch ihren eigenen Einfluss schätzt Sophie Charlotte hoch ein, nachdem Danckelmann gestürzt ist und sie nicht mehr schlechtmachen kann. Zugleich registriert sie, dass durch das »Vorgehen« ihres Gemahls ihr Wert bei den ausländischen Gesandten gestiegen ist. Der englische König schickt eigens einen Gesandten nach Berlin, der die Kurfürstin um Gnade für den ehemalig mächtigsten Mann in Brandenburg bittet, der seit Wochen in Spandau gefangen gehalten wird.

Sophie Charlotte berichtet der Mutter: »Ich sagte ihm, der Herr Kurfürst sei gezwungen, Danckelmann in Haft zu halten, um ein warnendes Beispiel aufzustellen, er könne seine Großmut nur an denen beweisen, die ihm ehrlich dienten, nicht an einem Menschen, der die anvertraute Machtfülle so arg missbraucht hätte.« Weil sie während der Audienz kein Blatt vor den Mund nahm, geht die Kurfürstin davon aus, der englische Gesandte werde sie »deswegen wohl mit Hass verfolgen«. Genüsslich fährt sie fort, »aber er wird nichts dabei gewinnen, und wenn er sich an den Herrn Kurfürsten selber wendet, wird dieser ihm wunderbar heimleuchten«. Sophie Charlotte ist sich ihrer Sache sicher und ihr liegt daran, der Mutter zu signalisieren, wie gut sich die Beziehung der Eheleute entwickelt hat.

In der ersten Januarhälfte kommt im Berliner Schloss ein Brief an, der die neuen Zeiten mit geschmeidigem Pathos auf eine höhere Ebene hebt: »Madame. Ich habe lange überlegt, ob mein Schweigen nicht angemessener wäre als Ausdruck meiner

Wünsche für das neue Jahr, um meine tiefe Untergebenheit anzuzeigen ... Schließlich aber dachte ich mir, dass es Zeiten gibt, in denen es angebrachter ist, das Ausmaß seiner Bestrebungen anzuzeigen ...« Gottfried Wilhelm Leibniz, der Verfasser dieser Zeilen, war ein Meister gedrechselter Worte, der wieder einmal versucht, seinem Briefwechsel mit der Kurfürstin von Brandenburg Anschub zu verleihen.

Ihr Gemahl, so schmeichelt Leibniz, »ist einer der größten Fürsten Europas, dessen Qualitäten und Können königlich sind und der Tausende von Menschen glücklich machen kann«. Die überbordenden Lobpreisungen werden untermauert mit der Anrufung Gottes, »der alles vorherbestimmt und von Ewigkeit her geregelt hat«. Auch der »junge Prinz« wird mit guten Wünschen für das kommende Jahrhundert bedacht. So geht es fort, viele Seiten lang. Und das ist erst das Vorspiel.

Ende Januar, Anfang Februar 1698 – ein Datum liegt nicht vor – macht Leibniz in einem »Memorandum« sehr pointiert den Versuch, die beiden Kurfürstinnen in Hannover und Berlin – die nach seiner Meinung als Mutter und Tochter »in allen Dingen« die gleichen Interessen haben – für seine Karriereziele einzuspannen.

Der Diplomat Leibniz kommt sofort zum Punkt: »Da Ihre Durchlaucht die Kurfürstin von Brandenburg jetzt das volle Vertrauen Seiner Durchlaucht des Kurfürsten, Ihres Gemahls, haben, muss diese Konstellation umsichtig ausgenutzt werden, um dieses Gut recht dauerhaft zu machen und jeden Vorteil daraus zu ziehen, den man billigerweise davon erhoffen kann.« Weil Mutter und Tochter gleichermaßen daran gelegen sei, sollen sie »an beiden Höfen einen Einfluss gewinnen, der Ihrer würdig ist«. Das müsse allerdings ohne Aufsehen zu erregen und ohne dass der Kurfürst in Berlin misstrauisch werde, eingefädelt werden.

Es müsse eine »Vertrauensperson geben, die Grund hätte, von Zeit zu Zeit von einem Hof zum anderen zu reisen, um nützliche Informationen auszutauschen«. Wer könnte diese sensible Mission übernehmen? Leibniz redet Klartext: »Zu diesem Zweck wüsste ich keinen anderen zu nennen als mich.« Er besitzt das Vertrauen von Mutter und Tochter und entwickelt konkrete Vorschläge, mit denen die beiden Frauen in Hannover und in Berlin bei den jeweiligen Kurfürsten eine Reiseerlaubnis für ihn erwirken könnten.

Am Ende stellt er noch einmal das lockende Ziel vor Augen: »Mit dieser Regelung hätte ich nun eine sehr schöne Gelegenheit, bei Ihren Durchlauchten den Kurfürstinnen und mit deren Hilfe beim Kurfürsten und dem Kurprinzen Dinge anzuregen, die Ihrem Ruhm und allgemeinen Wohl dienen.« Die beiden Damen jedoch ließen sich nicht zu politischen Alleingängen drängen. Mit Kurfürstin Sophie hat Leibniz möglicherweise in Hannover darüber geredet. Eine schriftliche Reaktion gibt es weder von der Mutter noch von der Tochter.

Um diese Zeit sind Sophie Charlottes Gedanken bei ihrem kranken Vater. Sie habe von »guten Zeichen« gehört, schreibt sie der Mutter am 2. Februar 1698, die hoffen lassen, »dass er sich zum Frühjahr erholen wird, wenn auch nur ein weniges«. Sie kann nicht wissen, dass Kurfürst Ernst August, dessen Krankenlager sich seit über einem Jahr im Schloss der Herrenhäuser Gärten befindet, am selben Tag einen weiteren Schlaganfall erleidet. Er stirbt vor Mitternacht.

In Hannover setzt Leibniz umgehend einen Kondolenzbrief an die Kurfürstin von Brandenburg auf. Der Schmerz der Tochter über den Verlust eines der größten Fürsten unserer Zeit sei tief und angemessen, aber er könne durch die Vernunft aufgehoben werden: »Der Fürst leidet nicht mehr und Ihre Kurfürstliche Durchlaucht muss nicht mehr in Furcht leben, ohne dass es eine Hoffnung gibt, denn das ist schlimmer als die Krankheit selbst.« Sie soll versuchen, sich von den traurigen Bildern abzuwenden, auch wenn sie sich noch nicht völlig von den Gedanken trennen kann, die mit ihnen zusammenhängen.

Ein weiteres vernünftiges Argument folgt: Ihre Mutter wäre krank geworden, wenn dieser Zustand noch länger angehalten hätte. Noch im Februar antwortet Sophie Charlotte. Sie sei ihm sehr verpflichtet, dass er sich die Zeit genommen habe, sie zu trösten: »Und ich versichere Ihnen, wenn jemand hier Erfolg haben kann, dann keiner mit besseren Argumenten als Sie.«

Aus Brüssel kam ein Kondolenzbrief von Abbé Agostino Steffani. Sophie Charlottes Vater hatte ihn als Kapellmeister an den Hof von Hannover geholt. Dieses Amt hatte Steffani immer noch inne, aber seit 1696 war er meist in diplomatischer Mission unterwegs. Die musikalische und musikliebende Kurfürstin und der fünfzehn Jahre ältere Komponist kannten und schätzten einander. Sophie Charlotte dankt dem Abbé für seine Anteilnahme an ihrem »sehr großen Verlust«, den sie nur schwer ertragen könne, obwohl er voraussehbar war. Aber für einen so großen Schmerz würden in der ersten Zeit keine Vernunftgründe helfen. Sie hoffe mit der Zeit auf deren Wirkung und wünscht auch ihm Trost. Und fügt hinzu, sie interessiere sich für das, was er mache.

Die Kurfürstin hat Steffani am selben Tag geantwortet wie Leibniz – aber mit gegensätzlichen Worten. Sie dankt dem gelehrten Philosophen in Hannover für seine vernünftigen Trostworte. Dem Musiker in Brüssel gesteht sie, dass die Vernunft ihr in diesen ersten Wochen nach dem Tod des Vaters keinen Trost spenden könne. Ob sie mit den unterschiedlichen Antworten gezielt auf den jeweiligen Briefpartner eingehen möchte? Vielleicht sind es auch nur die inneren Widersprüche der Trauernden, die sich darin spiegeln.

Anfang März 1698 schreibt der Berliner Hofprediger Ernst Jablonski im Auftrag der Kurfürstin von Brandenburg einen Brief an seinen guten Bekannten Leibniz. Die beiden Männer hatten sich mehrfach ausgetauscht, um die Vereinigung der reformierten und der lutherischen Konfession auf den Weg zu bringen. Beide konnten offen miteinander sprechen, beide hatten größte Hochachtung für Sophie Charlotte. Sie hatte den hohen Geistlichen beim Neujahrsempfang gefragt, wie es mit dem Projekt stehe, in Berlin ein Observatorium zu bauen. Die Kurfürstin hatte diese Idee schon im Jahr zuvor angeregt, Leibniz als Experten ins Spiel gebracht und seinen Besuch in der Residenz in Aussicht gestellt.

Doch als Jablonski ihr antwortete, Leibniz habe vor, nach Berlin zu kommen, reagiert sie zurückhaltend. »Er soll sorgsam fortfahren«, lässt sie ihm durch den Brief des Hofpredigers ausrichten. Das ist keine Absage ihres Engagements, sondern politische Klugheit. Die Überlegung liegt nahe: Sie will im Frühjahr 1698 am Hof zu Berlin nicht ins Rampenlicht treten, nachdem das Verhältnis zwischen ihr und ihrem Gemahl nach dem Sturz Danckelmanns eine so positive Wendung genommen hat. Zumal sie beobachtet, wie der Kurfürst alle wichtigen Entscheidungen im Land in die eigene Hand nimmt.

Jablonski, so erfährt Leibniz, wird den Briefwechsel in ihrem Namen weiterführen. Die Kurfürstin übernimmt den Postversand und stellt nur eine Bedingung: Die beiden Herren sollen eine ihr geläufige Sprache nutzen. Also kein Latein, wie es im 17. Jahrhundert zwischen Gelehrten üblich war; eine der wenigen Sprachen, die die Kurfürstin nicht beherrscht. Leibniz weiß: Sie wird mitlesen, und das ist die Hauptsache. Sophie Charlotte verzichtet nicht darauf, Einfluss zu nehmen, sie bleibt nur im Hintergrund.

Im März weicht die Besorgnis der Tochter, dass die Mutter nach dem Tod ihres Mannes, mit dem sie vierzig Jahre verheiratet war, allen Lebensmut verlieren würde. Mit trockenem Humor entkräftet Sophie selbst in einem Brief diese Befürchtungen: »Von betrübnis kann man nicht sterben, sunsten würde ich schon lange hin sein, dan mein leid hatt schon lange gedauert.« Sie sei entschlossen, sich »steiff zu halten«. Die Kurfürstin macht Schloss Herrenhausen zu ihrem Witwensitz, hat auf Wunsch ihres geschiedenen Sohnes, Kurfürst Georg Ludwig, weiterhin im Schloss von Hannover an der festlichen Tafel den ersten Platz, wird beim jährlichen Karneval und bei den Jagdausflügen nach Linsburg dabei sein.

Bei aller Trauer über den Verlust eines geliebten Menschen ist die Zuversicht, dass der Verstorbene in ein ewiges Leben bei Gott eingeht, frei von Schmerzen und irdischen Sorgen, eine Kraft, die kaum zu überschätzen ist. Die Briefe zwischen Berlin und Hannover bekommen einen unbeschwerten Ton. Sophie Charlotte erzählt ihrer Mutter Anfang April höfische Anekdoten und fügt hinzu: »Ich bitte Eure Kurfürstliche Durchlaucht um Verzeihung, dass ich Ihnen alle diese Albernheiten schreibe …« Kurfürst Friedrich greift Mitte April zur Feder und schreibt der Schwiegermutter: »Von Herzen freut es mich, dass Euer Liebden die Märzluft so gut bekommt; ich glaube, es macht die Gewohnheit, denn ich verspüre es an mir auch und rate Ihnen, sich nicht davon abbringen zu lassen, sondern bei der alten Gewohnheit zu verbleiben.«

Am 27. April ist Sophie Charlotte im Berliner Schloss und schildert der Mutter eine Szene ihrer Ehe, das freudige Erstaunen klingt noch nach: »Der Kurfürst ist aus Schönhausen zurück, obwohl es das denkbar schönste Wetter ist. Wir haben es zu Spaziergängen in meinem Garten benutzt, den Herr Obdam sehr hübsch findet. Er fängt ja auch wirklich an, ein wenig nett auszusehen.« Es ist keine Selbstverständlichkeit, dass Kurfürst Friedrich Schloss Schönhausen, seit Beginn der 1690er Jahre sein Lieblingslustschloss, bei schönstem Wetter verlässt, um mit seiner Frau das im Bau befindliche »Lusthaus« Lietzenburg samt dem Garten im französischen Stil zu besuchen.

Inzwischen sind die Bauarbeiten für ein kompaktes »Lusthaus« mit elf Fensterachsen, ohne Seitenflügel, von einer kleinen Kuppel bekrönt, weit fortgeschritten. Mittelpunkt im Inneren ist ein repräsentativer ovaler Saal im Erdgeschoss und im ersten Stock. Die breite Freitreppe ins Obergeschoss wurde nicht ausgeführt, nachdem die Kurfürstin entschieden hatte, dass ihr privates Apartment im Erdgeschoss liegen soll. Und dafür wurde der Raum benötigt, den das Treppenhaus ausgefüllt hätte.

Östlich und westlich vom unteren ovalen Saal schließen sich je zwei Zimmer von Sophie Charlotte an. Sie werden mit teuren Möbeln, Tapeten und Wandbespannungen, Spiegeln und kostbarem Porzellan ausgestattet. Abrechnungen belegen, dass erste Mal- und Freskenarbeiten schon im Sommer 1696 ausgeführt wurden. Im Frühjahr 1697 begann der französische Gartenarchitekt Simon Godeau mit der Anlage des Gartens.

Dass der Garten, der bis zur Spree reichte, im April 1698 schon »ein wenig nett« aussah, war eher eine Untertreibung. Die Mutter -- Sophie Charlottes großes Vorbild als Gartenexpertin, unter deren Planung und Aufsicht die Herrenhäuser Gärten ein Schmuckstück europäischer Gartenbaukunst wurden – erfährt: »Die Blumenbeete stehen in Blüte, die Wege in den Alleen sind fest genug, um darin einherzugehen, und die meisten Bäume sind schon ins Freie gebracht. Die Kübel dafür machen einen sehr hübschen Eindruck ...« Das Urteil des niederländischen Gesandten in Berlin, Herrn Obdam, der den Vorzug hatte, Lietzenburg während der Entstehung zu besichtigen, zitiert die Kurfürstin mit Bedacht. Neben Frankreich gibt es die schönsten Gärten im kleinen Holland; Mutter und Tochter kennen etliche davon aus eigenem Anschauen.

In einem entspannten Ton kommt die Tochter auf gesundheitliche Beschwerden der Mutter zu sprechen: »Hoffentlich vertreiben Eure Kurfürstliche Durchlaucht durch Spazierengehen die nächtlichen Blähungen, die Ihnen so traurige Gedanken verursachen. Man sieht daran, dass unser Denken und unsere Laune sich ganz nach der Gesundheit richten.« Und verbindet diese Erkenntnisse mit persönlichen Erfahrungen: »Ich möchte ja keine Vergleiche mit mir anstellen, aber mir geht es ebenso, wenn ich mir keine Bewegung verschaffe und schwer verdauliche Speisen esse.« Eine moderne Einsicht, über dreihundert Jahre alt.

Was in heutigen Zeiten befremdlich distanziert klingt – Eure Kurfürstliche Durchlaucht –, ist für Mutter und Tochter eine in ihren Kreisen übliche Anrede. Sie ist kein Hindernis, Fürsorge und Mitgefühl, Bewunderung und persönliche Gedanken in Worte zu fassen. Wie vertraut die beiden Frauen miteinander umgehen, zeigt eine Bemerkung der Tochter über die Gräfin Platen, die mehr als zwei Jahrzehnte die offizielle Mätresse ihres Vaters war. Sophie Charlotte bewundert, wie ihre Mutter diese demütigende Erfahrung in Großmut verwandeln konnte.

In ihrem Brief vom 16. Juni schreibt sie: »Ich beklage Frau von Platen ... dass sie das Leid so sehr verfolgt, was ich aus dem soeben eingetroffenen Briefe Eurer Kurfürstlichen Durchlaucht entnahm. Ich bin entzückt, dass Ihr starker Sinn sich behauptet; das beste Zeichen dafür ist die Bewahrung der guten Stimmung und der Seelenruhe, die Eure Kurfürstliche Durchlaucht noch recht lange behalten mögen.« Seelenruhe ist ein vorbildliches Ziel, das die Tochter auch sich selber setzt.

Nachdem Kurfürst Friedrich zur Freude seiner Frau mit ihr zusammen im April 1698 den Garten von Lietzenburg in Augenschein genommen hatte, nutzte ihn der Sohn im Mai, um mit den zwei Regimentern, die sein Vater ihm anvertraut hatte, erstmals zu exerzieren. Friedrich Wilhelm wurde in diesem Jahr zehn Jahre alt. Damit war er im Verständnis der Zeit kein Kind mehr. Als Oberhofmeister begleiteten ihn weiterhin Alexander von Dohna und als Lehrer der Franzose Jean Philippe Rebeur durchs Leben.

Rebeur gelang es mit pädagogischem Geschick, dem Kurprinzen ein wenig elementares Schulwissen beizubringen, auch wenn die Lust des jungen Mannes an konzentriertem Lernen weiterhin gering war. Friedrich Wilhelm schätzte Rebeur, aber die emotionalen Ausbrüche – »Schurke, fort aus meinen Augen« – und physischen Attacken nahmen kein Ende. In seiner Ohnmacht nutzte der fromme Franzose die calvinistische Theologie der Prädestination, um den zukünftigen Herrscher Brandenburgs zu bändigen. Immer aufs Neue hörte Friedrich Wilhelm, dass es vor Gottes ewigem Ratschluss kein Entrinnen gab: die einen würden dem ewigen Höllenfeuer ausgeliefert, die anderen durften sich ewiger Seligkeit erfreuen. Diese Alternative beeindruckte den Jungen tief und wurde Teil seines Gottesbildes. Er ahnte, dass sein Verhalten gegenüber Rebeur in die ewige Verdammnis führte, konnte sich aber trotzdem nicht beherrschen.

Im Garten von Lietzenburg bei seinen Soldaten ist der Kurprinz wie ausgewechselt. Jean Philippe Rebeur beobachtet, wie konzentriert und lernbegierig der Kurprinz alles Militärische in sich aufnimmt. Er verlangt von seinen Soldaten Disziplin, und am Ende der Übungen spendiert Friedrich Wilhelm Bier, damit die Regimenter auf seine Gesundheit trinken. Für die Schönheit des Schlossgartens hat er keinen Blick. Auch seiner Mutter kann die Begeisterung ihres Sohnes für Uniformen und Gewehre, Aufmärsche und Schlachtpläne nicht verborgen bleiben.

Zum Geburtstag ihres Mannes am 11. Juli ist Sophie Charlotte wieder im Berliner Schloss. Weil der Kurfürst erst am nächsten Tag von seinem Aufenthalt in Königsberg zurückkehren wird, macht der neue französische Botschafter ihr seinen Antrittsbesuch und überreicht das Handschreiben des französischen Königs. Friedrich hat eine solche Möglichkeit gebilligt und ein eigenes Protokoll für seine Frau entworfen. Die Kurfürstin steht unter dem Baldachin auf einem Teppich, der Gesandte nähert sich genau bis an den Teppichrand und übergibt das Akkreditierungsschreiben.

Auf den Lebensrhythmus der Kurfürstin, die lange unterhaltsame Nächte liebt, nimmt das Hofprotokoll seit 1698 Rücksicht: Die offiziellen Audienzen für Gesandte und Botschafter finden statt morgens um 11 Uhr um 17 Uhr am Nachmittag statt. Der oberste Zeremonienmeister Johann Besser schreibt im Hofjournal, die Verlegung werde vorgenommen, weil die Kurfürstin morgens »incommodiert« sei.

Der Juli ist kaum vorbei, da steht der nächste Besuch bei der Mutter an. Die Kurfürstenwitwe Sophie hat ihre Tochter ins Jagdschloss Linsburg, das unweit von Nienburg an der Weser zum Besitz des Kurfürsten von Hannover gehört, eingeladen. Auch Gottfried Wilhelm Leibniz ist ihrem Ruf gefolgt. Die ganze erste Augustwoche lang haben die drei zusammen verbracht, frei von allem Protokoll. Nicht ausgeschlossen, dass Sophie dem trägen Kontakt zwischen ihrer Tochter und Leibniz einen ungezwungenen Anstoß geben wollte.

Trotz der vielen Reisen seiner Frau in die alte Heimat kommt der kurfürstliche Ehemann nicht zu kurz. Im späten Sommer genießt Kurfürst Friedrich sein geliebtes Schloss Schönhausen. Der Zeremonienmeister meldet: »Weil dieses Lusthaus nur eine ¾ stund von der Statt ist«, habe die Kurfürstin ihren Gemahl »daselbst täglich besuchet«. Im September beehrt das kurfürstliche Ehepaar zwei Maskeraden bei ausländischen Gesandten mit seiner Gegenwart. Zuerst geht die Kutschfahrt zum Repräsentanten des französischen Königs in Berlin. Sophie Charlotte ist als »Scaramouche« verkleidet; als Kennerin französischer und italienischer Kultur war ihr diese komische Figur der Commedia dell'arte, die ursprünglich in Frankreich entstand, bestens bekannt.

Von der zweiten Maskerade im Haus des dänischen Gesandten ist überliefert, dass der Kurfürst das Fest kurz nach 22 Uhr verließ und sich zurück ins Berliner Schloss bringen ließ. Für die Berliner Gesellschaft war das nichts Neues: Kurfürst Friedrich ging früh zu Bett und begann seinen Tag in den ersten Morgenstunden, während für Kurfürstin Sophie Charlotte ein vergnügter, anregender Tag erst weit nach Mitternacht endete. Seltsam, dass die unterschiedlichen Gewohnheiten des kurfürstlichen Paares, das sich in aller Öffentlichkeit diese Unterschiede zugestand, vor allem im Rückblick stets als Konfliktstoff gedeutet wurde.

Eine gegenteilige Interpretation ist zulässig, auf dem Hintergrund etlicher Auftritte im Jahr 1698 wahrscheinlich wahrheitsgetreuer: dass die Eheleute souverän mit ihren verschiedenen Tag- und Nachtvorlieben umgingen und sie respektierten. Und dass ihr öffentliches Verhalten bekräftigt, was Kurfürst Friedrich Anfang Dezember 1697, nachdem er sich von seinem engsten Vertrauten Danckelmann getrennt hatte, seiner Schwiegermutter schrieb, »dass meine Gemahlin Liebden und ich nun ganz wohl zusammen leben«.

Ende Oktober 1698 wurde der dreißigste Geburtstag der Kurfürstin mit einer festlichen Tafel im Berliner Schloss gefeiert. Auf dem anschließenden Ball im Oraniensaal tanzte Sophie Charlotte nicht, sondern setzte sich an einen der Spieltische, wo es Gelegenheit zu entspannten Gesprächen gab. Anfang Dezember schrieb sie dem Komponisten Steffano, dass ihr Sohn öfters einen Ball gebe – aber »ich überlasse das Tanzen den jungen Leuten«.

Die Liebe zur Musik verband die Kurfürstin mit dem Markgrafen Georg Friedrich von Brandenburg-Ansbach. Außer den Musikern, die er Sophie Charlotte seit dem Herbst 1697 aus seiner Kapelle zur Verfügung stellte, schätzte sie seine Nachrichten aus der europäischen Musikszene. Im November 1698 kam ein Brief aus Paris, mit einem vernichtenden Urteil über die Pariser Oper. Zwar seien das Orchester, die Kostüme und die Ausstattung »beeindruckend und großartig«, schrieb der Markgraf, »aber was die Musik und die Sänger angeht – und das ist ja wohl das Entscheidende in der Oper – habe ich nichts Bemerkenswertes entdecken können. Der Kompositionsstil ist altmodisch und die sängerische Qualität ist weit unter dem, was man in Italien, ja sogar in Deutschland hören kann.« Es gehe nichts über eine italienische Oper.

Das war Musik in den Ohren von Sophie Charlotte. Ihre Vorliebe galt der italienischen Musik, mit der sie in den Schlössern von Iburg und Osnabrück und vor allem in Hannover groß geworden war. Auch ein Grund, die Korrespondenz mit Agostino Steffani eifrig zu pflegen, der gerade in diplomatischer Mission am Hof des Pfalzgrafen in Düsseldorf Station machte. Er habe ihr mit seinen Neuigkeiten vom Düsseldorfer Hof viel Freude gemacht, beginnt Sophie Charlotte ihren Brief an Abbé Steffani Ende November 1698. Am Ende wünscht sich die Kurfürstin »von Zeit zu Zeit kurze Neuigkeiten aus den Ländern, in denen Sie sich befinden, denn daran habe ich allergrößtes Vergnügen«.

Der Abbé ist katholisch, Sophie Charlotte ist lutherisch getauft und bekennt sich seit ihrer Heirat zur reformierten Konfession des brandenburgischen Herrscherhauses – kein Problem für die beiden, sich über die Konfessionsgrenzen hinweg prächtig zu verstehen. Das 17. Jahrhundert ist die Epoche der Frühaufklärung. Eine bürgerlich-gelehrte Elite – zu der Leibniz gehört – und ein Teil der fürstlichen Oberklasse – für die Sophie Charlotte und ihre Mutter beispielhaft sind – sind überzeugt, dass es innerhalb des Christentums mehrere Wahrheiten gibt. Im Januar 1698 schreibt Kurfürstin Sophie an die Sekretärin ihrer Schwester, Äbtissin im französischen Kloster Maubuisson: »Es ist nicht der Name Katholik oder Reformierter, der uns retten wird, sondern dass wir unseren Glauben durch gute Werke beweisen.«

In Sophie Charlottes Brief erfährt Steffani, dass die Leidenschaft der Kurfürstin für die Musik konstant geblieben sei, aber der Bau in Lietzenburg jetzt Vorrang habe: »… ich beschäftige mich sehr damit, mein Haus und meinen Garten zu organisieren. Quirini und Monsieur Leibnits geben mir ihr Urteil ab, aber sie sind sehr unterschiedlicher Meinung und überlassen mich der Ungewissheit, welche Partei ich einnehmen soll.« Giacomo Marchese Quirini war Baudirektor im Kurfürstentum Hannover und wie Gottfried Wilhelm Leibniz im November für wenige Tage in Berlin.

Es war viel los in diesem Jahr 1698, als erstmals seit der Heirat 1684 Eberhard von Danckelmann, Friedrichs Lehrer und Alter Ego seit Kindheitstagen, keinen Schatten mehr auf die Ehe warf. Zusammen mit ihrem Ehemann oder allein hatte Sophie Charlotte in den vergangenen zwölf Monaten ein aktives Leben geführt, und der Ort ihrer Sehnsucht, Lietzenburg mit seinem französischen Garten, nahm langsam Gestalt an.

14. Kapitel

Die Kurfürstin begründet eine Geburtstagstradition
Teamarbeit auf dem Weg zum Königstitel
1699

Fertig war der Bau noch nicht: Es gab keine Treppe in den ersten Stock; von der geplanten Kuppel war nichts zu sehen, das hölzerne Theater im Garten nicht nutzbar. In Berlin war das Wetter Anfang Juli 1699 so schlecht, »dass Seine kurfürstliche Durchlaucht die ganze Woche in der Stadt zugebracht«, wie der Hannover'sche Resident meldete. Doch nichts konnte die für den 11. Juli geplante Doppelfeier aufhalten: »Heute wird dero Geburtstag celebriret und erscheinet deswegen der ganze Hof in Gala.« Die Gala-Vorstellung fand am Vormittag im Berliner Schloss statt. Beschlossen wurde der Tag mit einem Ereignis, das den dreiundvierzigsten Geburtstag von Kurfürst Friedrich zu einem ganz besonderen machte: »Der Kurfürstin Durchlaucht werden diesen Abend Seine kurfürstliche Durchlaucht auf dero neuerbautem Haus Lietzenburg traitieren ... der meiste Hof, wie auch die fremden Ministri werden als Bauern angekleidet dabei erscheinen und kein Rang observirt werden und ich bin auch dazu invitirt.« Mit dieser Geburtstagsfeier hat Sophie Charlotte eine Tradition begründet.

Fünf Jahre war es her, dass die Kurfürstin die Gegend um das Dorf Lietze am westlichen Spreebogen als den Ort entdeckt hatte, an dem sie sich zu Hause fühlen würde. Hier wollte sie Geist und Verstand, Vergnügen und Gelassenheit, Musik und Philosophie in den Gesprächen kluger Menschen zueinanderführen, zu klaren Gedanken und neuen Einsichten anregen. Der Schlossgarten als Teil des Gesamtkunstwerkes konnte sich schon sehen lassen. Der Sommer 1699 war ein idealer Zeitpunkt, Lietzenburg der Öffentlichkeit zu präsentieren. Dass der kurfürstliche Gemahl dabei im Mittelpunkt stand, ist kein Zufall, keine einsame Idee seiner Frau. Eine solche Idee konnte die Kurfürstin nur mit Zustimmung ihres Gemahls umsetzen.

Zwei große Tafeln waren im Gartensaal geschmückt für alle, die in Berlin Rang und Namen hatten. Kurfürstin Sophie Charlotte, die Hausherrin, trug bei der Einweihung des Lustschlösschens in lateinischer Sprache ein Gedicht vor, das ihren Gemahl und ihre eheliche Verbindung in den Mittelpunkt der Feierlichkeiten stellte: »Dass unter Deiner Herrschaft erbaute Haus ist begierig, dem Herrn die Feiern zu seinem Geburtstag zu veranstalten. Sei edel, Gast, und dankbar den Hausgöttern. Darum bittet Deine Gemahlin, und sanft pflichten die Götter der Liebe dem Wunsch bei.« Nach dem Essen ging die »bäuerliche« Festgesellschaft, für die an diesem Abend kein Protokoll galt, auf die Terrasse und bestaunte das funkelnde Feuerwerk, mit dem der Geburtstag abgeschlossen wurde.

Glänzender Stoff für das Hofjournal, mit dem Johann Besser die fürstliche Welt informierte und unterhielt über das, was sich bei Hofe im Kurfürstentum Brandenburg ereignete. Der Mann war ein Kommunikationsgenie und vergaß nie, seine Geschichten mit persönlichem Flair zu würzen. Ein fröhliches Fest sei dieser Geburtstag gewesen, meldete Besser, bei dem man »sozusagen über Tisch und Bänke gesprungen und seine Churfürstliche Durchlaucht Ihrer eigenen Aussage nach sich nicht besinne, sich jemals so vergnügt und freudig erwiesen zu haben«. Auch den Sohn und Nachfolger hatte Sophie Charlotte in die Festlichkeiten eingebunden.

Am 14. August, seinem elften Geburtstag, sollte zu Ehren von Kurprinz Friedrich Wilhelm das Theater in der südwestlichen Ecke des Lietzenburger Gartens mit einer Komödie eröffnet werden. Am 15. August berichtet der hannoversche Gesandte, alle Pläne seien um einen Tag verschoben worden, »weil das theatrum, so nächst Lietzenburg im holtz aufgebauet worden, nicht können fertig werden. Diesen abend aber gehet der sämtliche hof nach Lietzenburg, alwo der Kurfürstin Durchlaucht denselben mit einer comedie les vendanges de Surraine genannt, hernach mit der abendmahlzeit und dann mit einem ball regaliren wird.« Es war Sophie Charlotte, die in ihrem »Lusthaus« Regie führte, in Lietzenburg die Freiheit nutzte, ihre Talente und ihre Vorstellungen eines kreativen Miteinanders ausleben und gestalten zu können. Doch ihr neues privates Reich bedeutet keinen beleidigten Rückzug, ist keine provokante Gegenwelt zum Berliner Hof ihres Gemahls.

Die feierliche Einweihung Lietzenburgs mit den Geburtstagen des Kurfürsten von Brandenburg und seines Sohnes im Sommer 1699 erschließt sich im Rückblick als kluge politische Ergänzung einer Vision, die Friedrich seit Beginn der 1690er Jahre gegen alle Einwände und Kritik seiner vertrautesten Berater entschlossen verfolgt. Für den Kurfürsten, der ein sensibles Gespür für die gefächerten machtpolitischen Inszenierungen seiner Zeit hatte, war es ein Gewinn, wenn die Kurfürstin mit ihrem Hof in Lietzenburg ein eigenes prominentes Profil pflegte. Dabei stand die Musik an erster Stelle.

Seit dem Sommer 1699 konnte Sophie Charlotte, die kein eigenes Orchester besitzt, auf die Berliner Hofkapelle zurückgreifen. Wenn es die »Hochgeliebte Gemahlin erfordert«, sollen die Musiker der Kapelle »jederzeit, willig und ohne zu säumen«, für sie da sein und »haben sich dabey alles übermäßigen Trinckens, undt sonsten aller anderen unanständigen Conduite zu enthalten«. Die Leidenschaft der Kurfürstin lag ganz im Interesse der kurfürstlichen Pläne, denn nach dem Vorbild des königlichen Hofes von Versailles war Musik gegen Ende des 17. Jahrhunderts endgültig ein Herrschaftsinstrument geworden.

Der angestrebte Glanz von Lietzenburg würde auf den Hof von Berlin zurückstrahlen; je mehr Sophie Charlottes Kleinod draußen vor der Stadt mit exzellenten Aufführungen ins Gespräch kam, desto besser. Das kurfürstliche Paar, das 1698 offensichtlich eine lange Krise überwunden hatte, fand sich 1699 zu einem idealen Team zusammen. Kein Wunder, dass Kurfürst Friedrich bei der ersten Geburtstagsfeier, die seine Gemahlin für ihn in Lietzenburg gestaltete, so »vergnügt und freudig« war wie niemals zuvor.

Es war 1699, als der Kurfürst seiner Umgebung klarmachte, dass für ihn eine lange Diskussion endgültig beendet war und er den vollen Einsatz seiner Vertrauten erwartete. 1692 hatte Friedrich seinem verblüfften Geheimen Rat eröffnet, dass er für sein Haus die Königswürde anstrebe. Eberhard von Danckelmann, sein wichtigster Mitarbeiter, führte die breite Riege derer an, die versuchten, den Kurfürsten von dieser Idee abzubringen. Die Aufwendungen für einen Königstitel würden das Land finanziell ruinieren und überhaupt würde er sich lächerlich machen. Selbst wenn er diesen Titel erhielte, würden ihn alle anderen Herrscher mit Verachtung strafen.

Vom Kaiser in Wien, der als Oberhaupt des Reiches allein einen solchen Titel an einen Reichsfürsten wie den Kurfürsten von Brandenburg verleihen konnte, kam ein striktes Nein, wenn die Gesandten aus Berlin in dieser Sache vorstellig wurden. Weil Friedrich nach dem Sturz Danckelmanns sein politisches Ziel erneut hartnäckig im Geheimen Rat zur Sprache brachte, hatte Paul von Fuchs, dessen Wort beim Kurfürsten großes Gewicht besaß, 1699 noch einmal alle Argumente zusammengefasst, die gegen die Königswürde sprachen. Sein Fazit: Friedrich habe schon alles an Macht und Ansehen, was den Königstitel auszeichnet, warum sollte er einen langwierigen Kampf mit ungewissem Ausgang führen, der am Ende in keinem Fall eine Verbesserung bringen würde.

Kurfürst Friedrich war die Sache so wichtig, dass er selbst zur Feder griff und eine »Andtwohrt auf denen Puncten oder Aufsatz des von Fuchs, wegen der Königlichen Würde« verfasste, warum er von seiner Idee nicht ablassen würde. Zunächst kehrte er Fuchs' Argument in sein Gegenteil: »Wan ich alles habe, was zu der Königlichen Würde gehöret, auch noch mehr als andere Könige, warumb sol ich dan auch nicht trachten, den Nahmen eines Königs zu erlangen?« Dann folgte der Kern seiner Überlegungen: »In finde, dass Ich anders als durch Annehmung der Königlichen würde solte die Honores Regios vohr Mich und Meine Minstros erhalten können, dazu sehe ich schlechte apparentz.« Kurfürst Friedrich sah nur eine Möglichkeit für sich selbst und seine Minister, mit königlichen Ehren, *Honores Regios*, behandelt zu werden: wenn er in den Besitz der königlichen Würde käme.

Königliche Ehren: Mehr als dreihundert Jahre später klingt das nach Formalien, höflichen Floskeln, protokollarischen Spitzfindigkeiten. Zugaben, auf die Staaten im Umgang miteinander verzichten können, denn ihre Identität hängt im 21. Jahrhundert an Verfassungen, Gesetzen, Verträgen und nicht daran, ob dem Staatspräsident bei einer Visite ein Polstersessel oder nur ein einfacher Stuhl angeboten wird.

Im barocken Zeitalter, dem Übergang vom 17. zum 18. Jahrhundert, nahmen Europas Staaten mit Verwaltungen und stehendem Heer, medizinischer und sozialer Versorgung ihrer Bevölkerung langsam Gestalt an. Und sie entwickelten seit dem Ende des Dreißigjährigen Krieges ein ausgeklügeltes System von Botschaftern, Gesandten und Residenten, um die eigenen Ansprüche im politischen Konzert der Mächte öffentlich durchsetzen zu können. Den Maßstab hatte Ludwig XIV. gesetzt: *L'état c'est moi*. Der König ist keine Marionette, kein austauschbares Symbol, sondern verkörpert mit seiner physischen Existenz den Staat. Ihm gebühren »königliche Ehren«. Sie sind keine Floskeln, sondern politische Realitäten, die im fürstlichen Kosmos Europas wirkungsvolle Zeichen setzten und jenseits aller Landessprachen verstanden wurden.

Als Wilhelm III., Statthalter der Niederlande und König von England, dem Kurfürsten Friedrich von Brandenburg bei ihrer

Begegnung in Den Haag einen einfachen Stuhl anbieten ließ, während er selbst in einem Polstersessel Platz nehmen wollte, beleidigte er nicht eine fürstliche Person, sondern den Staat Brandenburg. Friedrich weigerte sich Platz zu nehmen, denn damit hätte er die mindere Rangordnung seines Landes bestätigt. Das Gespräch wurde im Stehen fortgeführt. Bei wichtigen Verhandlungen europäischer Mächte saßen die Gesandten des Kurfürsten von Brandenburg am Katzentisch, während die Republik Venedig und die Niederlande mit den Gesandten von Europas Königen protokollarisch gleichgestellt waren.

Eine solche Zurücksetzung seiner Person und seines Landes wollte Friedrich nicht mehr hinnehmen, und er hatte das richtige Gespür: Nur mit dem Titel eines Königs konnte er sich selbst und seine Minister im Umgang mit anderen Königen auf Augenhöhe bringen. Wollte er die Macht seines Hauses und seines Landes für die Zukunft festigen, musste er ein kalkuliertes Risiko eingehen. Kurfürst Friedrich war kein Zauderer, wenn es um entscheidende Dinge ging. Er war aber auch kein Revolutionär und entschied sich für den mühsamen, staatsrechtlich korrekten Weg zum Königstitel: Gegen Ende 1699 nahm der brandenburgische Gesandte in Wien die Gespräche mit den kaiserlichen Hofbeamten wieder auf, um die Ablehnung des Kaisers zu durchbrechen. Und der Herrscher Brandenburgs hatte eine geniale Idee, dem Kaiser diesen Schritt zu erleichtern und zugleich für sein Land einen weiteren Vorteil zu gewinnen.

Als Kurfürst von Brandenburg war Friedrich Reichsfürst und damit automatisch Lehnsmann des Kaisers. Diese Abhängigkeit blieb auch mit der Verleihung der »königlichen Würde« bestehen, wie er in seiner Antwort auf das Gutachten seines Ministers Fuchs mit staatsmännischer Klugheit formulierte: »... wan ich die Königliche Dignitet auf meine Brandenburgischen Lande nehmen will, so bin ich kein souverainer König, sondern ein Lehn König ...« Aber zum Kurfürstentum gehörte das Herzogtum Preußen, das nicht Teil des Deutschen Reiches war und aus dessen Lehnsherrschaft unter die polnische Krone sich Friedrichs Vater, der Große Kurfürst, befreit hatte.

Aus dieser Konstellation folgerte Kurfürst Friedrich: »Wan ich aber wegen Preußen die Königliche Dignitet annehme, so bin ich ein independanter König.« Für die Polen war es kein Nachteil, wenn aus dem Herzogtum Preußen ein Königreich wurde. Die »Antwort« des Kurfürsten an Minister Fuchs galt allen Mitarbeitern im Geheimen Rat: Ende der Diskussion. »König in Preußen« hieß das Ziel, von dem Friedrich nichts und niemanden abbringen würde.

Am 1. September 1699 sitzt Sophie Charlotte in ihrem Apartment in Lietzenburg und schreibt an Gottfried Wilhelm Leibniz. Sie dankt für seine Briefe, diese seien für sie ein großes Vergnügen. Die Kopie eines Briefes an ihre Mutter, der von der Verkettung aller Dinge handelte, habe sie mit besonderem Interesse gelesen. Offenherzig bekennt sie: »Was mich betrifft, hat dieser Brief mich so sehr überzeugt, dass Sie mich von nun an als eine Ihrer Schülerinnen zählen können; eine von denen, die Sie schätzen und ihre Verdienste anerkennt.« Der große Leibniz hat es geschafft: Nach der Mutter kann er nun auch die Tochter zum engen Kreis seiner Briefpartnerinnen zählen. Vorbei und vergessen sind die enttäuschenden Kontaktversuche, auf die Sophie Charlotte erst nach Jahren antwortete.

Das Vergnügen an ihrem Lusthaus findet für Sophie Charlotte jeden Abend ein jähes Ende. Das Gebäude ist nur für Tagesausflüge gedacht; es gibt keine Unterbringungsmöglichkeiten für ihren Hofstaat. Undenkbar, dass die Kurfürstin auch nur eine Nacht hier ohne Hofdamen und Kammerjunker, Kutscher und Köche verbringt. Die Entscheidung fällt sehr bald: Die Kurfürstin möchte vom Frühling bis zum Herbst mit ihrem Hof durchgehend das Leben in Lietzenburg genießen. Das schließt wichtige Termine im Berliner Schloss – oder anderen Schlössern an der Peripherie – nicht aus. Aber der Lebensmittelpunkt soll von Ostern bis Anfang November auf dem Land liegen. Hier möchte sie ihrem Rhythmus folgen und sich von einem strengen Zeremoniell frei machen können.

Das Lusthaus muss erweitert werden, Zimmer für Personal und Gäste bieten. Kurfürst Friedrich stellt sich dem Wunsch seiner Gemahlin nicht in den Weg. Wenn Lietzenburg noch schöner und größer wird, kann das der angestrebten königlichen Würde nur zugutekommen. Noch 1699 befiehlt er seinem besten Baumeister den Ausbau – Andreas Schlüter. Mit dem neunundfünfzigjährigen Hofbildhauer hat er ohnehin Großes vor.

Vor seiner Anstellung in Berlin war Andreas Schlüter Hofbildhauer am Hof in Warschau. Kurfürst Friedrich, der in der Baukunst ein Mittel eindrucksvoller Machtdemonstration sah und sich auf dem Gebiet persönlich engagierte, holte ihn 1694 nach Berlin. 1696 bezahlte er Schlüter einen Aufenthalt in Italien, um die dortigen architektonischen Meisterwerke in seinen künstlerischen Erfahrungshorizont aufzunehmen. 1698 bekam Andreas Schlüter die erste Anweisung, das spätmittelalterliche Berliner Schloss in einen königswürdigen Bau zu verwandeln. Es sollten nicht mehr nur ein paar Veränderungen vorgenommen werden. Ein neues Schloss aus einem Guss sollte entstehen, dem politischen Ziel des Kurfürsten angemessen, sein Land fest in Europas königlicher Liga zu etablieren.

Es war Anfang November 1699, als Kurfürst Friedrich eine endgültige Entscheidung traf. Er beurkundete, dass der »bisherige Hofbildhauer Andreas Schlüter« den »angefangenen Bau des Residenzschlosses bisher zu Unserem gnädigsten Vergnügen geführt« habe. Er lobte »dessen in dem Bauwesen erlangte gute Wissenschaft, wie nicht weniger seinen bei solchem Wercke bezeigten sonderbaren Fleiß«. Das alles hatte der Kurfürst »in gnädigste Consideration gezogen« und beschlossen, Andreas Schlüter »zu unserem Schlossbau-Direktor in Unserer hiesigen Residenz zu bestellen«.

Der Kurfürst gab seinem Baumeister freie Hand. So entstand zwischen 1698 und 1706 auf einer Spreeinsel in Berlin eines der

1 Sophie Charlotte war fast zwölf Jahre alt, als ihre Mutter, Herzogin Sophie, im August 1679 mit ihr an den Hof Ludwigs XIV. reiste. Ein französischer Maler hat die deutsche Prinzessin dort erstmals porträtiert: in stilvoller Pose, mit klarem Blick und einem kessen Schoßhündchen.

2 Herzogin Sophie nutzte die Frankreichreise, um ihre Schwester Louise Hollandine, Äbtissin im Kloster Maubuisson bei Paris, zu besuchen. Dort schuf die Äbtissin dieses Bild von ihrer Schwester und ihrer Nichte Sophie Charlotte. Im Mittelpunkt Herzogin Sophie, zu der die Tochter erwartungsvoll aufschaut.

3 Elisabeth Charlotte von der Pfalz – als »Liselotte« bekannt –, verheiratete Herzogin von Orléans, war Sophie Charlottes Kusine und Patentante und lebte in Paris. Im August 1679 sah sie ihr Patenkind zum ersten und letzten Mal.

4 Louise Hollandine von der Pfalz, Sophie Charlottes Tante, war aus Den Haag nach Frankreich geflüchtet, konvertierte vom Calvinismus zum Katholizismus und wurde Äbtissin im Kloster Maubuisson.

5 Auf Schloss Fontainebleau waren Sophie Charlotte und ihre Mutter Gäste von Ludwig XIV. Hier erlebten sie Europas größten und prächtigsten Hof. Erst fünf Jahre später siedelte der »Sonnenkönig« nach Versailles über.

6 1690 malte Hofmaler Gedeon Romandon in Berlin Sophie Charlotte. Zu diesem Zeitpunkt war sie 22 Jahre alt und Kurfürstin von Brandenburg. Das Pariser Journal *Mercure Galant* rühmte ihre »zarteste Haut, die sanften blauen Augen, die Fülle schwarzer Haare« – und ihren »sehr begabten Geist«.

7 Friedrich III., Kurfürst von Brandenburg, hatte 1684 als Witwer die sechzehnjährige Sophie Charlotte von Braunschweig-Lüneburg geheiratet. 1688 wurde Friedrich Wilhelm, ihr einziges überlebendes Kind, geboren.

8 Das Bild des zwölfjährigen Friedrich Wilhelm als biblischer David, der mit seiner Steinschleuder Goliath besiegt, hing im Schlafzimmer seiner Mutter Sophie Charlotte im Schloss Lietzenburg.

9 *Les Aventures de Télémaque*, 1699 erschienen, wurde ein Kultbuch an Europas Fürstenhöfen. Sein Autor, der französische Bischof Fénelon, ließ den jungen Télémaque durch Abenteuer zu einem aufgeklärten Regenten reifen. Sophie Charlotte versuchte, in langen Gesprächen ihren Sohn von diesen humanistischen Idealen zu überzeugen.

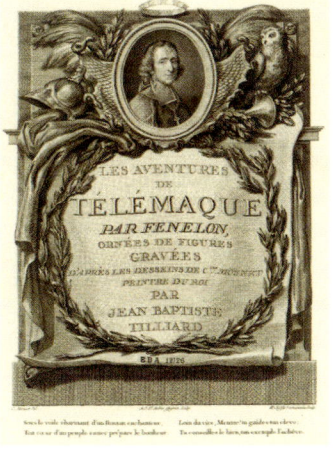

10 Kurfürstin Sophie von Hannover, gebildet, geistreich, tolerant, war Vorbild und Stütze für ihre Tochter Sophie Charlotte.

11 Ihr machtbewusster Ehemann, Ernst August, Kurfürst von Hannover, galt als Deutschlands erster »Gentleman«.

12 Oberhofmeisterin Anna Katharina von Harling war unentbehrlich: Sophie vertraute ihr die Erziehung von Sophie Charlotte an; die wiederum gab ihren eigenen Sohn drei Jahre lang in die Obhut Frau von Harlings.

13 Das Berliner Stadtschloss auf der Spree-Insel wurde ab 1700 auf Befehl des Kurfürsten durch Andreas Schlüter zu einem der größten Barockschlösser Europas um- und ausgebaut.

14 Eberhard von Danckelmann war der engste Vertraute von Kurfürst Friedrich und stieg vom Erzieher zum ersten Minister auf. Für Sophie Charlotte wurde Danckelmann zum Intimfeind am Berliner Hof.

15 Nach dem Sturz Danckelmanns wurde Graf Wartenberg der neue Günstling des Kurfürsten. Sophie Charlotte arrangierte sich mit Wartenberg, der ihre finanziellen Ansprüche erfüllte.

16 Henriette von Pöllnitz, erste Hofdame von Sophie Charlotte, war Organisatorin und Vertraute, schrieb Entwürfe für Opern und Schauspiele, trat bei Festen und Bühnenstücken auf. Das Porträt als »Tartarin« hing in Sophie Charlottes Privatgemächern von Schloss Lietzenburg.

17 Elisabeth von der Pfalz, Sophie Charlottes Tante, war Äbtissin im Damenstift Herford. Das Bild zeigt sie als Göttin der Jagd. Mit Descartes verband sie eine enge Freundschaft.

18 Madeleine de Scudérys Romane waren Bestseller im 17. Jahrhundert. Die Französin kämpfte für gleichberechtigte und zärtliche Liebesbeziehungen zwischen Frauen und Männern.

19 René Descartes' Philosophie, die den Zweifel als Ausgangspunkt postuliert, öffnete das Tor zur Moderne. Diese kritische Sicht entsprach Sophie Charlottes Blick auf Gott und auf die Welt.

20 Christina, Königin von Schweden, verzichtete 1654 auf den Thron, wurde katholisch und begann selbstbewusst in Rom ein neues Leben. Ein Vorbild für viele adlige Frauen in Europa.

21 Attilio Ariosti war Sophie Charlottes Kapellmeister. Der Mönch aus Italien, von seinem Orden freigestellt, stand als Opernkomponist, Sänger und Geigenspieler im Zentrum der glanzvollen musikalischen Aufführungen im Theater von Schloss Lietzenburg.

22 Ein erster Entwurf von 1664 für Schloss Lietzenburg, das auf Wunsch von Sophie Charlotte am Spreebogen westlich vom Tiergarten entstand.

23 Dieses Reise-Cembalo ist ein Geschenk von »Liselotte«, Herzogin von Orléans, an ihr Patenkind Sophie Charlotte, die als Königin Opernaufführungen vom Cembalo aus begleitete.

24 Agostino Steffani, italienischer Theologe, Diplomat, Komponist, Hofkapellmeister in Hannover, verband die gemeinsame Leidenschaft für Musik mit Sophie Charlotte.

25 Das offizielle Staatsporträt von Friedrich I. König in Preußen. Der Kurfürst von Brandenburg setzte sich am 18. Januar 1701 im Schloss zu Königsberg selbst die Krone auf und begründete damit das preußische Königtum, das im November 1918 sein Ende fand.

26 Gottfried Wilhelm Leibniz, Philosoph und Gelehrter von europäischem Rang, war Sophie Charlottes vertrautester Gesprächspartner auf Schloss Lietzenburg.

27 John Toland, der ein Christentum ohne Mythen forderte, wurde von Königin Sophie Charlotte nach Schloss Lietzenburg eingeladen.

28 Friedrich I. (Bildmitte rechts) krönte seine Frau Sophie Charlotte (links) in Königsberg zu Preußens erster Königin.

29 Pierre Bayle, radikaler französischer Aufklärer, lebte in Holland im Exil. Auf Sophie Charlottes Wunsch traf er sich mit ihr zu einem langen Gespräch in Den Haag.

30 Giovanni Bononcini, italienischer Sänger, Cellist, Komponist, war 1702 der Star im Theater von Schloss Lietzenburg. Dieses Porträt hing in Sophie Charlottes Privaträumen.

31 Am 28. Oktober 1700 schrieb Sophie Charlotte, wie üblich auf Französisch,
mit großzügiger Schrift aus Den Haag an ihren Ehemann, »meinen lieben Kurfürsten«.
Sie hoffe, ihn bald wiederzusehen, denn »dieses Vergnügen fehlt mir hier«.

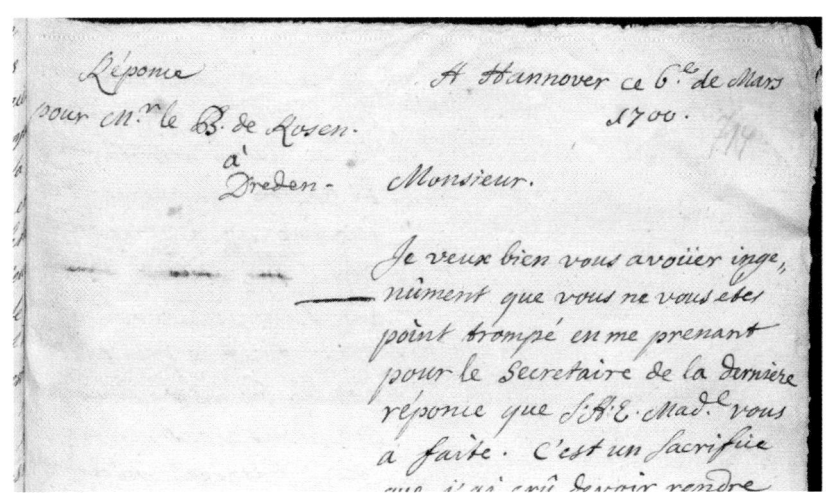

32 Am 6. März 1700 gab Henriette von Pöllnitz, Sophie Charlottes erste Hofdame,
einem gewissen Herrn von Rosen in Dresden den handschriftlichen Rat,
»mit Zärtlichkeit« zu lieben; ebenfalls auf Französisch, der Sprache des Adels.

33 Am 28. Juni 1705 war der Berliner Dom zum Trauergottesdienst für Königin Sophie Charlotte mit riesigen Stoffbahnen, Gerippen, Mumien und goldenen Girlanden zu einer barocken »Trauerburg« umgestaltet. Der Sarg stand während des Gottesdienstes unter einem Baldachin.

34 Nach dem Gottesdienst wurde der Sarg in die Gruft getragen und in den vergoldeten Prunksarkophag gebettet, den Andreas Schlüter auf Weisung des Königs geschaffen hatte. An seinem Fußende sitzt bis heute der Tod, eine elegante Gestalt, in der Hohenzollerngruft des Berliner Doms, »zum ewigen Andenken der Königin Sophie Charlotte«.

außergewöhnlichsten und größten Barockschlösser Europas (das 1952 in seinen Grundfesten von der DDR-Regierung in Schutt und Asche gelegt wurde und seit 2013 baulich wieder aufersteht). Dass Schlüter den Auftrag für Lietzenburg erhielt, beweist, welchen Wert Kurfürst Friedrich auf den gelungenen Ausbau auch dieses Schlosses legte und welche Wertschätzung er dem Wunsch seiner Gemahlin entgegenbrachte.

Aus dem Oktober 1699 hat sich ein winziger Alltagssplitter aus dem Leben von Sophie Charlotte in einem Brief ihrer Patentante erhalten. Als Echo auf eine briefliche Bemerkung von Kurfürstin Sophie schreibt Herzogin Elisabeth Charlotte, es sei »rar, dass eine so gar schöne person, wie unsere liebe Kurfürstin von Brandenburg ist, so wenig nach ihrem putzen fragt und sich so geschwind kleydt«. Dies ist ein weiterer Grund für Sophie Charlotte, möglichst viel Zeit in Lietzenburg zu verbringen: In der ländlichen Umgebung konnte sie ihren Hof anweisen, sich nicht herauszuputzen und das Zeremoniell auf ein Minimum zu beschränken.

Für die Herzogin in Paris, Sophie Charlotte in Lietzenburg und Berlin, Kurfürstin Sophie in Herrenhausen, Leibniz in Hannover oder für Kurfürst Friedrich gilt: Das briefliche Gespräch war ihnen Lebenselixier, sie griffen selbst zur Feder, um persönliche Beziehungen zu pflegen. Als Gottfried Wilhelm Leibniz erfuhr, dass Sophie Charlotte für ihn ein offenes Ohr hatte, schrieb er ihr Anfang Dezember 1699 einen ausführlichen Brief. Als Einstieg, um der Kurfürstin sein Welt- und Gottesbild zu entwerfen, diente ihm ein Gespräch, das er mit ihrer Mutter und dem englischen Gesandten in Hannover geführt hatte. Er wollte ihr mit seinen Ausführungen Hoffnung und Zuversicht vermitteln und möglichen Zweifeln jede vernünftige Grundlage nehmen.

Ja, ausweglose Situationen und Gegensätze, wohin der Mensch schaut, aber Leibniz blickt ihnen gelassen entgegen. Ja, es ist alles festgelegt, die Zukunft und die Vergangenheit, aber nach Leibniz hat der Mensch eine Entscheidungsfreiheit: entweder lässt er sich von der Vernunft oder von der Leidenschaft leiten. Ja, in der von Gott geschaffenen Welt existieren das Gute und das Böse; aber ohne diesen Gegensatz gäbe es weder Vergnügen noch Schmerz. Leibniz ist überzeugt, dass das Gute die Übel dieser Welt vielfach übertrifft. Der Philosoph duldet keinen Widerspruch und nennt seine Thesen ein Dogma, das die Menschen über das Vulgäre erhebt und die Ruhe des Geistes verleiht.

Leibniz ist überzeugt, dass der Schöpfer alle Dinge so gut wie irgend möglich gemacht hat. Und vor allem: Er hat den Menschen den Verstand gegeben, denn sie sind nach dem Bild des Göttlichen geschaffen: »Daraus folgt, dass man sehr zufrieden wird, wenn man vernünftig ist. Und wie sollte man es nicht sein, wenn man nicht nur einen erleuchteten Verstand besitzt, sondern einen erhabenen Geist und edle Gefühle. Mit einem Wort, wenn man Vollkommenheiten und Vorzüge im Überfluss besitzt, wie es auf Eure Kurfürstliche Durchlaucht zutrifft?« Ohne Schmeicheleien geht es bei Leibniz nicht, wenn er sich der Kurfürstin von Brandenburg nähert. Aber das mindert nicht den tröstlichen Kern seiner Botschaft.

Schon Mitte Dezember antwortet Sophie Charlotte. Leibniz' Brief habe ihr unendliche Freude bereitet: »... denn Sie erinnern daran, dass man sich zufrieden geben und zugleich mit seinem Zustand glücklich sein muss. Sie haben mich so sehr davon überzeugt, Monsieur, dass ich Ihnen meine Ruhe verdanke.« 1699 ist der Beginn einer großen Freundschaft und eines lebhaften geistigen Austausches. Aber bei aller Bewunderung und Sympathie für den großen Leibniz wird Sophie Charlotte ihren kritischen Verstand nicht verlieren.

Im Dezember 1699 war die Kurfürstin für die Wintermonate wieder ins Berliner Schloss gezogen. So lange wie eben mit dem Wetter vereinbar, hatte Sophie Charlotte Lietzenburg genossen. Noch am 21. November meldete ein hochrangiger Höfling, »der Kurfürstin Durchlaucht divertirten sich gestern abend zu Lietzenburg mit der Comedie Amphitrion genannt ...«

15. Kapitel

Berlins erste Oper – aufgeführt in Lietzenburg
Eine Mätresse, die nicht ins Muster passt
1700

Am 1. Januar 1700 widmete im fernen Rom Arcangelo Corelli, Europas bester Geiger und anerkannter Komponist, die erste seiner zwölf Violinsonaten, Op. 5, einer Frau, die er nicht kannte und die niemals ihren Fuß auf italienischen Boden setzte: »Dedicate all Altezza Serenissima Elletorale Sofia Carlotta, Elettorice di Brandenburgo ...« Kein Hinweis des Siebenundvierzigjährigen ist überliefert, der Licht in diese Widmung bringt. War es ein politischer Köder, von päpstlichen Diplomaten lanciert, die darauf hofften, das brandenburgische Kurfürstenpaar würde zum Katholizismus übertreten, wenn das der Preis für die Königswürde sei?

Eine Überlegung ist mindestens gleichrangig, denn sie passt in die Epoche der Frühaufklärung, als Gelehrte und Künstler talentierte Frauen in ihren Reihen akzeptierten und wertschätzten. Der Ruf Sophie Charlottes als Könnerin des Cembalos, als Förderin begabter Sängerinnen und Musiker, die sie an ihren Hof in Berlin und Lietzenburg holte, reichte um 1700 weit über Brandenburg hinaus. Und Angelo Corelli hatte Erfahrung mit einer selbstbewussten, musikengagierten Frau: 1677 war er als Musiker in den Dienst von Christina von Schweden getreten, die nach ihrer Abdankung als Schwedens Königin und der Konversion zum Katholizismus seit 1655 in Rom ihre zweite Heimat gefunden hatte und nach ihrem Tod 1689 mit einem Grab im Petersdom geehrt wurde.

Die Widmung wird sich an Europas Höfen herumgesprochen und sowohl der Kurfürstin von Brandenburg wie auch ihrem Ehemann geschmeichelt haben. Corelli konnte nicht ahnen, wie passend seine Widmung gerade für das Jahr 1700 war, als Sophie Charlotte in Berlin und Lietzenburg so opulent und professionell wie nie zuvor ihr musikalisches Gespür und Management entfalten konnte.

Im Februar 1700 gab es einen historischen Einschnitt, von dem die Kurfürstin indirekt persönlich profitierte. Eine gewichtige politische Neuerung stand bevor, die das Leben vieler Menschen betraf. Im September 1699 hatten die evangelischen Länder innerhalb des Heiligen Römischen Reiches Deutscher Nation beschlossen, nicht mehr am Julianischen Kalender festzuhalten. Was nach außen als eigene protestantische Kalenderreform gepriesen wurde, war tatsächlich eine Übernahme des Gregorianischen Kalenders, mit dem eine päpstliche Bulle 1582 den veralteten Julianischen Kalender reformiert und einen Zeitüberschuss von zehn Tagen beseitigt hatte. Am Ende des 18. Februar 1700 sprang in den evangelischen Ländern der Kalender auf den 28. Februar. Damit war in Deutschland die verwirrende doppelte Zeitrechnung – die Katholiken lebten nach dem Neuen Stil, die Protestanten nach dem Alten, sämtliche Dokumente und Urkunden waren unterschiedlich datiert – beendet.

Für Gottfried Wilhelm Leibniz wurde die Einführung der neuen Zeit zum Schlüssel, um einen Plan, der in Berlin aussichtslos zu den Akten gelegt worden war, erfolgreich wiederzubeleben. Die Kurfürstin hatte den ersten Anstoß gegeben, als sie Leibniz bat, Vorschläge für ein Berliner Observatorium zu machen. Er verband diesen Plan mit einem seiner Lieblingsprojekte: der Gründung einer Wissenschaftlichen Akademie für Brandenburg, die es an Ansehen mit den Instituten in Paris und London aufnehmen sollte. Aber woher das Geld dafür nehmen? Die Kalenderreform brachte Leibniz auf eine Idee, von der die führenden Räte in Berlin sofort überzeugt waren.

In den Stuben von Bürgern und Bauern hingen Kalender aller Art: *Haushaltskalender* mit Ratschlägen zu Viehzucht, Postverbindungen und Jahrmarktsdaten; *Gesprächskalender*, die auf verständliche Weise über Sterne, Kometen, Planeten und andere Himmelsphänomene informierten; *Historische* und *Geografische Kalender*. Wenn die zu gründende Akademie das Monopol für die Herstellung, den Druck und den Verkauf der neuen reformierten Kalender bekäme, könnte sie mit diesen Einnahmen finanziert werden. Keiner hatte für diese Aufgabe bessere Kenntnisse als der zukünftige Leiter des Observatoriums. Weshalb als erster und lange Zeit einziger Mitarbeiter der Akademie schon ab Juni 1700 der berühmte Astronom Gottfried Kirch fest angestellt wurde.

Nachdem Leibniz noch im Februar seinem Berliner Kontaktmann Ernst Jablonski seine Idee übermittelt hatte, kam postwendend die Bitte, die Statuten für eine Akademie auszuarbeiten. Schon am 19. März 1700 bestätigte Kurfürst Friedrich eine Denkschrift, die vorschlug, in Berlin eine »Académie des Sciences und ein Observatorium zu etablieren«. Der Kurfürst hatte sich zusätzliche Gedanken gemacht und den Aufgabenbereichen der Akademie »die Kultur der teutschen Sprache« und die Geisteswissenschaften hinzugefügt.

Es blieb nicht bei guten Vorsätzen. Am 11. Juli unterzeichnete Friedrich I. die Stiftungsurkunde für die *Berliner Akademie der Wissenschaften*, und Leibniz wurde zu ihrem ersten Präsidenten ernannt. Als Ziel gab der Diplomat und gelehrte Philosoph vor, »theoriam cum praxis zu vereinigen, und nicht allein die Künste und Wissenschaften, sondern auch Land und Leute, Feldbau, Manufacturen und Commerce ... die Nahrungsmittel zu verbessern ... die christliche Religion, auch gute Polizei, Ordnung und Sitten theils bei heidnischen, theils noch rohen auch wohl gar barbarischen Völkern« zu pflanzen und auszubreiten. Das Kurfürstentum wagte einen weiteren Schritt in Richtung moderner Staat, der aktiv für die Menschen im Land und außerhalb der Grenzen Verantwortung übernahm. Den Kritikern einer solchen »staatlichen Tätigkeit« stellte Leibniz die Zustimmung einer höheren Autorität entgegen. Sie sei gerechtfertigt »als Wirken im Sinne der göttlichen Weltordnung«.

Zusammen mit der Akademie-Denkschrift im März gab der Kurfürst von Brandenburg die Anweisung, Leibniz zu weiterführenden Gesprächen einzuladen. Endlich war der Weg frei – nach Berlin und damit auch nach Lietzenburg, wohin Sophie Charlotte ihn schon 1699 eingeladen hatte. Diesmal konnte ihr Bruder, der Kurfürst von Hannover, seinem Angestellten die Reise nicht mehr verweigern.

Der erste Brief von Leibniz an Kurfürstin Sophie in Hannover datiert vom 22. Mai 1700: »Nachdem ich in Berlin ein Quartier gesucht habe (wo man jetzt schwer eines findet, weil die ganze Stadt von Menschen wimmelt), bin ich nach Lietzenburg gefahren, um meine Aufwartung zu machen, wo Ihre Durchlaucht die Kurfürstin mir gnädig die ihr eigene großmütige Güte erwiesen hat und sogar mir ein Zimmer hat anweisen lassen in diesem schönen Lustschloss, an dem noch gebaut wird und wo folglich für die Bedienten alles beengt ist.« Über die Gunst, die die Tochter ihm entgegenbrachte, hat Gottfried Wilhelm Leibniz die Mutter nicht vergessen. Mit seinen Briefen an die Kurfürstin Sophie während seines Berlin-Aufenthaltes vom Mai bis August 1700 hat sich ein informatives Zeugnis über ereignisreiche Monate in Brandenburgs Hauptstadt und am Hof von Sophie Charlotte in Lietzenburg erhalten.

Dass in Berlin Mitte Mai 1700 kaum noch Quartiere für Gäste frei waren, ist nicht verwunderlich: Am 28. Mai würden die Festlichkeiten zur Hochzeit der Prinzessin Luise Dorothea von Brandenburg, der Tochter aus der ersten Ehe des Kurfürsten, mit dem Erbprinzen Friedrich von Hessen-Kassel beginnen. Vierzehn Tage lang sollte ein Reigen an farbenfrohen Aufzügen von prächtigen Kutschen, Feuerwerken und exquisiten Mahlzeiten, konzertanten Musiken Gäste und Bewohner erfreuen. Im Mittelpunkt standen zwei große italienische Opernballette und eine »kleine Operette in Teutsch« in den Schlössern von Berlin, Oranienburg und Lietzenburg. Nie zuvor hatte das Kurfürstentum Brandenburg einen solchen Aufwand an prachtvollem Glanz und festlicher Qualität entfaltet. Johann Besser, der oberste Zeremonienmeister, war nicht nur an einzelnen Aufführungen als Texter und Organisator beteiligt. Mit seinen ausführlichen Berichten zum Ruhme des brandenburgischen Hofes erreichte er Europas Öffentlichkeit, in Schlössern wie in den Häusern der bürgerlichen Elite.

Schon im Brief vom 22. Mai schildert Leibniz, was die folgenden Monate prägen wird: seinen anstrengenden Balanceakt zwischen den Aufenthalten in Berlin und dem Leben in Lietzenburg, wo ihn Sophie Charlotte so oft wie möglich erwartet, als persönlichen Gesprächspartner und Schmuckstück ihrer illustren Gästerunden: »Dennoch bin ich gewöhnlich tagsüber in der Stadt; ich mache mich früh auf dorthin, auch um mich umzusehen und Dinge zu erledigen; da man in Lietzenburg gewöhnlich erst nachts gegen ein oder zwei Uhr schlafen geht, sind so schon vier oder fünf Tage verstrichen, in denen ich jeweils nicht mehr als vier Stunden geschlafen habe. Daher bin ich ziemlich aus dem Lot und gar nicht in meinem Element.«

Aber der Vierundfünfzigjährige fühlt sich für diese Unannehmlichkeiten reich belohnt: »Doch ist es derart befriedigend, in der Nähe einer so großen, so vollkommenen und so großzügigen Fürstin wie der Durchlauchigsten Kurfürstin zu sein ... Auch die auswärtigen Gesandten finden sich dort sehr häufig ein ...« Noch kein Jahr nach seiner feierlichen Eröffnung ist Schloss Lietzenburg dank der Kurfürstin ein anerkanntes, beliebtes Pendant zum Berliner Hof geworden. Hier wird im Teatro nicht nur leichte Kost geboten. Aber insgesamt geht es auf Anordnung der Kurfürstin locker und ungezwungen zu.

Auch für den Kurfürsten ist der zukünftige Präsident der Berliner Akademie ein Ehrengast, den er bald nach dessen Ankunft empfängt und ihm »viel Freundlichkeiten erweist«. Das kurfürstliche Ehepaar lädt Leibniz zu den letzten Proben der musikalischen Festlichkeiten ein, die es für die Hochzeit in Auftrag gegeben hatte. Eine hatte Leibniz schon im Theater von Lietzenburg gesehen. Das Stück habe ihn »sehr befriedigt«, erfährt Sophie, »das Ganze ist sehr gut aufgeführt« und die beiden Sängerinnen »haben Wunderbares geleistet«. Am folgenden Montag werde er »die Probe des Balletts im Theater in Berlin sehen«.

Viel Ehre für den Besucher aus Hannover, der sich nebenbei mit den Vorbereitungen zur Gründung der Akademie beschäftigt und Kontakte zu wichtigen Menschen bei Hofe knüpft. Gegenüber Sophie, seiner Vertrauten, kann er ehrlich sein, auch, wenn es ihre Tochter betrifft: »Ihre Durchlaucht die Kurfürstin möchte, dass ich hier die Feierlichkeiten erwarte. Ich weiß nicht, wie meine Gesundheit das mitmachen wird. Große Feste sind für mich absonderlich: Wenn ich aber am Tag davor abreise, würde ich schlecht aufwarten. Ich werde die Feierlichkeiten also standhaft erwarten ...« Um seine Loyalität zu unterstreichen, kommt er Anfang Juni noch einmal auf das Thema zurück. Die Teilnahme am Hochzeitspomp geschehe »nicht so sehr zu meinem Vergnügen, sondern weil ich mich geehrt fühle. Es soll nicht so aussehen, dass ich meinen Pflichten nicht nachkomme«. Der Höfling Leibniz weiß: Bei allem Wohlwollen, das ihm die Durchlauchten erweisen, ist er ihr Diener und hat Erwartungen zu erfüllen.

Mit Beginn der Hochzeitsfeierlichkeiten und für die folgenden vierzehn Festtage tritt das brandenburgische Herrscherpaar in repräsentativer Gemeinsamkeit auf. Wie sehr es auch hinter den Kulissen harmoniert und sich zu gemeinsamem Schalk verabredet, schildert ein Brief von Leibniz vom 29. Mai. Vor dem feierlichen Einzug der Brautleute in Berlin wurde der Bräutigam, der Erbprinz von Kassel, vom Kurfürsten am 27. Mai in der Festung Spandau begrüßt.

Auf dem Weg von Spandau nach Berlin liegt Lietzenburg. Am späten Abend reiste Friedrich mit dem Bräutigam in das

Lustschloss seiner Frau und hat ihn, so Leibniz, »in die Gemächer der Kurfürstin gebracht, wo sich auch die Prinzessin aufhielt; Ihre Durchlaucht die Kurfürstin hat sich mit ihr den Scherz gemacht, sie mit dem Erbprinzen im Spiegelkabinett allein zu lassen«. Dass bei fürstlichen Hochzeiten neben politischem Kalkül auch Gefühle mit im Spiel sein konnten, war Sophie Charlotte und Friedrich offenbar nicht fremd und Braut und Bräutigam mit diesen allein zu lassen, kein Tabu. Zugleich öffnet sich die Tür zu Sophie Charlottes extravagantem Lietzenburger Schlafgemach einen Spalt: Die mit grünem Damast bespannten Wände waren von goldgefassten Bahnen aus Spiegelglas unterbrochen.

Die Hochzeit fand am 31. Mai statt. Gefeiert wurde bis in den Morgen, selbst als das junge Paar sich schon längst zum gemeinsamen Lager – Beilager – zurückgezogen hatte. Für den 1. Juni hatte Zeremonienmeister Johann Besser mit Zustimmung seiner kurfürstlichen Herrschaft kein gemeinsames Gäste-Essen geplant. Alle sollten sich von der langen Nacht ausruhen, um sich für den ersten musikalischen Höhepunkt »recht munter zu machen«.

Auf dem Programm stand *La Festa del Himeneo*, das, so Besser, »in italiänischer Sprache auf dieses Beylager mit Fleiss gerichtet war, und den Nachmittag, auf dem gantz neu darzu erbautem Theatro auf dem Stall-Platz vorgestellet werden sollte«. Die Gäste brauchten allerdings Ausdauer in vieler Hinsicht. Fünf Stunden dauerte die Aufführung des Singballetts im Obergeschoss des kurfürstlichen Marstalls, der sich wegen seiner hohen Räume vorzüglich als Theater eignete und gleich um die Ecke des Berliner Schlosses lag. An diesem 1. Juni 1700 demonstrierte Kurfürst Friedrich, der die musikalische Uraufführung in Auftrag gegeben hatte, dass er neben allem Macht- und Repräsentationsbewusstsein einen exzellenten musikalischen Geschmack hatte und auch bereit war, sich von seiner Frau beraten zu lassen und deren musikalische Kontakte zu nutzen.

Das Ergebnis war eine Premiere für Berlin, ein Singspiel, das der Oper näher war als alle Aufführungen zuvor. Zwar brachte der Inhalt nichts Neues: Die Götter veranstalten mit Schäfern und Nymphen zu Ehren der frisch Vermählten ein Tanzfest. Aber erstmals muss sich bei diesem Singspiel das Ballett der Musik und den gesungenen Partien unterordnen. Weshalb diesmal keine Hobbysänger aus dem familiären höfischen Umkreis, sondern Stars der europäischen Musikszene auf der Bühne standen. Beim Ballett und beim Einzeltanz durften sich wieder die Halbbrüder des Kurfürsten engagieren, und hier hatte auch der zwölfjährige Kurprinz seinen Auftritt.

Kurfürst Friedrich scheute keine Kosten. Er bestellte »70 gantz neue und kostbare Kleidungen« für die Mitglieder von Ballett und Orchester. Vor allem aber hatte er »große Künstler« für *La Festa del Himeneo* gewonnen: aus Hannover einen berühmten Theaterbaumeister und den Librettisten Abt Ortensio Mauro, seit Jahrzehnten als Operndichter bekannt. Aus Wien ließ er einen kaiserlichen Sänger kommen. Alle konnten auf hohe Gagen zählen.

Andere Beteiligte dieser Aufführung, wie die prominenten Sängerinnen Sophie Gutjahr und Paulina Fridlin und ein hoch gelobter Kastrat, standen im Dienst der Kurfürstin. Der »Chur-Fürstin Capell-Meister« Attilio Ariosti komponierte für »La Festa« alle Arien, Duette, Rezitative und konzertante Einlagen. Die Ouvertüre und die Musik zu den Balletten schrieb Carl Friedrich Rieck, kurfürstlicher Direktor der Kammermusik am Hof zu Brandenburg. Dass Sophie Charlotte nicht nur bei der Auswahl, sondern auch beim Zusammenspiel dieser professionellen Truppe und den Proben ihre Hand im Spiel hatte, ist keine gewagte Annahme.

Stolz schrieb der Zeremonienmeister in seinem Bericht über diese Aufführung, die »gantze gnädige Herrschaft«, die im neuen Berliner Theater ab fünf Uhr nachmittags fünf Stunden lang versammelt war, sei am Ende so zufrieden gewesen,

»dass sie keiner weiteren Lustbarkeiten bedurfte«. Die Damen und Herren begaben sich »alsobald in ihre Zimmer«, und es hat »iedweder in der Stille nur auf der Serviette gespeiset«. Der Auftakt der Feierlichkeiten zum Ruhme des Kurfürstentums Brandenburg und seines Herrscherpaares war gelungen. Friedrich und Sophie Charlotte hatten sich gemeinsam ein hohes Ziel gesetzt und erreicht.

Am 4. Juni fand im Schloss von Oranienburg das nächste musikalische Ereignis statt. Johann Besser nannte *Triumph der Liebe* eine »Operette«, auch wenn es eher eine Tafelmusik war. Während die Herrschaften im prächtig geschmückten Gartensaal, wo eine Grotte nebst Springbrunnen aufgebaut worden war, tafelten, besangen unzählige Götter den »Triumph der Liebe«. Wieder hatte Kammermusik-Direktor Rieck die Musik beigesteuert. Dass auf der Bühne nur deutsch gesungen und gesprochen wurde, war eher ungewöhnlich. Nach Aussage des Zeremonienmeisters geschah es zur »Abwechselung mit dem Italiänischen« und um der Muttersprache der Braut »auch einigen Antheil zu gönnen«. Es blieb eine Ausnahme.

Am 6. Juni begab sich die Hochzeitsgesellschaft, dazu Gesandte aus aller Herren Länder am Hof zu Berlin, nach Lietzenburg und direkt ins dortige Theater. Noch vor der abendlichen Tafel würde hier der musikalische Höhepunkt der vierzehntägigen Hochzeitsfeierlichkeiten stattfinden. Das erwarteten alle Besucher, ohne Einzelheiten der anstehenden Aufführung *L' Inganno Vinto Dalla Constanza* – Der Betrug, von der Beständigkeit besiegt – zu kennen. Wem die musikalische Kompetenz der Kurfürstin noch unbekannt war, der wurde durch das Lob des Zeremonienmeisters auf das Genie der brandenburgischen Kurfürstin aufgeklärt.

Im neuen Opernhaus werde »von Jhrer Churfl. Durchl. berühmten Jtaliänischen Sängern und Sängerinnen eine Opere gesungen, die Jhre Churf. Durchl. Auf dieses Beylager absonderlich verfertigen« ließ. Sie selbst habe von der Musik »wie bekannt, eine so vollkommene Wissenschaft, dass sie auch die allerschweresten Stücke gleich im ersten Anblick auf dem Clavier zu spielen, und bey den Concerten, wie man es nennet, zu accompagniren wissen.« Wenn eine solche Könnerin zu einem so besonderen Anlass wie der Hochzeit der Kurfürstentochter einen musikalischen Auftrag vergab, erwartete sie Außergewöhnliches. Ihr Vertrauen wurde nicht enttäuscht.

Das bewährte Team – Komponist Attilio Ariosti und der Dichter Ortensio Mauro – schuf eine Oper, in der ausschließlich die Musik herrschte. Balletteinlagen gab es nur am Ende des Aktes. Und die Musik schlug die Zuhörer in nie gekanntem Maße in ihren Bann, weckte »bald Schrecken, bald Mitleid«, weil sie nicht Harmonie verströmte, sondern die menschlichen Leidenschaften der Hauptakteure »bis zur Raserei und Verzweiflung« in Töne fasste. Am 6. Juni 1700 wurde im Theater von Schloss Lietzenburg mit der tatkräftigen Förderung durch Sophie Charlotte die erste echte Oper im Kurfürstentum Brandenburg aufgeführt, genau genommen eine Berliner Premiere.

Sophie Charlottes musikalisches Engagement – neben dem Auftrag des Kurfürsten für das Singballett *La Festa del Himeneo* – verlieh den Hochzeitsfeierlichkeiten im Frühjahr 1700 besonderen Glanz und war prominenter Teil der öffentlichen Darstellung des Kurfürstentums Brandenburg und seines Herrscherpaares. Undenkbar, dass ihr Auftritt nicht mit dem Ehemann abgesprochen war. Er setzt Friedrichs ausdrückliche Zustimmung voraus. Der fromme Calvinist hatte mit dieser Art der Zurschaustellung kein Problem, weil sie nicht der Eitelkeit Einzelner diente, sondern einem großen Plan.

Die eindrucksvolle Aufführung in Lietzenburg, das Lustschloss, das in diesen Monaten nach einem Entwurf von Andreas Schlüter einen östlichen Flügel erhielt, wie auch der Umbau des Berliner Schlosses ebenfalls durch Schlüter – alles war Teil eines Programms, das in der Kultur eine identifikationsstiftende Größe für das Land Brandenburg-Preußen sah. Eine

Größe, die die fürstlichen Gäste und die Entscheidungsträger Europas, die über dieses grandiose Ereignis gezielt informiert wurden, überzeugen sollte: Für den Herrscher dieses Landes konnte es im »Europäischen Theater« nur eine adäquate Rangstufe geben: die Königswürde. Nicht ohne Hintergedanken hatte Leibniz in einem Berlin-Brief vom 31. Mai über den »Hochzeitspomp« geschrieben, dass daran »zu einer königlichen Pracht nichts fehlte«. Kurfürstin Sophie Charlotte lieferte dazu während der gesamten Festlichkeiten, besonders aber am 6. Juni in Lietzenburg, ihren Beitrag, der den hochgesteckten königlichen Plänen ihres Gemahls diente.

Getreu seinem Vorsatz, alle Erwartungen der Kurfürstin zu erfüllen, erlebte Leibniz auch den Schlusspunkt der Hochzeit: eine Maskerade am 8. Juni 1700 im Schloss zu Potsdam. Während seine Tochter mit ihrem Ehemann, dem Erbprinzen von Kassel, in die neue Heimat reiste, blieb der Kurfürst in Potsdam, um Kriegsrat zu halten, denn im Ostseeraum standen sich die Anrainerstaaten kriegsbereit gegenüber. Die Kurfürstin kehrte nach Lietzenburg zurück, wo am 11. Juni eine weitere Aufführung der neuen Oper stattfand. Leibniz konnte sich in Berlin verstärkt der Arbeit an den Akademiestatuten widmen, pendelte aber weiterhin zwischen der Stadt und dem Lustschloss, wo Sophie Charlotte seine Gegenwart wünschte. Seiner Vertrauten in Hannover klagte er Mitte Juni: »Ich führe ein Leben, das Ihre Durchlaucht die Kurfürstin mit meinen Worten ein *liederlich Leben* nennt. Und gestern kam ich um drei Uhr in der Frühe aus Lietzenburg zurück.«

Am 29. Juni besuchte der Philosoph den Kurfürsten auf Schloss Schönhausen und erfuhr, dass Friedrich befohlen hatte, das Diplom zur Gründung der Akademie auszufertigen. Leibniz als Präsident sollte gelehrte Männer für die neue Institution gewinnen. Auch der Bau eines Observatoriums war beschlossen. Es waren keine leeren kurfürstlichen Worte. Am 10. Juli 1700, einen Tag vor seinem Geburtstag, unterzeichnete Friedrich im Berliner Schloss die Gründungsurkunde; Berlin reihte sich ein in den elitären Kreis wissenschaftlicher Akademien in Europa. Schon am folgenden Tag sahen sich die beiden Männer in Lietzenburg wieder: Sophie Charlotte hatte wie 1699 zu einer festlich-entspannten Geburtstagsfeier für ihren Ehemann ins dortige Theater geladen, obwohl noch nicht alle Requisiten der grandiosen Hochzeits-Oper entfernt waren.

Am Tag danach schilderte Leibniz der Kurfürstin in Hannover ausführlich das Großereignis, zu dem außer den ausländischen Gesandten in Berlin nur Angehörige des Hofes zugelassen waren. Das »spaßige Maskenspiel« war offiziell als populäre »Wirtschaft« deklariert. Als Szenerie war der Markt eines Dorfes oder einer kleinen Stadt mit vielen Buden aufgestellt. An denen wurden »umsonst Schinken, Würste, Rinderzungen, Wein und Zitronenlimonade, Tee, Kaffee, Schokolade und ähnliche Dinge verkauft«. Ein Arzt trat auf, den jedermann nur Quacksalber nannte; durch das Los war ihm die Kurfürstin als Frau zur Seite gegeben. Sie verkaufte in einer Bude Orvietan, eine Kräutermischung, die nach damaligem Verständnis als Wunder- und Allheilmittel galt. Im Gefolge des Quacksalbers erschienen mehrere Akrobaten. »Aber das Netteste«, so Leibniz, »war sein Taschenspieler: Das war Seine Durchlaucht der Kurprinz, der wirklich gelernt hat, *Hocus pocus* vorzumachen.« Hofdamen tanzten als Zigeunerinnen verkleidet ein Ballett. Ein »Zahnbrecher« zog einer Hofdame mit einer Art Schmiedezange einen Zahn, der fast die Größe eines Armes hatte. Im Zentrum des bunten Markttreibens aber stand Sophie Charlotte.

Ihr Erscheinen hatte allen Beteiligten sofort verraten, wer da im Gewand der Quacksalberfrau auf die Bühne trat – genauer: in einer Sänfte getragen wurde. Wenn die Kurfürstin diese Art der Fortbewegung wählte, standen stets ihre zwei Kammertürken bereit. Auch wenn sie Friedrich Aly und Friedrich Wilhelm Hassen hießen, wiesen Kaftan und Turban bewusst auf ihr Heimatland, die Türkei, hin. Die beiden waren getauft, mussten jedoch ihre Herkunft nicht verstecken. Kammertürken brachten exotisches Flair an die deutschen Höfe. Es war ein Zeichen von Weltoffenheit, bei Maskeraden türkische Kostüme zu tragen.

Zwei von Sophie Charlottes Brüdern waren im Krieg gegen die Türken auf dem Balkan gefallen. In Hannover erlebte sie türkische Kriegsgefangene, die als Diener im Hofstaat ihrer Mutter waren. Im Berliner Dom wurden ab 1688 »Türkentaufen« zugelassen, zu denen das Kurfürstenpaar erschien. 1691, 1693 und 1699 wurde Sophie Charlotte Taufpatin von zwei Türken und zwei Türkinnen. Friedrich Aly, der als Kriegsgefangener an den Berlin Hof kam, hatte 1694 eine getaufte Türkin geheiratet. Friedrich Wilhelm Hassen war 1686 von Hannover an Sophie Charlottes Hof gewechselt. Die Kurfürstinnen in Hannover und Berlin wurden Patinnen seiner Kinder. Beide Kammertürken durften außerhalb des Schlosses in Lietzenburg Häuser für ihre Familien bauen. Sie begleiteten Sophie Charlotte auf Reisen und ließen ihre Kurfürstin nicht aus den Augen.

Das kurfürstliche Geburtstagskind, ein Liebhaber von Komödien, schaute den lustigen Jahrmarktszenen zu seinen Ehren aus einer Theaterloge inmitten ausländischer Gesandter über viele Stunden zu. Gegen Ende verließ Friedrich seine Loge und spazierte, als holländischer Matrose verkleidet, über den Markt, während aus dem Parkett eine Musik ertönte. Die Bilanz des gelehrten Leibniz: »Und alle Anwesenden ... gaben zu, dass eine große Oper, die Tausende Taler gekostet hätte, den Darstellern und Zuschauern viel weniger Vergnügen bereitet hätte.« Ob die Kurfürstin eine solche Abwägung getroffen hätte, darf bezweifelt werden. Aber Sophie Charlotte wusste, womit sie ihrem Gemahl eine Freude machte. Ihre Mutter dankte in einem Antwortbrief Leibniz für den »sehr schönen Bericht über das sehr gut ausgedachte Fest, das meine Tochter für ihren Herrn Kurfürsten gegeben hat«.

Im August endlich war Zeit zum Entspannen: »Wir verbringen die ganze Zeit hier auf dem Land, Spazierengehen, Spiele und Musik sind unsere übliche Beschäftigung«, schrieb Sophie Charlotte im August ihrer Stieftochter, der Erbprinzessin Luise Dorothea, in der Familie Luise genannt. Sie sehe mit Freude, dass Luise rundum glücklich und zufrieden sei, »denn ich interessiere mich so weit wie möglich für das, was Sie bewegt«. Luise hatte die Heirat ihres Vaters mit der Prinzessin aus Hannover als Vierjährige erlebt und zur Stiefmutter ein gutes Verhältnis. Dass Sophie Charlotte sich für die Hochzeitsfeierlichkeiten im Juni 1700 engagierte, war auch eine Herzensangelegenheit.

Die heitere Gelassenheit des Briefes lässt an die Zeilen denken, mit denen sie im Dezember des Vorjahres Leibniz für einen Rat dankt, mit dem sie ihre Ruhe gefunden habe: »Man wird zufrieden, wenn man vernünftig ist.« Dieser Rat war auch im Sommer des Jahres 1700 ein guter Wegweiser. Der Glanz des »Hochzeitspomps« aber verhinderte nicht, dass die Kurfürstin eine bittere persönliche Niederlage hinnehmen musste.

Zum Jahresende 1699 hatte sie ihrer Mutter stolz geschrieben, niemals wieder werde ein Einzelner ihren Ehemann so beherrschen, wie der in Ungnade entlassene Premierminister Danckelmann. Kurfürst Friedrich verbrachte nun viele Stunden mit Regierungsarbeit und erklärte, ein Premierminister sei ein »unnützes Möbel«. Doch der Arbeitseifer hielt nicht lange vor, konnte es auch nicht. Längst war das Kurfürstentum Brandenburg ein komplexer Staat, der Minister brauchte, die eigene Ideen entwickelten und die Vorstellungen des Herrschers in praktische Politik umsetzten.

Im Frühjahr 1700 gewann ein geschmeidiger Diplomat aus pfälzischem Adel, der seit 1682 am Berliner Hof Karriere machte, das besondere Vertrauen des Kurfürsten. Johannes Kasimir von Kolbe, Reichsgraf von Wartenberg war keiner, der stur auf Prinzipien pochte. Auf Pläne des Kurfürsten reagierte er mit optimistischer Zustimmung und setzte sich überzeugend für dessen Streben nach der Königswürde ein, was Danckelmann als finanzielle Katastrophe für Brandenburg strikt abgelehnt hatte.

In Wartenberg fand Friedrich schnell wieder einen Ersten Minister, den er allen anderen Beratern vorzog. Und dann war da Katharina Gräfin von Wartenberg, die Frau des Ersten Ministers. 1696 hatte der Dreiundfünfzigjährige die dreißig Jahre Jüngere geheiratet, nachdem sie jahrelang seine Geliebte war.

In einem Brief an ihre Lieblingstante Sophie in Hannover schrieb die Herzogin von Orléans, es sei gut, dass Sophie Charlotte nicht eifersüchtig sei. Denn ihr Gemahl soll »die gräffin von Warttenberg sehr lieb haben ... etliche von ihren Kindern« würden ihm zukommen. Für die meisten Fürstenhöfe Europas war ausgemacht, dass Katharina von Wartenberg die *maîtresse en titre* des brandenburgischen Herrschers war.

So entschlossen wie die Gräfin von Wartenberg, als Tochter von Wirtsleuten in Emmerich am Niederrhein geboren, von Zeitgenossen und von Historikern der folgenden Jahrhunderte als primitiv, sexbesessen und machthungrig dämonisiert wurde, so hartnäckig wurde ihr ein intimes Verhältnis mit Kurfürst Friedrich angehängt. Beweise jedoch gibt es keine, im Gegenteil. Glaubwürdige Vertraute vom Berliner Hof, auch Friedrich selbst, haben ein solches Verhältnis entschieden bestritten. Warum sollten sie etwas leugnen, das kein Makel, sondern damals eine Selbstverständlichkeit und Ausweis fürstlicher Männlichkeit war?

Auch Sophie von Hannover, die mit den Mätressen ihres Mannes Ernst August vielfältige Erfahrungen hatte, war überzeugt, dass ihr Schwiegersohn ein treuer Ehemann war. »Diese Mode« sei niemals nach Berlin gekommen, »weil die Reformierten die Gesetze Gottes halten«. Dass Friedrich sich mit der Gräfin fast täglich zeigte und er die Frau des Mannes, der bei ihm in höchster Gunst stand, sichtbar den anderen Damen bei Hofe vorzog, ohne mit ihr das Bett zu teilen, passte nicht ins Muster, weder damals noch später.

Das Ehepaar Wartenberg genoss die Auszeichnung des Kurfürsten und verlangte von allen bei Hofe, bevorzugt behandelt zu werden – auch von der Kurfürstin. Doch für Sophie Charlotte war der Anschein, den alle um sie herum als die Wahrheit nahmen, und die Tatsache, dass die Frau des Ersten Ministers Einfluss auf ihren Mann hatte, Grund genug, sich einem Treffen mit der Gräfin zu verweigern. Das wiederum konnte der Reichsgraf von Wartenberg nicht hinnehmen. Die Gerüchte über seine Ehe – alter Mann und junge Frau – waren ohnehin beliebtes Thema am Berliner Hof.

Im Juni 1700 förderte der Kurfürst die Erweiterung von Lietzenburg durch einen separaten östlichen Flügel mit einer hohen Summe. Wie üblich lief die Freigabe des Geldes über seinen Ersten Minister. Während sein Vorgänger größere Zahlungen an Sophie Charlotte verweigert hatte, ließ Minister Wartenberg die Kurfürstin wissen, er sei bereit, das Geld sofort auszuzahlen – unter einer Bedingung: dass sie seine Frau öffentlich in Lietzenburg empfange.

Zusammen mit der Lebensweisheit des verehrten Leibniz hat vielleicht auch der vertrauliche Ratschlag, den die Mutter ihrer Tochter gab, geholfen: Das Gerede bei Hofe selbstbewusst zu ignorieren, Contenance zu bewahren, sich die Gunst des Kurfürsten, der ihr offensichtlich mehr denn je gewogen war, zu erhalten – und sich mit seinem Günstling nicht anzulegen. Im Sommer 1700 hat Kurfürstin Sophie Charlotte von Brandenburg Katharina Gräfin von Wartenberg in Lietzenburg empfangen und der Erste Minister ihres Gemahls ihre finanziellen Wünsche ohne Verzögerungen erfüllt.

16. Kapitel

Zärtlichkeit als Kern wahrer Liebe
Les Aventures de Télémaque:
Lektüre für Kutschfahrten

Die Freuden und Anstrengungen der Hochzeitsfeierlichkeiten lagen noch keine Woche zurück, in Lietzenburg bereitete die Kurfürstin die große Geburtstagsparty für ihren Ehemann vor, da saß Leibniz in seinem Berliner Quartier an einem Aufsatz »Über die Unsterblichkeit der Seele«. Keine einfache Materie, zumal er mit seiner These zwei Menschen erreichen wollte, für die komplizierte philosophische Überlegungen nicht zur täglichen Übung gehörten. Kurfürstin Sophie schrieb nach Erhalt des Aufsatzes ehrlich, sie habe wenig Befähigung, »Ihre Darlegung gut zu verstehen«, und schob sie als »Spekulation« beiseite. Von ihrer Tochter, Kurfürstin Sophie Charlotte, hat sich keine Reaktion erhalten. Aber wir wissen aus Quellen der folgenden Jahre, dass dieses Thema für sie im Mittelpunkt vieler Überlegungen stand.

Der Verfasser ist sehr bestimmend in seinen Darlegungen. Er habe mit »cartesianischen Auffassungen seit langem Schwierigkeiten«, gesteht Leibniz und stützt mit seinen Thesen dieses ehrliche Bekenntnis. Seine Beweisführung für die Unsterblichkeit der Seele geht davon aus, dass es im Körper einzigartige »Substanzen oder Einheiten« gibt – Monaden nach seinem Vokabular –, »die man Seele nennt«, die sind »unteilbar und unvergänglich, ... unsterblich und leben immer«. Auf dieser Grundlage schließt Leibniz, dass Seele und Körper, Geist und Materie eine Einheit bilden.

Im zweiten ausführlicheren Teil seines Aufsatzes nimmt er

die Mathematik zu Hilfe, da »bündige Beweise fast nur in der Mathematik vorkommen«. Wer an der Unsterblichkeit der Seele und der Einheit von Körper und Seele zweifele, habe von Mathematik nichts verstanden. Zweifel gibt es für Leibniz in diesem Zusammenhang nicht. Er weiß natürlich, dass er mit dieser These René Descartes, dem bahnbrechenden Philosophen seines Jahrhunderts, der die Türe zur Moderne entscheidend geöffnet hat, widerspricht. Für Descartes ist das Denken der Kern des Menschseins: »Ich denke, also bin ich.« Zu denken ohne zu zweifeln ist ein Widerspruch in sich. Und der Zweifel führt am Ende allen Nachdenkens zu einem dualistischen Menschen- und Weltbild: Geist und Materie sind nicht eins, Seele und Körper fügen sich nicht harmonisch zusammen.

Geschickt greift Leibniz in seinem Aufsatz für die beiden Kurfürstinnen die Hauptthese des Franzosen auf, um sie als irrelevant abzutun. Er stimme »keineswegs damit überein, dass es für den menschlichen Verstand unmöglich sei, zu verstehen, worin die Verbindung der Seele mit dem Leib besteht. Ich glaube vielmehr, dass dieses Problem inzwischen ganz gelöst ist durch ein System, das anderswo dargelegt worden ist …« Damit weist Leibniz selbstbewusst auf seine eigenen Überlegungen hin und resümiert, dieses »System« bestätige »besser als jedes andere die Unsterblichkeit der Seele«. In der Philosophie des Gelehrten aus Hannover haben Zweifel und Brüche nicht das letzte Wort. Harmonie ist das göttliche Ziel für die Welt und den Menschen. Eine tröstliche Botschaft.

Leibniz kannte die Konstellation am Hof von Sophie Charlotte gut genug, um seinen ersten philosophischen Aufsatz für die Kurfürstin an deren oberste Hofdame zu schicken. Er hatte Henriette von Pöllnitz bei seinen Aufenthalten in Lietzenburg seit dem Mai häufig getroffen, mit ihr gesprochen und wusste, sie war nicht nur eine exzellente Organisatorin, kreative Denkerin und die Managerin des Hofes, sondern auch die engste Vertraute und teilte die Interessen der Kurfürstin, Musik, Literatur und Philosophie. Sie war die Schaltzentrale für alle, die mit Sophie Charlotte Kontakt aufnehmen oder ihr eine Botschaft zukommen lassen wollten.

Der Philosoph mit diplomatischem Geschick muss sich seiner Menschenkenntnis sicher gewesen sein. Sein Begleitbrief für das Fräulein Pöllnitz enthielt die Bitte, sie möge von den zwei Teilen der Abhandlung nur den kürzen, wesentlich einfacheren an Sophie Charlotte weiterleiten. Seinem Lob auf den »bemerkenswerten Verstand« der Kurfürstin folgte die Erklärung, sie nicht mit der schwierigen Darstellung von Zahlen und Diagrammen zu behelligen. Tatsächlich wimmelt es in diesem zweiten Teil, der ein mathematischer Beweis für die Unsterblichkeit der Seele sein sollte, von Zahlen, Quadratzahlen und deren Differenz; von rechten Winkeln und geraden Linien, sogar eine geometrische Zeichnung hat Leibniz angefertigt. Aus seinem höflichen Argument lässt sich herauslesen, dass er der Kurfürstin diese mathematischen Kenntnisse nicht zutraute, wohl aber ihrer obersten Hofdame.

Die Philosophie jedenfalls kam bei der Kurfürstin in diesem aktionsreichen Sommer nicht zu kurz, davon müssen die vielen Gespräche, die er mit Sophie Charlotte im Garten von Lietzenburg führte, Leibniz überzeugt haben. Schließlich hatte sie sich im September 1699 als seine Schülerin bekannt und immer wieder auf seinen Besuch gedrungen. Im Jahr 1700 ist es ein Brief von Fräulein von Pöllnitz, der einen Blick in die Welt der Gefühle gestattet, die den engsten Zirkel um Sophie Charlotte beschäftigte. Zu der selbst Leibniz keinen Zugang hatte.

Während der Philosoph und Weltmann die oberste Hofdame der Kurfürstin respektvoll behandelte und zu seiner Verbündeten machte, versuchten andere, die herausgehobene Stellung der Henriette von Pöllnitz bei Hofe zu diskreditieren. Die Markgräfin von Bayreuth verbreitete, Fräulein Pöllnitz habe nur drei kleine Fehler, »das Spiel, die Männer, den Wein«. Sophie Charlotte ließen solche böswilligen Gerüchte kalt. Sie konnte sich auf die Loyalität der Pöllnitz verlassen ebenso wie auf deren Organisations- und künstlerischen Talente. Fräulein von Pöllnitz schrieb Gedichte und Textbücher für die Aufführungen am Hof der Kurfürstin. Sie hielt gute Kontakte zu allen wichtigen Personen am Hof von Berlin.

Henriette von Pöllnitz, unverheiratet und ungefähr im gleichen Alter wie ihre Herrin, war bei öffentlichen Auftritten stets an der Seite der Kürfürstin. Es gibt keinen Menschen, mit dem Sophie Charlotte so viele Stunden ihres Lebens teilte. Seit sie im Mai 1688 die neue Kurfürstin von Brandenburg wurde, ist die »kleine pelniz« vom Hannover'schen Hof ihre Hofdame. Wenn jemand Sophie Charlottes innerste Gedanken und Gefühle kannte und in geheimste Pläne eingeweiht wurde, dann war es Henriette von Pöllnitz.

Am 6. März 1700 schrieb die Pöllnitz eigenhändig in gutem Französisch einen Brief an einen gewissen »B. de Rosen à Dresden«. Im Zentrum des Briefes: »l'Amour« in vielen Variationen, zu denen der Herr von Rosen sich offensichtlich einen Rat erbeten hatte. Unmissverständlich macht die oberste Hofdame der Kurfürstin von Brandenburg ihrem Adressaten, mit dem sie eine längere Korrespondenz verbindet, klar, dass ihr Liebesideal nichts mit plumpen Leidenschaften zu tun hat. Er solle »zu den zärtlichen Gefühlen zurückkehren, die er in der Vergangenheit für unser Geschlecht gezeigt hat«. Der Himmel sei »kein Feind unschuldiger Vergnügen«. Aber »man kann Zuneigung zu den Damen haben und ihnen zugleich den Respekt erweisen, den man dem Schöpfer schuldig ist«.

Es ist ein langer Brief, in dem die Pöllnitz ihre Ratschläge »als Freundin« gibt und ihm für die tiefen Gefühle dankt, die er ihr anvertraut hat. Die Liebe, die sie empfiehlt, besteht nicht in permanentem Kampf mit den Leidenschaften, sondern verspricht seelische Ruhe. Das erinnert an den Brief von Sophie Charlotte an Leibniz im Dezember 1699, in dem sie ihm schreibt, dass sie seinem Rat ihre »Ruhe verdanke«. Er hatte ihr empfohlen, sich nicht unkontrollierten Gefühlen auszuliefern, sondern Verstand und Einsicht zu nutzen.

Diese Lebensphilosophie ist auch der Ausgangspunkt für das Liebesideal, das Fräulein von Pöllnitz vorschwebt. Und »Zärtlichkeit« ist der Schlüssel zu diesem Ziel. »Erinnern Sie sich«, rät sie ihrem verwirrten Briefpartner, »es gibt keine vollkommenere Freude als die, wenn man mit Zärtlichkeit liebt.« Sollte diese Definition von Liebe eine Einzelmeinung der vertrauten Hofdame sein? Oder zeigt ihr Brief, dass im innersten Zirkel von Sophie Charlottes Hof eine verborgene Gefühlslandschaft gepflegt wurde? Für das Jahr 1700 fehlen weitere Anknüpfungspunkte. Doch diese Spur wird nicht verloren gehen.

Kaum war Leibniz im Mai 1700 in Berlin angekommen, hatte er der Kurfürstin in Hannover über ihren Enkel geschrieben: »Bezaubernd fand ich Seine Durchlaucht den Kurprinzen, dem ich im Namen der unsrigen ein Kompliment gemacht habe, das er auf anmutigste Weise aufgenommen hat.« Großmutter Sophie wird der Eindruck ihres Vertrauten das Herz erwärmt haben: »Ich finde an ihm große Urteilsfähigkeit, zusammen mit Lebhaftigkeit und sogar eine Gradheit und Freundlichkeit, was ungewöhnlich ist. Er hat mich sehr nach Hannover befragt und weiter über das Observatorium, das hier begründet werden soll, und hat mir gesagt, er wolle oft dorthin gehen, wenn alles eingerichtet ist.«

Welcher Gegensatz zu den überlieferten Urteilen aus den Jahren zuvor, die Friedrich Wilhelm als ein jähzorniges, wildes Kind zeigen, das seinen Lehrern buchstäblich an die Gurgel ging, sich jedem konzentrierten Lernen widersetzte und seine Umgebung tyrannisierte. Während sein einziges Interesse dem Regiment galt, das der Kurfürst seinem Sohn, der im August 1700 zwölf Jahre wurde, anvertraut hatte.

Nicht, dass dieses oft geschilderte schwer erträgliche Verhalten des zukünftigen Kurfürsten keinen Bezug zur Realität hatte. Aber das positive Urteil von Leibniz, der wusste, dass er der Kurfürstin in Hannover nicht schmeicheln musste, lässt aufhorchen. Auch das Auftreten von Friedrich Wilhelm als »Taschenspieler« bei dem Geburtstagsfest für seinen Vater im Theater von Lietzenburg am 11. Juli 1700 hat Leibniz in einem Brief an die Großmutter wohlwollend kommentiert. Den verzerrten Negativbildern des Sohnes ist mit Vorsicht zu begegnen. Gleiches gilt für die Darstellung von Kurfürstin Sophie Charlotte, wenn sie als Mutter aufs Heftigste kritisiert wird.

Noch 1988 wird ihr in einer »psychohistorischen Deutung« eine »früh gestörte Beziehung« zu ihrem Sohn attestiert. Friedrich Wilhelm habe dieser »ruhelosen, unempathischen Frau« nur als Objekt ihrer »narzißtischen Größenvorstellungen« gedient. Leider sei der Kurprinz erst mit sieben Jahren in »männliche Hände« gekommen.

Einzige Grundlage für diese Küchenpsychologie ist die Biografie des Historikers Carl Hinrichs über »Jugend und Aufstieg« von Friedrich Wilhelm, der als »Soldatenkönig« in die Geschichte Preußens eingegangen ist. Das Buch ist eine Fundgrube, was historische Fakten betrifft. Doch der braune nationalistische Zeitgeist ist die Grundierung, an der alle Personen gemessen werden. Für Hinrichs, der 1933 in die NSDAP eintrat, ist Sophie Charlotte eine Frau, die ihren Sohn um jeden Preis im Geist der neuen modernen Zeit, der von kritischen Denkern aus Frankreich verbreitet wurde, erziehen wollte. Aus der Sicht dieses Historikers sollten dem jungen Mann sexuelle Libertinage und eine Toleranz aufgezwungen werden, die alle Werte deutscher Kultur zersetzte.

Was in dieser Biografie verächtlich als zersetzendes Gift des Erbfeindes Frankreich verdammt wird, waren für Sophie Charlotte humanistische Errungenschaften, die ihren Sohn auf eine gerechte und menschenfreundliche Herrschaft vorbereiten sollten. Für dieses Ziel als Grundlage aller Erziehung nahm sich die Kurfürstin auch im Sommer des Jahres 1700 Zeit. Wie stets war sie bestens unterrichtet über die neuen geistigen Entwicklungen, die aus Frankreich kamen.

Eine exzellente Informantin, die selber beste Kontakte zum französischen Hof hatte und wusste, wie sehr sich die Tante in Hannover und die Kusine in Berlin für Neuigkeiten aus Frankreich interessierten, war Liselotte von der Pfalz, die Herzogin von Orléans. Schon Mitte Juni 1699 hatte sie an »ma tante« geschrieben: »Es ist mir recht leydt, dass er den roman von Telemaque nicht will trucken lassen, denn es ist ein recht artig und schön buch, ich habe es im manuscript gelesen. Man meint, dass es in Hollandt wird getruckt werden.« Die Herzogin war wieder einmal gut informiert.

Als der Bildungsroman *Les Aventures de Télémaque, fils d'Ulysse* – Die Abenteuer des Télémaque, Sohn des Odysseus – 1698 erstmals in Abschriften am Hof von Versailles zirkulierte, erregte er sofort Aufsehen. Autor war François Fénelon, Erzbischof von Cambrai und Erzieher des Enkels von Ludwig XIV., eines zukünftigen Thronfolgers. Der Bischof nutzte die Form eines Abenteuer- und Reiseromans, um seinem Schüler, der als wild und jähzornig galt, menschliche Werte näherzubringen, die aus seiner Sicht für eine gute Regierung unerlässlich waren.

Auf der Suche nach seinem Vater reist Télémaque mit einem Lehrer namens Mentor, hinter dem sich Minerva, die Göttin der Weisheit verbirgt, durch viele Länder. Anhand der Probleme, die er dort erlebt, gibt Mentor ihm Ratschläge für grundlegende Verbesserungen. Er empfiehlt friedliche Kompromisse, Reformen, weniger Luxusgüter bei den Herrschenden und nicht auf Schmeichler und Intriganten zu hören. Für die Anhänger Fénelons wurden mit diesem Buch ideale königliche Tugenden gelehrt. Der Hof in Versailles jedoch war gar nicht amüsiert und sah in dem Roman eine hinterhältige Kritik an der Politik des Sonnenkönigs. Bischof Fénelon wurde als Erzieher entlassen, und als 1699 das Manuskript – gegen seinen Willen – anonym in Holland als Buch erschien, vom Hof verbannt.

Die brisanten Ereignisse um das Buch machen es umso interessanter. An Europas Fürstenhöfen werden die *Abenteuer des Telemaque* zur Pflichtlektüre, zu einem Kultbuch, das bis weit ins 18. Jahrhundert Maßstab aufgeklärter adliger Erziehung ist. Sophie Charlotte gehört zu den begeisterten Leserinnen und gibt Anweisung, ihrem Sohn daraus vorzulesen, vor allem auf langen Kutschfahrten. Sie sieht sich in ihren humanistischen Erziehungszielen bestätigt. Wenn der Roman des französischen Bischofs spielerisches Lernen empfiehlt, das den Schüler durch Vorbilder und Beispiele überzeugen soll und nicht durch Zwang, entspricht das auch den Vorgaben der kurfürstlichen »Instruktion«, nach der der Kurprinz seit 1695 erzogen wird.

Wahrscheinlich hat die Kurfürstin den Auftrag für ein Buch gegeben, das 1701 erscheint: »Conversation sur le livre de Télémaque«. Der Autor Antoine Tessier, ein angesehener Jurist der hugenottischen Gemeinde in Berlin, schildert, wie Sophie Charlotte ihren Sohn im Garten von Lietzenburg bittet, das neue Buch aus Frankreich mindestens hundertmal zu lesen, dessen moralische Regeln fest in sich aufzunehmen und zu befolgen. Als Mutter und Sohn sich einige Wochen später wieder zu ihren Gartengesprächen treffen, steht der *Télémaque* im Mittelpunkt. Es geht um Ruhm, die richtigen Berater eines Fürsten und den gerechten Krieg, der Friedrich Wilhelm besonders interessiert.

Am Ende der »Conversation« stimmt Tessier ein überirdisches Lob auf die Kurfürstin an. Wer Zeuge dieser Gespräche zwischen Mutter und Sohn gewesen ist, sei überzeugt, dass Minverva, die Göttin der Weisheit, am Ende der langen Suche nach seinem Vater Télémaque nur verlässt, »um in die Gärten von Lietzenburg zu kommen und den jungen Prinzen von Brandenburg mit jenen Gesinnungen zu erfüllen, die ihrer und seiner hohen Abstammung würdig sind«. Sophie Charlotte scheute sich nicht, für den Geist der Moderne, auch wenn er aus Frankreich kam, öffentlich einzustehen. Als 1700 die erste deutsche Übersetzung des französischen Bildungsromans erscheint, ist sie Friedrich Wilhelm, dem Kurprinzen von Brandenburg, gewidmet.

Am 4. August 1700 schrieb Kurfürstin Sophie an Leibniz: »Dem Schloss meiner Tochter habe ich den Namen Lustenburg gegeben, denn der scheint mir ganz passend.« Ihr gelehrter Freund antwortete am 10. August aus »Lustenburg«, dass auch er in Zukunft diesen Ort so nennen wolle, »weil er diesen schönen Namen verdient hat«. Er wusste, dass die schönen Tage im Lustschloss der Kurfürstin von Brandenburg für ihn dem Ende zugingen, denn er durfte die Großzügigkeit des Kurfürsten von Hannover, in dessen Dienst er stand, nicht überstrapazieren. Am Mittag des 20. August verabschiedete er sich vom Kurfürsten im Berliner Schloss und fuhr am Abend nach Lietzenburg. Dort allerdings kam es zu einer für Leibniz irritierenden Szene.

Er verabschiedete sich von Sophie Charlotte persönlich, die ihm sagte, sie freue sich, dass er die Nacht über noch in Lietzenburg blieb. Anschließend kam Fräulein von Pöllnitz und überreichte dem Gast einige Medaillen; eine Geste der Dankbarkeit und Ehrerbietung, die den fürstlichen Gepflogenheiten der Zeit entsprach. Doch Leibniz empfindet sie so sehr als Kränkung, dass er seine Verbitterung gegenüber Sophie Charlottes Mutter nicht zurückhält: »Ich muss wirklich sagen, dass mir das zu schaffen macht, es ist, als ob Ihre Durchlaucht die Kurfürstin mich für einen Fremden gehalten hätte.«

Eine gut gemeinte, wenngleich unbedachte Geste der Kurfürstin? Ein zarter Hinweis, dass die Bäume des Philosophen bei aller Wertschätzung nicht in den Himmel wachsen und Sophie Charlotte, auch wenn sie sich als Schülerin des Philosophen bezeichnet, auf ihrer Eigenständigkeit besteht? Auch Philosophen dürfen sich in ihrer Eitelkeit gekränkt fühlen. Oder ganz banal: Der große Leibniz hatte schlechte Laune und wollte seinen Abschiedsschmerz von einem Menschen und einem Ort, die ihm viel bedeuteten, nicht zeigen.

Am nächsten Tag waren die Welt und sein Verhältnis zu Sophie Charlotte wieder ins Lot gekommen. Nach Berlin zurückgekehrt, schrieb Leibniz an die Kurfürstin, wegen starker Kopfschmerzen aufgrund der Hitze werde er erst am folgenden Tag endgültig aufbrechen. Wie üblich ging die Fahrt durch Lietzenburg, und da »würde ich mir die Freiheit nehmen, kurz vor mittag für einen Augenblick bei Euer Kurfürstlichen Hoheit vorzusprechen. Ich würde es wenigstens versuchen. Denn ich weiß nicht, wann ein solches Glück sich wiederholen könnte.« Henriette von Pöllnitz erhielt einen Dankesbrief für alles Gute, das sie ihm getan und wofür sie das Instrument gewesen sei.

Zurück in Wolfenbüttel, wo ihm als Direktor die kurfürstliche Bibliothek unterstand, fühlte Leibniz sich »incommodiret« und bereitete eine Kur im berühmten Teplitz-Bad (Teplice) in Böhmen vor. Da erreicht ihn um den 6. oder 7. September eine Einladung auf »Anhalten Seiner Churfürstlichen Durchlaucht der Churfürstin von Brandenburg und Ihro Herrn Gemahls«, die Kurfürstin auf eine Badereise nach Aachen zu begleiten; auch ihre Mutter würde mit von der Partie sein. Allerdings könne es keinen Aufschub geben, die Reise »dürffte ohnfehlbar künftigen Mittwoche ihren Fortgang gewinnen«. Der Vierundfünfzigjährige entschied, nicht umzudisponieren. Sophie Charlotte, die am 4. September 1700 mit ihren Hofdamen in Hannover-Herrenhausen angekommen war, und ihre Mutter, die Kurfürstin Sophie, würden sich ohne ihren Vertrauten auf eine Reise machen, die weit über Aachen hinaus führen sollte.

17. Kapitel

Brüssel – Den Haag:
In diplomatischer Mission unterwegs
1700 September bis November

Noch vor seiner Mutter war der Sohn auf Durchreise in Hannover-Herrenhausen eingetroffen und hatte seine Großmutter total für sich eingenommen. In ihrem Brief an eine Nichte ließ Kurfürstin Sophie am 5. September ihr Herz sprechen: »Sollte ich ihr dissen Prins recht beschreiben, were disses papir nicht gross genug, sein rhum tharauf zu setzen; er sieht aus wie man die Engeltien – *Engelchen* – malt, ist nun 12 jhar alt und spricht von alles, als wan er von 30 were, ... gans ungzwungen ist seine fründlichkeit. Ich bekänne, ich bin gans verliebt, dan ich habe mein leben nichts artigeres gesehen.«

Für das Lob der Großmutter stellt sich die gleiche Frage wie zuvor, als Leibniz positive Worte für Friedrich Wilhelm fand: Zeichnen beide ein Bild, das die wilden, ungehobelten bis bösartigen Charakterzüge dieses Kindes verdrängt? Oder haben übertrieben gezeichnete Unarten die positiven Eigenschaften überlagert, sie schließlich verdrängt, weil sie nicht zum klischeehaft geronnenen Bild des ungebildeten kindlichen Wüterichs passten? Haben die Historiker quer durch die Jahrhunderte diese kurfürstliche Familie – die Eltern und den Sohn – dämonisiert, weil sie nicht ihrem heilen Familienbild entsprach? Weder Friedrich, dem Vater, noch Sophie Charlotte, der Mutter, und dem Sohn werden Ecken und Kanten zugebilligt und Widersprüche stets als schwere menschliche Makel interpretiert.

Sophie Charlotte hatte sich sehr dafür eingesetzt, dass Friedrich Wilhelm mit seinem Erzieher Alexander von Dohna, seinem Lehrer Rebeur und dem Kammerjunker auf Reisen gehen durfte: »Ich finde es sehr notwendig für die Erziehung meines Sohnes, dass er einige Jahre fern von hier lebt ...« Jahre würden es nicht werden. Aber immerhin: Es ging nach Brüssel, das zum Machtbereich des spanischen Königs gehörte, und anschließend würde er die Republik der Niederlande besuchen. Sophie Charlotte war schon als Kind mit ihrer Mutter durch Amsterdam gezogen und hatte bei späteren Aufenthalten das freie Leben dort als eine Wohltat empfunden. Ihr Mann, dessen Mutter aus dem Hause Oranien kam, hatte in die Reise eingewilligt, weil sie die Mission der Kurfürstin positiv begleiten würde. Denn Sophie Charlotte reiste im September 1700 nicht nur zu ihrem Vergnügen Richtung Westen.

Die politische Gemengelage Europas im Herbst 1700 kreiste um eine einzige brisante Frage: Wer wird nach dem Tod des schwerkranken kinderlosen spanischen Königs aus dem Hause Habsburg den spanischen Thron einnehmen und damit die führende Macht des Kontinents: die Habsburger, die mit ihrem spanischen Zweig bisher den Herrscher in Madrid stellten und zugleich mit dem Kaiser in Wien die Führung des deutschen Reiches innehatten, oder die Franzosen unter Ludwig XIV., der das Erbe auf den spanischen Königsthron für einen französischen Kandidaten beanspruchte. Krieg lag in der Luft. Es war der Kurfürst von Brandenburg, der aus dieser politisch explosiven Lage für sich und sein Land den größtmöglichen Vorteil zog.

Der Kaiser in Wien wusste: Wenn er gegenüber den Franzosen auf dem Schlachtfeld erfolgreich sein wollte, brauchte er Verbündete mit guten Soldaten. Die bot ihm der Kurfürst von Brandenburg im Laufe des Jahres 1700 im Kampf gegen die Franzosen an – als Teil des Verhandlungspakets um die Königswürde. Als die Aussichten auf Erfolg in Wien immer gewisser wurden, beschloss Kurfürst Friedrich, die harten Verhandlungen zusätzlich mit einer weichen Mission zu begleiten. Zwei wichtige Mitspieler im europäischen Polittheater musste er neben dem Kaiser als Befürworter für die Königswürde gewinnen – den katholischen Kurfürsten von Bayern, Max Emanuel, und Wilhelm III., in Personalunion König von England und Statthalter der niederländischen Republik. Kurfürst Friedrich vertraute seiner Frau, Kurfürstin Sophie Charlotte, diese sensiblen Missionen in Brüssel und Den Haag an. Sie sollte die beiden hochrangigen Fürsten aufsuchen und im persönlichen Gespräch dafür werben, ihren Gemahl als König in Preußen anzuerkennen. Diese Entscheidung belegt, wie vertrauensvoll das Verhältnis zwischen den Eheleuten war und dass der Kurfürst sich auf die Klugheit und das politische Fingerspitzengefühl seiner Frau verließ.

Der zwölfjährige Friedrich Wilhelm war nicht direkt in diese Mission eingebunden. Doch ihn gleichzeitig an den Höfen in Brüssel und Den Haag auftreten zu lassen, war ein geschickter Schachzug. Kurfürst Friedrich war überzeugt, dass sein Sohn mit königlicher Würde auftreten und das hochgesteckte Ziel seines Vaters in der fürstlichen Öffentlichkeit stärken würde. Auf dem Weg nach Brüssel und Den Haag besuchte Friedrich Wilhelm Ende August die Großmutter in Herrenhausen, die er mit seinem Wissen und vollendeten Manieren beeindruckte.

Im ihrem Brief vom 5. September an eine Nichte schrieb Sophie: »Man hatt mein tochter geratten, das batt von Acken zu gebrauchen.« Sophie Charlotte sei gestern aus Berlin angekommen und habe die Mutter gebeten, mitzukommen. Kurfürstin Sophie konnte eine solche Bitte nicht abschlagen und bemerkte, sie werde als »Anstandsdame« dabei sein. Dass Brandenburgs Kurfürstin zur Kur nach Aachen fuhr, war das offizielle Etikett, unter dem diese Reise stand. Während von der Tochter nur wenige Briefe überliefert sind, können wir dank der Korrespondenz ihrer Mutter die beiden auf ihrer ungewöhnlichen Reise begleiten.

»Gestern, meine liebe fraw oberhoffmeisterin, sein wir hir angekommen ...«, schreibt Kurfürstin Sophie unter »Acken, den 21. September 1700« an Anna Katharina von Harling. Nun ist Anna Katharina alt und kränklich, aber ihre Herrin will auf die Vertraute, der sie stets Respekt und freundschaftliche Gefühle entgegenbrachte, an ihrem Hof nicht verzichten. Und stets hat Sophie auf ihren Reisen das Gespräch mit ihrer Oberhofmeisterin durch Briefe fortgeführt.

Noch vor Aachen hatten die beiden reisenden Frauen samt Entourage »unser herz undt augen ergetzt beim König von Englant«. Die Rechnung des Kurfürsten von Brandenburg war schon aufgegangen. Drei Tage lang war Wilhelm III. Gastgeber in den Schlössern von Dieren und Het Loo, an deren Gärten sich Sophie Charlotte und ihre Mutter nicht sattsehen konnten. Beim Abendessen war alles »so artig, magnific undt schön, dass ich es nicht genugsam beschreiben könte, wan ich schon wollte«. Für Sophie Charlotte gab es eine erste Gelegenheit, mit dem einflussreichen Wilhelm III., der für den Königswunsch des Brandenburgers bisher keine Sympathie zeigte, über dieses Thema ins Gespräch zu kommen.

Nach außen blieb der Schein einer privaten Kur im noblen Bad Aachen strikt gewahrt. »Mein tochter findt sich wol von wasserdrincken, fangt heute ehrst an zu baden. Die zeit wirdt uns hir nicht lang«, erfährt die Oberhofmeisterin am 30. September. Nicht nur Bälle und viel gute Gesellschaft ergänzten den gesundheitlichen Teil: »Gestern sein wir in 3 nonnenclöster gewessen, die uns musick gaben, war gutt vor die ohren, bey ihnen aber nicht vor die nas, denn es stunck überal.« Ohne Musik ging es nicht für Sophie Charlotte, die brav das Wasser von Aachen trank und die Bäder nutzte. Gut vierzehn Tage waren genug, denn in Brüssel wartete bereits der Kurprinz auf Mutter und Großmutter.

Hier in der Hauptstadt der Spanischen Niederlande residierte der Kurfürst von Bayern als Statthalter des spanischen Königs. Max Emanuel empfing die Kurfürstin von Brandenburg und ihren Sohn mit allem Prunk, den ein Weltreich zu bieten hatte. Und Sophie Charlotte traf in Brüssel den Diplomaten, Komponisten und katholischen Würdenträger Agostino Steffani wieder, einen Seelenverwandten, zu dem der Kontakt nie abgerissen war.

Für die zwei kurfürstlichen Persönlichkeiten, die sich in Brüssel erstmals trafen, war es eine pikante Situation. Vor achtzehn Jahren hatte ein Gesandter des Kurfürsten von Hannover am Hof in München Verhandlungen geführt, die sich über ein Jahr hinzogen: Es ging um die Heirat der vierzehnjährigen Prinzessin Sophie Charlotte mit dem siebzehn Jahre alten Kurfürsten Max Emanuel – Übertritt zum Katholizismus inbegriffen. Ernst August, der Vater, versprach sich von dieser politischen Ehe eine Aufwertung des Hauses Hannover und damit seiner politischen Position im Reich. Die Verhandlungen endeten erfolglos. Max Emanuel heiratete eine Tochter des Kaisers in Wien.

Trotz dieser Vorgeschichte war die Stimmung zwischen dem bayerischen Kurfürsten und der Kurfürstin aus Brandenburg in Brüssel so entspannt, dass sich Sophie Charlotte augenzwinkernd die Bemerkung erlaubte: »Sie sind galant, ich bin nicht eifersüchtig. Ich glaube, wir hätten eine gute Ehe geführt ...« Kurfürstin Sophie, der die Vergangenheit ebenso gut in Erinnerung war wie ihrer Oberhofmeisterin, schrieb an ihre Vertraute in Hannover über die Frau des Kurfürsten: »Der Courfürst von Baieren ist ser höflich, die Courfürstin auch so viel sie kann, ist ehr schön als beredt ...« Sie habe eine gute Stimme, war aber beim Singen »so furchtsam, dass sie stecken blieb«. Kurfürstin Teresa war die zweite Frau von Max Emanuel. Seine erste, die den Vorzug vor Sophie Charlotte erhalten hatte, war schon lange tot. Doch offenbar warf sie einen langen Schatten.

Das musikalische Talent der brandenburgischen Kurfürstin verbreitete sich in Brüssel nicht nur vom Hörensagen. Sophie Charlotte und Max Emanuel frönten ihrer gemeinsamen

Leidenschaft, der Musik, so demonstrativ, dass der bayerischen Kurfürstin nicht ohne Grund die Stimme im Halse stecken blieb. Der mütterlichen »Anstandsdame« ist es am 20. Oktober eine stolze Erwähnung wert: »Mein tochter undt der Courfürst musiciren auf die daur, vergangen bis halb 3 in der nacht; hätte ich kein endt tharvon gemacht, ich gelaube, sie musicirten noch.« Unter anderem sangen die beiden ein Duett, das Agostino Steffani eigens für dieses Beisammensein komponiert hatte – *Io porto – Resto solo*, Ich trage es, ich bleibe allein.

Jeden Abend standen die Spieltische bereit. Im Theater seien die Akteure schön gekleidet und das Ballett »wohl anzusehen«, weshalb sie nicht eingeschlafen sei, berichtete Kurfürstin Sophie nach Hause. Aber insgesamt lautete das Urteil der Kennerin, das Theater von Brüssel sei »bei weittem nicht so schön als zu Hannover« und die Leute singen auch nicht so gut. Neben den kulturellen Angeboten waren Bälle und Gesellschaften angesagt, die man nicht verpassen durfte, weil sonst Gerüchte ihren Lauf nahmen. Die beiden Kurfürstinnen aus Hannover und Berlin bewegten sich im Kreis der »Ducs undt Duchesßes, Princesßen und Princen« weltläufig, selbstsicher und mit gewandter französischer Konversion. Nebenher wird Sophie Charlotte aus den Augenwinkeln stolz beobachtet haben, dass ihr zwölfjähriger Sohn bei allen gesellschaftlichen Ereignissen – festlichen Essen, Gesprächen und galanten Tänzen – locker und elegant mithalten konnte.

Schon am Tag ihrer Ankunft erlebten Mutter und Großmutter auf einer Gesellschaft, wie ungezwungen sich Friedrich Wilhelm auf dem Brüsseler Parkett bewegte. Es sprach sich schnell herum, dass zu den Gästen der Erzbischof François Fénelon zählte, Autor des berühmten Buches über *Die Abenteuer des Télémaque*. Jenes Erziehungsromans, den Sophie Charlotte ihrem Sohn empfohlen hatte, mehr als hundertmal zu lesen. Kaum hatte der Kurprinz von Fénelons Anwesenheit erfahren, begrüßte der künftige Herrscher Brandenburgs den in Frankreich Verfemten »mit jener liebenswürdigen Art, die ihm natürlich ist« und versicherte ihm, wie sehr er sein Werk schätze. Alle Umstehenden seien »entzückt« gewesen. Dem Urteil ist zu trauen, denn es stammt von Alexander von Dohna, der als Prinzenerzieher während der Reise immer in der Nähe und kein Freund von Schmeicheleien war.

In seinem Bericht an den kurfürstlichen Vater in Berlin schildert Dohna das Gespräch, das sich zwischen dem Autor und dem Kurprinzen entspann: »Der Erzbischof nahm das Kompliment mit einem Respekt und mit Ausdrücken auf, die seinem Genie würdig sind, indem er die äußerste Freude bezeugte, einen Prinzen zu sehen, der in diesem Alter bereits von der Neigung zu Tugend erfüllt sei und der nach allem, was man sehe, alles zu erfüllen verspreche, was man sich Großes und Wünschenswertes denken könne ...« Sophie Charlotte wird das Herz aufgegangen sein, als sie erlebte, dass ihre pädagogische Anstrengung nicht umsonst gewesen war. Der Kurprinz hat den wiederholten Austausch mit seiner Mutter über die moralischen Ziele des *Télémaque* offensichtlich nicht als pädagogische Quälerei empfunden.

Nach Brüssel stand Den Haag auf dem Reiseplan der Kurfürstinnen. Ein Zwischenstopp wurde in Rotterdam eingelegt, wo sie nach stürmischer Schiffsfahrt am 22. Oktober eintrafen. Sie habe »gelitten wie ein Hund«, wird Sophie Charlotte wenig später ihrem Mann über die vier quälenden Tage auf dem Wasser schreiben. Rotterdam war ein fester Punkt auf ihrer persönlichen Agenda, und noch am selben Abend suchte sie eine einfache Wohnung in der Hafenstadt auf. Pierre Bayle, der berühmte Bewohner, lag mit einer Erkältung im Bett und war zu keinem gelehrten Gespräch aufgelegt. Er versprach, die Kurfürstin von Brandenburg in Den Haag aufzusuchen, um einen intensiven Gedankenaustausch nachzuholen.

Sophie Charlotte verließ sich darauf, dass der französische Philosoph und Schriftsteller, der als reformierter Protestant und führender Denker der Frühaufklärung seit 1681 in Rotterdam im Exil lebte, sein Wort halten würde. Sie kannte seinen *Dictionnaire historique et critique*, der das Wissen der Zeit zusammenfasste und einer kritischen Sicht unterzog, wie sie kein Autor je zuvor gewagt hatte. Theologie und Philosophie standen im Mittelpunkt von Pierre Bayles vorurteilsfreien Betrachtungen, die gleich nach dem Erscheinen 1697 ein europäischer Bestseller wurden. Bayles politische Konsequenz aus seinen Erkenntnissen mündete in der Forderung nach Toleranz und Religionsfreiheit, weshalb er in den Augen der Kirchen und weltlichen Autoritäten ein Revolutionär war, den es zu bekämpfen galt. Die Kurfürstin von Brandenburg hatte viele Fragen an den kritischen Zeitgenossen.

In Den Haag wartete Wilhelm III. auf günstigen Wind, um in sein Königreich nach England überzusetzen. Der Wunsch, sich noch einmal zu treffen, war gegenseitig. Sophie Charlotte und ihre Mutter nahmen mit ihrer Gesellschaft von Rotterdam die königliche Yacht nach Den Haag, wo sie morgens gegen drei Uhr ankamen. Nach einem kurzen Schlaf empfingen sie den König. Hätte Wilhelm III. an den beiden Kurfürstinnen nichts gelegen, hätte er auf solch freundliches Entgegenkommen kühl verzichtet.

Für Kurfürstin Sophie war es fast wie ein Nachhausekommen: »Ich sehe hier die kindeskinder von die, so ich vor dissem gekant habe.« Am beliebten Hof ihrer Mutter in Den Haag, wo Diplomaten und Gelehrte der »Winterkönigin« ihre Reverenz erwiesen, hatte Sophie als junges Mädchen gelernt, sich in die Gespräche der einflussreichen Gäste einzumischen, auf Französisch natürlich, und in der fürstlichen Öffentlichkeit zu bewegen. In Den Haag, nicht weit von der berühmten Universität Leiden, traf sich schon damals Europas aufgeklärte kritische Elite. Rund sechzig Jahre lag diese prägende Zeit zurück. Damals hatte Sophie den Diskussionen zwischen ihrer älteren Schwester Elisabeth und dem Philosophen Descartes gelauscht, die beide eine Freundschaft verband.

Sophie Charlotte hatte alle Sympathie ihrer Mutter, als sie sich in das Pfarrhaus der reformierten wallonischen Gemeinde von Den Haag aufmachte, um wie geplant Pierre Bayle zu treffen und ihn zu befragen. Wie er sich den Ursprung des Bösen erklärt, wenn nach traditionellem Gottesverständnis der Schöpfer der Welt dafür nicht verantwortlich sein kann. Auch die Frage nach der Unsterblichkeit, die Leibniz im Juni harmonisch beantwortet hatte, trieb die Kurfürstin von Brandenburg weiter um. Warum nicht den Philosophen aus Frankreich um Aufklärung bitten. Pierre Bayle hatte keine Angst vor radikalen Fragen – und auch nicht vor radikalen Antworten. Er stellte den Glauben und die Vernunft unter einen kritischen Vorbehalt. Von Bayle führt eine gerade Linie zu Immanuel Kant.

Aus Den Haag schrieb Sophie Charlotte sogleich an Agostino Steffani, den sie in Brüssel zurückgelassen hatte, sie wisse schon, dass ihr Den Haag nicht so gut gefallen werde wie Brüssel, und die »angenehmen Damen« fehlten ihr. Sie werde sich mit dem Besuch der Komödie die Zeit verkürzen. Es folgt noch ein Nachwort. Steffani soll dem Kurfürsten von Bayern ihre demütigste Anerkennung überbringen. Sie werde nie die Güte und Ehrenhaftigkeit vergessen, die er ihr erwiesen habe. Keine Reise sei für sie zu schwierig, wenn sie dadurch die Ehre hätte, ihn wiederzusehen und mit ihm Musik zu machen. Von dieser Hoffnung begleitet, werde sie eifrig weiter lernen. Und Steffani soll dazu beitragen, indem er ihr seine Kompositionen schickt, »die so geschmackvoll sind wie alles, was Sie machen«.

Von Sophie Charlottes Aufenthalt in Den Haag haben sich zwei Briefe erhalten, beide am 28. Oktober 1700 verfasst. Der eine ging an Agostino Steffani, der andere ist ein Solitär. Mit ein wenig Fantasie lässt sich nachvollziehen, wie die Kurfürstin die großzügigen runden Buchstaben, die für den Gemahl in Berlin bestimmt waren, fast malerisch, mit großer Gleichmäßigkeit aufs Papier gesetzt hat. Auf eine Anrede verzichtet sie: »Als ich hier ankam, habe ich zwei Briefe meines lieben Kurfürsten erhalten ... Mit Freude habe ich die große Freundschaft meines lieben Kurfürsten ersehen, die mir mehr zu Herzen geht als alles andere.« Nach diesem liebevollen Einstieg folgt ein Vergleich, der Sophie Charlotte nach ihren Tagen in Brüssel am nächsten liegt: »Es ist wahr, dass der Kurfürst von Bayern ein Prinz von Geist und Verdienst ist, aber aus meiner Sicht übertrifft nichts meinen lieben Kurfürsten, und ich bin außerordentlich glücklich mit ihm, vor allem, wenn er mir weiter seine volle Gnade schenkt.«

Den Gemahl in der dritten Person anzusprechen ist nichts Besonderes in diese Zeit, wo das Private nur unter vier Augen geschieht. Selbst ein Brief an den Kurfürsten kann geöffnet werden. Doch Sophie Charlotte nimmt sich nicht zurück, sondern erzählt ungeschminkt aus ihrem Leben: »Wir sind seit drei Tagen hier und auf dem Wasser von Antwerpen hierher kräftig durcheinander gewirbelt worden, weil der Gegenwind so stark war ... Ich bin krank wie ein Hund gewesen und habe geschworen, mich nie mehr aufs Wasser zu begeben, zumindest nicht in einer Treckschute.« Diese überdachten hölzernen Boote für Binnengewässer sind eine Erfindung der Holländer.

Dann berichtet sie, König Wilhelm III. habe sie noch an diesem Morgen empfangen und ihr »tausend zuvorkommende Dinge für Sie aufgetragen, die sie persönlich vortragen werde«. Selbstbewusst deutet die Kurfürstin ihrem Ehemann an, dass ihr politischer Auftrag zu seiner Befriedigung erfüllt wurde. Das gilt auch für den Besuch in Brüssel: »... der Kurfürst von Bayern hat mir auch etwas für Sie mitgegeben, das ich persönlich überbringen werde.«

Mission erfolgreich beendet, es kann heimwärts gehen. Die Freude der Kurfürstin darüber hält sich nicht an protokollarische Floskeln: »Jetzt hoffe ich, meinen lieben Kurfürsten bald wiederzusehen, denn es scheint mir, es ist ein Jahrhundert vergangen, seit ich dieses Glück hatte. Dieses Vergnügen fehlt mir hier ...« Zum Schluss noch eine kleine Schmeichelei: »Ich habe allen diesen guten Holländern gesagt, dass Sie im nächsten Jahr hierher kommen, was ihnen ganz besondere Freude gemacht hat, denn das Herz des Königs und aller hier schlägt immer für meinen lieben Kurfürsten.« Der verbliebene Platz auf dem Papier ist so schmal, dass die Kurfürstin nur noch als »Sophie« unterschreiben kann.

Vier Tage später, am 1. November 1700, stirbt in Madrid der spanische König aus der Familie Habsburg ohne direkte Erben. Als diese Nachricht in Wien und Berlin ankommt, wissen beide Parteien, dass der Kurfürst von Brandenburg sein Ziel erreicht hat. Am 16. November wird in Wien der sogenannte *Krontraktat* paraphrasiert. Der Kaiser akzeptiert, dass seine Durchlaucht, Kurfürst Friedrich, »über kurz oder lang ... wegen ihres herzogthumbs Preussen sich vor einen König proclamieren und crönen lassen wird«. Darauf hatte Friedrich kompromisslos bestanden: Kein Kaiser soll ihm die Krone aufs Haupt setzen; das wird er mit eigener Hand erledigen. Im Gegenzug wurde das Verteidigungsbündnis, das der Große Kurfürst 1686 mit dem Kaiser geschlossen hatte, erneuert. Bei einem Krieg um die spanische Krone würde Brandenburg dem Kaiser achttausend Soldaten stellen – und dafür jährlich hunderttausend Taler einstreichen.

Während sich in Wien ein Expresskurier zu Pferde mit der guten Nachricht auf den langen Weg nach Berlin macht, kehrt Sophie Charlotte wieder in heimatliche Gefilde zurück. Am 19. November schreibt sie von Kleve an Agostino Steffani: »Endlich ist es mit dem König von Spanien zu Ende gegangen ... man muss die Verwicklungen abwarten, die sein Testament hervorruft. ... Im Augenblick hoffe ich, nichts mehr fürchten zu müssen und in wenigen Tagen reisen wir weiter.« Auch wenn die Kurfürstin an diesem Tag noch nichts über den Wiener Vertrag wusste: Angesichts der politischen Verwicklungen, die sie kommen sah, war es gut, bald wieder in Berlin zu sein.

Aber das ist nicht der Grund, warum die Kurfürstin zur Feder greift und an Agostino schreibt. Erstaunlich offen geht sie auf dessen fragenden Blick im fernen Brüssel ein: »Sie werden erstaunt sein über mein regelmäßiges Schreiben, und sagen sich vielleicht, dass ich hier nichts anderes zu tun habe. Sie haben recht. Außer dem Studium der Musik gibt es keine Beschäftigung für die mein Herz gemacht ist.« Ein Bekenntnis, das alle Standesgrenzen hinter sich lässt und sich um keine protokollarischen Regeln schert. Sophie Charlotte wird noch persönlicher: »Etwas anderes ist es mit dem Charme von Brüssel. Aber das ist mein Schicksal, dass ich für den guten Teil dreimal so viel Schlechtes ertragen muss.«

Sie hat ihren Ehrgeiz darein gesetzt, ihren Mann, der ihr eine wichtige Mission anvertraute, nicht zu enttäuschen, am Hof von Brüssel wie im kosmopolitischen Den Haag beste Figur zu machen und das Kurfürstentum Brandenburg würdig zu vertreten. Das ist ihr gelungen. Aber wenn es um ihr Herz geht, das schlägt nur für eines: die Musik.

Ihrer Mutter, der Kurfürstin Sophie, geht es nicht gut, sie ist in Kleve gestürzt. Die Tochter ist erleichtert, als die Reisegesellschaft Hannover erreicht; rund zehn Wochen nach dem Aufbruch Mitte September 1700. Kurfürstin Sophie ist in diesem Jahr siebzig Jahre alt geworden. Da ihre »lahme Schulter« sie noch am Schreiben hindert, diktiert sie am 1. Dezember einen Brief an eine Nichte in Frankfurt. Dank der Nachrichten, die Sophie Charlotte inzwischen aus erster Hand aus Berlin erfahren hat, kann ihre Mutter große Neuigkeiten verkünden: »Meine tochter wird in 2 tagen von hier gehen.« Der Kurfürst wolle mit der Kurfürstin und dem ganzen Hofstaat nach Preußen ziehen, »umb sich als Friedrich der Erste, König in Preußen, kröhnen zu lassen«.

18. Kapitel

Königsberg: Eine Umarmung für die Königin
Berlin: Triumphaler Empfang für
das königliche Paar
1700 Dezember bis Juni 1701

Der Kurier erreichte Berlin am 24. November 1700 und erlöste den Kurfürsten aus größter Anspannung. Friedrich hatte angeordnet, eines der Stadttore auch bei Nacht geöffnet zu halten, damit es keine Verzögerung für den reitenden Boten aus Wien gebe. Nach rund zehn Jahren wurde seine Vision war, sein politisches Meisterstück. Drei Tage später ratifizierte er mit seiner Unterschrift den Vertrag, der ihm die Königswürde zusicherte; der Kaiser folgte in Wien am 4. Dezember. Am selben Tag verließ Sophie Charlotte Hannover in Richtung Berlin und wusste, das nächste Mal würde sie als Königin zurückkehren.

In der Residenzstadt herrschte ein gewaltiger Trubel, umso schnell wie möglich ein logistisches Unternehmen ohne Beispiel zu organisieren: Die rund sechshundert Kilometer lange Reise nach Königsberg, der Hauptstadt des Herzogtums Preußen, für das der Königstitel verliehen wurde. Hunderte von Menschen würden mit dem kurfürstlichen Paar aufbrechen: Höflinge und hohe Minister, Kammerjunker und Hofdamen, Köche, Trompeter und die gesamte Hofkapelle. Sie alle mussten auf dem langen Weg unter winterlichen Bedingungen untergebracht und verpflegt werden.

Allein dreißigtausend Pferde warteten an den Poststationen, um die ermüdeten Gespanne an fast dreihundert Kutschen und Wagen zu ersetzen. Kostbare Dekorationen für das Schloss und die Kirche in Königsberg, Schauplätze der Krönung, wurden in Berlin hergestellt und aufgeladen. Unter höchstem Schutz wurden die königlichen Insignien transportiert – die beiden Kronen, die Zepter, das Schwert, der Reichsapfel; dazu die kostbaren Krönungsgewänder. Handwerker und Schneider arbeiteten seit Monaten daran. Alles musste Friedrich vorgelegt werden, und er brachte seine eigenen Vorstellungen ein. Das galt in besonderem Maße für die Ausarbeitung des Königsberger Krönungszeremoniells.

Einerseits legte Friedrich Wert auf wichtige Versatzstücke einer jahrhundertealten Tradition, gleichzeitig war es ein Bruch mit allen bisherigen Überlieferungen. Offiziell war der Oberhofzeremonienmeister Johann Besser für den Krönungsablauf verantwortlich. Seine Aussage, der Kurfürst habe »fast alles allein angeordnet«, ist glaubhaft.

Dank umfassender Vorbereitungen bereits vor der Unterzeichnung des Wiener Vertrags war es möglich, dass der gewaltige Tross am 17. Dezember bei klirrender Kälte in Berlin aufbrach. Die erste Gruppe mit dem Kurfürstenpaar, ihrem Sohn und dem Hof umfasste allein rund zweihundert Menschen. Es war eine Leistung, dass Friedrich und Sophie Charlotte mit ihrer Begleitung am 29. Dezember 1700 in Königsberg eintrafen. Zwei weitere Gruppen kamen zügig hinterher.

Was folgte, war ein historisches Ereignis, das an allen Fürstenhöfen Europas Aufsehen erregte, auch wenn es keine zeitgleichen Informationen gab über das, was in Königsberg im Januar 1701 an Prunk und Zeremoniell geboten wurde. Doch schon im Februar berichtete *Mercure Galant*, das Pariser Kulturjournal für adlige wie bessere bürgerliche Kreise, ausführlich über die Krönungsfeierlichkeiten und die ausgelassene Stimmung, die in den Straßen der Stadt herrschte.

Zunächst musste den Menschen in Königsberg verkündet werden, dass ihr Kurfürst in Zukunft eine Krone tragen würde. Am 15. Januar verlasen vier Herolde zu Pferde an fünf Plätzen der Stadt, »dass es der göttlichen Vorsehung gefallen hat, dieses Souveraine Herzogtum Preußen zu Gunsten des allergnädigsten und großmächtigsten Fürsten Friedrich ... und der allerdurchlauchtigsten und großmächtigsten Fürstin Sophie Charlotte ... zu einem Königreich zu erheben. ... Ein jeder getreue Untertan rufe also mit uns aus: Es lebe Friedrich, unser allergnädigster König! Es lebe Sophie Charlotte, unsere allergnädigste Königin!« Der *Mercure Galant* schreibt von »lautem und allgemeinem Freudengetümmel«. Die Freudenschreie vermischten sich mit den Fanfaren der Trompeten, den Pauken- und Glockenschlägen und den Artilleriesalven wie zu »einem unendlichen Musikinstrument«.

Zwei Tage später stiftete der zukünftige König nach dem Vorbild anderer europäischer Königreiche einen persönlichen Orden – den »Schwarze Adler-Orden«. Den englischen »Hosenband-Orden« gab es seit elf Jahren. Zu den ersten Ordensträgern ernannte Friedrich seinen Sohn und Nachfolger und den Grafen von Wartenberg.

Am 18. Januar 1701, dem Tag der Krönung, schien nach einer schneereichen Nacht in Königsberg bei leichtem Frost eine milde Wintersonne. In den frühen Morgenstunden wurde das Volk in den Kirchen der Stadt mit Predigten unterhalten, während der erste und entscheidende Akt einer neuen Epoche brandenburg-preußischer Geschichte im Schloss über die Bühne ging.

Bekleidet mit einem dunkelroten, goldbestickten Rock, dessen Diamantenknöpfe pro Stück mehrere tausend Taler gekostet hatten, darüber ein hellroter hermelinbesetzter Mantel, betrat Kurfürst Friedrich den Audienzsaal des Königsberger Schlosses. Dort waren unter einem Baldachin zwei silberne Armsessel mit je einem Tisch aufgebaut, auf denen die Gegenstände lagen, die als Zeichen königlicher Würde unverzichtbar waren, unter anderem die Krone und das reich mit Diamanten geschmückte Zepter. Kein Geistlicher, kein Vertreter der Ständegesellschaft war anwesend, nur einige Herren vom Hofe waren geladen, als geschah, was noch keiner von Europas Königen sich getraut hatte.

In der *Preußischen Krönungs-Geschichte*, die schon ein Jahr später erschien, schreibt Zeremonienmeister Besser: »Seine Majestät ... setzten sich die Krone mit Ihren eigenen Händen auf das Haupt, und nahmen auch Selbst das Königliche Zepter zu sich ...« Die Krone war – wie das Zepter – aus purem Gold, der Bügel und der gesamte Umfang mit Diamanten wie aus einem Stück besetzt.

Dann ging Friedrich, begleitet vom Kronprinzen, seinen drei Stiefbrüdern und Männern des Hofstaates, zu den Gemächern der Kurfürstin. Sophie Charlotte erwartete ihn in ihrem königlichen Brokatkleid, dessen Oberteil mit Diamanten dicht bestickt war. Darüber steckte ein Strauß aus »Birn-Perlen«, nach den Worten des Zeremonienmeisters von »unberechenbarem Wert«. Die Kurfürstin kniete vor ihrem Gemahl nieder. Friedrich setzte ihr die Krone auf und umarmte seine Frau, die Königin. Eine Umarmung? Geplant als Teil der ausgetüftelten Zeremonie oder eine spontane Geste? Wie auch immer, Friedrich hat im feierlichsten Augenblick seines Lebens vor Zeugen seine Frau umarmt.

Die zierliche Krone saß direkt auf ihrem schwarzen lockigen Haar, denn Sophie Charlotte trug – im Gegensatz zu ihrem Mann – keine Perücke. Der Zeremonienmeister erlaubte sich einen Kommentar, nachdem er das kostbare Kleid und die »natürlich gekrollten Haare« beschrieben hatte: »Die von Natur der Königin anvertrauten Güter gingen allen Schätzen voraus, so dass ein von solcher Schönheit entzückter Zuschauer nicht sowohl der Königin zur Krone als vielmehr die Krone zur Königin Glück wünschte.« Das Königspaar ging gemeinsam zurück in den Audienzsaal, setzte sich in die silbernen Armsessel und nahm die »Begrüßung« durch hohe Amtsträger und Vertreter der Stände entgegen. Keine Reden wurden gehalten, keine Treueeide geschworen. Kein Ritual sollte von denen ablenken, die im Zentrum standen: der König und die Königin.

Gegen zehn Uhr wurde auf dem Schlossturm eine Fahne gehisst: das verabredete Zeichen für die Geistlichkeit und die

Männer an den Kanonen. Glockengeläut und Kanonendonner setzten ein und informierten das Volk: Preußen hatte einen König und eine Königin, die jetzt im königlichen Ornat mit Krone und Zepter unter je einem karmesinroten Samtbaldachin über rote Tücher in Richtung Schlosskirche schritten, um von zwei Bischöfen – einem reformierten und einem lutherischen – die traditionelle Salbung zu empfangen. Eine weitere Machtdemonstration: Friedrich hatte einen reformierten Hofprediger und einen lutherischen Theologieprofessor aus Anlass seiner Königsberger Krönung zu Bischöfen ernannt.

Der zweite Akt der Krönung war mit Pracht und Symbolik bis ins Kleinste ausgestattet. Die deutschen lutherischen Kirchenlieder betonten den protestantischen Charakter, hier fand kein lateinisches Hochamt statt. Während Friedrich und Sophie Charlotte zu ihren goldenen Thronen rechts und links vom Altar schritten, sang die Gemeinde *Es woll uns Gott gnädig seyn*, und nach dem ersten Gebet erklang *Allein Gott in der Höh sey Ehr*. Der reformierte Bischof salbte dem König und der Königin Stirn und Handgelenke. Zwölf Trompeter und ein Paukist standen jeweils im rechten und linken Seitenschiff. Auf der Empore über dem Altar spielte die Orgel. Dort waren auch der Chor und die Musiker der Hofkapelle platziert.

Friedrich hatte seit dem frühen Morgen den Oberkämmerer Graf von Wartenberg an seiner Seite. Es war eine demonstrative Ehre für seinen einflussreichsten Minister, der im Gegensatz zu anderen hohen Beratern den Kurfürsten bedingungslos unterstützt hatte, um die Königswürde zu erlangen. Für dessen Frau, Katharina Gräfin von Wartenberg, Anlass genug, das Gleiche bei der Kurfürstin einzufordern. Schon beim Ankleiden wollte sie dabei sein. Doch das verhinderte Sophie Charlotte. Schließlich durfte die Gräfin beim Gang in die Kirche auf einer Seite die Schleppe des Hermelinmantels der Königin tragen.

Für die meisten Menschen, die in Königsberg dicht gedrängt Straßen und Plätze füllten, auf Balkonen und Dächern standen, war es ein Spektakel, von dem sie Kindern und Kindeskindern erzählen würden. Zwar waren sie Untertanen eines Souveräns, der absolut über ihr Leben verfügen konnte, aber in diesen Tagen traf auch sie ein Teil vom Glanz der königlichen Würde.

Unter denen, die im Audienzsaal und in der Kirche zugegen waren, werden nur die wenigsten Kenner der abendländischen Krönungsrituale gewesen sein. Doch an den europäischen Fürstenhöfen erkannte man rasch, dass hier eine außerordentliche Premiere stattfand: Indem der Kurfürst von Brandenburg sich die Krone selber aufs Haupt setzte, wagte er es, die Lehre vom Gottesgnadentum des Königs wörtlich zu nehmen.

Weil er sich allein Gott verantwortlich fühlte und an kein irdisches Recht und Gericht gebunden war, hatte Friedrich für alle sichtbar die bisherige Rolle der Kirche als ausführende Hand Gottes bei der Krönung abgelehnt. Kein Bischof krönte ihn oder übergab ihm das Zepter. Die Salbung in der Schlosskirche, so feierlich sie gestaltet war, genügte nur symbolisch der Tradition. Sicherlich entsprach es der Überzeugung des frommen Calvinisten Friedrich, der Öffentlichkeit kundzutun, dass er sich als König vor Gott zu verantworten habe. Doch die Salbung war nicht, wie bei allen bisherigen Krönungen, der wirkungsmächtige Weiheakt, der einen Fürsten durch die salbende Hand des Bischofs zum König machte. Weshalb die Salbung bisher stets dem Aufsetzen der Krone vorausging.

Die gleiche selbstbewusste Neuerung hatte Friedrich für die Königin durchgesetzt. Kein Bischof verlieh ihr die neue Würde, allerdings setzte sie sich die Krone auch nicht selbst aufs Haupt. Mit Krone und Zepter ausgestattet, vollzog Friedrich wenige Minuten nachdem er sich selbst gekrönt hatte, »eines der allervornehmsten Rechte« und krönte Kurfürstin Sophie Charlotte am 18. Januar 1701 in Königsberg mit ihrer eigenen zierlichen Krone zur Königin in Preußen. Sie war zweiunddreißig Jahre alt und die erste in einer ununterbrochenen Kette preußischer Königinnen, die 1918 ihr Ende fand.

Die Salbung des Königspaares endete mit dem Segen des lutherischen Bischofs und anschließend wurde »das Danck-Lied: Herr GOTT dich loben wir, mit Einstimmung Paucken und Trompeten von der Gemeine gesungen ...«. Der sich anschließende dritte Akt folgte einem uralten Ritual: Dass der Herrscher mit seiner Gemahlin durch ein öffentliches Mahl – während das Volk sich zeitgleich gratis an Speise und Trank laben kann – die enge Verbundenheit mit seinen Untertanen zelebriert.

Der neue König hielt mit seiner Königin eine prächtige Tafel im Moskowitersaal, wo Friedrich drei Jahre zuvor Zar Peter den Großen empfangen hatte. Draußen auf dem Schlossplatz wurden zwei Ochsen gebraten, und aus zwei Brunnen flossen rund viertausend Liter roter und weißer Wein. Wieder waren Trompeter und Paukisten eingebunden, kündeten jeden Speisengang an, der aufgetragen wurde, während die Hofkapelle Musik zur Unterhaltung spielte. Unzählige weiße Kerzen brannten auf den Tischen und in den Kronleuchtern. Den königlichen Herrschaften muss ziemlich heiß gewesen sein in ihren Krönungsgewändern. Als Zeichen des Aufbruchs nahm König Friedrich das Zepter in die Hand und verließ mit Königin Sophie Charlotte den Saal. Das Ehepaar zog sich in seine jeweiligen Gemächer zurück, während der Hofstaat, bisher zuschauende Kulisse, sich zum Speisen niederlassen durfte.

Mit dem Krönungstag gingen die Festlichkeiten erst richtig los. Friedrich und Sophie Charlotte besuchten die Universität von Königsberg, gewährten Audienzen und nahmen Glückwünsche entgegen, bewunderten Feuerwerke und Maskeraden. Auch für einen absolut herrschenden König ist es wichtig, sich mit seiner Königin in der Öffentlichkeit zu zeigen; sich dem Volk in Bildern einzuprägen und den Eindruck zu erwecken, jeden gemäß seinem Stand in der Gesellschaft gerecht zu behandeln.

Im Laufe des Februars wird eine Nachricht in Königsberg eingetroffen sein, die das Königspaar gebührend stolz gemacht haben muss. Am 27. Januar 1701 wurde in der Hamburger Oper am Gänsemarkt die einaktige Oper *Das Höchst=Preizliche Crönungs=Fest* aufgeführt. Komponist war Reinhard Keiser, der bis weit ins 18. Jahrhundert als einer der größten Komponisten Deutschlands gefeiert wurde. Alles spricht dafür, dass die Stadt Hamburg diese Oper, in der die Krönung Friedrichs von Brandenburg zum König in Preußen gefeiert wird, in Auftrag gegeben hat. Das Vorwort des Dedikationsexemplars bezeugt »die Freude, so man über die heilige Salbung Ih. Königl. May. Empfindet«, und erklärt, dass dadurch »nicht nur Ihro Maj. Sondern auch Teutschland mit Ehr und Herrlichkeit gecrönet wird«.

Mit der Aufführung demonstrierte die Hansestadt ihre Dankbarkeit für den neuen König, der sie als Kurfürst gegen das mächtige Dänemark unterstützt hatte. Und vermittelte zugleich die Botschaft, dass Hamburgs Bürgern auch in Zukunft an einer guten Beziehung zu Brandenburg-Preußen gelegen war. An der Elbe wusste man, dass Seine Majestät der König und die Königin für ein musikalisches Geschenk erster Güte empfänglich waren.

Der feierliche Auszug aus Königsberg war für den 8. März 1701 geplant. Das Wetter war jedoch so schlecht, dass das Königspaar zwar für alle sichtbar an diesem Auszug teilnahm, aber wenig später unbemerkt in die Stadt zurückkehrte. Erst am nächsten Morgen traten Friedrich und Sophie Charlotte die Rückreise nach Berlin tatsächlich an.

Von ihrem Aufenthalt in Königsberg ist nichts Persönliches überliefert. Hatte Sophie Charlotte über aller Vorbereitung auf die Krönung und die Feierlichkeiten, bei denen die Anwesenheit der Königin unumgänglich war, wirklich keine freie Minute? Sind Briefe von ihr aus Königsberg mit vielen anderen nach ihrem Tod vernichtet worden? Wieder einmal blühen Gerüchte und Geschichten, für die es keine soliden Quellen gibt und die dennoch immer wieder nacherzählt werden. So habe Sophie Charlotte während der Salbungszeremonie in der Schlosskirche auffällig an ihrem Gewand genestelt, bis sie endlich ihre Schnupftabakdose fand und sich daraus hör- und sichtbar bediente. Unerhört, aber typisch, sollte damit suggeriert werden.

Diese unbewiesene und plumpe Verdächtigung ist eigentlich nur lächerlich, wenn man sich die elegante, schönheitsbewusste Sophie Charlotte vorstellt, die Contenance zu den wichtigsten Tugenden zählte; die sich bemühte, Distanz zu allen Aufgeregtheiten zu halten, und von Kind auf gelernt hatte, zwischen dem privaten und dem öffentlichen Auftritt zu unterscheiden. Sie genoss es, in Lietzenburg mit einem Minimum an höfischem Zeremoniell auszukommen. Das Protokoll war für sie kein Selbstzweck, da traf sie sich mit ihrem Mann. Friedrich war kein eitler Geck, sondern nutzte festliche Repräsentanz, um die Autorität des Landes Brandenburg-Preußen zu stärken. Dabei konnte er sich auf Sophie Charlotte verlassen. Die Fürstin aus einem der ältesten deutschen Adelshäuser und von der Mutterseite mit dem englischen Königshaus verwandt, war in der Überzeugung erzogen worden, dass würdevolles Zeremoniell Bestandteil fürstlicher Herrschaft war.

Am 17. März 1701 kamen Kurfürst und Kurfürstin wieder in der Mark Brandenburg an: als König und Königin. Johann Besser notiert: »Der König begab sich nach Seinem Schönhausen, die Königin nach Ihrem Lietzenburg: alwo Sie auch bis zum Tage des Einzuges in die Residenz Berlin ... verblieben.«

Während Sophie Charlotte und Friedrich sich von den anstrengenden Wochen in Königsberg erholten, wurde Berlin für das königliche Paar geschmückt. Die Kunstakademie war beauftragt worden, zwei der sieben festlichen Ehrenpforten zu gestalten und die Fassade der Akademie zu schmücken. Auch die Zünfte gestalteten eigene Ehrenpforten: »Bey der Ehren-Pforte der Gärtner stunden zwanzig als Garten-Nympfen verkleidete Mägdleins ...«

Am 6. Mai 1701, einem Freitag, formierte sich auf dem Schlossplatz von Schönhausen ein eindrucksvoller Zug, um

Friedrich und Sophie Charlotte, die bis ein Uhr zur Tafel saßen, bei ihrem ersten Einzug in die Residenzstadt als König und Königin das Geleit zu geben. Der Hofstaat allein füllte sechsunddreißig sechsspännige Kutschen. Für Prinzen und Markgrafen standen elf Kutschen bereit, sechzehn für den engeren königlichen Haushalt. Dreißig königliche »Handpferde«, die Rücken mit kostbaren reich bestickten Decken belegt, wurden mitgeführt. Die Königin saß in einer Kutsche, der acht Pferde vorgespannt waren. Für ihre Hofdamen und andere »Frauenzimmer« aus ihrem Umkreis waren acht königliche Kutschen nötig. Friedrich Wilhelm, nun Kronprinz, saß in einer Kutsche mit den Stiefbrüdern des Vaters und seinem Oberhofmeister Alexander von Dohna. Als der Zug sich in Bewegung setzte, zog einer alle Augen auf sich: »Seine Königliche Majestät saß wie bey dem Königsbergschen Auszuge auf einem kostbaren Pferde ...«

Als der Zug sich der Stadt näherte, läuteten die Glocken. Von den Kanonen auf den Wällen, auf Yachten und Fregatten wurden Schüsse gelöst. Die Häuser und Gassen waren »von unten bis an die Giebel mit Zusehern dermassen vollgepropft, dann man von ihnen nichts mehr, dann die Gesichter erblicken konnte«. Andere Zuschauer, auch rund fünfzehntausend Besucher waren in der Stadt, »hatten die Dächer abgebrochen und die Stellen der Ziegel eingenommen«. Die Ehrenpforten bildeten eine Art Triumphgasse für die Heimkehrer. Als der Zug an der Kunstakademie vorbeikam, erwiesen die Künstler dem Herrscherpaar über Lichterdekorationen hinaus ihre Reverenz.

Vor den Akademiefenstern waren zwei Bilder angebracht: eins zeigte Friedrich zu Pferde, das andere »Ihr. Majest. der Königin Porträt«. Das Porträt hatte eine Botschaft, die über die Schönheit der Malerei hinausging: »Selbiges ruhete auf einem Piedestal, an welchem die Göttin der Weißheit gebildet zu sehen war.« Der kreative Hinweis auf den Ruf, den Sophie Charlotte genoss, nicht erst seit sie Königin war, ist überdeutlich. Als der *Mercure Galant* 1684 über die Hochzeit von Sophie Charlotte berichtete, hatte das Journal über die sechzehnjährige Braut geschrieben: »Was den Geist angeht, ist sie sehr begabt ... und weiß, was sehr wenige Menschen auch in fortgeschrittenerem Alter als ihrem wissen.«

Der Krönungszug durch Berlin dauerte bis sieben Uhr abends. Da kam das Königspaar im Schloss auf der Spreeinsel an, und »nachdem die Majestäten in Dero Gemächern angelanget, gaben die Truppen eine dreymalige Salve wie imgleichen die Compagnien der Bürgerschaft«. Einen solchen Einzug hatte Berlin noch nicht gesehen. Es war ja auch noch niemals ein eigener König in diese Residenz geritten.

Am Sonntag traf sich die Festgesellschaft wieder im Dom. Dort wurde »über Ihrer Majestäten glückliche Wiederkunft eine Predigt gehalten, und das HERR GOTT dich loben wir ... gesungen«. Erst am Montag konnte das wegen Regen verschobene Feuerwerk in den Himmel steigen. Das Warten hatte sich gelohnt: »Gegen zehn Uhr des Abends ward alles angestecket: da die Glocken zugleich zu läuten anfingen, und Ihre Majestäten nebst dem gantzen Hofe in der Stadt herumb fuhren. Berlin schimmerte nicht; sondern brante gleichsam in allen Gassen von Lichtern, Lampen, Fackeln und Freuden-Feuren.«

Damit war noch keine Ende der Feste und Feiern. Erst am 22. Juni 1701 fand das außerordentliche Ereignis mit einem »Danck-, Buß- und Bettag« seinen Abschluss. Im Dom hielt Hofprediger Jablonski die Frühpredigt »mit so gründlicher als sinnreicher Gelehrsamkeit«. Der gesamte Tag war eine Rechtfertigung für den radikalen Akt der Selbstkrönung, den Friedrich mit Berufung auf das Gottesgnadentum der Königswürde vollzogen hatte: »Beydes der Vor- und Nach-Mittag ward in dem Gottesdienst zugebracht; Und also das gantze Krönungs-Werck mit demjenigen vollendet, mit dem es Seine Majestät angefangen.« So hat es Zeremonienmeister Johann Besser in der *Preußischen Krönungs-Geschichte* ausdrücklich festgehalten.

Einer der letzten Briefe von Sophie Charlotte, bevor sie am

17. Dezember 1700 mit ihrem Mann, ihrem Sohn, den Hofdamen, dem ganzen Hofstaat und unzähligen anderen Begleitern von Berlin nach Königsberg aufbrach, um zur Königin gekrönt zu werden, war an ihre Stieftochter Luise von Hessen-Kassel gerichtet. Erst im Frühjahr hatte die Kurfürstin dazu beigetragen, dass in Berlin und Lietzenburg vierzehn Tage glanzvoll Luises Hochzeit gefeiert wurde. Am 14. Dezember schrieb Sophie Charlotte an die Zwanzigjährige: »… erhalten Sie mir ein wenig Ihre Freundschaft, denn egal in welchem Stand ich bin, ich werde Ihnen immer sehr verbunden sein …«

Wie tief die Bilder und Gefühle, Gespräche und Strapazen während der Zeit in Königsberg, die Distanz oder die Schmeicheleien, mit denen Menschen ihr nun als Königin gegenübertraten, Sophie Charlotte berührt haben, darüber gibt es keinen Hinweis. Aber sie war lange schon vorbereitet und hatte ihren Teil zum Aufstieg von Brandenburg-Preußen in die höchste Fürstenliga beigetragen.

Die Tochter des Fürstbischofs von Osnabrück hatte im Einverständnis mit ihrem Mann das Projekt Lietzenburg mit seinen musikalischen Glanzstücken, die auch den Ruhm des Kurfürstentums und der Residenzstadt Berlin als europäische Metropole mehrten, erfolgreich vorangetrieben. Die Kurfürstin hatte auf ihrer diplomatischen Mission nur wenige Wochen vor der Krönung mit Klugheit und Charme in Brüssel und Den Haag für die königliche Rangerhöhung ihres Mannes geworben.

Der Brief an ihre Stieftochter zeigt: Sophie Charlotte hat schon vor ihrer Krönung darüber nachgedacht, wie sie mit dieser einschneidenden Änderung in ihrem Leben umgehen wollte. An der Gelassenheit, mit der sie gelernt hatte, in die Zukunft zu blicken, sollte sich nichts ändern. Ihr Verhältnis zu den Menschen, die ihr nahestanden, sollte das gleiche bleiben. Und ihre Gesprächs- und Briefpartner sollten auch mit einer Königin offen und frei kommunizieren.

19. Kapitel

Die »Maison de Plaisir« wird zum Schloss
In Hamburg: Eine Oper für die Königin
1701

Während Friedrich und Sophie Charlotte noch in Königsberg ihren königlichen Pflichten nachkamen, richtete sich die Stadtverwaltung in Berlin auf die neue Zeit ein. Der italienische Kommödiant Sebastiano di Scio, genannt »L'Arlichino«, hatte die Gunst der Stunde erkannt, bat im März 1701 um die Erlaubnis, mit seiner Truppe im Rathaus aufzutreten – und erhielt sie umgehend. Der Ruf, königliche Residenz zu sein, verpflichtete zu noch mehr Weltoffenheit, mochte auch die calvinistische und die lutherische Geistlichkeit von der Kanzel seit Jahren gegen die Komödien und ähnliche sündige Veranstaltungen predigen. Die Berliner Ratsherren wussten, dass ihr Herrscher zwar ein frommer Christ war, aber sich von Pfarrern und Theologen nicht in seiner Regierungsgewalt beschränken ließ.

Vor dem feierlichen Einzug als königliches Paar in Berlin am 6. Mai widmete sich Sophie Charlotte in Lietzenburg wieder ihrer Leidenschaft, der Musik. Ihre Stieftochter Luise erfuhr Anfang April nicht nur, dass die Bälle sehr lebhaft seien, weil es viele junge, fremde Gäste gebe. Man gehe spazieren, denn das Wetter sei schön und »arbeite an einer Oper«. Diesen Hinweis wiederholte sie Ende Mai: »Ich mache eine kleine Oper, deren Text ich Ihnen schicken werde ...«

Zugleich erfuhr Luise, dass ihre Stiefmutter während der Berliner Feierlichkeiten aus Anlass der Krönung zusammen mit ihrem Vater im Potsdamer Schloss war und ihn, wie schon manches Mal zuvor, bei der Reiherjagd begleitet hatte. Die sei »sehr schön gewesen, aber ich liebe es doch mehr, in meinem Garten spazieren zu gehen«. Sophie Charlotte weiß um das gute Verhältnis zwischen Tochter und Vater und geht offensichtlich davon aus, dass Luise diese Abwägung nicht als Kritik am Ehemann missverstehen wird.

Im Sommer 1701 beschloss König Friedrich, Lietzenburg, einst von seiner Frau als »Maison de Plaisir« geplant, endgültig in ein Schloss zu verwandeln, gewiss mit vollster Zustimmung von Sophie Charlotte. Der königliche Oberbaumeister Johann Friedrich Eosander von Göthe war im Jahr zuvor auf Staatskosten nach Paris und Rom geschickt worden, um die dortigen Bauwerke als Vorbilder für Berlin zu studieren. Elisabeth Charlotte von Orléans, die schon einen exzellenten Gartenarchitekten für Lietzenburg besorgt hatte, setzte sich dafür ein, dass sich Eosander in der Hauptstadt Frankreichs alle wichtigen Türen öffneten. Der Architekt, mit dem die Königin sich gut verstand – ein Mann von Welt mit schwedischen Wurzeln und nur ein Jahr jünger –, bekam den Auftrag, für Lietzenburg eine repräsentative dreiflügelige Schlossanlage zu entwerfen und dabei die vorhandene Bausubstanz zu integrieren.

Graf von Wartenberg versprach, für den Umbau problemlos einen großen Betrag bereitzustellen. Im November 1701 wird Sophie Charlottes Mutter, die Kurfürstin Sophie, an ihren Vertrauten Gottfried Leibniz über das Verhältnis zwischen der Königin und Wartenberg schreiben, »mit diesem ist meine Tochter sehr zufrieden«. Er wolle ihr gefällig sein, »und die Königin ihrerseits geht mit ihm allerbestens um«. Die Spannungen zwischen Sophie Charlotte und Wartenbergs Frau hatten sich gelegt. Die Königin sah den Mätressen-Status der Gräfin von Wartenberg gelassener und die wiederum fühlte sich von Sophie Charlotte in ihrem herausgehobenen Status akzeptiert. Eine atmosphärische Verbesserung bei Hofe, die Friedrich, dem sehr an Harmonie zwischen ihm nahestehenden Menschen lag, geschätzt und seiner Frau zugutegehalten haben wird.

Nach dem großen »Danck-, Buß- und Bettag« am 22. Juni begann für das Ehepaar endgültig der königliche Alltag. Und für Sophie Charlotte die konzentrierte Vorbereitung auf den ersten Geburtstag ihres Mannes, den er am 11. Juli 1701 als König feiern konnte. Natürlich war wieder Lietzenburg der Hauptschauplatz. Das Geburtstagskind durfte mit der erlesenen Gästeschar eine Opernpremiere erwarten, mit der die Königin Attilio Ariosti beauftragt hatte. Wie bei seinen früheren Kompositionen hat Ariosti mit *Fede ne' Tradimenti* einen weiteren entscheidenden Schritt in Richtung einer Oper getan, die ohne Ballette und neckische Schäferspiele auskam. Es geht um menschliche Dramatik, die adäquat von der Musik ausgedrückt wird und die Zuhörer ein Wechselbad der Gefühle durchleben lässt.

Für diesen besonderen Geburtstag organisiert die Königin auch im Berliner Schloss eine musikalische Aufführung. Den *Streit des alten und neuen Seculi* hat der königliche Oberkapellmeister Carl Friedrich Rieck als »Serenata« komponiert, eine Musik mit einem Text des Berliner Dichters Benjamin Neukirch. Im sängerischen Wettstreit zwischen den Jahrhunderten siegte das »Neue Seculum« und stimmte ein Loblied auf Preußens ersten König an.

Die Lietzenburger Opernaufführung am 12. Juli war nur eine unter mehreren. Als die Königin am 30. Juli unter leichtem Fieber litt, ließ sie sich von einem Besuch ihres »Teatro« nicht abhalten, auch wenn der Abend erst morgens gegen drei Uhr zu Ende ging.

Eine Woche später war sie wieder gesund genug, um sich über einen Brief von Leibniz zu ärgern.

Sie hatte gehofft, mit ihrem Philosophen im Sommer 1701 auf Spaziergängen durch den Garten von Lietzenburg Gespräche über Gott, die Seele und die Unsterblichkeit zu führen. Doch in Hannover war der Diplomat Leibniz unabkömmlich. Auf sein Betreiben hatte Kurfürstin Sophie eine Entwicklung nicht abgelehnt, die im Sommer 1701 ein positives Ende nahm.

Mit Beginn des neuen Jahrhunderts war klar, dass für den englischen Thron kein Nachfolger bereitstand. Die nächste direkte Erbfolge führte nach Hannover – zu Kurfürstin Sophie, deren Großvater der englische König Jakob I. und deren Urgroßmutter die berühmte Maria Stuart war. Nach vielen internen Diskussionen beschloss das Parlament in England am 12. Juni 1701 im *Act of Settlement*, dass die englische Thronfolge auf die protestantische Linie des Hauses Hannover hinauslaufen solle – die Kurfürstin Sophie und ihren Sohn Georg Ludwig, den Kurfürsten von Hannover. Der englische König gab seine Zustimmung.

Der Diplomat Leibniz hatte für diese Option gekämpft. Wie hätte er fehlen können, als am 14. August 1701 der englische Botschafter der einundsiebzigjährigen Kurfürstin Sophie, die im großen Audienzsaal des Schlosses von Hannover unter einem Baldachin saß, die *Sukzessionsakte* überreichte. Mit diesem Stück Papier erhielt der Anspruch des Hauses Hannover auf den englischen Thron – zuallererst von der Kurfürstin verkörpert – Brief und Siegel. (Eingelöst wurde dieser Anspruch 1714, als Sophies Sohn Georg Ludwig, Kurfürst von Hannover, in Personalunion als Georg I. König von England und Irland wurde.)

Mit der englischen Gesandtschaft kam ein Mann nach Hannover, der sofort enge Kontakte zu Leibniz knüpfte und den der deutsche Philosoph anerkennend begrüßte. Andere bei Hofe zogen missbilligend die Brauen hoch, denn an John Toland, der sich selbst einen »Freidenker« nannte, schieden sich die Geister. Toland hatte Glück gehabt, dass 1697 statt seiner Person nur drei Exemplare seines Buches *Christianity not mysterious* – Christentum ohne Geheimnis – in Dublin vom Henker verbrannt wurden.

1670 in eine irisch-katholische Familie geboren, trat er zum Protestantismus über, studierte in Schottland und an der berühmten Universität von Leiden Theologie und plädierte mit seinem Buch für ein Christentum, das sich ausschließlich auf Vernunft und Erkenntnis stützt und den Gläubigen keine dunklen Geheimnisse und irrationalen Mysterien predigt. Toland forderte ein radikal reformiertes Christentum. Seine Kritik an der machtbewussten Priesterkaste aller Konfessionen war beißend. Das Verdammungsurteil der großen Kirchen ließ nicht lange auf sich warten. Der liberalen englischen Gesandtschaft war Toland willkommen, weil er vehement für die Erbfolge des Hauses Hannover Propaganda machte.

Königin Sophie Charlotte war neugierig auf diesen aufgeklärten Geist, der so viel Widerspruch, zum Teil Hass hervorrief, und lud ihn umgehend nach Lietzenburg ein. Vielleicht auch, weil Toland, zwei Jahre jünger als sie, das Alter der Gesprächsrunden im Park des Schlosses deutlich senkte. Am 30. August verließ Toland Hannover in Richtung Berlin, und Leibniz bedauerte, dass er seinen Kollegen nicht begleiten konnte. Kurfürst Georg Ludwig verweigerte seinem Hofbeamten die Zustimmung zu dieser Reise.

Ende September war Leibniz seiner Verpflichtungen in Hannover ledig. Die Königin erwarte ihn dringlich in Lietzenburg, schrieb er an Kurfürstin Sophie. Sie habe ihm schon einen »Fuhr-Zeddel« geschickt und übernahm damit die Kosten für die Pferde, die auf dem Weg nach Berlin gewechselt werden mussten. Anfang Oktober konnte Leibniz in Lietzenburg seine Aufwartung machen und sich in die Diskussionen mit Toland einschalten, zu denen Sophie Charlotte auch den Hofprediger Isaac de Beausobre gebeten hatte. Als Hugenotte aus Frankreich vertrieben, war er über Rotterdam 1693 nach Berlin gekommen und ein geachtetes Mitglied der französisch-reformierten Gemeinde. Zwei Stunden diskutierten der Freidenker-Theologe aus England und der französische Calvinist über den Wahrheitsgehalt der Bibel. Für Toland war sie ein Text wie jeder andere, mit wahren und mit falschen Aussagen; durch die Jahrhunderte von Mächtigen in Kirche und Politik für ihre Interessen missbraucht. Beausobre war ein aufgeklärter Zeitgenosse, doch die christliche Überzeugung, dass die Bibel das Wort Gottes enthielt, war für ihn nicht verhandelbar.

Auch am Berliner Hof war Toland nicht allen ein willkommener Gast, zumal er bei Diskussionen überheblich und arrogant auftreten konnte. Sophie Charlotte nannte ihn »geistvoll und undiplomatisch«. König Friedrich hatte keine Einwände gegen den Besuch des Freidenkers an seinem Hof. Er ließ sich gemäß dem Protokoll während eines Treffens von Toland die Hand küssen. Aber, so hatte Kurfürstin Sophie erfahren, Toland habe »mit seiner Majestät noch kein Gespräch geführt, ich glaube, weil man ihn sehr hasst«. Nüchtern bilanzierte sie im Oktober: »Toland hat viel Geist, aber wenig Urteilsvermögen, wenn er nicht angeleitet wird.« Die Einundsiebzigjährige, die in religiösen und philosophischen Ansichten immer für eine freie Diskussion geworben hatte, ließ auf den Kern von Tolands Botschaft nichts kommen: »Ich finde seine Absicht weiter redlich und gut, trotz der Empörung seiner Gegner.«

Ebenfalls im Oktober schrieb die Kurfürstin an eine ihrer Nichten, ihre Tochter sei immer auf dem Land in ihrem Lietzenburg und »kert sich an nichts, was bey hoff geschieht; den stein, den sie nicht heben kan, lest sie ligen«. Offenbar machten Gerüchte die Runde, dass die Königin sich zu sehr einmische und bei Intrigen ihre Hand im Spiel habe? Die Informationswege zwischen den Fürstenhöfen waren kurz. Dass Sophie auf dem Umweg über ihre Nichte ihre Tochter in ein gefälliges Licht stellen und mögliche Gerüchte zerstreuen möchte, wäre nichts Besonderes.

Sophie Charlotte hatte genug zu tun in diesem Spätsommer, um sich von etwaigen Gerüchten irritieren zu lassen. Aus Briefen an ihre Stieftochter Luise geht hervor, dass die Königin eifrig ihre Kontakte nutzt. Im August bittet sie Luise »um Protektion für den Musiker, der Ihnen meinen Brief überbringen wird, er hat eine sehr schöner Stimme«. Umgekehrt hofft sie auf Nachsicht, dass sie dem Landgrafen von Kassel, Luises Schwiegervater, den Musiker, den er ihr ausgeliehen hat, einige Tage über das vereinbarte Datum hinaus vorenthalten wird.

Die Königin steckte mitten in den Vorbereitungen zu einer Oper; vielleicht war es die eigene, deren Libretto sie im Mai ihrer Stieftochter angekündigt hatte. Vielleicht sollte sie zum Jahrestag der Königsberger Krönung aufgeführt werden. Ohne auf Details einzugehen, erzählt sie Agostino Steffani in einem Brief vom 29. September davon. Zuerst allerdings erbittet sich die Königin – und das ist typisch für ihre Steffani-Briefe – ein bisschen Klatsch von dem Fürstenhof, der den katholischen Abbé gerade mit einer diplomatischen Mission betraut hat. Sophie Charlotte kann sich darauf verlassen, dass Steffani mit den gewünschten »Neuigkeiten« zugleich neue Kompositionen liefert. Diesmal bedankt sie sich für seine Duette, die von ihren Sängern »sehr schön gesungen wurden«.

Die interessante und traurige Neuigkeit steht am Ende ihres Briefes. Der Sänger, der die Hauptrolle in einer Oper einnehmen sollte, »bei der ich das Orchester leiten würde, ist krank ...«. Dem Grafen Palmieri, schon lange am Hof von Hannover für alle musikalischen Aufführungen verantwortlich, konnte auch der Leibarzt des Königs nicht helfen. Er starb Anfang Oktober. Von der Oper ist nie mehr die Rede. Aber sie führt zu der ersten verlässlichen Information, dass Sophie Charlotte bei Opernaufführungen im Lietzenburger Teatro nicht nur Cembalo spielt, sondern von ihrem Instrument aus das Orchester leitet.

Ende Oktober darf die Königin sich zurücklehnen und genießen, was ihr Gemahl für sie zum Geburtstag vorbereitet hat – der immer noch nach dem überholten julianischen Kalender gefeiert wird. Da man mangels eines schriftlichen Nachweises überzeugt ist, dass Sophie Charlotte am 20. Oktober 1668 geboren wurde, trifft sich die Festgesellschaft am 30. Oktober zu einem feierlichen Mahl im Oraniensaal des Berliner Schlosses. Eine dreimalige Salve aus den Kanonen, die auf den Wällen um die Stadt verteilt sind, verkündet der Bevölkerung das fröhliche Ereignis. Während des Essens wird jeder Spruch auf die Gesundheit der Königin von einem Kanonenschuss begleitet.

Zum »Theater auf dem Stallplatz«, wo der König für seine Frau eine Überraschung vorbereitet hatte, mussten die hochgeborenen Damen und Herren nur um die Ecke gehen. Am nächsten Tag wird der hannoversche Gesandte nach Hause berichten, es sei eine »teutsche comedie, die beschützte Unschuld genennet« von Mitgliedern des Hofes aufgeführt worden: »… es waren vornehme actores, die meisten haben ihre roles kaum herlesen können …«

König Friedrich nahm es gelassen. Er schrieb ebenfalls am 1. November an seine Schwiegermutter in Hannover: »… einige vom Hofe haben eine kleine Komödie auf dem Stallplatz aufgeführt, die kläglich verlief, weil sie ihre Rolle herlesen mussten.« Er sei sicher, dass sie »herzlich darüber gelacht haben würde«. Selbst das Ablesen eines deutschen Textes machte denen, die bei Hofe, aber auch zu Hause meist Französisch sprachen, offensichtlich große Schwierigkeiten. Sophie Charlotte und ihre Mutter werden dafür Verständnis gehabt haben. Ihre wenigen auf Deutsch geschriebenen Briefe verraten, dass es ihnen ähnlich erging. Der Brief des Königs in Preußen an seine Schwiegermutter war ebenfalls auf Französisch verfasst.

In Hamburg nutzte man den Geburtstag der preußischen Königin, Dankbarkeit zu zeigen und sich das Wohlwollen des mächtigen europäischen Mitspielers für die Zukunft zu erhalten. Aus Berlin war ein »königliches Present von 500 Reichstalern« eingetroffen, um die guten Beziehungen, die wirtschaftlich für Brandenburg-Preußen wichtig waren, zu bestätigen. Der preußische Gesandte berichtete König Friedrich Anfang November, ein Hamburger Ratsherr, zugleich Direktor der städtischen Oper, habe »eine sehr schöne opera in Musica praesentiret und weil sie von jedermann admiriret und applaudiret worden, so hat Er sie gestern noch einst presentiret …«.

Am 20. Oktober 1701 war die Oper *Die wunderschöne Psyche* im Auftrag des Stadtrats – wie schon die Krönungsoper im Frühjahr von Reinhard Keiser komponiert –, zu Ehren von Königin Sophie Charlotte in Hamburg aufgeführt worden.

Während in Hamburg die Oper für sie über die Bühne ging, konnte Sophie Charlotte in Lietzenburg endlich wieder lange Gespräche mit Leibniz führen und ihn mit Toland und dem Hofprediger Beausobre zusammenführen. Wenn es zu höflich verlief, provozierte die Königin die Herren gerne zu konträren Diskussionen, und wurden die zu heftig, glättete sie elegant die intellektuellen Wogen. Am Abend ging man ins Teatro. »Beinahe wöchentlich« werde Komödie gespielt, schrieb Leibniz Ende Oktober an Kurfürstin Sophie in Hannover, »und dabei ist Fräulein von Pöllnitz Dichterin und Schauspielerin«.

Seit der Krönung in Königsberg, wo Henriette von Pöllnitz stets an der Seite ihrer Herrin war, stand sie an der Spitze von zwölf, statt bisher sechs Hofdamen. Doch ob Kurfürstin oder Königin: Das Verhältnis der beiden Frauen war gleichbleibend freundschaftlich, vertraulich. Sie waren sich gegenseitig die engsten Bezugspersonen. Beide trafen sich mit ihrer Begeisterung für Musik, Theater und Literatur und schätzten es, scharfsinnige bis spöttische Urteile abzugeben, am liebsten wohl im kleinsten Kreis. Ihrer ersten Hofdame gegenüber konnte Sophie Charlotte alle protokollarischen Regeln hinter sich lassen, frei reden und sich auf unbedingte Loyalität verlassen. Die gesamte Kommunikation der Königin mit der Außenwelt lief über Henriette von Pöllnitz. Sie war verantwortlich für die Unterhaltung bei Hofe, schrieb Vorlagen für Opernlibretti und Komödien und stand als Mitwirkende auf der Bühne.

Henriette von Pöllnitz wurde von der Königin wie vom Philosophen als Gesprächspartnerin geschätzt. »Hier schicke ich Ihnen einen Brief von Leibniz«, hatte Sophie Charlotte am 7. August 1701 an ihre oberste Hofdame geschrieben. »Ich mag diesen Mann. Aber ich könnte ärgerlich werden, dass er mit mir alles so oberflächlich abhandelt. Er spottet über mein Talent und gibt nur selten Antwort auf präzise Fragen, die ich angeregt habe.« Da hatte sich etwas angestaut, auch wenn etliche Briefe sich erhalten haben, in denen die Schreiberin Leibniz bestätigt, wie genau er ihre Gefühlswelt begriffen und ihre Gedanken auf tröstliche Bahnen gelenkt hat.

Vielleicht drängt Sophie Charlotte während des Sommers so darauf, dass Leibniz nach Lietzenburg kommt, um sich endlich einmal auszusprechen. Eine dauerhafte Verstimmung war es nicht, denn der Brief von Leibniz Ende Oktober 1701 an die Kurfürstin Sophie in Hannover spiegelt wider, wie vertrauensvoll und entspannt sich der Philosoph und die Königin in Lietzenburg begegneten. Denn das muss man wohl sein, wenn man gemeinsam Luftschlösser baut.

Der Philosoph, der sich auch für technische Entwicklungen interessierte, berichtet in seinem Brief von Plänen, Spandau und damit automatisch Lietzenburg verkehrstechnisch per Schiff enger an die Hauptstadt anzubinden: »Es wird überlegt, ob man hier nach holländischer Weise *Treckschüten* einrichten soll, die zwei- oder dreimal täglich von Berlin nach Spandau und zurück verkehren und dabei immer in Lietzenburg vorbeikommen.« Mit den überdachten Treckschuten würden mehrere Interessen bedient: »Der Hof der Königin wird das bequem finden, und die Treckschüte wird daran verdienen, besonders, wenn in Lietzenburg Komödie gespielt.«

Das kleine kommode Passagierschiff, das Sophie Charlotte bei ihrer Reise in die Niederlande ein Jahr zuvor selbst benutzt hatte, brachte bei den gemeinsamen Überlegungen mit Leibniz geheime Wünsche zutage: »Wenn aber die *Treckschüt* verkehrt, wird es sich lohnen, eine Schauspielertruppe zu halten, und auf dieser Grundlage bauen wir schon Opernhäuser in die Luft.« Mit Leibniz konnte Sophie Charlotte ihrer Fantasie freien Lauf lassen. Er wiederum wusste, dass die Mutter der Königin in Hannover für hochfliegende Pläne Verständnis hatte.

Ein Opernhaus in Lietzenburg war noch nicht das Ende der Visionen. Im Schloss zu Lietzenburg holten die beiden sich in Gedanken die weite Welt vor die Tore Berlins. Ein Teil der Handelswaren aus der Türkei und aus Persien könnten mit den neuen Schiffen auf dem Weg nach Hamburg und Breslau an Lietzenburg vorbeikommen: »Große Pläne. Es ist so angenehm, sie zu entwerfen ...« Die Fantasie, einmal in Gang gesetzt, verführte die beiden schließlich zu einem Plan, der Sophie Charlotte mit ihrem Vertrauten als Begleiter in die Ferne führte: »... doch der gediegenste ist der, den die Königin in Beratung mit mir entwickelte, um Eure Kurfürstliche Königin in England zu besuchen.«

England: Das nächste Stichwort, um ins Plaudern zu kommen, denn zwischen der Insel und dem europäischen Festland liegt das Meer. Vor einem Jahr auf dem Wasserweg von Antwerpen nach Rotterdam hatte der Sturm so gewütet, dass Sophie Charlotte auf dem Schiff »krank wie ein Hund wurde«. Niemals mehr wollte sie sich dem Wasser anvertrauen. Aber sollte ihre Mutter aufgrund der im August festgelegten Erbfolge Königin von England werden und in London den Thron besteigen, würde sie eine Ausnahme machen.

Nichts wirklich Aufregendes bietet dieser Brief vom Ende Oktober 1701, nur einen unspektakulären Blick in den Alltag Sophie Charlottes jenseits von Protokoll und Königlicher Durchlaucht. Solche intimen, alltäglichen Stunden kamen viel öfter vor, als es sich nach über drei Jahrhunderten vorstellen lässt. Fassbar sind für uns nur beschriebene Papiere, kostbare Kleider, Möbel, Bilder und eindrucksvolle Bauten, um einem längst vergangenen Leben Profil zu geben und neben dem Außergewöhnlichen den Alltag wenigstens in Umrissen lebendig werden zu lassen. Die unzähligen Gespräche, die Teil einer Persönlichkeit ausmachen, sind am historischen Horizont versunken.

Darum ist der Blick auf Leibniz und Sophie Charlotte, die sich im Schloss und beim Spaziergang durch den Park von Lietzenburg von ihrer Fantasie gemeinsam zu großen Plänen mitreißen lassen, so außergewöhnlich. Er passt zum Abschluss eines Jahres, in dem Sophie Charlotte erstmals als Königin den Menschen in ihrer Umgebung entgegentrat – unaufgeregt-gelassen, ihr musikalisches Talent wie zuvor zielstrebig und begeistert auslebend. Selbstbewusst hat sie das Projekt Lietzenburg mit ihrem Gemahl, dem König, weiterentwickelt und Menschen mit Geist, Verstand und provozierenden neuen Ideen in ihrem Schloss, ihrem Teatro und ihrem eleganten französischen Garten miteinander ins Gespräch gebracht.

Gelassen schaut Sophie Charlotte auch aus dem Bild, das 1701 gemalt wurde; das erste, das sie als Königin darstellt. Parallel dazu hatte Friedrich Wilhelm Weidemann, der an der Berliner Kunstakademie seinen Abschluss als Maler machte, König Friedrich in ritterlicher Rüstung inszeniert, die schmale Gestalt vom weiten Hermelinmantel eingerahmt. Friedrich hält das Schwert in der linken Hand, die Krone liegt rechts im Bild, im Hintergrund das Berliner Schloss. Beide Bilder haben das gleiche Format, 240 cm × 155 cm – und beide Bilder sind eine Staatsaktion für das neue Königreich.

Der stolz aufgerichtete König mit den Insignien seiner Würde entspricht den traditionellen Königsbildern. Die gelassene Königin tritt mit einer Geste vor ihre Untertanen, für die es keinen Bildvergleich gibt. Auch Sophie Charlotte ist durch Krone und Zepter im Hintergrund als Königin ausgewiesen. Doch mit dem linken Arm, auf einem hohen Sockel abgestützt, führt sie die Hand zum Kopf und stützt ihn leicht: eine Königin in Denkerpose. Dieser Eindruck entsprach dem Bild, das Sophie Charlotte von sich selber hatte und wie sie auch nach außen wahrgenommen wurde. Es hat Widerhall in einem Staatsporträt gefunden, weil König Friedrich einverstanden war, dass seine Frau als gedankenreiche Königin auftreten konnte.

Zur Erinnerung: Beim festlichen Einzug des neuen Königspaares in Berlin am 6. Mai 1701 schmückte die Front der Kunstakademie ein Porträt von Sophie Charlotte, das auf einem Sockel ruhte, der mit dem Bild der Königin der Weisheit geschmückt war. Der Zusammenhang zwischen den beiden Porträts ist kein Zufall.

Schon bei ihrer Hochzeit wurde sie für ihren außergewöhnlichen Geist gerühmt. John Toland hat seinen persönlichen Eindruck von der Königin wenig später einem Buch vorangestellt: »Man bewundert sowohl ihren scharfen und geschwinden Geist, als ihre gründliche Wissenschaft, durch die sie die schwersten Stücke der Weltweisheit erlangt hat.« Für eine Frau in der Barockzeit, als die besten Köpfe eine frühe Aufklärung in Gang setzten, war es kein Makel, sondern eine Auszeichnung, Geist und Verstand zu besitzen. Auch die erste Königin in Preußen profitierte von dieser Überzeugung – die wenig später für Jahrhunderte verloren ging.

20. Kapitel

Fräulein von Pöllnitz kann sich Ironie erlauben
Telemann wird ins Theater geschmuggelt
1702 bis August

Am 2. Januar 1702 war Leibniz ins Berliner Schloss zum Essen eingeladen und berichtete noch am selben Tag Sophie Charlottes Mutter in Hannover: »Die Königin hat mir ein großes und schönes Modell gezeigt, das einer der königlichen Architekten, ein Schwede namens Eosander, für Lietzenburg hat machen lassen; das wird sehr gut, vorausgesetzt, dass während der Arbeiten nicht Regen und Schnee den Dächern zusetzen.« Es war nicht einfach, aus den vorhandenen Teilen ein neues wesentlich vergrößertes Gesamtwerk zu planen. Aber mit Eosanders Entwurf war die Königin zufrieden. Mit dem neuen Jahr konnte der Umbau von Schloss Lietzenburg zu einer monumentalen barocken Dreiflügelanlage beginnen. Sophie Charlotte würde ab Ostern wieder mit ihrem Hof dort einziehen. Ein Jahr ohne den langen Aufenthalt in Lietzenburg war nicht vorstellbar, und auf einer Baustelle zu leben kannte sie schon von den Anfängen.

Am ersten Tag des neuen Jahres hatte Kurfürstin Sophie an Leibniz geschrieben: »Ich hoffe, Sie mit der Königin hier zu sehen ...« Um den 20. Januar war es so weit: Der Reisetross setzte sich in Berlin in Bewegung. Die Königin wurde von Leibniz begleitet, um den Karneval in Hannover mit seinen Maskeraden, Komödien, Bällen, festlichen Soupers und lockeren Zusammenkünften im Kreis der fürstlichen Gäste aus ganz Europa zu erleben. Eine Tradition, die inzwischen fest zu Sophie Charlottes Einstieg in das Jahr gehörte.

Vielleicht wird sie noch in Berlin von dem ungewöhnlichen Ereignis gehört haben, das in Hamburg am 18. Januar zu Ehren der »Königlichen Majestät und dero hochgeliebten Königlichen Gemahlin« stattfand. Zum ersten Jahrestag der Krönung in Königsberg wurde in der Hamburger Oper noch einmal *Das Höchst-Preizliche Crönungs=Fest* aufgeführt, das im Januar 1701 Premiere gehabt hatte. Der 18. Januar 1702 wurde vom Stadtrat an der Elbe als »großes Fest« gefeiert, um die engen politischen und wirtschaftlichen Verbindungen zum Königreich Brandenburg-Preußen weiterhin öffentlichkeitswirksam zu pflegen und sich das Wohlwollen des Königspaares zu erhalten. Man wolle solche Feste noch etliche Jahre abhalten, schrieb der preußische Gesandte in der Hansestadt am 20. Januar an König Friedrich. Das Feuerwerk im Anschluss an Oper und Ballett sei »cum summo applausu aller invitierten hohen Minister, Dames, Standes Personen, und der sehr vielen Zuschauer presentiret und vollenzogen worden« und man habe »die Paucken und Trompeten unter andern tapfer hören lassen«. Nicht grundlos hoffte der Stadtrat auch, durch eine solche besondere Aufführung die Hamburger Oper für Musikfreunde außerhalb der Stadt attraktiv zu machen.

Schon vor der Abreise nach Hannover war Henriette von Pöllnitz mit den Vorbereitungen zu einer komödienhaften Karnevalsaufführung beschäftigt. Das *Gastmahl des Trimalchio* war die bekannteste Episode aus dem Roman *Satyricon* des Schriftstellers Petronius Arbiter, eines Zeitgenossen Neros; ein ironisches Sittenbild der Neureichen und Emporkömmlinge im antiken kaiserlichen Rom. Leibniz und der angesehene Dichter und katholische Abbé Orteniso Mauro, fest beim Kurfürsten von Hannover angestellt, arbeiteten an der Karnevalsfassung mit. Die beiden Männer hatten außerdem jeweils kleinere, die Pöllnitz eine tragende Rolle in der Aufführung übernommen.

Zur Festveranstaltung kam ein Teil der Geladenen, darunter die Königin und ihr jüngerer Bruder, in römischen Gewändern und nahm als Kulisse auf einer Liege Platz. Kurfürstin Sophie und ihr ältester Sohn, der Kurfürst von Hannover, saßen im Publikum. Derbe Späße, laute Streitereien, alkoholische Exzesse und ein großer Nachttopf, der Trimalchio, einem freigelassenen, zu Wohlstand gekommenen Sklaven, stets hinterhergetragen wurde, sollten die Zuschauer erheitern.

Am Hof zu Hannover, dem Zentrum des Karnevals, störte sich niemand an diesem Masken-Schwank. Den königlichen Hof in Berlin aber erreichten empörte Erzählungen über die unmoralische »Trimalchio-Aufführung«. Getroffen werden sollte mit dieser Skandalisierung die Königin und ihre oberste Hofdame. Die weltoffene und aufgeklärte Gesinnung der beiden Frauen hatte nicht nur Freunde bei Hofe.

Am 14. Februar 1702 schilderte König Friedrich seiner Schwiegermutter in Hannover die Intrigen am Berliner Hof, seine missliche Lage und warum er sich wieder einmal von engsten Dienern trennen musste: »... ich bin gewiss, dass man mit mir Mitleid haben würde, wenn man recht wüßte, wie schurkisch ich bedient bin. ... Gott weiß, wie ich meine treuen Diener liebe und schätze, aber die Intrigen, die vorgehen, kann ich nicht mehr leiden.« Der König hat nicht nur sich selbst, sondern auch seine Frau im Blick: »Es ist mir recht lieb, dass die Königin sich jetzt ergötzt und von allem nichts sieht und hört ...« Erleichterung klingt aus diesen Worten und einfühlsames Verständnis, dass Sophie Charlotte sich fern von den Intrigen in Hannover vergnügt.

Am 27. Februar schlägt Friedrich einen anderen Ton an. Es ist die Antwort auf einen Brief, in dem die Schwiegermutter die »Trimalchio-Aufführung« lobte und versuchte, die Berliner Aufregung, deren Echo inzwischen Hannover erreicht hatte, herunterzuspielen. Ungewöhnlich für ihre ansonsten auf Französisch geführte Korrespondenz mokiert sich der König über Fräulein von Pöllnitz in deutscher Sprache: »Dass die freulen Pelnitz eine histoire aus dem Trimalsion wol agieret hat, daran habe ich keinen zweiffel, dan sie täglich viel list und also solches besser verstehen wirdt als die Biebel. Möchte nuhr wünschen, dass Sie sich auf etwas serieuses applicierte, mays il nen fau pas juger des goust et de se inclinations.«

Die französische Schlussbemerkung, dass man über Geschmack nicht streiten solle, klingt fast wie eine verstohlene Entschuldigung gegenüber der gebildeten Schwiegermutter, sich auf eine ziemlich plumpe Polemik eingelassen zu haben. War die laute Entrüstung des Königs über den Skandal in Hannover ein Ablenkungsmanöver gegenüber der protestantischen Berliner Geistlichkeit? Ihr Kampf gegen die Theatergruppen in der Residenzstadt war erfolglos geblieben. Friedrich wusste, welche kulturellen Standards zu einer königlichen Hauptstadt gehörten, und war nicht bereit, daran Abstriche zu machen. Und der fromme calvinistische König besuchte gerne Komödien.

Der Brief von Kurfürstin Sophie an ihren Schwiegersohn war Teil einer konzertierten Aktion. Auch Leibniz und Königin Sophie Charlotte waren eingebunden, um die skandalträchtigen Nachrichten, die in Berlin über die Aufführung in Hannover gestreut wurden, zu entkräften. Leibniz schrieb einen ausführlichen Brief über »Trimalchio« an eine ihm bekannte Fürstin, die am Berliner Hof wohlgelitten war. Sophie Charlotte, die wusste, welche hohen moralischen Standards ihr Sohn anlegte, versuchte unauffällig, das Bild der Aufführung zu korrigieren, das Friedrich Wilhelm wahrscheinlich in Berlin bekommen hatte.

Der Vierzehnjährige war den Januar über mit der Mutter in Hannover gewesen und dann an die Spree zurückgekehrt. »Freitag habe ich Ihren Brief bekommen, mein lieber Sohn«, schrieb ihm Sophie Charlotte am 25. Februar, »und ich bin betrübt, dass Sie sich im Augenblick so schlecht unterhalten. Ich wünschte von ganzem Herzen, dass Sie hier bei mir wären, wo man die Zeit so angenehm verbringt. Das Fest, bei dem der Raugraf sich als römischer Herrscher verkleidete, war sehr hübsch, er hatte nackte Arme und Beine ... Pelnitz war die Fortuna, die Frau des trimalcion.« Die Mutter wusste, dass der Raugraf – sein Onkel aus der Pfalz – für ihren Sohn ein Vorbild war. Als Echo verraten diese Zeilen, dass Friedrich Wilhelm in seinen Briefen an die Mutter auch über persönliche Dinge schrieb.

Einen Tag zuvor hatte die Königin dem hannoverschen Gesandten in Den Haag geschrieben. Sophie Charlotte kannte Johann Caspar Freiherr von Bothmer aus den ersten Jahren ihrer Ehe – ab 1684 – in Berlin als zuverlässigen, gut informierten Diplomaten. Während seiner Zeit in den Niederlanden entwickelte sich mit dem Beginn des neuen Jahrhunderts eine Korrespondenz zwischen der Königin und Bothmer, die von außerordentlichem Vertrauen und großer Wertschätzung auf beiden Seiten geprägt war.

Am 24. Februar 1702 bekennt Sophie Charlotte, sie fürchte, bald abreisen zu müssen, da sie keinen Vorwand habe, sich länger in Hannover aufzuhalten: »… was mir schwer fallen wird, wie Sie glauben können, denn seit meiner Abreise hat es so viele Veränderungen an unserm Hof gegeben, dass ich sehr die Klagen fürchte, die ich mir bei meiner Rückkehr anhören muss …« Ihre Mutter wird ihr den Brief des Königs vom 14. Februar gezeigt haben, in dem er sich über die Intrigen an seinem Hof Luft macht. Es klingt, als wolle Sophie Charlotte an die kritische Sicht ihres Ehemannes anknüpfen, wenn sie Bothmer zum Abschluss bekennt: »… ich trenne mich hier von Vergnügen und Annehmlichkeit, um mich am seltsamsten Hof der Welt wiederzufinden.«

In der Residenzstadt an der Spree gab es im Frühjahr 1702 wieder Machtkämpfe, die sich an der herausragenden Stellung des Premierministers Joachim Kasimir Kolbe von Wartenberg entzündeten. Doch Wartenberg hatte die rückhaltlose Unterstützung des Königs und blieb unangefochten auf seinem Posten. Leibniz hatte Wartenberg Anfang Januar noch seine Aufwartung gemacht. In Hannover riet Kurfürstin Sophie ihrer Tochter, sich gut mit dem obersten Minister zu stellen. Die Königin hielt sich nach der Rückkehr daran, und an Geldern für den Weiterbau von Schloss Lietzenburg war kein Mangel. Wenn sie das vertraute Hannover schon verlassen musste, dann sollte wenigstens der – nach ihrer Mutter – wichtigste Hannoveraner schnellstmöglich nach Berlin kommen: »Ich erwarte Sie mit Ungeduld in Lietzenburg, wohin ich Ostern gehe«, schrieb Sophie Charlotte am 15. März an Leibniz. Und fügte, halb im Scherz und halb im Ernst hinzu: »Was Sie zu kommen zwingt, ist ein Werk der Nächstenliebe. Die Pöllnitz hat sich ein Buch gekauft, aus dem man Mathematik lernen kann, welche sie gerne studieren will.« Ihr würde von den Begriffen »ganz schwindelig, wenn Sie ihr nicht zu Hilfe kommen«. Neidlos bekennt die Königin, dass ihre Oberhofdame ihr auf diesem intellektuellen Terrain weit voraus ist: »Dagegen macht es mich schon zufrieden, die Figuren und Zahlen zu betrachten, ohne sie zu lesen, denn das ist alles Griechisch für mich.«

Leibniz' Antwort beweist ein weiteres Mal, dass die Hofdame der Königin eine gleichberechtigte Partnerin für ihn war: »Fräulein von Pöllnitz hat nicht nur einen messerscharfen Verstand, sie liebt es auch, ihn an schwierigen Dingen zu schärfen. Mit ihrem Talent wird ihr die Mathematik Vergnügen bereiten.« Er schickt ein Mathematikbuch und den Wunsch, mit Hilfe der königlichen Hofdame in Lietzenburg ein Observatorium einzurichten.

Die nächste Aufforderung an Leibniz, sich endlich auf den Weg nach Berlin zu machen, kommt Anfang April von Fräulein von Pöllnitz. Der ironische Ton ist inzwischen ein fester Teil der Korrespondenz: »Denn wir verhalten uns so wie das deutsche Sprichwort sagt: ›wann die Katze nicht zu Haus ist, danzen die Meuse auf den Bänken‹.« Eine gewagte Anspielung, denn die »Katze« ist König Friedrich, der sich auf den Weg in den westlichen Teil seines Reiches am Niederrhein aufgemacht hat, wo sich Kriegswolken zusammenziehen. Hinzu komme, dass die Königin zurzeit keinerlei Gesellschaft habe; allerdings sei sie lieber allein als in schlechter Gesellschaft. Doch sogleich rückt die Pöllnitz dieses Argument zurecht, um es zugunsten von Leibniz aufzuwerten: »... aber es liegt ihr auch daran, Ihre Unterhaltung zu genießen.«

Ist das alles, was die Korrespondenz zwischen der Königin und dem Philosophen in diesem Frühjahr 1702 ausmacht? Ironisches Geplänkel und der Austausch gegenseitiger Wertschätzung? Nein, noch im März beschreibt Sophie Charlotte in einem ausführlichen Brief ihren Gemütszustand, und der Grundton ist zufriedene Gelassenheit. Sie habe von der Zukunft weniger zu fürchten als von der Gegenwart, in der sie mit den Schmerzen des Körpers rechnen müsse. Der furchtlose Blick in die Zukunft ist möglich, weil die Königin erklärt, keine Angst vor dem Tod zu haben, trotz allem, was sie über den Teufel gehört habe. Preußens Königin glaubt nicht an den Teufel, eine Wahrheit, die sie nur in höchster Vertraulichkeit aussprechen darf. Sie habe an sehr »fröhlichen« Diskussionen über die Unsterblichkeit teilgenommen, meldet sie dem Philosophenfreund, während dieses Thema sonst nur sehr ernst behandelt werde.

Leibniz lässt sich über vier Wochen Zeit mit einer Antwort. Er will seiner Schülerin die Zuversicht nicht nehmen. Zuerst lobt er ihre Anstrengung, sich beim Streben nach Wahrheit von keinem Interesse leiten zu lassen, weder von Furcht noch von Hoffnung. Aber eine ihrer Aussagen muss der Philosoph korrigieren, weil sie einen Eckpfeiler des geistig-moralischen Systems betrifft, auf den seine Sicht von Welt und Gott, Materie und Geist aufgebaut ist. Die Materie – und damit auch der Körper – ist nicht vergänglich, diese Grundlage ist für Leibniz nicht verhandelbar. Die einzige körperlose Erscheinung ist Gott, der die Welt und damit alle Materie erschaffen hat. Nur so kann Leibniz innerhalb seines Systems argumentieren, dass die Seele mit dem Körper eine Einheit bilde und beide unsterblich seien.

Sophie Charlotte verzichtet vorerst darauf, die philosophische Korrespondenz weiterzuführen. Stattdessen erhält Leibniz eine fast flehentliche Anfrage von Henriette von Pöllnitz, geschrieben am 2. Mai 1702: »Ganz von mir abgesehen, der Ihre Gegenwart das angenehmste Vergnügen bereitet, bitte ich als eifrige Dienerin Ihrer Majestät. Ich vertrauen Ihnen an, Sie tun ein Liebeswerk, wenn Sie kommen, denn die Königin hat keine lebende Seele, mit der sie Gespräche führen kann.«

Während Sophie Charlotte sich Leibniz herbeiwünscht, um eine intellektuell anregende Gesellschaft zu haben, tauchen unerwartet konkrete Sorgen auf. In drei Briefen zwischen dem 1. April und dem 9. Mai an Johann Caspar Freiherr von Bothmer stehen Gedanken über ihren Sohn im Mittelpunkt. Der Königin sind in Berlin Gerüchte zu Ohren gekommen, dass Alexander von Dohna abgelöst werden soll. Sophie Charlotte hatte erfolgreich für Dohna als Erzieher gekämpft. Zwar sah sie inzwischen einiges kritisch – pedantisch, moralisch zu streng –, aber ein Nachfolger, bei dessen Auswahl sie übergangen würde, wäre ein Affront. Sie denke über die Interessen ihres Sohnes in Ruhe nach, schreibt sie an Bothmer, »wenn Sie mir einen guten Rat geben können, bitte ich Sie, nicht zu zögern, denn ich habe ihn nötig«.

In ihrem Brief vom 18. April nennt Sophie Charlotte einige Namen, die für sie als Erzieher ihres Sohnes in Frage kämen, und bittet Bothmer wiederum um Rat. Ihr Gemahl ist fern, am Niederrhein, mit ihm kann sie ihre Sorgen nicht teilen. Die Gelassenheit, die Sophie Charlotte in ihrem Brief an Leibniz im März beschworen hatte, soll sie auch in dieser persönlichen Angelegenheit stärken: »Ich beruhige mich so gut, wie mir das hier möglich ist, ... ich mache mir so wenig Sorgen, wie ich kann ...« Sie beschäftige sich nur mit der Musik und dem Umbau des Schlosses. Dass ihre Korrespondenz nicht unbeobachtet bleibt, lässt die Königin Freiherr von Bothmer Ende April wissen: »Ich habe Ihren Brief erhalten, der in Wesel geöffnet wurde ... Er enthielt nichts, das nicht die ganze Welt lesen konnte.« Angriff ist die beste Verteidigung: Sophie Charlotte lässt alle »Mitleser« ihrer Briefe wissen, dass niemand sie einschüchtern kann.

Zehn Tage später greift sie wieder zur Feder, um Bothmer in aller Offenheit über den Stand der Dinge zu informieren. Die Mutter hofft, dass die Zeit schnell vergeht; vielleicht sei der vierzehnjährige Sohn dann in der Lage, sein Leben ohne Erzieher zu führen. Noch einmal weist Sophie Charlotte auf ihre gelassene Reaktion hin: »Ich will mich nicht vor der Zeit beunruhigen. Deshalb denke ich so wenig wie möglich daran, denn ich habe viele Male die Erfahrung gemacht, das führt zu nichts.«

Was alle Briefe der Königin an den hannoverschen Diplomaten in Den Haag, eine der wichtigsten Schaltstellen europäischer Politik, auszeichnet: Stets kommt Sophie Charlotte neben ihrer persönlichen Situation auf politische Ereignisse zu sprechen. Sie erbittet »Neuigkeiten in politischen Angelegenheiten« und hält mit ihren Beurteilungen nicht hinter dem Berg.

Mitte Mai berichtet sie Bothmer von schwedischen Truppenbewegungen in Pommern und der Befürchtung, dass die Soldaten in Richtung Sachsen oder Polen weiterziehen: »Ich hoffe, sie haben die Güte, uns in unserem Bereich nicht zu behelligen, denn wir sind überhaupt nicht in dem Zustand, sie zu empfangen. Ich weiß es, denn es gibt kaum Arbeiter für meinen Garten.« Die Königin hat richtig kalkuliert: Die Armee von Brandenburg-Preußen ist so knapp an Soldaten, dass diese von berufsfremden Arbeiten – unter anderem in königlichen Gärten – abgezogen werden, um für einen möglichen Kriegseinsatz bereit zu sein.

Sophie Charlotte pflegte bewusst den Anschein, sich nur mit der geliebten Musik und dem Umbau des Schlosses zu beschäftigen. Sie will jeden Verdacht vermeiden, sich in die Politik des Königs oder in Intrigen bei Hofe einzumischen. Einer der Ratschläge ihrer Mutter, als Sophie Charlotte nach der Heirat zu ihrem Mann nach Berlin zog, lautete, sich von Intrigen fernzuhalten. Eine andere Sache ist es, gut informiert zu sein, und auch dafür war die kluge und kommunikative Kurfürstin Sophie ihrer Tochter ein Vorbild. Sophie Charlotte lebte in ihrem Lietzenburg keineswegs wie im Elfenbeinturm. Sie war an der Politik ihres Mannes interessiert und schaute über die Grenzen des Königreiches hinaus. Sie hatte über Freiherr von Bothmer hinaus gute Beziehungen zu Kontaktpersonen an wichtigen europäischen Schaltstellen. Aus Venedig informierte sie ein preußischer General über die politische Lage südlich der Alpen.

Im westlichen Europa wurde die Kriegsgefahr im Streit um die Erbfolge auf dem spanischen Thron immer konkreter: Frankreich stand mit wenigen Bundesgenossen dem Kaiser und seinen Verbündeten – darunter England, die Niederlande, Hannover und Brandenburg-Preußen – gegenüber. Diplomatische Kompromisse waren nicht in Sicht. Trotz der schweren Krise hoffte Sophie Charlotte, neben Leibniz möglichst bald auch ihre Mutter in Lietzenburg begrüßen zu können.

In ihrem Brief an Leibniz vom 2. Mai mit der Bitte, er solle ein »Liebeswerk« tun und umgehend kommen, hatte Fräulein Pöllnitz geschrieben, man erwarte ungeduldig die Ankunft der Kurfürstin Sophie: Dafür »übe ich mich im Komödienmachen«, denn man könne ja »nicht ständig promenieren«. Dieser Hinweis betraf sowohl die Tochter als auch die Mutter, die beide ihre Gärten über alles liebten. Und die Oberhofdame der Königin setzte noch eins drauf: »Es wird nicht unsere Schuld sein, wenn sie sich nicht amüsiert.« Der Gegenstand ihrer Ironie war immerhin die zweiundsiebzigjährige Kurfürstin des Hauses Hannover. Fräulein von Pöllnitz konnte offensichtlich darauf zählen, dass ihre Herrin gegen ein lockeres Mundwerk nichts einzuwenden hatte.

Inhaltlich bestätigte Sophie Charlotte die komödiantischen Vorarbeiten ihrer Hofdame, als sie Freiherr von Bothmer am 16. Mai schrieb, dass übermorgen ihre Mutter komme, »und wir machen in unserer Einsamkeit was wir können, um sie zu unterhalten ...« Sie geht davon aus, dass Leibniz und der Abbé Mauro zur Reisegesellschaft ihrer Mutter gehören. Die Kurfürstin müsse allerdings »a la mode dalemagne mit ein schlecht logement verliebt nehmen«, denn im Augenblick sei hier alles in Unordnung.

Das bezog sich auf die umfassende Vergrößerung des Schlosses, die in vollem Gang war – sehr zur Zufriedenheit von Sophie Charlotte. Für sie war Eosander von Göthe jetzt »das Oracel«; er hatte für ihren Bau die besten Lösungen parat. Die Königin bekam im vergrößerten Schloss eine neue Wohnung, wieder wie gewünscht im Parterre. Sie war mit einer Verkleinerung einverstanden, und der schwedische Baumeister hatte eine repräsentative Treppe in den ersten Stock entworfen, für die im Originalbau kein Platz gewesen war. Kurfürstin Sophie konnte sie während ihres Aufenthaltes in Lietzenburg schon in Augenschein nehmen und hat sie ihrer Nichte Elisabeth Charlotte in Paris offenbar sogleich beschrieben, denn aus deren Antwort spricht noch die Begeisterung der Tante: »Wie Euere Liebden die große Stiege beschrieben, muss sie gar schön sein; bauen und malen und vergülden kost allezeit viel.«

In zwei Briefen schildert Kurfürstin Sophie nach ihrer Ankunft hingerissen Schloss und Park Lietzenburg. Keine Rede von einer schlechten Einquartierung; nirgendwo auf der Welt könne es angenehmer sein als bei ihrer Tochter in Lietzenburg. An ihre Nichte in Frankfurt am 6. Juni: »Man ist hier wie in ein irdisch paradis, kan durch alle fenstern in garten kommen; es sein aber keine äpel tharin zu essen, undt die hecken sein noch gar klein, aber finde ich doch alles angenehm, dan man lebt hir sans facon.« *Sans facon*: dass sich zu benehmen weiß, wer sich im Umkreis der Königin aufhält, muss nicht ausdrücklich erwähnt werden. Die Kurfürstin fügt noch hinzu, dass in Lietzenburg die Damen weder saufen noch schwören, sondern *L'Hombre* spielen.

Äußere protokollarische Zwänge sollen im Schloss und im Garten von Lietzenburg die Gedanken und den Umgang miteinander nicht einschränken. Und an der Kunst lässt sich einüben, wie Lockerheit und Spielregeln sich harmonisch ergänzen: »Die dames undt cavalirs spillen comedi undt die musikanten machen operas ...«

Schon am 23. Mai hatte Kurfürstin Sophie aus Lietzenburg an den hannoverschen Gesandten in London, einen alten Vertrauten, geschrieben: »... und zu alledem gibt es die schönsten Promenaden der Welt, die ich mehr als alles andere schätze. Bei Tisch haben wir immer Gespräche mit einem angenehmen Gelehrten, und wir erwarten Herrn Leibniz, um uns darin zu unterstützen.« Leibniz hatte die Kurfürstin nicht nach Berlin begleitet, weil noch Arbeit in Hannover zu erledigen war. Am 11. Juni machte er Sophie Charlotte endlich seine Aufwartung in Lietzenburg.

Mit dem Umbau war die Königin im Sommer 1702 beschäftigt – und mit der Musik. Seit 1699 war der 11. Juli ein fester Tag im Schlosskalender: Der Geburtstag ihres Gemahls wurde jedes Jahr mit einer glänzenden musikalischen Aufführung gefeiert. In diesem Sommer waren die herausragenden Musiker und Solisten, die die Königin in ihrem Teatro und im Schlosspark zusammenführte, von ganz besonderer Qualität – und es gab einen unangefochtenen Star: Giovanni Bononcini, 1670 geboren, ausgebildet als Cellist, Sänger und Komponist. Rom und Venedig waren seine beruflichen Stationen, bevor er 1700 Hofkapellmeister in Wien wurde. Von dort hatte ihn sein Landsmann Attilio Ariosti, seit 1697 Sophie Charlottes Kapellmeister, im Frühjahr 1702 nach Lietzenburg vermittelt. Schon Ende Mai besuchte Kurfürstin Sophie im Teatro im Schlosspark eine kleine Pastorale, die Bononcini komponiert hatte. Sein Meisterwerk lieferte er für den Geburtstag des Königs.

Das Geburtstagskind war abwesend. Seit Anfang April befand sich König Friedrich bei seinen Truppen im Herzogtum Kleve am Niederrhein.

Am 18. April entschloss sich der Kaiser mit seinen Verbündeten, zu denen auch Brandenburg-Preußen gehörte, die Stadt Kaiserswerth, wenige Kilometer nördlich von Düsseldorf gelegen, zu belagern und sturmreif zu schießen. Der Kurfürst von Köln, in dessen Hoheitsgebiet die Stadt lag, hatte Kaiserswerth an die Truppen des französischen Königs übergeben. Damit stellte er sich im Streit um den spanischen Königsthron demonstrativ auf die Seite Ludwigs XIV. und gegen den Kaiser. Der nahm die Provokation ernst und belagerte die Stadt. Der Kampf um Kaiserswerth war ein Vorläufer des »Spanischen Erbfolgekrieges«, der offiziell Ende 1702 begann und zwölf Jahre unendlich viele Leben, Soldaten wie Zivilisten, kostete und weite Landstriche zerstörte.

Als Sophie Charlotte, eine mitfühlende Beobachterin der Ereignisse, ihrem Freund Bothmer in Den Haag am 27. Mai von der »sehr hübschen« Pastorale Bononcinis schrieb und den hervorragenden Sängerinnen, kommentierte sie selbstironisch: »Sie sehen, wie wir versuchen, uns über die Schrecken des Krieges hinwegzutrösten.« Die Belagerten hielten stand, die französischen Soldaten verteidigten Kaiserswerth erbittert. Die kaiserlichen Verbündeten schwankten; der preußische König gehörte zu denen, die nicht aufgeben wollten. Einen Monat später erfuhr Freiherr von Bothmer: »Die Neuigkeit über die Einnahme von Kaiserswerth hat uns sehr gefreut ...« Am 15. Juni hatte die französische Armee kapituliert. Ein halbes Dutzend Häuser waren nach der zweimonatigen Belagerung unzerstört geblieben.

In ihrem Brief vom 27. Juni entschuldigt sich die Königin für ihre Schreibpause: »Wenn das Fieber nicht wiedergekommen wäre, hätte ich eher auf Ihre drei Briefe geantwortet.« Die erste Attacke, die in ein »Halsübel« überging, kam Anfang des Monats. Die zweite, wesentlich heftigere, meldete sich rund vierzehn Tage später mit Schüttelfrost. Ein Aderlass brachte Erleichterung, und ihre Mutter schrieb, dass es Sophie Charlotte danach besser ging als vor der Krankheit. Mit voller Kraft konnte die Königin das Geburtstagsfest vorbereiten, bei dem Henriette von Pöllnitz eine unentbehrliche Mitarbeiterin war.

I Trionfi di Parnaso – Festa con Musica, Sinfonia e Balletti war eine Auftragsarbeit, die Sophie Charlotte an Bononcini als Komponisten und den bewährten Textdichter Abbé Ortensio Mauro vergeben hatte. Die Aufführung fand diesmal im Schlosspark von Lietzenburg statt, und Eosander von Göthe – ein Hinweis, wie sehr die Königin den Oberbaumeister schätzte – war für die Kulisse zuständig. Sophie Charlotte hatte ihren Sohn in die Festivitäten einbezogen. Die Geburtstagsfeier für den abwesenden König begann am Nachmittag des 11. Juli 1702 vor den Höflingen und den fürstlichen Gästen, die in zahlreichen Kutschen von Berlin nach Lietzenburg gekommen waren, mit einer fingierten Schlacht zu Wasser und zu Lande.

Der ganze Hof wusste, dass der Kronprinz sich für alles Militärische, seien es Uniformen oder Schlachtpläne, begeisterte. Nach seiner Selbstkrönung in Königsberg hatte der König seinen Sohn zum Kapitän einer Kadetten-Kompagnie ernannt. Der Dreizehnjährige nahm diese Aufgabe sehr ernst. Er exerzierte mit seiner Kompagnie in seinen freien Stunden, und nichts geschah ohne seine Zustimmung. Zum Geburtstag des Vaters durfte Friedrich Wilhelm die Gäste mit seinen militärischen Kenntnissen unterhalten.

Er hatte seine Soldaten in zwei feindliche Lager geteilt. Die einen kamen – als Türken maskiert – mit einem Schiff, auf dem blaue Fahnen mit Halbmond wehten, die Spree hinauf. Kaum hatten die Türken am Ende des Schlossparks von Lietzenburg angelegt und waren an Land gegangen, wurden sie vom anderen Teil der Kompagnie, den preußischen Soldaten unter Führung des Kronprinzen angegriffen. Die Dramaturgie hatte einen Rückzug der Türken auf ihr Schiff eingebaut, bevor der Kampf zu blutig wurde. Das Schiff wiederum wurde von preußischen Soldaten eingekreist, so dass die Besatzung kapitulierte. Das bot dem zukünftigen preußischen König die Gelegenheit, sich großzügig gegenüber den gefangenen türkischen Feinden zu erweisen. Sie wurden bewirtet und in die Freiheit entlassen.

Dem kriegerischen Spektakel folgte ein prächtiges Souper im Schloss. Dann begaben sich die Gäste in den Schlosspark zum *Trionfi di Parnaso – Festa con Musica*. Sie erlebten eine Aufführung mit dem berühmten Kastraten Antonio Tosi und zwei exzellenten Sängerinnen: Paulina Fridlin, seit Jahren im Dienst der Königin, die von ihr sagte, sie singe in »bestem Stil«; und Regina Schoonjans, die mit Bononcini aus Wien gekommen war, wo ihr Mann, Anthoni Schoonjans aus Antwerpen, kaiserlicher Hofmaler war. Über diese Sängerin schrieb Sophie Charlotte vierzehn Tage nach der Aufführung an den vertrauten Abbé und Komponisten Agostino Steffani, die Schoonjans »hat eine der schönsten Stimmen, die ich je gehört habe«. Die beiden Frauen, professionelle Stars mit entsprechenden Gagen, sangen wie Antonio Tosi auf Italienisch, während die Hofdamen von Sophie Charlotte, die als Musen die Szenen belebten, auf Französisch sangen und sprachen.

Das »musikalische Fest« war ein einziger Lobgesang auf die Hauptperson dieses Tages: König Friedrich wurde für seine kriegerischen wie für seine zivilen Großtaten gerühmt, als Eroberer von Kaiserswerth wie als Begründer der Berliner Akademie der Wissenschaften und des Observatoriums in der Residenzstadt, auch wenn dessen Bau noch in den Sternen stand. Die Aufführung wurde von einem Ballett mit adliger Besetzung beschlossen, die Herzogin von Kurland, des Königs Schwester, an der Spitze. Leibniz fasste den Abend zusammen: »Die Königin beehrte das Ganze mit ihrem Beifall und war entzückt über die Befriedung aller Anwesenden.«

Wenige Tage nach diesem glanzvoll-erfolgreichen Abend in Lietzenburg schreibt Sophie Charlotte an ihren Mann, der sich in den Niederlanden aufhält: »Mit Betrübnis habe ich gehört, dass sich die Reise Ihrer Majestät noch verzögert; ich hoffe, es wirkt sich positiv auf die Geschäfte aus.« Sie wäre gerne bei ihm in Holland, müsse aber beim Essen für den Gesandten aus Moskau anwesend sein. Er habe sie gut behandelt.

Ansonsten geht der Juli aus Sicht der Königin seinen ruhigen Gang: »Wir verbringen die Tage hier entspannt mit Oper, Komödie, in Begleitung der Prinzessinnen, bei der Promenade mit der Kurfürstin, … bei schlechtem Wetter spielen wir. Gestern gab es einen großen Ball; da ich nicht mehr gerne tanze, habe ich zugeschaut.« Aber das Herzstück dieses Sommers 1702 in Lietzenburg war wie noch in keinem Jahr zuvor die Musik.

Als Sophie Charlotte erfährt, dass Agostino Steffani wieder in Hannover ist, schreibt sie ihm am 25. Juli und schwärmt von ihren Musikern: »Ich habe immer noch Bononcini hier, und ich wünschte, Sie könnten seine zwei kleinen Bagatellen hören … Das würde Sie freuen, denn es gibt drei Stimmen, die einem Freude machen.« Sie lobt Regina Schoonjans, Paulina Fridlin und einen jungen Sänger, den Bononcini ebenfalls aus Wien mitgebracht hat: »Er möchte immer noch besser werden, und deshalb habe ich ihn in meinen Dienst genommen.« Außerdem begleitet die Königin Bononcini und Attilio beim Gesang der von Steffani komponierten und geschenkten Duette, »denn die anderen singen sie nicht im richtigen Stil«. Damit sei genug Gutes über die Musik gesagt worden und sie habe ein passendes Ende für ihren Brief gefunden.

Im Jahr 1702 übertrug die Leipziger Oper die Direktion des Hauses einem einundzwanzigjährigen Jurastudenten. Der nahm seine Aufgabe ernst und versucht sogleich, sich an prominenten Aufführungen zu schulen: »Von Leipzig aus habe ich Berlin zweimahl gesehen; die Oper Polyphemo, von Giov. Bononcini, und eine andere (jedoch von meinen Freunden versteckt, weil nur wenigen der Eingang erlaubet war) angehöret, worin meistens hohe Personen … sangen, die Königin Sophie Charlotte aber selbst auf dem Clavier accompagnirten, und das Orchester großen theils mit Capell- und Concert-Meistern besetzet war, als nehmlich: Padre Attilio Ariosti; die Gebrüder Antonio und Giovanni Bononcini; der Obercapellmeister Rieck; Ruggiero Fedeli … ect.« Es ist Georg Philipp Telemann, der in seiner Autobiografie, die 1740 in Hamburg erschein, auf zwei Opernaufführungen im Theater von Litzenburg zurückblickt, in die Freunde ihn hineingeschmuggelt hatten. Einen besseren Beweis gibt es nicht, als das unvoreingenommene Zeugnis des jungen Telemann, der mit eigenen Augen sah, wie die Königin vom Cembalo aus – nach damaligem Verständnis ein Klavier, auch Clavicembalo genannt – die Arien begleitete und führte, und bestätigt, dass das Lietzenburger Orchester mit hochkarätigen Musikern besetzt war. Ob die namhaften Solisten und Komponisten aus dem musikalischen Vorzeigeland Italien kamen oder mit Carl Friedrich Rieck ein hochgeachteter Oberkapellmeister vom königlichen Hof in Berlin dabei war, sie alle verband die Hochachtung für das musikalische Talent und das Können der preußischen Königin.

Der Berliner Dichter Benjamin Neukirch, der Zugang am Hof hatte und Sophie Charlotte im Kreis ihrer Musiker erlebte, hat nicht ohne Bewunderung, aber mit großem Einfühlungsvermögen den Kern ihrer Musikalität erfasst:

»Wer aber unsere Königin singen und spielen hörte, der hielt sie für etwas Göttliches. Rick, Attilo, Bononcino, welche nicht allein unter sich selbst, sondern auch mit allen Meistern in der Welt um den Vorzug stritten, stunden offt gantz verstöhret, wenn sie ... in unsrer Heldin das alles fanden, warum sie miteinander geeifert hatten. Denn was ein jeder nur schönes wuste, was er nur schönes erdencken konnte, das hatte Sie entweder ihm abgelernet oder durch eigene Erfindung zuvor gethan. Und gleichwol unterschied Sie sich auch in diesem Stücke. ... Sie wuste die Kunst so zu verbergen, dass die Zuhörenden billich zweifelten, ob es nicht mehr was angebohrnes als etwas mit Fleiß erlerntes wäre.«

Ob angeboren oder Fleiß: Wer so meisterhaft auf einem Instrument spielt, muss täglich üben. Das gilt auch für eine Königin, egal wie viel von ihrer Zeit das Hofzeremoniell, die Organisation von Komödien und Opern, die Planungen für Bau und

Park von Schloss Lietzenburg, die vielen Gespräche, die Korrespondenz und die Lektüre in Anspruch nahmen. Sophie Charlotte hat sich außerdem stets Gedanken über die Erziehung ihres Sohnes gemacht und sich eingemischt, wenn Friedrich Wilhelm Einflüssen ausgesetzt war, die ihren Vorstellungen eines gebildeten, großmütigen und weltoffenen Mannes und Herrschers entgegenstanden.

Als Sophie Charlotte beschloss, Schloss Lietzenburg nicht nur für Tagesausflüge zu nutzen, sondern von Ostern bis November mit ihrem Hof dort einzuziehen, bedeutete das eine räumliche Trennung von ihrem Sohn für die meiste Zeit des Jahres. Friedrich Wilhelm bewohnte mit seinem Oberhofmeister und Erzieher, seinem Lehrer und den Kammerjunkern im Schloss von Berlin ein eigenes Apartment. In den streng getakteten Tagen war keine feste Begegnung mit den Eltern eingeplant. Aber zweimal in der Woche, Mittwoch und Sonntag, stand eine Fahrt durch den Tiergarten nach Lietzenburg zur Mutter auf dem Programm. Im engen Raum der Kutsche hielt ihm Graf von Dohna Vorträge über das moralisch richtige Verhalten – gegenüber den Eltern, den Frauen und seinem Volk und dass ohne Gottesfurcht kein Mensch Gnade vor dem göttlichen Schöpfer findet.

Aus dem Jahr 1702 haben sich einige Briefe zwischen Mutter und Sohn erhalten. Im Sommer signalisiert Sophie Charlotte dem Sohn, dass es nicht auf den Buchstaben, sondern den Geist ankommt: »Sie brauchen sich nicht bei mir zu entschuldigen, mein lieber Sohn, denn ich hoffe, Sie vergessen mich nicht und haben ein wenig Freundschaft für mich, die Sie von ganzem Herzen liebt. Ich hoffe, Sie bald wiederzusehen, wenn Sie sich in der Zwischenzeit vergnügen, freut mich das.« Die Mutter macht aus ihren Gefühlen kein Geheimnis und auch nicht aus ihren Erwartungen an den Vierzehnjährigen: »Ich hoffe, Ihr Brief ist von Ihnen selbst verfasst. Es ist mir lieber, ich erhalte einen schlecht geschriebenen Brief von Ihnen, als wenn Sie einen anderen abschreiben.«

Eine klare Ansage. Die Mutter nimmt ihren Sohn, der eine Kompagnie von Soldaten führen kann und nach dem Verständnis der Zeit erwachsen ist, ernst. Und sie fährt fort: »... vergessen Sie mich nicht, mein Sohn, und glauben Sie mir, dass meine Zärtlichkeit für Sie nur noch größer werden kann in dem Maße, wie ich annehme, dass sie ein honest home werden ...« Der Vater Sophie Charlottes, Kurfürst Ernst August von Hannover, hatte zwei Generationen zuvor den Ruf, der erste »honnête homme« in deutschen Landen zu sein.

Es ist ein adliges Männerideal, das im Frankreich Ludwigs XIV. voll in Blüte stand: ein Ehrenmann, der aufrichtig, rechtschaffen, anständig ist, zugleich mit besten Manieren, elegant gekleidet, gebildet und mit Ironie ausgestattet, ohne jedoch exzentrisch aufzutreten. Auch bei Frauen hielt das barocke Zeitalter eine solche Entwicklung für möglich. Dem jungen Friedrich Wilhelm war dieses Ideal wohl eher fremd. Es vertrug sich nicht mit seiner Lebenssicht, die wesentlich von einem starken Glauben an einen strengen, fordernden Gott geprägt war. Der Kronprinz konnte das Menschenbild seiner Mutter nicht teilen.

Sein vierzehnter Geburtstag war am 14. August 1702. Am 25. Juli schreibt Sophie Charlotte an Freiherr von Bothmer mit erstaunlicher Offenheit, sie werde am 14. August sehr vorsichtig sein, denn man habe ihr vorhergesagt, dass dieser Tag fatal für sie sein könne. Auch eine aufgeklärte, gebildete Königin, die weder Tod noch Teufel fürchtet, ist vor den Fängen des Aberglaubens nicht sicher.

Doch insgesamt ist Sophie Charlotte den Wagnissen und Fragen einer neuen Zeit zugewandt, um Aufklärung bemüht, auch wenn es die Abkehr von vermeintlichen Wahrheiten bedeutete. Nicht nur, dass Sophie Charlotte im Juni 1702 endlich Leibniz wieder zu langen Gesprächen von Hannover nach Lietzenburg gelockt hatte. Am 29. Juli schreibt sie Freiherr von Bothmer: »... seit gestern ist der berühmte Toland da ...«

21. Kapitel

Die Königin setzt Maßstäbe:
Radikale Geister haben Gedankenfreiheit
in Preußen

1702 September bis Dezember

Sieben Jahre war es her, dass John Tolands Buch *Christentum ohne Geheimnis* in Dublin öffentlich verbrannt und der fünfundzwanzigjährige Autor als Atheist und religiöser Nestbeschmutzer von Pfarrern und Politikern gebrandmarkt wurde. Doch Toland hatte auch Anhänger in England und gehörte zur Delegation, die 1701 Kurfürstin Sophie feierlich die Parlamentsurkunde übergab, mit der sie und ihre Nachkommen zu legitimen Erben auf den englischen Thron erklärt wurden. An dem radikalen protestantischen Theologen schieden sich die Geister, was Sophie Charlotte neugierig machte. Die Königin wollte sich selbst überzeugen; Toland nahm ihre Einladung ins Schloss Lietzenburg im Sommer 1701 an. Die Folge der intensiven Gespräche zwischen den beiden: eine weitere Einladung der Königin, die John Toland in der letzten Juliwoche 1702 einlöste.

Nur wenige Tage zuvor hatte Kurfürstin Sophie, seit über drei Wochen glücklicher Gast bei ihrer Tochter in Lietzenburg, einem Vertrauten geschrieben: »Ich erhalte unzählige Briefe, die sich gegen Toland richten, Gespräche mit ihm würden mir in England schaden. Ich fühle mich verpflichtet, ihn wissen zu lassen, es wäre besser nicht zu kommen, obwohl die Unterhaltungen mit ihm sowohl der Königin wie mir gut gefallen. Und wie Pilatus könnten wir sagen, *ich sehe nichts an dem Menschen* ... Man hat nichts Schlechtes gegen ihn vorzubringen als dieses Buch, das er mit seiner Jugend entschuldigt.« Das Pilatus-Zitat hat Sophie in ihrem französischen Brief auf Deutsch geschrieben.

Die Briefe aus England an die Kurfürstin in Hannover warnten sie vor einem persönlichen Kontakt mit Toland. Ein solcher Umgang sei einer Frau, die möglicherweise Englands nächste Königin würde, unwürdig. Die Zweiundsiebzigjährige erklärte offenherzig, sie sei viel zu alt, um ihre religiösen Überzeugungen zu ändern, verstehe aber andererseits nicht, warum ein einzelner Mensch nur aufgrund eines Buches so viel Hass auf sich ziehe. Was ein Auftreten Tolands in Berlin betreffe, könne sie ihrer Tochter, der Königin, nicht verbieten, mit wem sie sich unterhalten möchte. Eine diplomatische Antwort; in Wahrheit war Sophie zeitlebens überzeugt, »es gibt so viele Wahrheiten wie Gesichter«. Solange man die Gesetze achtet – und das tat John Toland –, müsse man unbehelligt leben können, egal mit welcher inneren Überzeugung.

Der umstrittene Freidenker wurde auch 1702 von Sophie Charlotte willkommen geheißen und sogleich mit Leibniz ins Gespräch gebracht. Im Sommer 1701 hatte Toland im Schlosspark eine heftige Diskussion mit einem der hugenottischen Hofprediger über den Wahrheitsgehalt der Bibel geführt. Trotzdem: Kein Geistlicher am Hof zu Brandenburg-Preußen erhob öffentlich seine Stimme gegen Toland oder versuchte, die Königin gegen den Ketzer einzunehmen. Die Mutter der Königin wahrte nach außen den Schein, um ihre politischen Freunde in England nicht in Bedrängnis zu bringen. Sie ging Toland bei ihren Spaziergängen im Park aus dem Weg. Traf man sich doch einmal bei der Königin, verzog sie keine Miene und blieb stumm.

Es war ein Nebenkriegsschauplatz, der Sophie Charlotte nicht daran hinderte, aus dem Zusammentreffen mit Leibniz und Toland die größtmögliche Erkenntnis über die philosophischen Fragen und Abgründe zu gewinnen, die ihren Geist und ihr Gemüt beschäftigten. Und die Königin sorgte dafür, dass im Spätsommer 1702 ein weiterer Gigant der europäischen Aufklärung – obwohl abwesend – mit seiner bedeutendsten Schrift in die Lietzenburger Diskussionen einbezogen wurde.

Kaum angekommen, hatte Leibniz der Königin einen Aufsatz vorgelegt: *Über das, was jenseits der Sinne und der Materie liegt*. Er wusste, was sie am meisten bewegte: Kommt mit dem Tod auch die Seele an ihr Ende oder gibt es andere Formen und Substanzen, in denen sie weiterleben kann – in alle Ewigkeit? Ist der Mensch unsterblich? Das war die zentrale Frage, die von den christlichen Konfessionen ohne Wenn und Aber unter Hinweis auf die Aussagen Christi in den Evangelien bejaht wurde; woran bei Strafe der Verdammnis seit weit über tausend Jahren kein Christenmensch rütteln durfte.

Das 17. Jahrhundert stellte diese – wie andere – Gewissheiten erstmals radikal in Frage. Als die Formel des französischen Philosophen Descartes, »Ich denke, also bin ich«, einmal in der Welt war, konnten kein Papst und kein protestantischer Bischof diese revolutionäre Festlegung wieder aus der Welt bringen. Von nun an gehörte der Zweifel zum Instrument der intellektuellen Elite in Europa. Die moderne Zeit hatte begonnen, unumkehrbar, so mächtig auch die Gegenkräfte waren.

Leibniz hat sich in diese Debatte eingemischt: Wie weit der Zweifel trägt und ob wirklich alle Gewissheiten obsolet sind; ob der Mensch sich statt der von den Kanzeln gepredigten Unsterblichkeit auf das Nichts vorbereiten muss oder ob der Verstand nicht doch nachvollziehbar erklären kann, dass mit dem Tod nicht alles zu Ende ist. Dass ein gnädiger Gott kein Produkt menschlicher Fantasie ist, sondern von Ewigkeit her existiert und diese Welt als die beste aller Möglichkeiten geschaffen hat – zum Wohle des Menschen. Leibniz sah sich als einen Denker der neuen Zeit, auch wenn er nicht bereit war, dem Zweifel das letzte Wort zu überlassen. Er war überzeugt, dass Vernunft, Optimismus und ein aufgeklärter christlicher Glaube verschwistert sind. Darauf fußt seine Formel von der Erde als der besten aller Welten, die die Zeiten überdauert hat.

Diese Überzeugung brachte Leibniz im Sommer 1702 in Gesprächen, Briefen und Niederschriften der Königin noch einmal ausführlich nahe. Was die Situation so spannend macht: dass in Lietzenburg ab Juli John Toland als Gegenspieler präsent war. Der in Irland geborene Toland war sechzehn Jahre jünger als Leibniz und in zentralen Fragen entschieden anderer Meinung als der in Europas Gelehrten-Welt hoch angesehene Philosoph aus Hannover. Eine ideale Konstellation für Sophie Charlotte, die nicht an Harmonie, sondern geistiger Zuspitzung interessiert war. Sonst hätte sie Leibniz und Toland nicht gleichzeitig über viele Monate nach Lietzenburg eingeladen.

Mit der Leibniz-Vorlage *Über das, was jenseits der Sinne und Materie liegt* hatte Sophie Charlotte Stoff für die ersten Gespräche mit Toland, als der die Lietzenburger Gesellschaft bereicherte. Eine bunte Gesellschaft, in der unterschiedliche Typen willkommen waren und in deren Mitte sich die Königin wohl fühlte, ohne ständig über die Unsterblichkeit diskutieren zu müssen. Ihre Mutter schildert diese Mischung in einem Brief vom 5. August. Der Earl of Roxburghe, der geradewegs aus Italien nach Brandenburg kam, sorgt für »sehr angenehme Unterhaltung«. Er ist sehr jung, aber trotzdem sehr gebildet. Er hat »einen Kameraden dabei, der etwas von Musik versteht, das gefällt meiner Tochter; außerdem ist da Monsieur Hamilton und ein junger Graf«. Die Königin unterhalte sich mit ihnen allen am Tag, und »die Nacht hindurch« bringe die Herzogin von Kurland die jungen Herren zum Tanzen. »Man sieht hier nur frohe und zufriedene Gesichter. Ich werde sie bald mit Bedauern verlassen, wenn ich den König gesehen habe, der jeden Augenblick erwartet wird.«

Einen Tag später kam König Friedrich, der im April Richtung Westen ausgezogen war und sich bei der Belagerung von Kaiserswerth militärische Meriten verdient hatte, nach Brandenburg zurück. Er wählte sein Lieblingsschloss Schönhausen, um sich von den Strapazen der zurückliegenden Monate zu erholen. Sophie Charlotte und ihre Mutter fuhren zur Begrüßung dorthin. Den ersten Abend nach der Rückkehr dinierte das Königspaar alleine. Sophie fand es angemessen, erst am nächsten Tag dazuzustoßen. Der König hatte von unterwegs gemeldet, dass er seine Schwiegermutter unbedingt sehen wolle, bevor sie nach Hannover zurückreise. Nun überredete er sie, entgegen ihren Plänen noch zwei Wochen zu bleiben.

Als besondere Auszeichnung trifft Friedrich sich mit der Kurfürstin bei seinem Ersten Minister von Wartenberg zum Abendessen. Die Königin erscheint erst nach dem Mahl, aber das ist kein negatives Zeichen. Bei Freiherr von Bothmer in Den Haag entschuldigt sie sich, dass sie nicht mehr so regelmäßig schreibt, seit der König in Schönhausen ist und sie ihn dort besucht: »Er hat der Kurfürstin viele Freundschaften erwiesen und der Favorit auch. Demnach verläuft hier alles sehr gut.« Ihre Mutter sei »über den König und den Großwesir sehr zufrieden«. Favorit, Großwesir – damit ist niemand anders als Wartenberg gemeint. Bei so guter Laune darf ein Schuss Ironie mit dabei sein. Zumal wenn der König seiner Gemahlin demonstrativ den Rücken stärkt, was ihren umstrittenen Gast betrifft: »Toland ist immer noch hier«, schreibt Kurfürstin Sophie am 22. August, »vom König und der Königin sehr gut empfangen.«

Auch der große Leibniz lässt sich von der allseits guten Stimmung anstecken und schreibt am 12. August: »Mein Aufenthalt in Lietzenburg, einem Lustschloss der Königin von Preußen, wo ich mich augenblicklich zusammen mit der Frau Kurfürstin befinde, macht mir Freude, wie ich sie anderswo nicht finden würde.« Adressat ist Pierre Bayle, den Sophie Charlotte im November 1700 zu einem langen Gespräch in Den Haag getroffen hatte. In wenigen Wochen wird Bayle eine wichtige Rolle im Lietzenburger Philosophen-Sommer 1702 spielen.

Ende August reist Kurfürstin Sophie aus Lietzenburg ab. Von Herrenhausen schreibt sie am 1. September an eine ihrer Nichten: »Vergangenen Montag Abend bin ich wieder hier angekommen, sehr betrübt, Lietzenburg verlassen zu haben, da ich so vergnügt lebte und so viel Satisfaktion hatte. Meine Tochter und mein kleiner Enkelsohn haben auch mein Weggehen beweint. Ich meinte aber, da ich über drei Monate da gewesen bin, dass es sich nicht schickte, länger da zu sein. Der König von Preußen hat mir auch große Ehr bewiesen, auch mit großer Amitié einen schönen Ring gegeben von einem Brillanten.«

Nur einen Tag später folgt ein Brief an Leibniz: »Sie bereiten mir viel Freude, wenn Sie mir aus Lietzenburg berichten, wo ich mein Herz gelassen und wohl die schönsten Tage meines Lebens verbracht habe.« Die herzliche Erinnerung an den Lietzenburger Sommer 1702 will etwas heißen. Die alte Dame neigt nicht zu Übertreibungen.

Mit der Harmonie, die die Kurfürstin genossen hatte, war es im September 1702 vorbei, was den intellektuellen Kampfplatz anbelangt. Zwischen Leipzig und Toland ging es richtig zur Sache; den kontroversen Gesprächen folgte ein papierener Schlagabtausch. Über den Gedankenaustausch zwischen Leibniz und Sophie in den Parkanlagen von Lietzenburg ist nichts überliefert. Doch nun, da seine vertraute Freundin wieder in Herrenhausen lebte, machte der Philosoph sich in Briefen Luft über einen Diskussionspartner, den er zusehends nicht als gleichwertig akzeptierte.

In Lietzenburg befeuerte Sophie Charlotte die Auseinandersetzung, indem sie die Briefe und Vorträge, die sie von Leibniz bekam, an Toland weitergab und umgekehrt. Aber sie ließ den Gesprächsfaden zwischen beiden nicht abreißen, und aus Überlieferungen geht hervor, dass sie klug und charmant als eine Art Mediatorin auftrat, ohne die konträren Positionen zu verwässern. Es lag in ihrem Interesse, dass unterschiedliche Standpunkte erkennbar wurden. Für die Königin ging es nicht um geistige Schattenspiele, sondern um Fragen von existenzieller Dringlichkeit. Weil die traditionelle Antwort ihres christlichen Glaubens im Blick auf die Unsterblichkeit ihr keine Stütze mehr war, erhoffte sie von ihren beiden Gästen vernünftige Argumente – um am Ende eine eigene Entscheidung zu treffen. Sophie

Charlotte nahm sich damit eine Freiheit heraus, die in ihrer Zeit unerhört war – für sich selbst und für ihre Gäste.

Mitte September hielt Toland der Königin einen Vortrag, in dem er seine Kernthese vertrat: die Seele des Menschen setzt sich aus materiellen Atomen zusammen, die ständig in Bewegung sind. Außerhalb, unabhängig von dieser zerstückelten Materie, besteht nichts. Nach dieser Theorie kommt die Seele mit dem Tod an ihr Ende, es gibt keine Unsterblichkeit. Als Leibniz davon erfährt, schreibt er einen langen Brief an Sophie Charlotte, »Lettre touchant ce qui est independent des Sens et de la Matiere«. Nicht zum ersten Mal beruft er sich auf seine Überzeugung, dass es überall in der Natur immaterielle Substanzen gibt – »unabhängig von Sinnen und Materie« – und die letzten Wahrheiten nicht von unserer persönlichen Empfindung abhängen. Das ist sein Schlüssel zur Unsterblichkeit.

Für Leibniz sind Tolands Thesen ein Aufguss des antiken römischen Dichters Lukrez in der Nachfolge des griechischen Philosophen Epikur. Doch er muss vorsichtig sein mit seiner Ablehnung des Materialisten. Als Vertrauter der Königin wusste Leibniz, dass Sophie Charlotte während eines Karnevals in Hannover eine Lesung aus dem berühmten Lukrez-Gedicht *De rerum natura* gehört hatte und davon tief beeindruckt war. Für Lukrez ist die Vergänglichkeit der Welt und der Seele nicht Anlass zur Verzweiflung. Wer erkennt, dass die Götter keine Macht haben, in das Schicksal der Menschen einzugreifen, fürchtet weder die Götter noch den Tod. Ruhe und Gelassenheit werden seine Lebensbegleiter.

Nichts Sehnlicheres wünschte sich Sophie Charlotte. War die Argumentation des heidnischen Philosophen nicht klar und vernünftig? Sie hatte Leibniz gebeten, ihr eine italienische Ausgabe des Lukrez zu besorgen. Und ihm gelang ein Coup: Auf einer holländischen Auktion ersteigerte er 1699 durch einen Mittelsmann eine handschriftliche Lukrez-Übersetzung, die noch nicht als Druck vorlag. Während der Aufführung *I Trion-*

fo del Parnasso zum Geburtstag des Königs im Juli 1702 ließ die Königin in einer Arie des Amor ein selbstironisches Loblied auf den römischen Dichter singen: »An diesem Ort geht es kaum um Liebe. In Lietzenburg dreht sich alles nur um Lukrez.« Im September liest Toland den Leibniz-Brief, der gegen seine materialistische Atomtheorie argumentiert. Der Engländer verfasst eine Erwiderung. Leibniz fühlt sich zu einer weiteren Antwort herausgefordert; langsam jedoch verliert er die Geduld.

»Herr Toland täte gut daran, *in ristretto* zu halten, was er Neues zu sagen hat«, schreibt er Mitte September an die Kurfürstin in Hannover. »Doch er schreibt liebend gerne große Abhandlungen, kurz, er möchte ein Autor sein. Er hat der Königin eine Abhandlung über die Seele vorgelesen, die ungefähr die Lehre des Lukrez behandelt ... Anstatt sich mit Philosophieren zu vergnügen ... sollte er besser auf die Untersuchung der Tatsachen erpicht sein. Doch ich fürchte, das, was er als Geschichte ausgeben will, ist bloß ein Roman.«

Als Leibniz den Kollegen drängt, ihm mündlich zu sagen, welche Schwierigkeiten er mit seiner Argumentation habe, entgegnete Toland, er erinnere sich nicht mehr an das Leibniz-Papier – »obwohl er es nur zwei oder drei Tage zuvor gelesen hat«. Arroganz oder Ausrede? Gegenüber Kurfürstin Sophie muss Leibniz keine höfische Rücksicht nehmen: »Das alles führt mich zu dem Urteil, dass er sich um die Wahrheit wenig schert und sich nur durch Neues und Besonderheit hervortun will.« Ein süffisanter Nachtrag zielt auf das freizügige Leben, das Toland in Lietzenburg genießt: »Denn wer die Wahrheit liebt und freie Zeit hat, beteiligt sich gerne an einer gründlichen Diskussion.«

Spricht aus diesen Zeilen ein unbewusster Neid auf den jüngeren Kollegen? Fürchtet der berühmte Philosoph, bei Sophie Charlotte nicht mehr den ersten Platz einzunehmen? Sind vielleicht bei beiden Männern neben allem intellektuellen Ehrgeiz sehr irdische Gefühle im Spiel?

Leibniz hat nie einen Hehl daraus gemacht, dass er bei Sophie Charlotte die Mischung aus Geist und eleganter physischer Erscheinung schätzt. 1704 erscheinen in London die *Letters to Serena* von John Toland, und mit Serena – das ist im Vorwort unschwer zu erraten – ist Preußens Königin gemeint. Ihr hat der radikale Freidenker ein Werk gewidmet, das am Beginn des 18. Jahrhunderts den Schatz aufgeklärter Ideen in Politik und Physik, in Religion, Philosophie und fortschrittlichen Gesellschaftsentwürfen bündelt.

Ein Jahr später gibt Toland seine Erinnerungen an die *Königlichen Preussischen und Chur-Hannoverschen Höfe* heraus – so die deutsche Übersetzung 1706 –, in der er Lietzenburg einen besonderen Platz zuweist: »Und zwar das durch anordnung und einrichtung Sophie Charlottens, der allerschönsten Prinzeßin in Ihrer zeit, und die keinem menschen an richtigen verstande, an netten und wohlgesetzten worten, wie auch an annehmlichkeit der conversation und umganges etwas nachgiebet.« Vielleicht rührt die zunehmende Schärfe zwischen Leibniz und Toland nicht nur aus ihrem Kampf um die Seele der Königin, sondern auch aus der Bewunderung für eine Frau, die sie in den Tiefen ihrer Gefühle berührte.

Bevor der Mann aus London und der aus Hannover sich zu sehr in ihren philosophischen Gegensätzen verhakten, konnte Sophie Charlotte die Gedanken auf einen abwesenden Gast lenken, der dank seines bahnbrechenden Werkes überaus präsent war und von allen dreien gleichermaßen als Autorität akzeptiert wurde – Pierre Bayle.

Sein *Dictionnaire historique et critique* war 1697 ein intellektueller Paukenschlag und öffnete das Tor zum aufgeklärten Europa wie kein Buch zuvor oder danach. Der französische Theologe und Schriftsteller Bayle, der in Rotterdam Exil fand, ist im Schatten späterer Denker längst vergessen. Doch damals war sein Buch ein Bestseller und über alle nationalen Grenzen hinweg in den Kreisen gelehrter Bürger wie an Fürstenhöfen heiß diskutiert und viel bewundert.

Sophie Charlotte wusste, worauf sie sich im Sommer 1702 einließ: Mit Bayle, Leibniz und Toland hatte sie drei herausragende Vertreter der neuen Zeit versammelt, von denen jeder der menschlichen Vernunft, ohne die es keine Aufklärung geben konnte, eine radikale Position zuwies.

Seit dem Zusammenbruch des römischen Reiches war das Christentum, der christliche Glaube, die alles verbindende und prägende Kraft in Europa. Zuerst mit der katholischen Kirche, seit Martin Luther und Johannes Calvin mit den protestantischen Konfessionen war es staatstragendes Element aller europäischer Staaten und Fürstentümer. Die zentrale Frage am Beginn der Moderne war: Wie verhalten sich Glaube und Vernunft zueinander?

Gottfried Wilhelm Leibniz geht davon aus, dass Glaube und Vernunft sich nicht ausschließen und dass Gott zum Wohle der Menschen ein System universeller Harmonie geschaffen hat. Es fällt zwar schwer, darauf zu vertrauen, weil der Mensch immer nur einen Ausschnitt der Welt wahrnimmt. Aber Leibniz ist überzeugt, dass dieses Vertrauen eine zufriedene Gelassenheit verleiht. Ganz anders John Toland: Er plädiert dafür, dass Glaubenswahrheiten – wie auch die Wissenschaft – sich an der Vernunft messen lassen müssen. Ein vernünftiger christlicher Glaubenskern wird Bestand haben. Was darüber hinausgeht – irrationale Dogmen und angstmachende Mysterien – verurteilt er als Machtinstrument von korrupten Klerikern und weltlichen Herrschern.

Der Hugenotte Pierre Bayle, der wegen seines reformiert-calvinistischen Glaubens aus Frankreich flüchten musste, legt mit seiner Formel für das Verhältnis zwischen Vernunft und Glauben den stärksten Stein im Gebäude der Aufklärung, der bis heute nichts von seiner fundamentalen Gewichtung verloren hat: Glaube und Vernunft sind für Bayle zwei getrennte Größen, die ihre eigene Identität und Existenzberechtigung haben und deshalb nicht gegeneinander ausgespielt werden dürfen. Sie haben ihre eigenen Wahrheiten und ihre Grenzen. Wer von dieser Überzeugung ausgeht, kann Juden, Christen, Muslimen und Atheisten Glaubensfreiheit zugestehen und einen toleranten Staat schaffen, ohne deshalb auf die moralische Prägung einer Gesellschaft aufgrund vernünftiger Maßstäbe zu verzichten.

Als Leibniz im Juni 1702 nach Lietzenburg kam, gehörte Pierre Bayle seit Jahren zu seinen Briefpartnern. 1687 hatte er Bayle – der für die französisch sprechende Elite Europas die Zeitschrift *Neuigkeiten aus der Republik des Geistes* herausgab – einen Aufsatz geschickt, der sich kritisch mit Descartes und dessen Gottesbild auseinandersetzte. Er schätzte den Franzosen mit seinem umfassenden Wissen auf vielen Gebieten als gleichwertigen Denker.

Im August 1702 schrieb Leibniz in Lietzenburg auf Bayles Anregung eine Replik, um sein Bündnis von Glaube und Vernunft noch einmal zu verteidigen. Der Exilfranzose in Rotterdam hatte auch für die zweite Auflage des *Historisch-kritischen Wörterbuchs* einen Autor engagiert, der diese Leibniz-These scharf kritisierte. Dennoch versagte Leibniz dem französischen Kollegen den Respekt nicht, den er gegenüber Toland nur noch schwer aufbringen konnte, je länger ihre Diskussion in Lietzenburg fortschritt.

Sophie Charlotte ließ sich während der Sommermonate aus Bayles *Wörterbuch* vorlesen, Leibniz an ihrer Seite. Sie versprach sich aus den folgenden Gesprächen über das Gelesene Anregung und Klärung für ihre eigene Position. Das *Wörterbuch* bot Stoff für alle Fragen, die die Königin und die Philosophen beschäftigten: Wie verhalten sich Geist und Materie zueinander? Wie lässt sich bei einem gütigen Gott das Böse in der Welt erklären? Hat der Mensch die Freiheit, zwischen Gut und Böse zu wählen?

Mehr als einmal schlug Sophie Charlotte vor, Leibniz solle diese Fragenkomplexe und seine Antworten zusammenfassend aufschreiben. Noch lag kein gedrucktes Werk des Philosophen vor. Von der Königin angetrieben, machte er sich langsam an die Arbeit. Es wurde sein wichtigstes Werk – *Essais de Théodicée* –, das von der Gerechtigkeit Gottes handelte und erst Jahre nach dem Tod der Königin erschien. In seinem Vorwort hat er an Sophie Charlotte als die Urheberin dieses Werkes erinnert.

Zwischen all dem tiefsinnigen Gedankenaustausch, fern christlicher Dogmen oder kirchlich gebundener Frömmigkeit, musste die Königin in jene Welt eintauchen, an die sie kraft ihres Amtes gebunden war und ihr Ehemann als Oberhaupt der christlichen Kirchen in Brandenburg-Preußen noch viel mehr. »Morgen empfängt die Königin in Gemeinschaft mit dem König hier das Abendmahl«, schrieb Leibniz am 9. September 1702 an Kurfürstin Sophie, »und der Kronprinz wird erstmals ebenso daran teilnehmen ... Der Kronprinz hat uns gestern an der Tafel der Königin erzählt, dass er in der Kirche öffentlich auf 60 Fragen antworten muss«.

Seine Großmutter, die sich durch ihre englische Mutter in der anglikanischen Konfession gut auskannte, antwortete vier Tage später: »Ich bedaure den Kronprinzen, dass er auf 60 Fragen hat antworten müssen; ich dachte, es sei schon viel, dass der Bischof von Salisbury 39 Glaubensartikel verfasst hat.« Am 16. September kam sie noch einmal auf das Kirchenexamen des Enkels zurück, bewunderte nachträglich dessen Gedächtnis und »seine Sicherheit vor der Gemeinde« und konstatierte stolz, dass er »in Bezug auf Geist und Leib ja wohl ausgestattet« sei.

Vielleicht schützte Sophie Charlotte bei ihren freizügigen Diskussionen in Lietzenburg ihr königliches Amt vor Verdächtigungen, fundamentale christliche Wahrheiten in Zweifel zu ziehen. Außerdem war die intellektuelle Ebene der Lietzenburger Gespräche, für die Sophie Charlotte die Vorgaben machte, frei von abfälliger Kritik an christlichen Lehren und kirchlichen Zuständen. Hinzu kommt, dass die führenden hugenottischen Pfarrer bei Hofe und in der französischen Gemeinde Berlins aufgeklärte Theologen waren, die ein persönliches Christentum predigten und sich vorsichtig vom engen Dogmatismus ihrer Konfession entfernten. Sie hatten keine Bedenken, der Einladung der Königin zu folgen und im Herbst 1702 in Lietzenburg mit Leibniz und Toland zu diskutieren.

Die Residenzstadt Berlin war im September und Oktober wie ausgestorben; viele Höflinge begleiteten den König auf die Jagd. Sophie Charlotte versuchte, den gestörten Kontakt zwischen Leibniz und Toland wiederherzustellen und durch ihre französischen Hofprediger zu entspannen und zu bereichern. Am 30. September schrieb sie Freiherr von Bothmer, sie habe Leibniz »angeregt, ein wenig mit Toland zu diskutieren. Monsieur Beausobre und Lenfant haben sich auch eingemischt ..., das sind die einzigen Menschen, die ich hier zur Gesellschaft habe ...« Mit dem Herbst war die bunte Sommergesellschaft ausgeflogen. Die kurzen Tage und das kühle Wetter luden nicht mehr zu langen Promenaden in den Schlosspark. Sophie Charlotte war in Gedanken schon im neuen Jahr: »Ich hoffe, den Karneval wieder in Hannover zu sein.«

Vom 24. bis zum 26. Oktober 1702 führte das Hofzeremoniell den König und die Königin in das Schloss von Potsdam. Leibniz war in ihrer Gesellschaft, als sie den Herzog von Schwerin empfingen. John Toland hatte sich in der Mark Brandenburg umgesehen und war auf dem Weg von Stettin zurück nach Berlin; für ihn war die Abreise nahe. »Ihr Brief kam in dem Augenblick, als Toland sich von mir verabschiedete«, erfuhr Bothmer am 11. November. Der hannoversche Gesandte in Berlin protokollierte am 7. November: »Der Engelländer Toland ist zeit seiner anwesenheit alhier bey Sr. Königl. May. und auch bey der Königin May. zimlich wohl gelitten gewesen und auch mit praesenten regaliret worden.« Mit einer gewöhnlichen Postkutsche reiste Toland über Hannover und Osnabrück nach Holland, um von dort nach England überzusetzen.

Sein Abschied veranlasste die Königin zu einer selbstbewussten Verteidigung des umstrittenen Gastes. Toland habe es in ihrer Gegenwart nie an Respekt fehlen lassen, schrieb sie Bothmer, weil er Geist habe: »An meine Tafel lade ich nur Leute von Geburt oder solche, die wissen, dass es eine Ehre ist, hier sein zu können.« Im Gegensatz zu Leibniz sah Sophie Charlotte jedoch nicht nur den Geist, sondern auch den Menschen. Sie warb in ihren Briefen um Verständnis für die Gemütsverfassung einen Mannes, der wegen seiner Gedanken verfolgt und gehasst wurde. Waren Tolands Zorn und seine manchmal verletzende Kritik nicht die Reaktion darauf? »Es ist wahr, seine Sprache ist sehr freizügig gewesen«, hatte Sophie Charlotte am 24. Oktober 1702 an ihren Vertrauten geschrieben. »Aber ich finde, er ist weiser geworden; man vergisst nicht so schnell, was er gesagt hat und die treffenden Worte, die er auf Lager hat ...«

Es ist der Freigeist John Toland, der im Rückblick auf seine Begegnungen mit der Königin fern von jeder Lobhudelei und durchaus selbstkritisch in seinem 1706 ins Deutsche übersetzten Reisebericht über die *Königlichen Preußischen und Chur-Hannoverschen Höfe* auf den Punkt bringt, worin die außergewöhnliche Begabung der Gastgeberin Sophie Charlotte liegt. Er habe in seinem »ganzen leben niemand gehöret, welcher geschicktere einwürfe hätte machen oder die unzulänglichkeit und sophisterey eines vorgebrachten argumentes und schlusses hurtiger entdecken, oder auch die schwäche und stärcke einer meynung leichter penetriren können, als eben Sie«.

Preußens Königin hatte keine Angst, sich in die aktuellen Debatten auf höchstem Niveau einzumischen. Sie war als Frau den großen Denkern ebenbürtig; es lag ihr fern, darüber auch nur ein Wort zu verlieren. Als Partnerin wurde sie von Leibniz und Toland in der *Republik des Geistes* ernst genommen. In diesem Sinn nannte Toland Sophie Charlotte eine »republikanische Königin«. Ein größeres und treffenderes Kompliment konnte es nicht geben.

Sophie Charlotte ist nie aus ihrer fürstlichen Welt ausgebrochen. In der Welt des Geistes jedoch gab es für sie keine Standesschranken, war sie Republikanerin. Diese freie Sicht auf Gott und die Welt beschränkte sich nicht auf Sophie Charlottes Lustschloss. Die bunte internationale Gesellschaft, die sich in Lietzenburg versammelte, strahlte weit über Schloss und Park hinaus. Sie hatte mit Mund-zu-Mund-Propaganda ihren Anteil daran, dass Berlin, die Hauptstadt des Königreiches Brandenburg-Preußen, am Beginn des 18. Jahrhunderts zu einer der führenden Metropolen Europas wurde.

John Toland, der die meiste Zeit in London lebte, wusste, wovon er sprach, als er zu Beginn seiner *Letters to Serena* Berlin schildert: »Die Stadt ist der Sitz der Regierung, weshalb man sicher sein kann, dass sich hier die klügsten Geister, die strahlendsten Schönheiten und die prächtigsten Kutschen zeigen. Außerdem ein beständiger Fluss an Fremden, Männer von höchstem Rang in ihrem eigenen Land, deren Neugierde anregend ist und deren Vermögen es möglich macht, andere Länder und Sitten kennenzulernen.« Die fortwährende Szenerie von Liebe und Fröhlichkeit unter den jungen Leuten werde nicht von Politikern oder Geschäftsleuten gestört.

Der Freidenker hatte in der Residenzstadt auch hinter die Fassaden geschaut. Nirgendwo habe er so zahlreiche Bücher in privaten Bibliotheken gesehen, so freie Anfragen an Geschichte und die Geheimnisse der Natur erlebt und so viele Menschen, »die Pedanterie von Gelehrsamkeit und Zeremoniell von Zivilisation unterscheiden können«. Dieses Lob Tolands über Berlin ist keine Einzelmeinung.

Beeindruckt von dem geselligen Treiben in den Straßen, dem Niveau des intellektuellen und künstlerischen Diskurses, den neuen repräsentativen Bauten dichtete Samuel Grosser, Publizist und Direktor eines Reformgymnasiums in Görlitz, 1702: »Hier ist Griechenlands Athen. / Hier sind Asiens Paläste. / Auf den meisten Gassen gehen / Weit entlegner Länder Gäste.« Der Mythos vom Spree-Athen war geboren, und beide Residenzen,

Lietzenburg wie Berlin, haben mit ihren gekrönten Häuptern, dem König und der Königin, einen wesentlichen Anteil daran.

Der intensive Sommer von 1702 war die Bewährungsprobe für das gemeinsame Projekt Lietzenburg. Den Anstoß, am Ende des Tiergartens auf dem Weg nach Spandau auf verwildertem Boden ein Lustschloss zu bauen, hatte Sophie Charlotte im Frühjahr 1694 gegeben. Seit der halbfertige Bau zum Geburtstag des Königs am 11. Juli 1699 festlich eingeweiht wurde, engagierten sich Sophie Charlotte und Friedrich gemeinsam, damit Schloss und Park und die geistig-kulturelle Ausstrahlung dieses Ortes dem angestrebten Königreich Brandenburg-Preußen zu Ruhm und Ehre gereichen würden. Der erfolgreiche Griff nach der Krone im Januar 1701 gab Sophie Charlottes Plänen weiteren Schwung.

Die Exzellenz der von der Königin verantworteten und teilweise geleiteten musikalischen Aufführungen, die Qualität der von ihr engagierten Sängerinnen, Komponisten und Solisten wurden von ihrem Gemahl ohne Zögern finanziert. Ebenso der Um- und Ausbau, der das Schloss erst zu einem barocken Juwel machte.

Die Finanzierung aus der königlichen Schatulle war ein Zeichen für Friedrichs Zustimmung zu den Visionen seiner Frau: dass hier ein Ort entstand, an dem weder die orthodoxen Glaubenswächter noch die Gegner der neuen aufgeklärten Zeit Zutritt hatten, um Denkverbote auszusprechen. Diese Freiheit der Gedanken übertrug sich auf die Residenzstadt an der Spree wie die bauliche Pracht, die der König initiierte. Das Stadtschloss, unter Andreas Schlüters Leitung seit 1699 von Grund auf umgebaut und vergrößert, war ein Lieblingsprojekt Friedrichs. 1703 wurde Schlüters imposantes Reiterstandbild des Großen Kurfürsten, das heute vor dem Charlottenburger Schloss steht, auf der Spreebrücke platziert. Am Gendarmenmarkt waren der Deutsche und der Französische Dom im Bau.

Am Hof von Lietzenburg wie am Hof von Berlin waren originelle Gäste mit neuen unorthodoxen Ideen willkommen – lange bevor der Enkel Friedrich der Große zwei Generationen später mit diesem Anspruch in die Geschichte eingegangen ist. Er hat den Großvater in seinen *Denkwürdigkeiten zur Geschichte des Hauses Brandenburg* als eitlen, prunksüchtigen Hohlkopf geschmäht; ein Zerrbild, das von Historikern bis ans Ende des 20. Jahrhunderts gepflegt wurde. Das von Friedrich geförderte Schloss Lietzenburg ist ein überzeugender Gegenbeweis.

In ihrem Brief vom 11. November 1702 an Freiherr von Bothmer spricht Sophie Charlotte zum dritten Mal von ihrer Hoffnung, »diesen Karneval nach Hannover gehen zu können«. Sie fürchtet aber, dass sie den Anfang verpassen wird. Die Königin muss bei den neuen Zeremonien zur Verleihung des Adler-Ordens – am 18. Januar, dem Jahrestag der Krönung in Königsberg – in Berlin präsent sein. Es folgt ein offenherziges Bekenntnis: »Ich hoffte, die Neuigkeit wäre wahr, dass ich nach Holland gehe – aber nur unter bestimmten Bedingungen, sonst wäre ich lieber allein in meinem Schloss. ... Unabhängig davon liebe ich Holland leidenschaftlich und passe mich gerne den freien Sitten des Landes an ...« Die »republikanische Königin« konnte sich ein Leben in der Republik der Vereinigten Niederlande vorstellen, ein sicherer Hafen für etliche Vorreiter der Aufklärung, die sie schätzte. Pierre Bayle in Rotterdam war einer von ihnen.

Der Kontakt zu Agostino Steffani hatte sich seit ihrem Treffen in Brüssel am Hof des bayerischen Kurfürsten wieder gefestigt. Ein stärkeres Band als die Leidenschaft zur Musik konnte es nicht geben. Am 9. November 1702 hatte Steffani ihr in einem Brief sein Herz ausgeschüttet. Die politischen Ereignisse würden bei ihm bitterste Traurigkeit auslösen: »Viele Menschen, für die ich Respekt habe, zerstören sich.« Unendlich viel Zeit habe er in seinem Leben investiert, um eine solche Situation zu verhindern.

Der Diplomat sprach den Spanischen Erbfolgekrieg an, der

nach einigem Geplänkel zwischen den Hauptkontrahenten – Frankreich auf der einen, der Kaiser, England, die Niederlande und Brandenburg-Preußen auf der anderen Seite – im Herbst in sein blutiges Stadium getreten war. Ludwig XIV. war in die Pfalz einmarschiert. Zu den Fürsten, die sich – gegen alle bisherigen Bündnisse – mit Frankreich verbündet hatten und nun gegen ihre deutschen Fürstenkollegen in die Schlacht zogen, gehörte der bayerische Kurfürst. Seit rund zwanzig Jahren hatte Steffani für diesen erfolgreich diplomatische Missionen abgeschlossen und pro-kaiserliche Politik gemacht. Nun lag seine Welt in Scherben. »Ich habe mich kopfüber in die Musik gestürzt«, schrieb der Verzweifelte, darauf vertrauend, dass Sophie Charlotte ihn verstehen würde.

Und wie sie ihn verstand! Direkt wie immer kam sie zur Sache, als sie am 21. November einen Trost bereithielt, von dem sie wusste, er konnte größer nicht sein: »Alle die seltsamen Dinge, die schätzenswerten Menschen augenblicklich widerfahren; das Auf und Ab dieses Jahrhunderts ... beschweren mich nicht mehr. Ich fühle mich geradezu getröstet, weil es dahin führt, der Musik zu vertrauen. Lassen Sie sich von ihr ablenken, ich bitte Sie. Sie ist eine treue Freundin, die Sie nicht verlässt und nicht betrügt; sie ist keine Verräterin und Ihnen gegenüber niemals grausam gewesen. Vielmehr haben Sie allen Charme und alles Entzücken aus ihr gezogen. Dagegen sind Freunde lau oder trügerisch und Geliebte undankbar.« Das leidenschaftliche Plädoyer blieb nicht ohne Wirkung.

Agostino antwortete fünf Tage später. Die Gründe, die die Königin anführte, hätten eine solche Wirkung auf seinen Geist gehabt, »dass sie meine Musik wieder aufweckten, die seit einigen Tagen geschlafen hatte. Wie aus dem Nichts kam ein Duett aus meiner Feder.«

Die Königin hatte in ihrem Novemberbrief auch ein wenig geklagt: »Der große Bononcini ist immer noch hier, vom Tod seiner Geliebten erschüttert. Deshalb habe ich seit acht Tagen kaum Musik gehört.« Doch Sophie Charlotte ist entschlossen, diese Lücke schnell zu schließen – in eigener Mission. Sie will »das Unmögliche versuchen, denn ich lerne den Kontrapunkt. Wenn ich das zu Ende führe, werden Sie sehen, wie ich komponiere.« Das ist noch nicht alles: »Ich habe vor, es so gut zu machen, dass Sie neidisch werden. Ich werde Duette machen, die so zärtlich und natürlich sind wie Ihre.« Wenn das kein Anreiz für den komponierenden Kollegen ist, seine lähmende Traurigkeit hinter sich zu lassen.

Seine Antwort zeigt, dass Sophie Charlottes Kombination aus einfühlendem Trost und ironischer Kampfansage funktioniert. Nicht nur dass seine innere Musik ihm wieder Töne liefert. Abbé Steffani geht auf das lockere Geplänkel der Königin ein und hat keine Hemmungen, in gleicher amüsiert-ironischer Tonlage den Ball zurückzugeben. Er wünscht, dass Sophie Charlotte niemals das Komponieren erlerne – und nimmt mit gespielter Zerknirschung ihre empörte Reaktion vorweg: »Was für ein unverschämter Wunsch. Ich gebe das zu, ich weiß es, aber ich kann es mir nicht versagen. Schon im Voraus bin ich auf diese neue Unternehmung eifersüchtig. Und dazu habe ich einen sehr starken Grund ... Alles, was Eure Majestät tut, ist von vollendeter Perfektion. Wenn sie lernt, Duette zu komponieren, kann ich meine vergessen. Eure Majestät brauchte nicht mehr nach denen zu suchen, die sie von mir bekommen hat, und bald wäre der arme Abbé ganz vergessen. Und da wünscht Eure Majestät, dass ich wünsche, sie möge das Komponieren lernen? Nie im Leben.« Wer so miteinander redet und sei es auf Papier, verlässt sich darauf, vom gleichgesinnten Partner nicht missverstanden zu werden.

Je näher das Jahresende rückt, desto stärker wird Sophie Charlottes Wunsch, mit Beginn des neuen Jahres in Hannover zu sein. Am 2. Dezember erfährt Freund Bothmer: »Ich hoffe, diesen Karneval wieder nach Hannover zu gehen ...« Bis dahin versucht die Königin, sich im Theater abzulenken.

In Berlin treten in der Vorweihnachtszeit deutsche Komödianten auf, die nach dem Urteil der Königin, »wenn sie zu spielen wagen, unterhaltsam sind, auf die Gefahr hin, lächerlich zu sein«. Aber es gibt andere, »die so natürlich sind, als ob man nicht im Theater wäre«. Kein Protest der Geistlichkeit ist zu hören. Da Friedrich sich gerne bei Komödien entspannt, ist die Vermutung erlaubt, dass das königliche Ehepaar sich gemeinsam amüsierte.

In ihrem letzten Brief vom 26. Dezember 1702 wünscht die Königin Bothmer ein gutes Fest, mit dem ausdrücklichen Hinweis, dies nicht als bloße Phrase zu lesen. Sie sei wirklich an seinem Wohlergehen und seiner Gesundheit interessiert. In Berlin wurde an diesem Morgen der glückliche Verlauf der Kriegskampagne gefeiert: »Die Trompeten, Pauken und Kanonen hatten die größtmögliche Wirkung, und es scheint, man glaubt, der liebe Gott sei taub, und man könne ihn am besten anbeten, wenn man viel Krach macht.«

Aus Hannover schreibt Kurfürstin Sophie an Leibniz in Berlin: »Es tut uns leid, dass sich die Reise der Königin verzögert.« Doch trotz Verspätung wird sich Preußens Königin noch im Januar und bis Ende Februar bei den Festen und Maskeraden, bei Tafelmusik und Theateraufführungen in Hannover vergnügen, davon ist ihre Mutter überzeugt. Schon am 13. Dezember hatte sie Leibniz gemeldet: »Gestern war hier Ball und Komödie, um auszuprobieren, wie man etwas findet, worüber unsere Königin lachen kann, wenn sie hierherkommt.«

22. Kapitel

Kampf um den Kapellmeister
»Unsere Truppen haben schwer gelitten«
1703

»Meine liebe Tochter, ich gehe nach Hannover ... und wünsche Ihnen ein gutes Neues Jahr, dass die Rosen schön blühen und die Bäume Obst im Überfluss tragen ...« Die poetischen Wünsche gingen am 1. Januar 1703 an die Stieftochter der Königin, Luise, Erbprinzessin in Kassel, und wurden beflügelt von der Aussicht, auch im neuen Jahr den Karneval in Hannover genießen zu können. Der Brief vom 17. Januar kommt schon aus Hannover und ist an den Sohn in Berlin gerichtet: »Ich bin gestern hier angekommen, nach einer langen und ermüdenden Reise; das ist alles, was ich Ihnen im Augenblick sagen kann, mein lieber Sohn ... Ich werde Ihnen eine weitere Post schicken; diese soll Sie nur an diejenige erinnern, die sie mehr liebt als alles auf der Welt.«

Das ist dann gar nicht nötig, denn der Kronprinz erhält von seinem Vater kurzfristig die Erlaubnis, Mutter und Großmutter zum Karneval in Hannover zu besuchen. Kurfürstin Sophie schreibt ihrem Schwiegersohn umgehend ein Lob auf den geliebten Enkelsohn. Der König hörte das gerne. Doch für solche freundlichen Töne aus Hannover hatte er schon am 23. Januar kein Ohr mehr. Sein Groll auf das Welfenhaus, dem Kurfürstin Sophie wie der Herzog von Celle angehörte, war riesig: »Dass Eure Kurfürstliche Durchlaucht mit meinem Sohn zufrieden sind, erfreut mich von Herzen, und meinerseits wünsche ich nur, Ursache zu haben, mit dem Verhalten des Herzogs von Celle zufrieden zu sein.« Es sei ihr sicher bekannt, dass die Truppen des Herzogs die Stadt Hildesheim besetzt hätten, was gegen die »Ewige Allianz« zwischen Berlin und Hannover verstoße. Er sei überzeugt, dass sie dieses Vorgehen nicht billige und ihm Recht gebe, »denn das heißt denn doch einen zum Narren halten«.

Es lohnt nicht, näher auf diesen überflüssigen politischen Hahnenkampf zwischen dem Herzog von Celle, unterstützt vom Kurfürsten von Hannover – dem Sohn der Kurfürstin Sophie –, und dem preußischen König einzugehen. Friedrich hatte den mehr als fragwürdigen Überfall auf Hildesheim am 16. Januar 1703 seinerseits mit der Besetzung der Reichsstadt Nordhausen beantwortet. Kurfürstin Sophie versuchte, in ihrem Brief vom 30. Januar ihren Schwiegersohn wortreich zu beruhigen: Die Celler Soldaten hätten Bürgermeister und Rat von Hildesheim nur gegen einen Volksaufstand schützen wollen und würden so bald wie möglich wieder abgezogen. Der König würde durch einen Brief-Kurier »besser informiert«, und sie hoffe, »Ihrer Majestät der Königin und Seiner Königlichen Hoheit länger allhier aufzuwarten«. Der Vermittlungsversuch mit dem Ziel, den weiteren Aufenthalt von Tochter und Enkel in Hannover zu erreichen, schlug fehl; zumindest, was den Enkel betraf.

König Friedrich antwortete umgehend am 1. Februar. Er sehe aus ihrem Schreiben, »dass Sie von mir begehren, meinen Sohn noch länger in Hannover bei Ihnen zu lassen«. Wäre ein Abzug der Celler Soldaten aus Hildesheim in Sicht, hätte er keine Bedenken, dem Wunsch nachzukommen. Dafür aber gäbe es keine Anzeichen, und so hoffe er, »dass Eure Kurfürstliche Durchlaucht es mir nicht übel nehmen werden, dass es dabei bleibt und mein Sohn sich ehestens wieder bei mir einfindet.« Was den Aufenthalt der Königin bei ihrer Mutter betrifft, wird Nachgiebigkeit angetäuscht: »Was aber die Königin angehet, so steht solches lediglich bei Ihrer Majestät; dennoch würde mir auch lieber sein, wenn sie zurückkäme, denn bei so gestalteten Sachen kann ich solches nicht zugeben.« Keine Frage, was der König von seiner Frau, der Königin, erwartet.

Kurfürstin Sophie nutzt ihr Ansehen bei ihrem Schwiegersohn diesmal bis zur Neige aus. Sie zeigt Verständnis für seine Entscheidung, ohne mit ihrer Meinung hinter dem Berg zu halten. Sie hoffe, Friedrich Wilhelm sei inzwischen wieder bei seinem Vater: »Eurer Majestät Befehl wird allzeit ein Gesetz für mich sein, doch war der Abschied für uns alle sehr betrübt, denn der liebe Kronprinz gewinnt die Herzen aller, die die Ehre haben, ihn zu kennen.« Kein Wort über die Königin, das sagt alles. Es knirscht gehörig im bisher so harmonischen Familienmiteinander von Berlin und Hannover.

Fast ein wenig trotzig klingt, was Sophie Charlotte Mitte Februar an Friedrich Wilhelm schreibt: »Ich danke Ihnen für Euren Brief, mein lieber Sohn, und ich bin betrübt, dass Ihr nicht auch hier sein könnt, wo wir uns auf das Beste amüsieren. An einem Abend gibt es Redoute, am anderen Komödie. Der Raugraf ist fröhlich wie nie, er erinnert sich voller Zärtlichkeit an Euch und liebt Euch so sehr wie eine Flasche Rheinwein, das sagt alles und ich tue es von ganzem Herzen ...« Was die politische Krise betrifft, hält sich die Königin auffällig zurück.

Mutter und Ehemann fechten den Streit untereinander aus. Sophie Charlotte soll schweigend ihr Gesicht wahren können und nicht beschädigt werden. Allen in Hannover ist klar, der König erwartet, dass seine Frau umgehend nach Berlin zurückkehrt. Kurfürstin Sophie versucht, Zeit zu gewinnen und ihre Tochter aus der Schusslinie zu nehmen. Am 17. Februar schreibt sie, »Ihre Majestät die königin haben wir persuadirt, Euer Königlicher Majestät antwort schreiben zu erwarten, ... um Dero zu rück reiss tharnach anzustellen, wie Euer Majestät es befellen werden«.

Formal höflich, aber unmissverständlich kommt am 23. Februar aus Schloss Oranienburg die Antwort: »Nachdem nuhn mehro dass carnouval zum ende, So hoffe, dass Euer Churfürstliche Durchlaucht keine difficoulteten mehr machen, die Königin wiederum von Sich zu lassen ...« Am 24. Februar 1703 machte sich Sophie Charlotte mit ihrem Reisetross auf den Weg zurück nach Berlin.

Ursprünglich hatte Gottfried Wilhelm Leibniz zusammen mit der Königin Mitte Januar 1703 zum Karneval nach Hannover fahren wollen. Doch er fühlte sich zu krank für diese Strapaze und war an der Spree geblieben. Ein glücklicher Umstand für die Nachgeborenen, denn so gingen zwischen Leibniz und seinen beiden vertrauten Freundinnen viele Briefe hin und her. Am Tag, als Sophie Charlotte Hannover verließ, schrieb Kurfürstin Sophie an Leibniz. Weil sie sich so sehr an den Unterhaltungen mit ihm erfreue, habe sie lange geglaubt, er würde doch noch kommen: »... doch jetzt, da die Königin auf Befehl des Königs zurückkehren muss, nachdem wir das so weit herausgeschoben haben, wie wir nur konnten, bin ich sicher, dass Sie noch einige Zeit bei ihr bleiben werden ...«. Gegenüber ihrem Freund musste die Kurfürstin sich nicht verstellen.

Während sich die politische Krise um Hildesheim hochschaukelte und Sophie Charlotte von ihrer Mutter über die verbitterten Briefe ihres Gemahls informiert wurde, hatte sie Leibniz am 7. Februar um einen Gefallen gebeten. Lieber würde sie ihn persönlich sehen als nur seine Briefe. Sie hoffe, er erhole sich bald und könne Pater Vota überzeugen, mit ihm nach Hannover zu kommen. Nicht nur sie, sondern auch die Kurfürstin und der Kurfürst würden Vota gerne sehen, da sie schon viel Gutes über seine geistreichen Gespräche gehört haben.

Leibniz fühlt sich noch nicht reisefähig, aber der italienische Jesuit mit schillernder Biografie nimmt die Einladung an. Carlo Maurizio Vota, 1629 in Turin geboren, ist ein Mann von Welt mit vielseitigem Interesse an Kunst und Philosophie. Vom Vatikan wurde er zu schwierigen diplomatischen Missionen nach Polen und Russland geschickt; 1699 holte ihn August der Starke als geistlichen Berater an seinen Hof nach Dresden. Ob am katholischen Hof in Dresden oder am calvinistischen in Berlin, der Jesuit Vota ist überall beliebt. Kurfürst Friedrich schätzt ihn, weil er ihn im Streben nach der Königswürde unterstützt – wohl in der Annahme, das Haus Brandenburg würde für die Königskrone zum Katholizismus konvertieren.

Das geschah nicht, doch Vota ist weiterhin in Berlin und in Lietzenburg willkommen. Rückblickend auf die Gespräche mit Vota schreibt Kurfürstin Sophie in ihrem Brief vom 24. Februar 1703 an Leibniz, sie bewundere »dessen Aufgewecktheit«: »Er hat sie sich, glaube ich, dadurch erhalten, dass er sich nicht zu sehr auf den Glaubensstreit einlässt, ... auf den anderen Gebieten ist seine Unterhaltung bewundernswert und lebhaft.«

Vom Karneval in Hannover vorzeitig zurück in Berlin, braucht Sophie Charlotte ein belebendes Moment, um den Frust über die frühe Rückkehr, vielleicht auch die angespannte Atmosphäre im Berliner Schloss zu vertreiben. Die geistreichen Gespräche mit Leibniz, den sie hier endlich wiedertrifft, sind ihr diesmal nicht genug. Sie bittet die Hofprediger Jacquelot, Lenfant und Beausobre von der französisch-reformierten Gemeinde in Berlin zusammen mit Pater Vota für den 19. März zu einem Gedankenaustausch.

Wie hoch die Wogen der Erregung zwischen den geistlichen Herren schlugen, berichtet Leibniz der Kurfürstin Sophie am darauffolgenden Tag: »Pater Vota ist erfolgreich gegen Herrn Jacquelot, Herrn Lenfant und Herrn Beausobre angetreten. Ersterer wollte zeigen, dass es ebenso viel Grund gebe, die Ankunft des heiligen Petrus zu bezweifeln, wie es Grund gibt, die Päpstin Johanna zu bezweifeln; Herr Lenfant hat schrecklichen Ärger ausgelöst, als er sagte, er bekümmere sich nicht um die Autorität der Konzilien ... Und Herr Beausobre, der bisher am gemäßigtsten war, hat sich gestern dermaßen erregt, dass sie einander an den Kragen gehen wollten.« Sophie Charlotte war es nur recht.

Nachdem Pater Vota in Hannover Kurfürstin Sophie kennengelernt hat, ist seine Bewunderung und Anerkennung für Mutter und Tochter gleich groß. Frauen als gleichberechtigte geistige Partnerinnen anzuerkennen, gehört zu den frühen Erfahrungen des Jesuiten.

Als Vota 1661 nach Venedig kam, wurde er einer der Lehrer, die der Vater von Elena Lukrezia Cornaro Piscopia engagierte, um seine fünfzehnjährige Tochter in den klassischen Sprachen Griechisch, Latein, aber auch in Hebräisch und Arabisch, dazu in den modernen Sprachen, außerdem in Philosophie, Theologie und Mathematik zu unterrichten. Als einzige Frau studierte Elena an der Universität von Padua. Obwohl von ihrem Professor sehr unterstützt, verwehrte ihr der zuständige Bischof den Doktor der Theologie. Doch am 25. Juni 1678 wurde Elena Piscopia im Dom von Padua vor illustren Gästen und nach einer lebhaften Disputation auf Latein zum Doktor der Philosophie ernannt.

Heiratsanträge hochstehender männlicher Zeitgenossen lehnte die Doctoressa ab. Demonstrativ legte sie die Gelübde einer Benediktinernonne ab, ohne deshalb ins Kloster zu gehen.

Elena Piscopia war ebenfalls an Geige, Harfe und Cembalo ausgebildet. Nach der Promotion gab sie Mathematik-Vorlesungen und unterrichtete in Komposition. Sie war Mitglied an Akademien in Rom, Venedig, Siena und Padua, hielt Vorträge und korrespondierte mit vielen europäischen Gelehrten. Sie starb mit nur achtunddreißig Jahren 1684 in Padua.

Die Frau aus venezianischem Adel war ein Ausnahmetalent, musste aber – wie andere Frauen im 17. Jahrhundert – in ihrem gesellschaftlichen Umfeld keine gravierenden Hindernisse überwinden, um ihre Talente zu verwirklichen. Ist es verwunderlich, dass Pater Vota der Königin auffiel, in ihren Lietzenburger Gesprächsrunden willkommen war und sie keinen Gedanken daran verschwendete, dass ihr Gast nicht nur Italiener und katholischer Theologe, sondern ein Jesuit war, dessen Orden in vielen Ländern Europas verboten war? Umgekehrt musste der Ordensmann keine inneren Vorbehalte überwinden, um mit Sophie Charlotte entspannt auf Augenhöhe zu diskutieren. Pater Vota wird der Königin von Elena Piscopia erzählt haben.

Nach dem von der Königin angeregten Streitgespräch kam in den folgenden Wochen keine Langeweile auf. Allerdings war die folgende Kontroverse, in der Sophie Charlotte persönlich herausgefordert war, keineswegs vergnüglich. In der letzten Märzwoche 1703 bis in den April können die Postkuriere kaum nachkommen mit den Briefen, die zwischen Kurfürstin Sophie, Leibniz, dem Komponisten Agostino Steffani, dem Librettisten Ortensio Mauro und Sophie Charlotte hin und her und kreuz und quer geschrieben wurden. Die Königin kämpft darum, dass ihr Kapellmeister Attilio Ariosti noch einige Jahre an ihrem Hof als Musiker tätig sein kann. Ariosti stand seit 1697 in ihrem Dienst, hatte fast alle Lietzenburger Opern komponiert, war ein perfekter Sänger und Geigenspieler.

Der Mönch Ariosti war von seinem Orden freigestellt worden und durfte als Musiker an den Hof des Herzogs von Mantua gehen. Dann gelang es Sophie Charlotte, den Herzog zu überzeugen, Ariosti an den Hof nach Berlin ziehen zu lassen.

Schon vor 1703 hatte der Ordensvorgesetzte in Italien unerwartet verlangt, Ariosti solle in sein Kloster zurückkehren. Als einflussreichen Fürsprecher gewann er einen Kardinal der Medici-Familie für sich, der vor allem gute Beziehungen zum Hof in Hannover hatte und dort Druck ausübte. Es entwickelte sich ein Machtkampf, bei dem sich schnell die Fronten klärten und verhärteten: Sophie Charlotte kämpfte mutig, aber allein, um Ariosti zu halten, nur Leibniz hielt loyal zu ihr. Ihre Mutter stellte diesmal die hannoverschen Interessen über die Familienbande und stützte ihren Sohn, den Kurfürsten von Hannover, der keinen Ärger mit dem Kardinal wollte. Auf ihre Seite schlug sich, ganz Diplomat, Agostino Steffani, der ansonsten ein enger Vertrauter Sophie Charlottes war.

Kurfürstin Sophie legte Leibniz in einem Brief ihre Argumente dar: »... auch mein Sohn, der Kurfürst, findet, die Königin soll ihn gehen lassen, weil es in Italien, wo alle gerne lästern, Verwunderung auslösen würde, dass die Königin so viel

Aufhebens darum mache, dass sie einen so wenig talentierten Mann nicht entbehren könne, für den sie hundert weitaus bessere finden könnte; ich hoffe also, dass Sie mithelfen, sie dazu zu bewegen, dass sie ihn gehen lässt ...« Man spricht dem italienischen Musiker Talent ab, was indirekt dann auch auf die Königin zurückfällt.

Leibniz, obgleich ihm sehr an Harmonie gelegen und ihm die langjährige Freundschaft mit der Kurfürstin eine Herzensangelegenheit war, ist nicht bereit, sich zum Diener der hannoverschen Diplomatie zu machen. Er habe, schreibt er am 27. März aus Berlin, »bei der Königin die Anweisung Eurer Kurfürstlichen Durchlaucht in Bezug auf Herrn Attilio nicht ausführen können, und brieflich wage ich das nicht zu tun, denn sie braucht diese Person, ohne die es mit all ihrer Musik zu Ende wäre ...« Er rügt Steffani, der sich mit einem Brief für die Entlassung Attilios eingesetzt habe, und »der hat der Königin, wie ich höre, sehr missfallen. In der Tat, wie wirkt das denn, ihr einen solchen Mann wegzunehmen, ohne einen anderen an der Hand zu haben, der an seine Stelle treten könnte. ... Ich sage das freilich nur aus eigenem Antrieb. Aber es hat auch alle Vernunft für sich. Herr Attilio ist, glaube ich, nicht so übel, wie man sich vielleicht einbilden mag.«

Leibniz hat sich die Mühe gemacht und den umstrittenen Musiker befragt. So kann er gute Gründe für die Argumente der Königin anführen und der Kurfürstin schreiben, Attilo »findet es befremdlich, dass man ihn anscheinend auf Gerüchte hin zurückberufen will, die er falsch und verleumderisch nennt«. Da sei offensichtlich Neid im Spiel. Gegen Ende bricht der Philosoph noch einmal eine Lanze für den Musiker-Mönch und versucht, seine kurfürstliche Freundin von falschen Ratgebern abzubringen: »Im Übrigen ist Herr Attilio weder so belanglos noch so leicht zu ersetzen, wie Euer Kurfürstlichen Durchlaucht zu verstehen gegeben worden ist. Er kann alleine eine Oper machen, denn er komponiert und schreibt Verse, und beides sehr leidlich. Außerdem versteht er sich auf verschiedene Musikinstrumente, vom Singen zu schweigen.«

Sophie Charlotte hat in Leibniz einen unermüdlichen und mutigen Mitstreiter an ihrer Seite und ist nicht bereit nachzugeben. Die Königin beauftragt Attilio Ariosti, für die traditionelle Geburtstagsfeier in Lietzenburg am 11. Juli 1703 die Musik zu einem kleinen deutschen Singspiel zu komponieren. Es heißt *Mars und Irene*, und den Text hat Christian Reuter geschrieben, der in Brandenburg kein unbekannter Autor ist. Nach musikalischen Kategorien ist das Stück eine Art Kantate, die durch kleine Szenen optisch erweitert wird. Das ist kein Zufall und keineswegs der Sparsamkeit geschuldet, sondern wohldurchdacht. Sophie Charlotte mit ihrem feinen Sensorium für die Zeitumstände weiß: In diesem Jahr ist keine große Oper angesagt; es gibt Zeiten, da muss die Musik sich in leise Töne hüllen.

Der Briefwechsel mit Johann Caspar Freiherr von Bothmer gibt nähere Auskunft. Die Königin bedankt sich am 22. Mai, dass er sie in einer Zeit über Neuigkeiten informiert habe, in der es nur sehr mittelmäßige Vergnügungen gibt: »Der glückliche Erfolg von Bonn hat Anlass zur Freude gegeben, aber die Ereignisse am Oberrhein lassen einen fürchten. Die Prinzessin von Hohenzollern ist hier, allem Anschein nach werden die Franzosen bald in ihrem Land sein ...« Aus dem Geplänkel über die Nachfolge auf dem spanischen Thron zwischen Frankreich und der »Großen Haager Allianz«, zu der sich der Kaiser, die Niederlande und Großbritannien, Hannover und das Königreich Brandenburg-Preußen zusammengeschlossen haben, ist 1703 endgültig ein blutiger Krieg geworden.

Flandern und Süddeutschland, der Oberrhein und Spanien sind betroffen; die Franzosen besetzen Trier. 1703 hat Kurfürst Max Emanuel von Bayern – wie schon zuvor sein Bruder, der geistliche Kurfürst in Köln – seine Androhung wahr gemacht und sich mit Frankreich verbündet. Das französische Heer überquert den Rhein, um sich in Süddeutschland mit den Bayern zu vereinen. Für die Haager Allianz ist es ein Lichtblick, als John Churchill, der erste Duke of Marlborough – ein Vorfahre Winston Churchills –, am 15. Mai Bonn erobert, das zum feindlichen Kurfürstentum Köln gehört. Sophie Charlotte ordnet den Erfolg realistisch als vorübergehende Erleichterung ein; den Feind wird er nicht aufhalten. Vor diesem Hintergrund verbieten sich für die Königin ausgelassene Vergnügungen.

Ihr Schreiben kommt aus Lietzenburg: »... hier gibt es nicht viel Neuigkeiten. Außer einigen sehr kleinen Festen und Kammerkonzerten von Zeit zu Zeit ... meine Komödianten spielen Komödie, wenn es nicht zu heiß ist.« Der allgemeinen Beschreibung folgt eine persönliche Bemerkung: »... vielleicht kann ich es nicht wagen, diesen Winter nach Hannover zu gehen, und dieser Gedanke betrübt mich sehr.« Der Winter ist noch fern, doch ihr Vertrauter in Den Haag kann einschätzen, was hinter dieser Befürchtung steht: dass die Verstimmung des königlichen Gemahls über die Schwiegermutter in Hannover, die Sophie Charlotte während der Krise um Hildesheim gegen seinen Wunsch nicht nach Berlin ziehen ließ, negative Folgen für den Karneval 1704 hat.

Es gibt auch Positives. Die Königin freut sich, dass die Damen in Den Haag ihr über Bothmer ausrichten ließen, sie möge wieder zu einem Besuch kommen: »Ich würde gerne ihre Erwartungen erfüllen und sie wären mit mir zufrieden, denn ich könnte mich ihren freien, entspannten Sitten sehr gut anpassen.« Der folgende Grund ist nicht vorgeschoben: »Ich habe hier so viel zu erledigen, dass ich nicht daran denken kann, im Sommer zu verreisen, denn mein Bau und mein Garten beschäftigen mich sehr.« Der Erweiterungsbau des Lietzenburger Schlosses mitsamt den Dekorationen für ihre neue Wohnung wird rund vier Jahre dauern. Außerdem ist die Königin bemüht, Leibniz daran zu hindern, zurück nach Hannover zu reisen. Immerhin ist er nun fast ein Jahr in Berlin und Lietzenburg.

Kaum zwei Wochen später traut Sophie Charlotte ihren Ohren nicht, als der König vorschlägt, ihre Mutter solle baldmöglichst zu Besuch kommen. Der hannoversche Gesandte in Berlin meldet seiner Herrschaft im Schloss an der Leine am 5. Juni, dass die Königin ihrem Mann erwiderte, dass sie »zwar solches von Herzen wünschte, aber davor gehalten hette, dass es sich jetzo nicht wohl schicke ... wegen der vorhandenen brouillerien« – *Streitereien*. Die Antwort des Königs ist eindeutig: dass die »Churfürstliche Durchlaucht damit nichts zu thun hetten«. Zur Beglaubigung fügt der Gesandte hinzu, »der Königin Mayestät haben mir obiges gestern selbsten gesagt, undt tragen großes Verlangen Dero Frau Mutter Churfürstliche Durchlaucht zu Lietzenburg bald sehen zu können«.

Am 19. Juni erfährt Johann Caspar von Bothmer in Den Haag von der Königin, sie habe die Hoffnung noch nicht verloren, beim nächsten Karneval in Hannover zu sein, »vor allem wenn Madame K. hierher kommt, worauf sie mir Hoffnung macht. ... Man darf nicht aufhören zu träumen und seine Entschlossenheit nicht verlieren«. Am 16. Juli wird »Madame K.«, Kurfürstin Sophie, schreiben: »Ich kapituliere und gehe nach Lietzenburg, damit die Königin diesen Besuch erwidern kann.« Sophie Charlottes Karnevalsbesuch im Januar 1704 in Hannover ist gesichert. Zudem ist sie überzeugt, dass die Begegnung ihrer Mutter mit dem König in Berlin »die Streitigkeiten besänftigen« wird. Kurfürstin Sophie hat ihren Schwiegersohn stets mit Hochachtung behandelt und ist keine, die Öl ins Feuer gießt – ob bei persönlichen oder politischen Krisen.

Vor der »Kapitulation« der Mutter hatte die Tochter im Teatro Lietzenburg für den Berliner Hof und geladene Gäste zwei Aufführungen organisiert. Es war wichtig, dass Lietzenburg und sein prominenter Ruf auch in Kriegszeiten nicht in Vergessenheit geriet. Am 13. Juni 1703 wurde *Britannicus*, eine Tragödie in fünf Akten von Jean Racine, aufgeführt; gut dreißig Jahre zuvor hatte sie in Paris Premiere gehabt. Es war eine Liebhaberaufführung, in den wichtigsten Frauenrollen eine Hohenzollernprinzessin und eine Gräfin von Dohna. Anschließend wurde getafelt. Der hannoversche Gesandte meldete: »Nach der tragoedie undt mahlzeit wurde die übrige nacht mit einem ball zugebracht, wobey die Gräfin von Wartenberg bis an den morgen mit außgehalten.«

Die Gräfin war dem Gesandten eine Erwähnung wert, denn jeder bei Hofe wusste von den früheren Spannungen zwischen der Königin und der offiziellen Mätresse des Königs. Doch Sophie Charlotte hatte sich mit der Situation arrangiert, die – wie die Eingeweihten wussten – Schein war. In diesen Tagen kam aus den Niederlanden ein prächtiges Bett für König Friedrich in Berlin an. Die Republik der Vereinigten sieben Provinzen wollte sich Preußens König, einen wichtigen Verbündeten, gewogen halten. Drei Tage vor der Aufführung des *Britannicus,* zu der die Gräfin geladen war, schrieb Kurfürstin Sophie, eine holländische Abgesandte, Juffer van der Bent, habe »ein stattlich möbel vor den König in Preussen, so die Herrn Staaten Ihrer Majestät schencken, undt auch ehns vor die Gräfin Wartenberg undt nichts vor die Königin, die von so gutt humor ist, dass Ihre Majestät nur tharüber lachen«. Für das Möbel bedankte sich der König zwar, ließ Frau van der Bent aber mitteilen, dass er mit der Politik der Vereinigten Staaten »übel zufrieden sey«. Als Frau Bent gegen alle diplomatischen Gepflogenheiten keine königlichen Geschenke erhielt, reiste sie verstimmt ab.

Rund einen Monat nach *Britannicus,* am 11. Juli 1703, wurde in Lietzenburg das deutsche Singspiel *Mars und Irene* aufgeführt – »Auf Ihrer Majestät der Königin hohes Anordnen / Unter der Invention und Poesie CHRISTIAN REUTERS ... Und in die Music gesetzt von ATTILIO ARIOSTI, Maitre de Musique de la Majesté la Reine«. Sophie Charlotte hatte das Theaterpersonal angewiesen, »dass alle Gäste zur gleichen Zeit tafelten«, während die Sänger und Sängerinnen auf der Bühne ihr Bestes gaben, wo die Göttin des Friedens und Mars, der Kriegsgott, dem königlichen Geburtstagskind huldigten.

Die Stimmung war den kriegerischen Zeiten angemessen. Niemand sprang wie bei den Geburtstagsfeiern vergangener Jahre ausgelassen über Tische und Bänke. Immerhin war es dem König bisher gelungen, sein Land aus den Kriegshandlungen um die spanische Erbfolge herauszuhalten. Der Beitrag Brandenburg-Preußens im Kampf gegen Frankreich waren rund viertausend Soldaten, die der König dem kaiserlichen Heer 1703 zur Verfügung stellte.

Am Tag vor dem Geburtstag ihres Mannes hatte Sophie ein langes »geschreibsel« an Leibniz geschickt. Und entschuldigend hinzugefügt, es entspanne sie, ihm von den ermüdenden trüben Nachrichten zu erzählen, die sie in Berlin ertragen müsse. Ein großer Teil ihres Schreibens galt der Politik, und die war allerdings betrüblich: »Was sagen Sie dazu, dass der Kurfürst von Bayern Tirol erobert hat? Ich glaube, dass der Beitritt Portugals – zum antifranzösischen Bündnis – das nicht wettmachen wird.« Wirklich trauen könne man den Neuigkeiten aus den Hauptquartieren ohnehin nicht.

Gegen Ende ein Hinweis zum Thema »Attilio Ariosti«. Sie hofft noch immer auf einen positiven Ausgang und dankt Leibniz, dass er sie in ihrem berechtigten Anspruch unterstützt, »denn in Hannover ist man nur von Abbé Steffani informiert, und der ist in dieser Sache Partei«. Ein klarer kühler Blick auf den Musikfreund, der sie in dieser Angelegenheit schmerzlich im Stich ließ. Leibniz dagegen vertraut sie: »Zeigen Sie bitte niemandem diesen Brief, denn ich schreibe Ihnen wie einem Freund ohne Zurückhaltung.« *Un ami sans réserve.*

Die Königin konnte sich darauf verlassen, dass Henriette von Pöllnitz, ihre oberste Hofdame, wie jedes Jahr die Geburtstagsfeier für den König kompetent und sorgfältig vorbereitete. Das gab ihr Zeit, sich um den Sohn zu kümmern, der an hohem Fieber erkrankt war. Für Kronprinz Friedrich Wilhelm war ein eigener Arzt zuständig, mit dessen Behandlung Sophie Charlotte überhaupt nicht einverstanden war: »Sein Fieber ist inzwischen vollständig zurückgegangen und zwar so sehr, dass er in wenigen Tagen ganz frei davon wird. In der Zwischenzeit hatte ich chagrin – *Kummer* – mit seinem Arzt, und da hier alles über Intrigen läuft, konnte ich nur mit größter Mühe verhindern, dass er weiterhin verantwortlich ist.« Das schrieb die Königin am 21. Juli aus Berlin an Freiherr von Bothmer.

Dass der einzige Sohn des Königs, der Nachfolger, schwer erkrankte, war fast eine Staatsaffäre. Möglicherweise war es eine Malaria-Attacke. Umso mehr sagt es über das Verhältnis der Eheleute aus, dass Sophie Charlotte ihren Mann überzeugen konnte, den bisherigen Arzt des Sohnes abzulösen und den königlichen Leibarzt mit der weiteren Behandlung zu betrauen. Der König gestattete außerdem, dass dem fünfzehnjährigen Friedrich Wilhelm die Arznei eines jüdischen Arztes in London verabreicht wurde, die Sophie Charlotte auf diplomatischem Weg besorgt hatte. Wahrscheinlich enthielt sie Chinin.

Am 6. August reiste Kurfürstin Sophie von Hannover nach Lietzenburg, das sie im Jahr zuvor als irdisches Paradies beschrieben hatte. Die Freude bei Mutter und Tochter war groß, aber sie währte nur kurz. Am 31. Juli 1703 war Herzog Christian von Braunschweig-Lüneburg durch einen Kopfschuss in der Donau gestorben; zum dritten Mal verlor Kurfürstin Sophie einen Sohn im Krieg.

Als die traurige Nachricht Berlin erreichte, war die Mutter verzweifelt, aber auch Sophie Charlotte tief betroffen. Die Tochter sorgte sich, dass die Mutter krank würde, »weil sie nicht weinen konnte«, wie Freund Bothmer in Den Haag erfuhr. »Aber sie hält sich sehr gut, macht ihre Spaziergänge und sieht viele Menschen, um sich abzulenken.« Die Kurfürstin schrieb an Bothmer, der ihr ebenfalls seit Jahren vertraut war: »Sie haben recht mit Ihrer Überzeugung, dass die Gegenwart meiner Tochter, der Königin, mich sehr tröstet; Ihre Majestät tut alles, um meinen Schmerz zu lindern.« Der gemeinsam durchlebte Schmerz wird Mutter und Tochter mehr denn je verbinden.

Leibniz wird informiert, der von der Königin erfährt, dass König Friedrich seiner Schwiegermutter in Lietzenburg kondoliert und sie ihm einen Gegenbesuch in Schloss Schönhausen gemacht hat. Sophie Charlotte bedauert, dass Leibniz nicht in Lietzenburg ist, »denn ihre gute Unterhaltung würde ebenfalls sehr dazu beitragen«. Sie verhehlt ihr eigenes Interesse nicht: »Ich gebe die Hoffnung nicht auf, Sie hier zu sehen, Monsieur. Ich glaube, ich muss Ihnen nicht sagen, wie sehr ich es wünsche, weil ich Sie schätze ...« Sie könnte ihm noch viele Neuigkeiten schicken, ist aber überzeugt, dass er Informationen bekommt, die frischer und wahrheitsgemäßer sind.

Gemeint ist die Politik und damit die Fortsetzung des Spanischen Erbfolgekrieges, der sich für den Kaiser und seine Verbündeten, darunter der König in Preußen, immer katastrophaler entwickelt. Anfang September 1703 erobern die Franzosen Brüssel und besetzen Landau in der Pfalz. Am 20. September besiegt das französische Heer in der ersten Schlacht von Höchstädt die österreichisch-kaiserlichen Truppen, zu denen auch preußische Kontingente gehören. In einem Brief an Bothmer geht Sophie Charlotte ausführlich auf diese »beachtliche Niederlage« ein: »... denn unsere Truppen haben schwer gelitten und wir haben gute Offiziere verloren ...« Sie wisse noch nicht, ob ihr Bruder Maximilian an diesem Angriff teilgenommen habe. Auch in Norditalien wütet der Krieg. In Ungarn nutzt der einheimische Adel die Lage und probt den Aufstand gegen die herrschenden Habsburger. Das Land Brandenburg-Preußen bleibt mit seinen Bewohnern weiterhin vom Krieg verschont.

In Lietzenburg gelingt es der Tochter langsam, dass ihre Mutter »sich von ihrem Schmerz erholt, und wir tuen, was wir können, damit sie vergessen kann«. Anfang September wird im illuminierten Schlosspark ein kleines Divertissement aufgeführt, bei dem in Prosa und in Versen der königliche Hausherr gelobt wird, von »angenehmer Vocal- und Instrumenten-Musik« begleitet. König Friedrich schaut bei Frau und Schwiegermutter in Lietzenburg vorbei, von der Gräfin Wartenberg kommt eine Einladung zum Abendessen in Berlin. Die beiden Frauen fahren hin.

Leibniz erhält von der Kurfürstin am 22. September eine lebendige Beschreibung des Wartenberg'schen Abends: »Da sind wir gewesen ... und die Gräfin zeigte all die schönen Dinge und sagte, das hat mir dieser geschenkt, dies hat mir jener geschenkt, was mich an den Vogel erinnerte, der von überall her Federn zusammengeliehen hatte, und wenn jeder seines zurücknähme, stünde die gute Dame ganz bloß da.« Gerne wäre man bei dem Gespräch dabei gewesen, als Sophie und ihre Tochter auf dem Rückweg nach Lietzenburg allein in der Kutsche saßen.

Die Gräfin macht umgehend einen Gegenbesuch, nur von dem englischen Gesandten Milord Raby begleitet: »Gestern war sie noch einmal hier, in der Kutsche allein (wie immer) mit Mylord Raby, und heute Morgen um 6 Uhr sind sie zusammen abgefahren, um dem König auf die Jagd zu folgen.« Über die Beziehung zwischen der Gräfin Wartenberg und Milord Raby waren sich die Gerüchte am Berliner Hof einig.

Was König Friedrich betrifft, gibt Kurfürstin Sophie im selben Brief einen interessanten Hinweis: »Der König ist vom Kronprinzen, seinem Sohn, an einem Platz, der ihm gehört, bewirtet worden, wo alles vortrefflich war und Seine Majestät eine ganz vergoldete Statue von sich vorfand; es hat ihm, glaube ich, alles sehr gefallen, denn er vergöttert seinen Herrn Sohn.« Ein etwas befremdliches Urteil der Großmutter, die ihren königlichen Enkel in mehr als einem Brief nicht weniger vergöttert hat als sein Vater. Der Besuch fand auf Schloss Wusterhausen bei Berlin statt, das der König seinem Sohn zu dessen zehntem Geburtstag geschenkt hatte.

Was Kurfürstin Sophie an ihrem Schwiegersohn mit lockerem Ton, doch unüberhörbar, kritisiert, kann mit Bemerkungen zusammenhängen, die ihre Tochter am 1. Oktober 1703 in einem Brief an ihren Vertrauten Bothmer macht: »Der König ist immer noch auf der Jagd. Mein Sohn ist fast immer bei ihm, und ich sehe ihn fast nicht mehr. Wenn ich dazu nicht meinen Standpunkt eingenommen hätte, ginge es mir noch viel schlechter als ohnehin schon.« Kaum drei Wochen zuvor hatte sie beschrieben, zu welchem Standpunkt sie sich entschlossen habe, seit Friedrich Wilhelm ständig bei seinem Vater ist: »Ich hoffe ausschließlich auf sein gutes Naturell, aller Unwissenheit zum Trotz ...« Die Mutter weiß: Die Zeiten, als sie im Park von Schloss Lietzenburg mit ihrem Sohn über *Télémaque* diskutierte und ihm ihre Sicht eines gebildeten, großmütigen, weltoffenen Herrschers nahebrachte, sind unwiederbringlich vorbei.

Mitte Oktober meldet der Hannover'sche Gesandte in Berlin: »Des Cron Printzen Königl. Hoheit bleiben nun stets bey Seiner Königl. Mayestät und kommen selten nach Lietzenburg, welches bei der Königin einigen chagrin undt die sorge erwecket, dass getrachtet werde Dero Printzen gemüth nach undt nach von irho zu alieniren.« Kurfürstin Sophie scheint Ähnliches vermutet und befürchtet zu haben und in diesem Fall auf Seiten ihrer Tochter zu stehen. Sie konnte deren mütterliche Gefühle verstehen.

Anfang September hatte Sophie Charlotte Leibniz in Hannover eine Verordnung übermitteln lassen, in der Hoffnung, seine Rückkehr zu beschleunigen. Den königlich-preußischen Beamten auf Berliner Gebiet wurde befohlen, »dem von Leibniz jedes ohrts Sechs Vorspann-Pferde zur Beförderung seiner anhero reise unentgeltlich abfolgen zu lassen«. Umsonst, der Kurfürst von Hannover verweigerte seinem Hofbeamten die Reiseerlaubnis. Immerhin konnte die Königin einen alten Bekannten, den Dichter Ortensio Mauro, in Lietzenburg begrüßen. Ihm schrieb Leibniz am 10. Oktober, er sei bestürzt über den Verlust von Monsieur Attilio, der auf seine Weise ein einmaliger Musiker war und deshalb so gut zur Königin passte. Diesen Kampf hat Sophie Charlotte am Ende verloren.

Das Maß der unerfreulichen Ereignisse, von denen Sophie

Charlotte im Oktober 1703 mehr oder weniger betroffen war, schien nicht genug. In Berlin traten mit Erlaubnis des Königs zusehends mehr Schauspielertruppen auf, deutsche, italienische, holländische. Für die protestantische Geistlichkeit war das ein gewaltiges Ärgernis. Von den Kanzeln der Residenzstadt predigte sie gegen diesen sündhaften Zeitvertreib. Als die beliebte italienische Truppe »L'Arlichino« im Oktober mit D. *Faustus tragaedie* die Berliner faszinierte, machte der lutherische Propst Spener eine Eingabe an das Staatsministerium.

Philipp Jakob Spener war der Begründer der bei den Protestanten höchst umstrittenen pietistischen Reformbewegung und 1691 vom damaligen Kurfürsten Friedrich als Propst an die Nicolaikirche in Berlin berufen worden. Jetzt verlangte Spener vom Staat, sämtliche Theatervorstellungen – und dergleichen »Narrentheiungen« – zu verbieten, weil die »lästerliche Abschwörung Gottes in dem beliebten Doctor Faustus großes Ärgerniß« gebe. Mit dem Bescheid des Ministeriums wurde der berühmte Spener höflich, aber eindeutig in die Schranken gewiesen.

Theaterstücke, in denen es die angesprochenen »Scandale« gebe, seien bereits »abgeschafft«. Aber »in einer so großen Stadt als hiesige Residenzien könnten alle Schauspiele nicht gänzlich abgestellt werden«. Als papierenes Entgegenkommen stellte das Ministerium in Aussicht, in Zukunft genau hinzusehen, »dass alles, was wider die Moral, Ehrbarkeit und in sonderheit die Ehre Gottes laufe, nachbliebe«. Spener hatte seinen Kredit beim König überzogen – und nicht nur er.

Als wenig später einem sterbenden Schauspieler von der protestantischen Geistlichkeit in Berlin das Abendmahl verweigert wurde, meldete sich König Friedrich selbst zu Wort. Kraft seines Amtes als oberster geistlicher Herr aller Gläubigen im Land Brandenburg-Preußen befahl er, dass die Pastoren ab sofort niemandem das Sakrament verweigern dürften. Es blieb nicht bei Worten. Demonstrativ erschien das Königspaar gemeinsam mit anderen fürstlichen Verwandten, als in der Nicolaikirche die Tochter eines Schauspielers getauft wurde. Ein unübersehbares Zeichen für die positive Haltung der Herrschenden gegenüber den Schauspielern und ihrer Kunst.

Am 6. November meldet Sophie Charlotte ihrem Freund Bothmer in Den Haag, dass sie sich wieder daran gewöhnen müsse, in Lietzenburg ohne ihre Mutter zu sein. Dafür genieße sie aber die Gesellschaft der sehr liebenswerten Prinzessin von Ansbach. Sie beide verbinde die Musik, »und die vergnügt uns in unserer Einsamkeit«. Während der Bruder der Prinzessin nach Potsdam gehe, »bleibe ich noch hier und ziehe es der großen Welt in Berlin vor, wo alles, was glänzt, nicht Gold ist. Die Angelegenheiten bei Hofe sind extrem verworren, wie immer. Wenn man da nicht mitmischen will, ist das kein erfreulicher Anblick.« Die glücklichen Tage von Lietzenburg kommen an ihr Ende. Für einen Winteraufenthalt ist das Schloss, an dessen Erweiterung kräftig gebaut wird, noch nicht geeignet.

Die vielen Briefe an Johann Caspar von Bothmer geben viele Einblicke, doch auch ein einseitiges Bild. Die Korrespondenz von Sophie Charlotte ist unendlich vielfältiger. So hat sie auf ihrer Reise nach Brüssel Freundschaft geschlossen mit der Gräfin Egmont und bei vorangegangenen Besuchen in Den Haag mit der Prinzessin Maria von Oranien. Ein paar wenige Briefe der Frauen sind erhalten. Die übrigen wurden mit dem größten Teil der umfassenden Korrespondenz nach dem Tod der Königin auf Befehl des Königs – ungelesen – vernichtet. Das allerdings macht die Bothmer-Briefe besonders wertvoll, zumal Sophie Charlotte ganz unverstellt über politische Ereignisse und über persönliche Gefühle berichtet.

Der Brief vom 24. November kommt aus dem Schloss in Berlin und beginnt mit einem Seufzer: »Ich wäre über meine Rückkehr hierher getröstet, wenn ich darauf hoffen könnte, diesen Karneval nach Hannover zu gehen.« Es ist eine schwache Hoffnung. Die Königin fürchtet, dass neuer politischer Streit sie daran hindern wird. Sie habe jedoch keine genauen Informationen, weshalb sie dazu weiter nichts sagen möchte. Umso besser ist Sophie Charlotte über den Krieg der kaiserlichen Verbündeten gegen Frankreich informiert. Die Kampagne um Landau habe so unglücklich geendet, wie sie begonnen wurde. Die Braunschweiger Truppen seien nicht rechtzeitig auf dem Kampfplatz erschienen; die Franzosen hätten wesentlich mehr Soldaten einsetzen können und den Prinzen von Hessen überrascht. Außerdem gab es Meinungsverschiedenheiten zwischen den Verbündeten. Die Königin macht sich ihre eigenen Gedanken über die politischen wie die militärischen Aspekte im Kampf um die Erbfolge in Madrid.

Der kritische Blick auf den europaweiten Krieg und auf die Verhältnisse am Berliner Hof führt zu philosophischen Überlegungen. Sie versichert dem Freund in Den Haag, »ich überlasse mich ganz dem Schicksal, ein anderes Mittel gibt es nicht. Die Konsequenzen, die alle Aktivitäten für mich hätten, hindern mich daran zu handeln. Ich stehe darüber, denn ich kenne sehr wohl das Für und Wider. Wenn ich etwas unternähme und es würde schlecht ausgehen, würde ich mich ewig schuldig fühlen.«

Mit dieser Sicht ergibt sich Sophie Charlotte aber nicht dem Fatalismus. Dagegen sprechen viele Aktivitäten in den vergangenen Jahren: Ob in Lietzenburg, wo sie einen in ganz Europa beachteten kulturellen und geistigen Schauplatz schuf, der kräftig nach Berlin ausstrahlt. Ob bei ihrem Einsatz für den kranken Sohn, wo sie beim König für eine bessere medizinische Versorgung Gehör findet; ob beim gemeinsamen demonstrativen Auftritt für die Freiheit der Schauspieler in der Residenzstadt. Sophie Charlotte ist keine weltferne Träumerin. Die Königin handelt überlegt, zieht nicht in jede Schlacht. Gelassenheit ist das Ziel und sie arbeitet daran.

Über den Dingen zu stehen, unabhängig vom Getriebe der Emotionen und der Tagespolitik, ist für Sophie Charlotte kein

Gewinn an sich. Was sie antreibt, ist ein Bedürfnis, ein Verlangen nach Erkenntnis über das Rätsel Mensch. Wie ist das Zusammenspiel von Mensch und Seele? Wie gestaltet sich der Anfang dieser unsichtbaren Symbiose und was wird nach dem Tod davon Bestand haben? Wenn es überhaupt so etwas wie Unsterblichkeit gibt.

Wie bodenständig die Königin bleibt und die Menschen darüber nicht vergisst, die ihr nahestehen und anderen Zwängen als sie ausgesetzt sind, erfährt Bothmer am Ende des Briefes. Graf Dohna, der oberste Erzieher ihres Sohnes, liege im offenen Streit mit Minister von Wartenberg, immer noch der engste Mitarbeiter des Königs: »Ich sehe mir das wie Jupiter aus der Ferne an und mische mich nicht ein. Für den König allerdings ist das sehr unangenehm, denn wenn er gegenüber dem einen ein freundliches Gesicht macht, ist der andere verärgert.« Sophie Charlotte weiß, sie hat den besseren Teil erwischt. Aus diesem Wissen erwächst Verständnis für den Partner und für sich selber die Motivation, bei der Suche nach Erkenntnis zielstrebig weiter zu forschen.

Am 4. Dezember 1703 sitzt Sophie Charlotte in ihrem Apartment im Berliner Schloss und schreibt Leibniz einen Brief. Es ist das Verdienst des Philosophen, der vergeblich versuchte, die gesamte Korrespondenz der Königin zu retten, dass er seinen Briefwechsel mit ihr in Sicherheit brachte. So viele andere auch verloren gingen, die Briefe von Sophie Charlotte an Leibniz legen ein Herzstück ihrer Persönlichkeit frei. Am Ende des Jahres 1703 kommen ihr verwegene Gedanken, und sie verschweigt sie dem Philosophen nicht: »Ich lese gerade das Buch von Mr. Locke, von dem Sie in Ihrem Brief sprachen, und ich bin inzwischen bei den angeborenen Prinzipien angelangt, die mir so gut widerlegt scheinen, dass ich auf Ihre Erwiderung umso neugieriger bin.«

Mit dieser Anfrage rührt Sophie Charlotte an einen Grundsatz der Leibniz'schen Philosophie, der ihr wohl bekannt ist:

Der Mensch kommt nicht als *tabula rasa* auf die Welt, sondern bringt angeborene »ewige Wahrheiten« mit, die nicht auf spätere Erfahrungen angewiesen sind. Sie sind die wesentliche Verbindung zur Seele und damit zur Unsterblichkeit. Diesen philosophischen Eckstein von Leibniz hat John Locke in den Augen der Königin widerlegt. Damit nicht genug: Sie stellt eine weitere »ewige Wahrheit« in Frage, die das philosophische Gebäude ihres Lehrers zusammenhält.

Mit Bedauern stellt sie fest, dass die Philosophie das Handeln der Staatsmänner kaum beeinflusst; sie machen sich keine Gedanken über falsche Entscheidungen. Sophie Charlotte zielt direkt auf den katastrophalen Kriegsverlauf der kaiserlichen Verbündeten gegen Frankreich. Die Idee einer »herrlichen Ordnung des Universums« kann sie vor dem Hintergrund des Krieges, in dem Tausende von Soldaten ihr Leben verlieren, nicht erkennen. Ihre ironische Anspielung auf »die beste aller Welten«, die Gott nach Überzeugung von Leibniz geschaffen hat, ist unüberhörbar.

Den *Essay Concerning Human Understanding* hatte der englische Aufklärer John Locke, der auf die menschliche Vernunft setzte und gegen »ewige Wahrheiten« plädierte, 1690 im holländischen Exil veröffentlicht. Sophie Charlotte las die französische Übersetzung, 1700 in Amsterdam gedruckt, die Leibniz ihr empfohlen hatte. Eigentlich hätte er über den Eifer seiner Schülerin erfreut sein müssen. Doch die philosophischen Schlüsse, die Sophie Charlotte aus dieser Lektüre zog und ihm unverblümt, fast provozierend darlegte, ließen ihm keine Ruhe.

Schon drei Tage später formulierte Leibniz seine Antwort: »Obgleich das Buch von Locke gut geschrieben ist, fürchte ich doch, dass es Euer Majestät zu trocken sein wird. Denn dieser im Übrigen sehr gewandte Schriftsteller ist doch nicht genug Mathematiker, um das Wesen der Beweisführung recht zu erkennen.« Fazit: Gut geschrieben, aber zu trocken, gewandter Schriftsteller, aber schlechter Mathematiker.

Die Anfrage seiner aufmüpfigen königlichen Schülerin aber ist zu wichtig. Leipzig nimmt all seine Autorität zusammen und stellt die Dinge in seinem Sinne richtig. Er unterscheidet zwischen »universal notwendigen, ewigen Wahrheiten« und den »partikularen und zufälligen Wahrheiten«. Über die Sinne kann der Mensch niemals erfahren, was notwendig ist. Da die ewigen, angeborenen Wahrheiten nicht durch die Sinne bewiesen werden können, folgt daraus nach Leibniz, »dass sie dem angeborenen Licht oder der natürlichen Vernunft entspringen. Und diese Wahrheiten werden vor aller Erfahrung anerkannt.« Ob Sophie Charlotte diesem Zirkelschluss der Argumente, der sich am Ende auf eine geglaubte Wahrheit beruft, zustimmen konnte? In diesem Jahr kam keine Antwort der Königin.

Vielleicht hat ihr Schweigen nur den gleichen banalen Grund, mit dem sich Sophie Charlotte am 8. Dezember bei ihrer Stieftochter Luise entschuldigt. Sie habe ihr nicht früher antworten können, »weil ich keine Zeit hatte«. Und nun könne sie ihr nicht schreiben, weil ihr Zimmer so voller Rauch sei, dass ihre Augen sehr stark darunter leiden. Es war ein wohlbekanntes Übel im Berliner Schloss. Manchmal schickte Kurfürstin Sophie einen Handwerker aus Hannover, der eine geschicktere Hand hatte als seine Berliner Kollegen.

Am 29. Dezember 1703 zählen solche äußerlichen Missgeschicke nicht mehr. Eine fröhliche Königin schreibt an Bothmer: »Weil ich Sie zu meinen Freunden zähle, dürfen Sie Anteil an meiner Freude haben, dass ich in acht Tagen nach Hannover reise.« Sie hofft, ihn dort wiederzusehen, hat allerdings Zweifel, ob er in Den Haag abkömmlich ist, so schlecht sind die Nachrichten von den Kriegsschauplätzen. Die ungarischen Rebellen scheinen bis nach Wien vordringen zu können.

Aber in Berlin ist man darauf aus, sich zu zerstreuen. Die Komödianten des polnischen Königs August des Starken, die in die Stadt kommen, werden dazu beitragen. Die »große Gräfin«, womit Katharina von Wartenberg gemeint ist, wird ein Fest und einen Ball geben. Fröhliche junge Menschen mit Masken werden erscheinen und ein wenig die Feste aufmischen. Die Königin amüsiert sich darüber und erfreut sich an allem – in Erwartung ihrer Reise nach Hannover.

23. Kapitel

Eine Königliche Akademie in Lietzenburg
Oder: Im Land der Zärtlichkeit

Aus dem September 1703 hat sich ein erstaunliches Dokument erhalten. Es ist eine Rede des Dichters Ortensio Mauro, seit langem in Hannover beim Kurfürsten angestellt, aber oft in Lietzenburg zu Gast. Etliche Textbücher für Opern, Divertissements und Komödien hat er im Auftrag von Sophie Charlotte zusammen mit Henriette von Pöllnitz verfasst. Wenn also Mauro bei festlichem Beisammensein eine Lobrede auf die Oberhofmeisterin der Königin hält, weiß er, von wem er spricht:

»Meine Damen und Herren, es ist weder die Oper noch die Pastorale, die Sie hier hat zusammenkommen lassen, es ist eine viel größere, schönere und edlere Sache, die das Vergnügen der Moral, der Liebe, des Ruhms und Heroischen charmant verbindet. Sie verdanken dieses Divertissement einem unvergleichlichen Fräulein, der Vorsteherin von unserm Parnass, Doyen unserer Musen, der Vertrauten Apolls an Stelle der Sibylle und obersten Gouvernante der Königlichen Akademie Lietzenburgs. ... Es ist die göttliche Henriette, göttlicher noch als der göttliche Aretin ...«

An der Deutung dieses begeisterten Lobes scheiden sich die Geister. Dabei geht es nicht um die herausragende Stellung, die Henriette von Pöllnitz zweifellos am Hof der Königin einnimmt. Aber stand sie wirklich an der Spitze einer Königlichen Akademie, die von Sophie Charlotte in Lietzenburg gegründet wurde?

Dass an vielen Orten Europas im 17. Jahrhundert Akademien von Männern initiiert wurden – der Wissenschaften, der Künste –, regt nicht auf. Eine weibliche Gründung jedoch wird misstrauisch hinterfragt. Als ob nicht gerade das 17. Jahrhundert ein Jahrhundert der Frauen ist, in dem sie gleichrangig und anerkannt wissenschaftlich arbeiten, große Literatur schreiben und als Malerinnen anerkannt sind.

Im Geheimen Preußischen Staatsarchiv in Berlin werden Schriften aus dem Umkreis von Königin Sophie Charlotte aufbewahrt, darunter Kopien von Briefen der Königin Christina von Schweden an die französische Autorin Madame de Scudery und ein umfangreiches Dossier unter dem Titel *L'ouvrage de Loisir de la Reine Christine*. Frei übersetzt ist es ein »Werk über die Freizeit der Königin Christine«. Und die hatte schon in jungen Jahren als Königin ihre freie Zeit und ihre Autorität genutzt und 1656 in Stockholm eine Akademie gegründet. Christina, die zuvor den Philosophen Descartes in ihre Hauptstadt gelockt hatte – wo er 1649 starb –, berief Männer und Frauen in diese akademische Runde, die über Literatur, Musik und Malerei diskutierten und von einer eigenen Hofkapelle musikalisch unterhalten wurden.

Als abgedankte und zum Katholizismus konvertierte Ex-Königin nahm Christina diese Vision in Rom wieder auf und gründete dort 1674 die Accademia Reale, in deren Statuten die Musik fest verankert war. Unter anderem komponierten Alessandro Scarlatti und Arcangelo Corelli für die Accademia. Ereignisse, die zu weit weg von Berlin und Lietzenburg lagen?

Keineswegs, denn dieses Aufbruch-Jahrhundert war international: Junge Adlige ebenso wie Bürgersöhne machten ihre »große Tour« durch die kulturellen und geistigen Zentren Europas, zu denen nach 1700 auch Berlin – Spree-Athen – gehörte. Es war kein Zufall, dass Männer aus dem Umkreis Königin Christines zu Sophie Charlottes Gästen in Lietzenburg zählten.

Tatsächlich konnte schon Sophie ihrer Tochter von der großen Königin aus dem Norden erzählen. Auf ihrer Italienreise

1664 hatten sich die beiden Frauen in Rom verpasst. Im September 1667, ein Jahr vor Sophie Charlottes Geburt, nutzte Sophie eine weitere Gelegenheit, als sie mit ihrem Mann inkognito nach Hamburg reiste, wo sich zu der Zeit Christina von Schweden aufhielt. Natürlich erfährt ihr Bruder in Heidelberg brieflich davon. Sie wollte »schöne sachgen vor die kinder kaufen auf christdag. Die Königin Christina wollte ich auch gern sehen ...« Und obwohl inkognito und nur in einem »regenkleit, wie die bürger dragen«, wurde Herzogin Sophie von Christina während eines geselligen bürgerlichen Tanzvergnügens »ser höfflich undt fründtlich« begrüßt.

Es ist Sophie, die im Oktober 1701 an Leibniz schreibt: »Graf Palmieris Tod hat mich sehr betrübt ...« Sie kannte ihn gut, denn der Italiener organisierte seit 1696 das Musikleben am Hof zu Hannover. Hier ist Sophie Charlotte ihm begegnet, und sie engagierte ihn im Herbst 1701 für die tragende Rolle in einer Oper, die in Lietzenburg aufgeführt werden sollte. Palmieris plötzlicher Tod am 7. Oktober machte diesen Plan zunichte.

Es ist zweifellos Palmieris schöne Stimme, die ihm den Ruf nach Lietzenburg einbrachte. Aber zugleich konnte er der Königin Interessantes von einer königlichen Zeitgenossin erzählen: Palmieri war in Rom Sekretär von Königin Christina von Schweden gewesen und nach ihrem Tod 1689 in die römische Akademie berufen worden, die zu Ehren Christinas gegründet wurde. In diesem Zusammenhang sei auch an Alessandro Guidi erinnert, bei dem Sophie Charlotte für den Herbst 1704 ein Opernlibretto bestellt, das Bononcini vertonte. Auch Guidi hatte in Rom im Dienst der schwedischen Königin gestanden.

Eine andere Spur, die Sophie Charlottes Überlegungen zu einer Akademiegründung stützt, führt nach Frankreich. Unter den großen französischen Schriftstellern des 17. Jahrhunderts ist Madeleine de Scudéry – stets Mademoiselle de Scudéry genannt – unangefochten die größte. Sie konnte sich auf eine Bewegung stützen, mit der ab der Mitte des Jahrhunderts, als in

Frankreich bürgerkriegsähnliche Aufstände ausbrachen, Frauen die französische Gesellschaft veränderten. In ihren Pariser Salons trafen sich adlige und bürgerliche Männer und Frauen zu geistreichen Gesprächen. Hier zählten Wissen, Verstand und gute Manieren und nicht Rang und Namen oder Geschlecht.

Der berühmte Molière versuchte 1659 diese fortschrittliche Entwicklung mit seinem Schauspiel *Die lächerlichen Preziösen* dem Gespött preiszugeben. Doch was er als »preziös, gekünstelt« und damit »weiblich« verhöhnte, wurde zum positiven Markenzeichen selbstbewusster Frauen – der »Preziösen« –, die sich den Mund nicht verbieten ließen.

Mademoiselle de Scudéry hatte ihren eigenen Pariser Salon, wo man sich immer samstags traf. Hier sprach man über das, was im Zentrum ihrer Literatur stand und was die Salongründerin als neues Liebesideal vorstellte: Die Beziehungen zwischen Männern und Frauen sollten auf eine andere Ebene gestellt werden. »Tendresse« – Zärtlichkeit – und nicht Leidenschaft sollte die Grundlage wahrer Liebe sein. Nicht Schönheit und Koketterie sollte man den jungen Frauen beibringen, sondern Wissen und Bildung. Und das war revolutionär: für Madame de Scudéry, die eine feste Beziehung hatte, aber nicht heiratete, war die Ehe kein weibliches Lebensziel. Selbst die Politik sollte Frauen offenstehen.

In ihrem zehnbändigen Roman *Clélie*, der zwischen 1654 und 1660 erschien und ein europäischer Bestseller wurde, schildert die Autorin das »Land Tendre« – das Land Zärtlichkeit –, in dem die Königin Venus Uranie herrscht. Ein Faden, der dreifach nach Lietzenburg gesponnen werden kann, wobei Fräulein Pöllnitz eine wichtige Rolle spielt.

Die Vertraute von Sophie Charlotte schrieb im März 1700 einen langen Brief an einen gewissen »B. de Rosen à Dresden«. Im Zentrum des Briefes steht »l'Amour«, deren aufwühlende Gefühle den Herrn offenbar sehr verwirrt hatten. Die oberste Hofdame wusste Rat: Er solle »zu den zärtlichen Gefühlen zurückkehren, die er in der Vergangenheit für unser Geschlecht gezeigt hat«. Zärtlichkeit sei der Schlüssel: »»Erinnern Sie sich, es gibt keine vollkommenere Freude als die, wenn man mit Zärtlichkeit liebt«. Damit benennt die Pöllnitz ein Liebesideal, das direkt aus den Romanen der Scudéry stammt. Das verwundert nicht, denn Sophie Charlotte schätzte die französische Literatur. Sie brauchte nicht auf Übersetzungen zu warten und wurde – wie ihre Mutter – durch ihre Kusine, die Herzogin von Orléans, stets über die neuesten Trends informiert.

Die beiden anderen Fäden befinden sich in Dokumenten aus dem Umkreis von Sophie Charlotte im Geheimen Staatsarchiv in Berlin. Wer über diesen vergilbten Papieren sitzt, dem öffnet sich ein französisches Fenster: *Histoire de la Princesß Uranie* – die Geschichte der Prinzessin Uranie. Sie wurde, so der unbekannte Autor, »Auf Befehl einer der größten Fürstinnen der Welt niedergeschrieben«. Erzählt wird – auf Französisch – von einem Hof, wo sich Männer und Frauen »ersten Ranges« versammelten. Man entwickelte dort Ehrgeiz ohne Eitelkeit, Ehrlichkeit ohne Nachlässigkeit. Und von Uranie weiß der Schreiber, sie liebte ihn »mit größter Zärtlichkeit«.

Eine weitere Spur führt aus dem Archiv direkt nach Lietzenburg. Die Statuten »de l'ordre de la Sincerité« – des Ordens der Aufrichtigkeit – sind zweifellos im Namen von Sophie Charlotte aufgesetzt worden, auch wenn es keine direkten Beweise dafür gibt. Angeblich habe sie damit ironisch den »Schwarzen Adler-Orden« karikiert, den ihr Mann zur Krönung 1701 stiftete. Und er habe sie um eine ähnliche Stiftung gebeten.

In den Statuten geht es einmal um gute Manieren und vorbildliches Auftreten in der Öffentlichkeit. Flüche und Obszönitäten werden bestraft; um Weinexzesse zu vermeiden, soll keiner der Ritter bei einer Geselligkeit mehr als eine Flasche Wein zu sich nehmen. Wenn die Herren sich einmal in der Woche treffen, wird »Caffé« getrunken.

Aber im Mittelpunkt steht das Gefühlsleben. An erster Stelle der Statuten, wird »allen Rittern befohlen, immer das Herz auf den Lippen zu haben und immer unbedingt das zu sagen, was sie denken«. Zweitens ist »jedem Ritter, der ein zärtliches Herz hat – *un coeur tendre* –, erlaubt, eine Geliebte zu haben«. Mit der Verpflichtung, »bei der Königin seines Herzens« es niemals an Aufrichtigkeit fehlen zu lassen.

Das soll ironisch gemeint sein? Die Königin hätte sich mit dieser Ordensstiftung nur einen Jux gemacht? Wer so denkt, sieht nicht die starken Linien, die den Hof von Lietzenburg unter der Führung von Sophie Charlotte mit den neuen kulturellen Entwicklungen in Europa verbinden.

Vieles spricht dafür: Hier haben die Lebens- und Liebesideale der französischen Preziösen-Szene abseits der glanzvollen Feste und exzellenten Aufführungen im Theater von Lietzenburg, auch fern von den scharfsinnigen Gesprächen mit kritischen Besuchern oder dem Philosophen Leibniz, bei Sophie Charlotte und ihren Hofdamen eine Heimat gefunden.

Und warum sollte es – ausgehend von der Königin und ihrem engen Kreis – unter der geistreichen Leitung von Henriette von Pöllnitz nicht eine Akademie gegeben haben, der sich interessierte Gäste anschließen konnten, die Kunst, Literatur und Musik ebenso schätzten wie die gleichberechtigte Teilhabe der Frauen an den Schalthebeln der Gesellschaft?

24. Kapitel

Der Philosoph verspricht: Es ist alles wie hier
Der Mätresse zuliebe: Komödie am Taufbecken
1704 bis November

Für den ersten Brief an Johann Caspar von Bothmer im neuen Jahr greift Sophie Charlotte am 9. Januar 1704 in Hannover zur Feder: »Um Ihnen zu zeigen, dass ich über den Vergnügen nicht die Menschen vergesse, die ich schätze, schreibe ich Ihnen, auch wenn ich kaum Zeit habe. Hier sind alle Augenblicke des Tages mit Komödien, Maskenbällen und angenehmer Gesellschaft gefüllt.« Dann geht vier Wochen lang kein Brief von Hannover nach Den Haag.

Gleich mit dem ersten Satz nennt Sophie Charlotte am 9. Februar 1704 den Grund für die ungewöhnlich lange Pause: »Die letzten Tage des Karnevals waren so intensiv, dass es mir unmöglich war, auf Ihre zwei Briefe zu antworten.« Das wird nicht wieder vorkommen. Bis tief in den Sommer geht das briefliche Gespräch zwischen den beiden. Nach der Stimmung dieser Korrespondenz zu urteilen, ist Sophie Charlotte ihrem Ziel ein gutes Stück näher gekommen: mit konzentrierter Gelassenheit die Welt ringsum zu betrachten, locker, aber nicht unkritisch gegenüber einzelnen Personen wie dem politischen Geschehen. Und es bleibt dabei: Was die Königin sich in den Kopf gesetzt hat, wird so schnell nicht aufgegeben – ob es sich um den Maler Anthoni Schoonjans und um seine Frau, die wunderbare Sängerin, handelt oder um den Genuss der neumodischen Schokolade.

»Der *café* ist aus der Mode, und alle sind überzeugt, dass er krank macht«, erfährt Bothmer am 9. Februar und wird gebeten, ihr eine Sendung Schokolade zu schicken – »… genau dieselbe wie an den Kurfürsten, die wunderbar ist und die ich noch besser finde als die von der Kurfürstin.« Ihre Mutter und der Bruder hatten demnach schon von den Schokoladensendungen aus Den Haag profitiert. Am 1. März, zurück in Berlin, dankt die Königin Bothmer, dass er sich um die köstliche Fracht kümmert, und fügt hinzu: »Ich hätte sie gerne ein wenig gebrannt – *brûlé* – wie die vom Kurfürsten, sie ist nach meinem Geschmack die beste.«

Mitte März 1704 kommt die Schokolade im Berliner Schloss an, »sie ist wunderbar«. Weil die Schokolade aus Den Haag so gut ist, bestellt die Königin Anfang April bei Bothmer ein weiteres Paket mit Rechnung, egal, was es kostet. Sie hat auch einen Vorschlag: Es wäre besser, wenn die Schokoladenstücke größer sind, denn sie zerbröseln leicht auf Reisen.

Ein zweites Thema, bei dem Sophie Charlotte in den Briefen an Bothmer keine Ruhe gibt, betrifft den Antwerpener Maler Anthoni Schoonjans und seine Frau Regina. Über sie schrieb die Königin 1702 an Agostino Steffani, sie hat »eine der schönsten Stimmen, die ich je gehört habe«. Regina war zusammen mit dem Sänger und Komponisten Giovanni Bononcini aus Wien an den Hof zu Lietzenburg gekommen. Sie traten in Opernaufführungen im Parktheater oder im Schloss bei intimer Kammermusik auf. Beide verließen Lietzenburg Anfang 1703. Als Sophie Charlotte hörte, Schoonjans sei in Den Haag, schrieb sie am 10. Januar 1704 mitten im Karneval an Bothmer: Er solle alles in Bewegung setzen, damit der Maler nach Lietzenburg komme, und ihn daran erinnern, dass er der Königin versprochen habe, ihre Decken in den Zimmern und Galerien auszumalen.

Das klingt plausibel, denn Anthoni Schoonjans, kaiserlicher Hofmaler in Wien, hatte bereits vier großformatige Porträts gemalt, die ihren festen Platz in Lietzenburg hatten und der Königin viel bedeuteten: ihren fünfjährigen Sohn Friedrich Wilhelm einmal in ritterliche Rüstung gekleidet, aber mit dem Aussehen eines kindlichen Engels, und dann als biblischen David – mit

Schleuder, aber auch mit wehender Perücke und grazilem höfischem Gewand; ihren Kapellmeister Attilio Ariosti mit der Feder in der Hand beim Komponieren und Giovanni Bononcini in lässiger Stehhaltung, schlank, elegant gekleidet, mit großen dunklen Augen und das schwarze Haar verwegen hochgebürstet.

Sophie Charlotte fährt in ihrem Brief fort: »Wenn Sie eben können, überzeugen Sie ihn, hierherzukommen, aber erwähnen Sie seine Frau nicht, also ob sie nicht existieren würde ...« Zwei Sätze weiter offenbart die Königin das wahre Motiv ihres Auftrags: »Um Ihnen die Wahrheit zu sagen, seine Frau singt wunderbar, und weil er eifersüchtig ist, hat er Wien verlassen, vorüber der Kaiser sehr zornig ist.« Schoonjans Malereien wären ein erwünschtes Nebenprodukt. In der Hauptsache möchte Sophie Charlotte sich wieder von Reginas Stimme betören lassen.

In jedem Brief bis in den November hinein wird die Musikliebhaberin Bothmer daran erinnert, auf Schoonjans einzuwirken. Den englischen Gesandten in Wien bringt die Königin sogar dazu, den »kapriziösen« Maler mit einem kaiserlichen Befehl nach Lietzenburg abzukommandieren. Aber den Maler scheint nichts nach Brandenburg-Preußen zu locken oder zwingen zu können. Seine Frau tritt in England auf; der Weg nach Lietzenburg bleibt ihr versperrt. Doch wie schon beim Kampf um ihren Kapellmeister Ariosti hat Sophie Charlotte einen langen Atem.

Erst einmal genoss die Königin zum Auftakt des neuen Jahres 1704 den Karneval in Hannover. Ein Brief ihres Ehemanns wird sie darin bestärkt haben. Was für ein Unterschied zu den Karnevalstagen ein Jahr zuvor, als die Besetzung von Hildesheim eine politische Krise zwischen Berlin und Hannover auslöste. Nun schrieb König Friedrich am 18. Januar 1704 im Berliner Schloss an seine »sehr geliebte Königin: Ich zähle die Stunden, bis ich das Glück habe, Euer Majestät in guter und perfekter Gesundheit wiederzusehen. Ich hoffe, Sie haben meinen Brief bekommen, in dem ich angebe, die Rückreise wegen der bestehenden Streitigkeiten nicht über Celle zu nehmen. Ich empfehle mich Euer Majestät und bin mein ganzes Leben Euer Majestät sehr demütiger und sehr treuer Diener und Ehemann Frederic R. – (Rex)«

Zwar konnte Sophie Charlotte das Celle-Verbot nicht nachvollziehen und hielt am 1. März gegenüber Bothmer ihr Unverständnis nicht zurück: »… es hat mich sehr bekümmert, aber man muss gehorchen. Es gibt keine neuen Entwicklungen, niemand hat das verstanden. Ich sollte schweigen. Aber das mache ich nicht, denn ich möchte Ihnen auf diese Weise versichern, wie unendlich ich Sie schätze.« Die Königin macht kein Drama aus dem Vorgang, nutzt vielmehr die Gelegenheit, dem Freund ihre Gunst zu beweisen.

Dass eine Frau ihrem Mann zu gehorchen habe, war zu ihrer Zeit eine Binsenwahrheit. Aber was war der Verzicht auf den Besuch in Celle gegen die Freiheit, die der König seiner Frau an ihrem Hof in Lietzenburg gewährte. Außerdem gab der Brief vom 18. Januar ihr alle Freiheit, die Länge ihres Aufenthaltes in Hannover selbst zu bestimmen. Am 9. Februar war es mit den Festen und Maskeraden in Hannover schlagartig zu Ende. Mit der Fastenzeit begannen die Trauerfeierlichkeiten für Herzog Rudolf von Wolfenbüttel, der im Januar verstorben war. Sie waren auf Anweisung des Hofs von Hannover ausdrücklich verschoben worden, um der preußischen Königin nicht den Karneval zu verderben. Erst am 23. Februar war Sophie Charlotte wieder zurück – in Lietzenburg.

Obwohl die Jahreszeit noch keinen längeren Aufenthalt dort erlaubte, machte sie erst einmal in ihrem Schloss Station. Noch am selben Nachmittag kamen Ehemann und Sohn, um die Königin willkommen zu heißen; eine kleine Geste mit Aussagekraft. Die folgenden Wochen im Schloss zu Berlin nutzte die Königin, sich ausgiebig bei den Schauspielern zu vergnügen: »… sie sind im Durchschnitt ganz gut, sie sind sogar hervorragend, obwohl der König ihnen seit zwei Jahren die Gage schuldet.« Viermal innerhalb von sechs Wochen sei er bisher ins Theater gegangen. Was Sophie Charlotte nicht übersieht, sind die kriegerischen Vorzeichen in der Residenzstadt: »Als ich hierherkam, fand ich alles im Aufbruch für den nächsten Feldzug, an dem der König selber teilnehmen will. Seine Absicht ist sehr gut nach außen hin, aber ich fürchte, wir sind noch nicht in einem Zustand, dass die Wirkung dem entspricht. Auch die Absetzung des polnischen Königs ist ein Grund, unsere Truppen in Preußen zu belassen.« Das erfährt Freund Bothmer am 1. März. Die Königin ist interessiert an den politisch-militärischen Ereignissen und macht sich ihre eigenen Gedanken, eine ausgewogene Beurteilung des königlichen Ehemanns inbegriffen.

Im nächsten Brief Mitte März ist wieder von Truppenaushebungen die Rede und dass der König mit ins Feld ziehen wird. Diesmal hat die Königin einen Grund, das anzuzweifeln: »... das wäre zu der Zeit, wenn die Gräfin Wartenberg niederkommen soll.« Kommentar überflüssig; für Sophie Charlotte ist die Wartenberg kein Anlass mehr, sich aufzuregen. Im Zweifel überwiegt das Mitgefühl zugunsten ihres Mannes.

Drei Wochen später wird sie Bothmer berichten, der König habe Kummer. Anlass ist das Ehepaar Wartenberg: »... der Günstling und seine berühmte Gemahlin haben um Gnade für einen Offizier gebeten, der einen Kammerjunker verletzt hat, den der König sehr liebt, und das hat den König sehr aufgebracht ... Ich weiß nicht, was aus alledem wird.« Die Hoffnung einiger Höflinge, dass auch dieser verhasste Günstling stürzen wird, ist vergeblich. Am 3. Mai erfährt Bothmer: »... alles hat sich wieder geglättet. Was mich betrifft, betrachte ich alle diese Angelegenheiten vom Parterre aus und überlasse es anderen, Komödie zu spielen, wenn ich in meinem Haus bin. Auch wenn ich dort allein bin, mache ich es mir bequem, mein Körper und mein Geist haben ihre Ruhe, was für diese armen Menschen mit ihrem Ehrgeiz nicht zutrifft.«

Der Brief kommt aus Potsdam, wo die Königin wie jedes Jahr den König zur Reiherjagd begleitet; für Sophie Charlotte eine Selbstverständlichkeit, auch wenn sie die Jagd »einer Promenade in ihrem Garten nicht vorzieht«. So kann sie dem Freund in Den Haag genüsslich etwas Hofklatsch servieren: »Ich sehe hier die große Welt, denn die beiden Gräfinnen Wartenberg und Dohna sind hier. Das bedeutet zwei Sonnen auf zu kleinem Raum, denn jeweils eine von ihnen ist immer überzeugt, wo sie ist, ist die andere überflüssig.« Die zweite Geschichte betrifft einen Feldmarschall, der gerade von einer Inspektionstour aus Süddeutschland zurück ist, wo die preußischen Truppen das kaiserliche Heer im Kampf gegen Frankreich unterstützen. Sein Fazit der Reise: »… In Nürnberg sei der Spargel nicht so schmackhaft wie in Potsdam.«

Der Klatsch vergeht, wichtiger sind die kommenden Sommermonate in Lietzenburg, wo Sophie Charlotte auf gute und anregende Gesellschaft hofft. Ihre Stieftochter Luise, Erbprinzessin von Kassel, hat ihren Besuch zugesagt. Am 29. April schrieb die Königin ihr aus Potsdam, wie sehr sie sich darüber freue, und bat Luise, den Hund mitzubringen, den sie ihr einst geschenkt hat. Genau genommen: eine Hündin, denn nun kommt Melampino, der Hund der Königin, ins Spiel. Sophie Charlotte wünschte sich, dass Luises Hund – er hieß Troppolina – »ein wenig mit Melampino flirtet, der als Liebhaber ihrer sehr würdig ist«.

Keine guten Aussichten allerdings für einen Besuch ihrer Mutter: »… ich fürchte, sie wird mir in diesem Jahr diese Ehre nicht machen; es sei denn, die Umstände ändern sich.« Immer noch belastet die Hildesheim-Affäre die Beziehungen zwischen Berlin und Hannover.

Und dann ist da die Ungeduld mit einem, den Sophie Charlotte seit ihrer Rückkehr aus Hannover erwartet. Sie wusste, Gottfried Wilhelm Leibniz musste Porträt sitzen. Doch am 24. April meldet sie aus Lietzenburg ihre Ansprüche an: »Sobald

Ihr Porträt fertig ist, wird Sie hoffentlich nichts mehr zurückhalten, und ich werde die Freude haben, Sie hier zu begrüßen.« Der Philosoph ist nicht untätig. Umgehend erfährt die Königin, dass er seinen zusammenfassenden Aufsatz über John Locke, den sie mit ihrer Bewunderung für die Gedanken des Engländers im Dezember 1703 ausgelöst hatte, bald fertig habe.

Ihre Antwort kommt am 29. April aus Potsdam: »Ich hoffe, dass das schöne Wetter Sie antreibt, nach Lietzenburg zu kommen, und dass Sie das Buch über den Skeptizismus, um das ich Sie gebeten habe, bei sich tragen. Ich erinnere mich, es schon gelesen zu haben, und es gefiel mir nicht. Jetzt möchte ich wissen, ob ich meinen Geschmack geändert habe ... Ihre Anmerkungen zu Locke werden umso angenehmer sein, wenn Sie mir diese selber vorlesen.« Nach dem lockeren Ton wird es ernst: »Ich glaube, Sie werden die arme Pöllnitz beklagen, die in einem unangenehmen Zustand ist ... Sie braucht einen guten Philosophen, um den Schmerz nicht zu spüren. Bis jetzt hat sie ihm mit großer Entschlossenheit widerstanden.«

Ihre Oberhofdame und engste Vertraute Henriette von Pöllnitz hatte ein »Brustleiden«, und man befürchtete, dass es Brustkrebs sei. Es ist kein Zufall, dass die Königin in dieser ziemlich verzweifelten Situation – auch im Namen der kranken Pöllnitz – von einem Philosophen Trost erhofft und nicht vom einem Pfarrer oder Hofprediger. Leibniz, der mit der scharfsinnigen Pöllnitz so manches philosophische Gespräch geführt hat, wird sich darüber nicht gewundert haben.

Am 3. Mai gibt Sophie Charlotte Entwarnung. Die Berliner Chirurgen sprechen bei Henriette Pöllnitz nicht mehr von Krebs. Es gehe ihr gut, und sie könne Berlin in acht Tagen verlassen. Bothmer, den sie auch über den Krebsverdacht unterrichtet hatte, wird sie schreiben, dass die Chirurgen die drei entzündeten Öffnungen in der Brust wieder schließen können. Was Leibniz betrifft, hofft sie, dass sein Knieproblem »nicht so schwerwiegend ist, um ihn an einer baldigen Reise nach Lietzenburg zu hindern«. Die Königin gibt nicht auf. Schon am 6. Mai geht der nächste Brief von Potsdam nach Hannover: »Ich bin hocherfreut, dass Sie sich so gut von ihrem Übel erholt haben, und wenn ich in meine Einsamkeit zurückkehre, werde ich hocherfreut sein, Sie dort vorzufinden, um sie mir noch wesentlich angenehmer zu machen.«

Zurück in Lietzenburg ist ihre Hoffnung, dass Stieftochter Luise ihr bald mit Notenbüchern und Hund Gesellschaft leistet: »Das Cembalo erwartet die einen und Melampino die andere, in der richtigen Reihenfolge. Sie werden unsere Einsamkeit, die sehr groß ist, etwas aufmuntern ...« Leibniz war in der Zwischenzeit nicht in Lietzenburg eingetroffen. Dafür ein sehr langer Brief, den er mit viel Sorgfalt und großem Einfühlungsvermögen am 8. Mai in Hannover aufgesetzt hatte.

Der Philosoph hat sich viel vorgenommen: »Dies ist in wenigen Worten meine ganze Philosophie, ohne Zweifel sehr populär, denn sie enthält nichts, worauf wir uns nicht in der Erfahrung beziehen könnten ...« Ausgehend von der Vorliebe der Königin für das italienisch-französische Theater ist das Hauptmotto seines Aufsatzes »c'est tout comme ici« – *es ist alles wie hier*. Leibniz weiß, dass Sophie Charlotte das erfolgreiche Stück des französischen Autors Nolant de Fatouville *Arlequin, Herrscher im Reich des Mondes* kennt, das 1684 bei der Comédie-Italienne, Vorläuferin der Comédie Française, in Paris Premiere hatte. Als Arlequin das Fundament seiner Mond-Herrschaft aufzählt – Korruption der Beamten, todbringende Ärzte, Raffgier –, rufen die Vertreter der irdischen Welt laut, es ist alles wie hier.

Leibniz nutzt die beißende Satire für seine Philosophie. Er leitet aus dem Motto »Es ist alles wie hier« seine Überzeugung ab, dass die Seele – und damit der Mensch – unsterblich ist. Der Mensch darf von der sichtbaren Welt auf die vielen unsichtbaren, die das Universum ausmachen, schließen – es ist alles wie hier. Diese tröstliche Gewissheit möchte der Philosoph Sophie Charlotte endlich zweifelsfrei vermitteln. Das schließt unterschiedliche Entwicklungsstufen und Veränderungen nicht aus. Doch eine übergeordnete Einheit und ein moralischer Grundsatz bleiben immer bewahrt. Egal wie wir handeln, immer gibt es in der Seele einen Hunger nach dem Guten und die Abkehr vom Bösen.

Im Gegensatz zu seinen Zeitgenossen John Toland, Pierre Bayle oder Descartes macht Leibniz keinen radikalen Schnitt, um das neue Denken vom alten abzutrennen. Ausdrücklich wendet er sich gegen »die Modernen«, die das Problem wie den gordischen Knoten durchschlagen möchten, indem sie Körper und Seele, Materie und Geist trennen und Gott bei ihren Überlegungen aus dem Spiel lassen. Leibniz dagegen, der sich ebenfalls zu den Aufklärern zählt, ist überzeugt, man muss am Ende aller Vernunftgründe auf Gott zurückgreifen, um das Geheimnis der Einheit von Körper und Seele zu erklären.

Der Philosoph gibt sich alle Mühe, in diesem Brief nicht von oben herab zu dozieren. Er ringt um Sophie Charlottes Seele, überzeugt, dass nur seine Sicht auf das Ganze ihr den ersehnten inneren Frieden verschafft. Seine Bewunderung klingt ehrlich, fern den sonstigen Schmeicheleien, wenn er die Königin zu denen zählt, »die die Suche nach der Wahrheit lieben und fähig sind, in sie einzudringen«. Zugleich meldet er Zweifel an, ob seine populäre Darstellung nicht doch »zu niedrig und zu unredlich für diejenigen vom höchstem Rang wie Euer Majestät ist; womit ich nicht den sozialen Stand meine, sondern den Verstand«.

Zum Abschluss findet Leibniz zur Ironie zurück, doch ohne jene verbissene Strenge, die für manche seiner früheren Briefe typisch ist: »In der Zwischenzeit können diese Kleinigkeiten vielleicht für eine kleine Weile gut unterhalten. Und wenn sie wenigstens diesem Zweck dienen, wäre ich schon zufrieden ...« Er weiß, was die Königin im Innersten umtreibt. Er möchte sie von seiner Sicht auf Gott und die Welt überzeugen, ihrem Verstand näher sein als die radikalen Kollegen Toland und Bayle.

Aber der Brief vom 8. Mai 1704 lässt auch die Deutung zu, dass Leibniz bei aller professionellen Eitelkeit das Herz von Sophie Charlotte berühren möchte. Es geht um mehr als philosophische Beweisführungen.

Erst am 7. Juni antwortet die Königin: »Ich habe Ihnen nicht auf Ihren klugen und tiefgründigen Brief geantwortet, Monsieur, aber das mindert nicht im Geringsten meine Bewunderung, wie Sie eine so abstrakte Materie leichtfüßig darlegen, so dass ich den Eindruck habe, sie zu verstehen.« Wenn sie die schwierige Materie verstanden hat, ist sie dann vom Gedankengebäude des Philosophen überzeugt, der behauptet, gegenüber den modernen Denkern ein abgeschlossenes harmonisches System entdeckt zu haben, in dem Gott und die Vernunft ihren Platz finden? Ist Sophie Charlotte bereit, Leibniz als ihrem geistigen Wegweiser zu folgen, oder stehen ihr Toland, Bayle und Locke, auch der antike Philosoph Lukrez, mit ihren grundsätzlichen Zweifeln am harmonischen System, an ewigen Wahrheiten und letztlich an einer unsterblichen Seele näher?

Offene Fragen. Doch das stete Interesse an den skeptischen, radikalen Denkern bezeugt, dass sich Sophie Charlotte bei aller Bewunderung, Zuneigung und Dankbarkeit für Leibniz ihren eigenen kritischen Verstand und die Freiheit zu einer unabhängigen Entscheidung bewahrt hat. Gottfried Wilhelm Leibniz war nicht der einzige Fixstern ihres geistigen Universums.

Das ändert nichts daran, wie sehr sie seine Gesellschaft, seine anregenden Diskussionen, sein unterhaltsames Wissen vermisst. Wie ein Mantra endet dieser Brief wiederum mit der Aufforderung: »... ich erwarte Ihre Ankunft und hoffe, dass Ihr Knieleiden Sie nicht weiter davon abhält, zu kommen und mir die Ehre zu geben, Sie zu sehen.« Ihre Hoffnung erfüllt sich nicht. Auch eine Königin muss sich in Geduld üben.

Die kurze Antwort auf Leibniz' langen Brief macht deutlich, Sophie Charlotte will keine ausführliche Korrespondenz über grundlegende philosophische Fragen führen. Ihre Stärke ist die mündliche Kommunikation: fragen, antworten, nachhaken, wo sich Lücken und Widersprüche in der Argumentation auftun. Außerdem sind die Zeitumstände nicht dazu angetan, sich in Gedanken über die Unsterblichkeit zu verlieren, während quer über den europäischen Kontinent immer größere Armeen aufmarschieren. Drei ihrer Brüder sind in den vergangenen Jahren in Kampfhandlungen gefallen, nun rückt der Krieg für Sophie Charlotte noch näher. Und sie schaut genau hin.

In der letzten Maiwoche schreibt sie an Johann Caspar von Bothmer, sie würde ihm gern gute Nachrichten schicken, aber sie habe nur eine schlechte. Es geht um Befestigungslinien südlich von Rastatt, wo preußische Truppen liegen. Die Lage dort wird sich verschlimmern, weil man zu wenig Nachschub geschickt hat. Sophie Charlotte ist über militärische Kleinigkeiten ebenso gut unterrichtet wie über die positiven Folgen, die die Absetzung des polnischen Königs für Frankreich in diesem Krieg hat, den Gegner des Kaisers, an dessen Seite Preußen kämpft. Dem Blick über die Landesgrenzen folgt im selben Brief ein vernichtendes Urteil über diejenigen, die im Königreich Brandenburg-Preußen Verantwortung tragen. Und ein Bekenntnis, dass Gelassenheit und politisches Engagement sich nicht ausschließen.

»Ich engagiere mich in der Politik, aber wenn die Ereignisse einem persönlich immer näher rücken, interessiert man sich schon im Voraus dafür. Ich glaube, dass die Ereignisse hier in einem schlechten Zustand sind, und uns fehlen sehr die Catos, um sie wieder in Ordnung zu bringen. Diejenigen, die dazu fähig sind, werden nicht angestellt; die, denen man diese Aufgabe überträgt, wissen besser ein Pferd zu führen als einen Staat ... andere halten sich zurück und denken nur an ihre eigenen Interessen.« Das ist scharf beobachtet, und die Königin ist ehrlich betroffen. So spricht keine Frau, deren Gedanken nur um Schloss und Park von Lietzenburg kreisen und um die Befindlichkeit der eigenen Seele. Sophie Charlotte ist die Welt draußen, das Land Brandenburg-Preußen eingeschlossen, nicht gleichgültig.

Am selben Tag, als die Königin an den hannoverschen Gesandten in Den Haag diesen vertraulichen Brief schreibt, berichtet der hannoversche Gesandte in Berlin, der beste Kontakte in den innersten Hofzirkel hat, an die Verantwortlichen im Kurfürstentum Hannover: »Übrigens wird jetzo zwischen dem König und der Königin ein zimliche vertraulichkeit verspühret, wie Sie dann täglich wan Sie sich nicht sehn, ohnfehlbarlich zwey mahl aneinander schreiben.« Der warme persönliche Ton im Januar-Brief des Königs an seine Frau – »ich zähle die Stunden ...« – war keine Zufallslaune. So wenig wie die Gespräche sind die Briefe des Ehepaares aus dem Frühjahr 1704 überliefert. Doch auf dem Hintergrund der bezeugten Vertraulichkeit zwischen Sophie Charlotte und Friedrich werfen die Aussagen in den Briefen an Bothmer ein Licht auf das, was zwischen König und Königin unter vielem anderen besprochen worden ist. Für die ausgeglichene Stimmung der Königin, die aus den erhaltenen Briefen des Jahres 1704 spricht, ist ein Hinweis auf die positive eheliche Gemeinschaft durchaus erlaubt.

Anfang Juli treten Sophie Charlotte und ihr Ehemann in einer skurrilen öffentlichen Darbietung auf, die Übereinstimmung und ein abgestimmtes Vorgehen voraussetzt. Die Königin lässt sich die ironische Erzählung dieser Geschichte in ihrem Brief an Bothmer nicht entgehen. Sie beginnt mit dem Hinweis, »Milord Raby hat diesem Land einen Engländer beschert«. Gemeint ist der neugeborene Sohn der Gräfin Katharina von Wartenberg, die sich seit Monaten öffentlich in engster Gesellschaft mit dem englischen Gesandten in Berlin zeigt. Über diese Schwangerschaft der Ehefrau des Premierministers und Mätresse des preußischen Königs wird bei Hofe ungehemmt getuschelt. Milord Raby gilt als der Vater des Neugeborenen. Für König Friedrich ein Grund, sich demonstrativ vor seinen wichtigsten Mitarbeiter und Vertrauten gegen alles Gespött zu stellen und damit zugleich die Gräfin Wartenberg auszuzeichnen. Sophie Charlotte ist bereit, ihren Ehemann bei dieser Komödie von Staats wegen zu unterstützen.

»Der König und ich sind Taufpaten gewesen, und die Taufe ist mit großem Zeremoniell abgelaufen, nicht ohne das Amüsement aller, die dabei waren. ... Der König und ich waren am Bett der Wöchnerin. Sie klagte sehr und machte ein großes Hallo. Man sagt, sie habe Fieber vorgeschoben, um die Diener zu schlagen und ihren Mann zu beschimpfen ...« Der offizielle Wartenberg-Sprössling wurde im Dom getauft, ehrenvoller konnte es nicht zugehen. Einer fehlte auf Seiten der königlichen Familie – Kronprinz Friedrich Wilhelm, der im August sechzehn Jahre alt und zugleich mündig gesprochen werden würde.

Dass ihn seine Abscheu vor dem in seinen Augen moralisch verwerflichen Lebenswandel der Gräfin ferngehalten habe, ist ein Gerücht, hinter dem politische Intrigen stecken mochten. Mit seiner Mündigkeit wurde der Kronprinz für die Feinde von Minister Wartenberg ein möglicher Verbündeter, um den verhassten königlichen Vertrauten aus dem Weg zu schaffen. Der Königin werden solche Überlegungen nicht unbekannt gewesen sein. Umso wichtiger war es ihr, dass der Sohn in seiner neuen Lebensphase einen verlässlichen Begleiter an seiner Seite hatte.

Noch vor Ende Juli gesteht sie Bothmer, dass Alexander von Dohna, den sie zehn Jahre zuvor beim König als obersten Erzieher des Kronprinzen durchsetzen konnte, ihr einigen Kummer mache. Er habe seit einiger Zeit nicht mehr gewagt, ihrem Sohn die Wahrheit zu sagen, um nicht in Ungnade zu fallen. Mit der Mündigkeitserklärung im August werde er aus seinem Amt entlassen. Unter dem Siegel der Vertraulichkeit erfährt der Freund in Den Haag: »... der König hat mir zugesichert, dass Finck meinem Sohn zur Seite sein wird. Er ist ein sehr ehrenwerter Mann, der bei ihm nur gute Gefühle erwecken und die Härte haben wird, ihm die Wahrheit zu sagen.« Der neue Erzieher des

Kronprinzen, der vierundvierzigjährige Albrecht Konrad Finck von Finckenstein, kommt aus preußischem Uradel, hat eine internationale Offizierskarriere hinter sich und ist dem Kronprinzen wohlvertraut, weil er in dessen Regiment gedient hatte. Auf Schloss Lietzenburg war Finck ein gern gesehener geistreicher Gast. Wieder eine wichtige Angelegenheit, bei der die Königin die Initiative ergriffen und ihr königlicher Ehemann dem Rat seiner Frau zugestimmt hatte.

Einen Tag vor Friedrich Wilhelms sechzehntem Geburtstag am 14. August 1704 werden in Höchstädt, östlich von Dillingen am nördlichen Donauufer zwei gewaltige Armeen in den Kampf geschickt: Rund 52 000 Soldaten und Offiziere sind es auf Seiten der kaiserlichen Verbündeten, darunter Kontingente aus Preußen und aus Braunschweig-Hannover, und rund 56 000 auf Seiten Frankreichs und seiner Verbündeten, darunter der Kurfürst von Bayern. Als die Schlacht von Höchstädt nach sechseinhalb Stunden vorbei ist, haben die Kaiserlichen gut 14 000 Gefangene gemacht und verlassen als Sieger das Schlachtfeld, einen Ort des Grauens. Auf ihrer Seite gab es rund 4500 Tote und Verwundete, die Verlierer beklagten 20 000 Tote und Verwundete. Der Kronprinz musste auf seinen neuen Erzieher noch etwas warten. Albrecht Konrad Finck von Finckenstein hatte an der Schlacht teilgenommen und kam mit einiger Verzögerung heil nach Berlin zurück, obwohl ihm zwei Pferde unter dem Sattel weggeschossen wurden. Friedrich Wilhelm wird das sehr imponiert haben.

Am 19. August schreibt die Königin aus Lietzenburg unter dem Eindruck der siegreichen Schlacht Bothmer von »dieser guten Neuigkeit« und fügt hinzu, »aber es ist auch eine schreckliche«. Von »den unseren und den Braunschweigern sind eine unendliche Zahl braver Leute getötet worden«. Sie zählt einige Offiziere mit Namen auf, die ihr persönlich bekannt sind: »Sie können glauben, wie tief mich das bewegt.« Von »Maxel«, ihrem Bruder Maximilian, wisse sie, dass es ihm gut geht, »obwohl er auf dem rechten Flügel gekämpft hat, wo die Bayern sich sehr viel besser geschlagen haben als die Franzosen, denn der Kurfürst selbst hat sie mit dem Schwert in der Hand immer wieder angefeuert«.

Fast der gesamte Brief ist mit weiterführenden politischen Überlegungen gefüllt. Auch wenn Sophie Charlotte am Ende wieder eine Sendung Schokolade anfordert – »die letzte war ziemlich gut, aber nicht so gut geröstet wie die erste. Darum bitte ich Sie, dass die nächste so wie die erste ist, die Sie mir geschickt haben.« Sophie Charlotte war eine Feinschmeckerin – vielleicht auch Perfektionistin? – und wusste sich mit ihren Ansprüchen durchzusetzen.

Drei Tage später kommt sie noch einmal auf den Sieg zu sprechen, »der noch größer ist, als man geglaubt habe«. Wieder nennt sie Gefallene aus ihrem Umfeld mit Namen, »was sie unendlich berührt«. Aber sie erwähnt auch stolz, dass die Preußen, »unsere Truppen ... die Ehre haben, wesentlich zu diesem Sieg beigetragen zu haben«. Noch bevor der August zu Ende geht, gibt es eine Neuigkeit, die vieles in den Hintergrund rückt. Ein halbes Jahr sehnsüchtigen Wartens ist vorbei: Am 27. August 1704 sehen sich Sophie Charlotte und Gottfried Wilhelm Leibniz in Lietzenburg wieder. Schon am nächsten Tag empfangen König Friedrich und der Kronprinz den Philosophen und Präsidenten der preußisch-brandenburgischen Akademie der Wissenschaften im Berliner Schloss. Der Kurfürstin in Hannover meldet Leibniz, er habe ihre Tochter »in guter Gesundheit und bei heiterer Liebenswürdigkeit angetroffen«. Bis Mitte Oktober hat er sein festes Quartier im Schloss der Königin und ist sogleich mit einer Familienzusammenführung beschäftigt.

Sophie Charlotte war davon ausgegangen, dass sie ihre Mutter 1704 nicht in Lietzenburg begrüßen würde, weil der Konflikt um Hildesheim immer noch zwischen Hannover und Preußen schwelte. Doch angesichts des europäischen Krieges, der fast jedes Land heimsuchte, verlor diese provinzielle Streitigkeit jedes Gewicht. Leibniz war seit einer guten Woche Gast der preußischen Königin, als er einen Brief von der Kurfürstin aus Hannover erhielt: »Ich beneide Sie, Monsieur, um das Glück, in Lietzenburg zu sein, denn ich wäre froh, wenn ich auch dort sein könnte; doch möchte ich denen, zu denen ich komme, keine *Ungelegenheiten* bereiten ... Wenn ich dort beim König, meinem Sohn, den ich mit seiner Erlaubnis so nennen darf, auf die Weise sein könnte, wie ich bei meinem Sohn, dem Kurfürsten, bin, würde ich mich sehr freuen; ihm verursache ich keine Kosten, außer dass ich mit ihm esse und meine Hofdamen an der zweiten Tafel; alle meine Leute und meinen Marstall bezahle ich selbst, bis hin zu meinen Kerzen.« Der Brief macht stutzig. Er passt so gar nicht zu Kurfürstin Sophie, ihrem großzügigen Lebensstil und der Offenheit, mit der sie anderen begegnet. Jetzt bemüht sie kleinliche Aufrechnungen und will sehr gebeten werden, um in Lietzenburg – ihrem irdischen Paradies – ihre Tochter zu besuchen.

Leibniz notiert, welche Bedingungen seine alte Freundin in Hannover stellt: »Dass Euer Kurfürstliche Durchlaucht wohl wüssten, dass Ihr Besuch dem König nur angenehm sein könne ... dass Sie aber dennoch gerne zuvor die Meinung des Herrn Oberkammerherrn erführen und mir aufgetragen hätten, mit ihm darüber zu sprechen.« So geschieht es: Leibniz wird beim Oberkammerherrn, Minister Wartenberg, vorstellig, dass die Kurfürstin gerne ohne Förmlichkeiten ihre Tochter besuchen möchte, auch alle Unkosten dafür übernehme. Zwar wisse Sophie, dass ihr Besuch dem König angenehm sei, sie möchte aber dennoch Wartenbergs Meinung einholen.

Hinter der gewohnten Direktheit der Kurfürstin, die umstandslos Menschen gewinnen konnte, verbarg sich ein Stolz auf die hohe adlige Abkunft – das Blut der Stuarts! –, der verstärkt wurde durch die Zusage des englischen Parlaments, im Haus Hannover die nächsten Erben auf dem englischen Thron zu sehen. Seitdem beanspruchte Kurfürstin Sophie, protokollarisch nicht mehr als kurfürstliche, sondern als königliche Hoheit eingestuft zu werden.

Während die Briefe zwischen den Höfen hin und her gehen, besinnt sich die Kurfürstin doch noch auf den wesentlichen Grund ihrer Reise. Sie hofft, »mir dadurch den Besuch der Königin zum Karneval anzulocken. Lieber soll sie mit der Gräfin Wartenberg kommen als gar nicht«. Die Mutter weiß, wie viel ihrer Tochter der Karneval in Hannover bedeutet. Er ist der Höhepunkt des Jahres für Sophie Charlotte; ein Vergnügen, an dem ihr Herz hängt, seit sie nach der Heirat 1684 Hannover verlassen hat. Wenn die Kurfürstin im Herbst 1704 nach Berlin reist, hat die Königin im Januar 1705 Anspruch auf einen Gegenbesuch. Das sind die wahren Gründe.

Alle Hindernisse wurden beseitigt. Der Berliner Hof wollte sich nicht mit der Kurfürstin anlegen, auch nicht Minister Wartenberg, dessen Frau Sophie nach Hannover eingeladen und demonstrativ respektvoll behandelt hatte. Sophies Nichte in Frankfurt erfährt, es kamen »ein brif von mein tochter, mit instendig bitten, zu Ihrer Majestät zu kommen, auch ein genedig schreiben vom Graf von Wartenberg, so dass ich resolfirt bin, bis mondag von hier zu gehen …« Der nächste Brief an die Nichte datiert vom 1. Oktober und kommt aus Lietzenburg.

Das vorangegangene Geplänkel ist vergessen: »Ich habe hir die gutte und dugentsame Erbprinzessin von Hessen gefunden, wie auch die schöne undt angnheme Princessin von Ansbach. … Finde mich wol bey mein tochter, da ein ihder thudt, was er kann *pour me randre bien aise*, das mir wol gefallen mus.« Jeder gibt sich Mühe »*um das Wohlergehen*« der Kurfürstin, da genießt auch sie die Gegenwart. Kaum in Lietzenburg aus der Kutsche gestiegen, hatte die Vierundsiebzigjährige eine Tasse Schokolade getrunken und war zwei Stunden mit ihrer Tochter, Leibniz und den zwei Prinzessinnen – Luise von Hessen, die Stieftochter der Königin, und Caroline von Brandenburg-Ansbach – durch den Schlosspark gewandert. Als Caroline mit dreizehn Jahren Waise war, wurde sie von Friedrich und seiner Frau wie ein Kind im Haus aufgenommen und hat mit Sophie Charlotte enge Freundschaft geschlossen.

Am 4. Oktober kam der König nach Lietzenburg, um seine Schwiegermutter zu begrüßen. Danach brach der gesamte Hof der Königin mit ihrer Mutter zu einem Besuch des Königs in Schloss Schönhausen auf. Sophie selbst informierte den hannoverschen Gesandten, dass man bei diesen Begegnungen nur über belanglose Dinge gesprochen habe.

Von Politik sollte keine Rede sein, aber eine Überraschung gab es doch: »Die Pelnitz hatt ein recht schöne *opera* gemacht, von lauter *Indianer*, so gekleit waren wie auf *porcellenen* stehett, recht artig undt poßirlich.« Vor über sechzehn Jahren hatte Sophie ihrer Tochter, als diese Kurfürstin von Brandenburg wurde, Henriette von Pöllnitz als Hofdame empfohlen und überlassen. Längst war »die Pelnitz« für Königin Sophie Charlotte unentbehrlich – als engste Vertraute, Organisatorin des Hofstaates, Sekretärin für die königliche Korrespondenz, Kulturmanagerin, Schauspielerin, Verfasserin von Komödien und Operntextbüchern. *Le nozze di Taiminga, Principessa della China* hieß das neue Werk, das Henriette von Pöllnitz auf die Bühne brachte, und der hannoversche Gesandte hat die Reaktion bei Hofe am 7. Oktober notiert: »Gestern hat man zu Lietzenburg zum zweiten mahl ein divertissement von einer kleinen opera gehabt, welches wegen seiner singularität undt nouveauté, in dem alle repraesentationes japonisch und indianisch gewesen, großen applausum findet.«

Die Bezeichnung »indianisch« bezog sich im damaligen Sprachgebrauch auf Menschen aus Asien – Inder. Kolumbus hatte nach dem Wissensstand der Zeit nicht Amerika, sondern Indien entdeckt, und die Bewohner waren folgerichtig Indianer. Asiaten, vor allem Chinesen, wurden im barocken 17. Jahrhundert als Repräsentanten einer fremden, dennoch bewunderten Kultur entdeckt, deren Errungenschaften, vor allem das Porzellan, fürstliche Kabinette schmückte. Ob in den Lieblingsschlössern von König Friedrich oder in Lietzenburg: Ein mit kostbaren bemalten Porzellanen ausgestattetes Zimmer gehörte zum festen Inventar.

In einem Brief an Bothmer bestätigt Sophie Charlotte, dass die »indianischen« Menschen in dieser Aufführung Chinesen darstellen. Ihre Mutter sei seit zehn Tagen in Lietzenburg, »und wir tuen alles, was wir können, um sie zu unterhalten. Es geht so weit, dass wir den König von China mit seinen Pagoden in unser Theater kommen lassen, was die Kurfürstin herzlich zum Lachen brachte.«

Endlich wurde in Lietzenburg wieder Musik gemacht, auch wenn der Komponist der »Hochzeit« der chinesischen Prinzessin nicht überliefert ist. Der übliche musikalische Höhepunkt war in diesem Jahr lautlos verstrichen. War der Geburtstag des Königs am 11. Juli seit vielen Jahren Anlass für die Königin, um prächtige Feste und exquisite Musik zu organisieren, ist für 1704 nichts dergleichen überliefert. Wie konnte man auch im Teatro zu Lietzenburg auf die Pauke hauen, wenn im Sommer Zehntausende von Soldaten aufmarschierten und die Vorzeichen einer grausamen Schlacht unübersehbar waren. Aber jetzt im Herbst, als Preußens Truppen zu den Siegern von Höchstädt gehörten, durfte die Musik am Hof der Königin wieder ihren herausgehobenen Rang einnehmen. Sophie Charlotte hatte die Toten und Verwundeten voller Mitgefühl beklagt; aber das war nun einmal der dunkle Teil des Kriegshandwerks.

Am 18. Oktober konnte der hannoversche Gesandte erneut Vergnügliches aus dem Schloss der Königin melden: »Der Lietzenburgische Hof continuiret seine gewöhnliche divertissements, und ist vorgestern abends eine kleine opera gespielet worden, wobey der Erb Princessin von Hessen-Cassel Hoheit und auch der Princessin von Ansbach Durchlaucht selbstn aufm Theatro gesungen haben. Die erste repraesentirte *auroram* und die andere die nacht; ...« Aufgeführt wurde *Les Amours de*

Procris et de Céphale, wieder einmal eine Fabel aus den *Metamorphosen* des Ovid, »Opera d' une Acte, fait pour SM la Reyne de Prusse et represente sur le Theatre de lietzenbourg«. Auch Leibniz saß unter den Zuhörern und schrieb anschließend, er habe die Prinzessinnen singen gehört: »Die Erstere singt sehr richtig und die zweite mit einer wunderbaren Stimme.« Auch Sophie Charlotte lobte die Gesangskünste von Luise von Hessen-Kassel und Caroline von Ansbach ausdrücklich.

Von dieser Oper sind Komponist und Librettist bekannt: der gefeierte Giovanni Bononcini, 1702 als Komponist und Sänger im Dienst von Sophie Charlotte in Lietzenburg, und Alessandro Guidi, wieder ein katholischer Abbé. Ein neuer Name im Umkreis der Königin, mit einem guten Ruf als Dichter und Opernlibrettist, seit er 1679 in Rom in die Akademie der Königin Christina von Schweden berufen wurde.

Ob Bononcini, einer der musikalischen Favoriten der Königin, für diesen Auftrag nach Lietzenburg zurückkehrte? Wie kam der Kontakt zu Guidi zustande? Ist sie ihm je begegnet? In den Dokumenten, die sich erhalten haben, finden wir keinen Hinweis. Dass die Königin einen Auftrag an Bononcini vergab, bedarf keiner Erklärung. Ein weiteres Mosaiksteinchen bedeutet die Wahl von Alessandro Guidi: Mit ihm befindet sich wieder ein Mensch im Umkreis von Sophie Charlotte, der die eigenwillige schwedische Königin Christina persönlich gekannt hatte.

Dank eines Briefes, den die Kurfürstin Sophie am 1. November geschrieben hat, wissen wir, dass es eine zweite, besondere Aufführung dieser Oper Ende Oktober gab: »Gestern war der Königin Geburtstag, der König kam hin und wollte oben an sitzen, ich hatt aber den Durchlauf, wie ich sagte, kam ehrst hervor nach dem essen.« Dass König Friedrich aus diesem Anlass zu einem Essen nach Lietzenburg kommt, kann Kurfürstin Sophie nachvollziehen. Aber nicht, dass er als Königliche Durchlaucht allein den obersten Platz bei Tisch einnimmt und nicht bereit ist, seine Schwiegermutter ebenso als Königliche Durchlaucht zu akzeptieren und den Platz mit ihr zu teilen. Weil Sophie mit ihrem Schwiegersohn im Schloss ihrer Tochter keinen Kampf um die Rangordnung führen will, nimmt sie eine Krankheit. Wer den »Durchfall« hat, ist bei Tisch entschuldigt und braucht erst nach dem Essen wieder aufzutauchen.

Nun geht es durch den Park ins Theater: »Ihre Majestät verlangte die kleine opera wider zu sehen, so die Princesssinen gespilt haben ...« König Friedrich war also bei der ersten Aufführung ebenfalls anwesend und offensichtlich hatte es ihm gefallen. Die Königin nutzt die Gunst der Stunde, vielleicht als besondere Ehre für ihren Gemahl, und erklärt, diesmal das Orchester selber mit dem Cembalo zu begleiten. So hatte es der Komponist Telemann schon 1702 im Lietzenburger Theater erlebt. Damals führte Sophie Charlotte das Orchester während der Oper *Polifeme* an, ebenfalls von Bononcini komponiert.

Der König wünschte eine Sondervorstellung nur für sich und seine Schwiegermutter, wie Sophie ihrer Nichte mitteilte: »Es durfte aber nimans als der König undt ich zusehen.« Eine weitere Überraschung: Auch Friedrich Wilhelm war zum Geburtstag seiner Mutter nach Lietzenburg gekommen und offenbar gut gelaunt: »Nach der Opera ging der König nach Berlin, der Cronprins blieb aber hir undt tanzte nach dem essen.«

Es gibt in diesem Herbst einen weiteren Beweis, dass Sophie Charlotte 1704 nicht von ihrer Leidenschaft, der Musik, gelassen hat, auch wenn sie sich den Zeitumständen anpasste. Sie bedankt sich bei ihrer Stieftochter, dass Luise sich bei ihrem Schwiegervater, dem Landgrafen von Hessen-Kassel, dafür eingesetzt hatte, dass er Ruggiero Fedeli, seinen Hofkapellmeister, für eine Weile an den Hof in Lietzenburg ausgeliehen hat. Fedeli, der Sohn eines Konzertmeisters von San Marco in Venedig, war ein alter Bekannter. Anfang der 1690er Jahre am Berliner Hof angestellt, leitete er seit 1701 die Hofkapelle in Kassel. Doch schon 1702 saß Ruggiero Fedeli als Gast im Opernorchester vom

Teatro Lietzenburg, wo Telemann ihn neben anderen berühmten Musikern bei der Aufführung von *Polifeme* entdeckte.

Während im Herbst die Musik in Lietzenburg wieder ihren Platz findet und das Leben nach außen in der Balance scheint, spielt sich vor aller Augen ein Drama ab, das die Königin mehr und mehr bedrückt.

Am 9. September handelt Sophie Charlotte das Thema in ihrem Brief an Johann Caspar von Bothmer noch locker und mit positivem Unterton ab. Sie erzählt, dass sie mit ihren Gästen die Musik von Caroline von Ansbach genießt, »die sehr gut singt«. Aber dieser Genuss ist begrenzt: »Sie wird sich zu Besserem verabschieden, und das ist sehr angenehm, denn der König von Spanien begleitet sehr gut auf dem Cembalo. Ich sage Ihnen im Vertrauen, ich glaube, Sie werden sie bald als Königin von Spanien sehen. So lange profitiere ich noch von ihrer Gesellschaft, die noch aufmunternder ist als die der guten Prinzessin von Kassel.«

Dem Gesandten in Den Haag muss die Königin nicht weiter erklären, was diese Heirat für die einundzwanzigjährige Prinzessin bedeutet. Karl, der Bruder des Habsburger Kaisers in Wien – für den spanischen Thron bestimmt, der seit über drei Jahren vom Enkel Ludwig XIV. okkupiert wird, weshalb der Spanische Erbfolgekrieg Europa verheert – ist katholisch. Soll aus dieser Heirat, die ausschließlich aus politischem Kalkül angestrebt wird, etwas werden, muss Caroline katholisch werden.

Anfang September scheint die preußische Königin einen solchen Schritt als kleines Übel in eine erfreuliche Zukunft zu sehen. Vielleicht weil sie längst nicht mehr an ewige Wahrheiten glaubt und jeder christlichen Kirche den alleinigen Zugang zur ewigen Seligkeit abspricht. Wenn die Prinzessin mit Karl von Habsburg wesentliche Gemeinsamkeiten hat, die für eine gute Ehe sprechen, was tut da das Glaubensbekenntnis zur Sache? Haben sich die Unterschiede zwischen Katholiken und Protestanten nicht längst überholt? Vor Gottes Gericht werden ganz andere Dinge zur Sprache kommen.

In dieser toleranten Wahrnehmung wurde Sophie Charlotte von ihrer Mutter erzogen. Kurfürstin Sophie und ihr Mann Kurfürst Ernst August hatten keine Bedenken, für einen politisch wichtigen Schwiegersohn wie den bayerischen Kurfürsten von ihrer Tochter den Übertritt zum Katholizismus zu fordern. Mit Wohlwollen schildert Sophie den Prozess des Glaubenswechsels, dem die Prinzessin von Ansbach in Lietzenburg unterworfen wird. In dieser vertrauten Umgebung soll sie der Jesuitenpater Urbanus von den grundlegenden Wahrheiten der katholischen Kirche überzeugen. Kurfürstin Sophie trifft ihn sofort nach ihrer Ankunft und ist begeistert: »Sie haben einen unvergleichlichen Jesuiten bey sich, Pater Urbanus, so ein großer mathematicus ist undt von herr Leibenitz ser admirirt wirdt. Weren alle Jesuiten wie er, würden sie nicht so viel bösses in der welt stifften.«

Doch ihrer Tochter Sophie Charlotte kamen bald große Bedenken, ob Caroline das katholisch-spanische Erbe, zu dem sie nach ihrer Konversion stehen muss, ertragen kann: »Ich fürchte, dass sie schwere Gewissensbisse bekommen wird, wenn sie den Aberglauben in Spanien sieht und die Glaubensakte, wo man die armen Juden verbrennt.« Erstaunlich, welches Argument die Königin gegen den Katholizismus anführt. Ihr protestantischer Glaube bietet ihr keine Gründe; es sind humanistische Ideale, die sie hochhält.

Wieder ist ein Monat vergangen. Am 1. November berichtet Kurfürstin Sophie – immer noch Gast in Lietzenburg – ihrer Nichte in Frankfurt vom Wechselbad der Gefühle, denen die Prinzessin von Ansbach durch die katholischen Lektionen ausgesetzt ist: »Bald sagt ihre Liebden ›ja‹, bald sagt sie ›nein‹, bald meint sie, wir haben keine Priester ... bald sagt sie, unsere Religion sei die beste.« Wenn sie mit dem Pater diskutiert, gibt sie ihm recht: »Hernachher plärren Ihrer Liebden Leute, sagen, sie würde verdammt werden ...« Ein ernüchternder Blick der alten Dame, gepaart mit dem leisen Vorwurf, dass die Prinzessin diese Diskussionen nicht ewig verlängern kann, »also muss es bald ja oder nein sein«.

Bothmer in Den Haag erfährt am selben Tag von Sophie Charlotte, dass »die Prinzessin von Ansbach immer noch unentschlossen ist, welchen Weg sie einschlagen wird. Sie kämpft mit sich, und ich habe Mitleid mit ihr, denn wie sie sich auch entscheidet, immer gibt es etwas, das sie bereuen wird, denn in der Welt gibt es keinen vollendet glücklichen Zustand. Der Kummer, der am meisten schmerzt, ist der, den man sich selber zufügt.« Während der Diskussionen mit Pater Orban wird Leibniz unbemerkt im Hintergrund der vertraute Berater von Caroline. Am 7. November setzt er ihr ein Schreiben auf, dass sie aus Glaubensgründen den spanischen König nicht heiraten kann. An dieser Überzeugung wird sie festhalten.

Am 10. November ist Leibniz in Hannover und schreibt an die Königin, dass die Kurfürstin glücklich angekommen sei und sie sich beide freuen zu hören, »dass wir das Glück haben werden, Sie, Madame, im nächsten Karneval von Hannover zu sehen«. Gut gelaunt setzt der Philosoph einen Vierzeiler hinzu: »Wir kümmern uns kaum um die Schärfe eiskalter Luft; der Winter, der uns die Königin bringt, wird zum Sommer werden.« Am 11. November notiert der hannoversche Gesandte in Berlin, dass sich der König zwei Tage zuvor von der Kurfürstin verabschiedet hat, und schreibt über ihre Tochter: »Der Königin Majestät haben sich diesen nachmittag von Lietzenburg in die Statt herein begeben umb nun beständig alhier zu bleiben.« Das Lietzenburger Jahr 1704 ist zu Ende.

25. Kapitel

Ein Übermaß an mütterlicher Belehrung
Der Sohn soll sich gegen den Vater stellen
1704 13. November bis Jahresende

Am 13. November 1704 antwortet die Königin auf Leibniz' Brief im gleichen lockeren Ton. Da sie große Angst habe, dass er sie vergessen werde, antwortet sie sofort: »Sie sehen, ich habe ein wenig Neid in mir, so zu reden. Den können Sie nur beseitigen, wenn sie nach dem Karneval mit mir hierherkommen.« Sie hofft, zum nächsten Karneval in Hannover zu sein, ist aber nicht ganz sicher, »denn alles in dieser Welt ist sehr veränderlich«. Die Prinzessin von Ansbach ist auch abgefahren, »ich bin hier sehr einsam; mein einziges Vergnügen ist, Neuigkeiten zu erfahren«. Zwei Menschen, die sich in vielen Gesprächen in den vorangegangenen Wochen wieder sehr nahegekommen sind, versuchen, die Vertrautheit in ihrer Korrespondenz zu erhalten. Die gesellschaftlichen Unterschiede, die Königin und Philosoph offiziell trennen, haben in ihren Briefen schon lange jede Bedeutung verloren. Es sind Madame und Monsieur, die eine verlässliche Freundschaft verbindet

Am 15. November erfährt Johann Caspar von Bothmer, wie Sophie Charlotte rückblickend diesen Herbst sieht. Der Krieg lässt ihr keine Ruhe: »Die Schlacht um Landau dauert nun schon so lange, dass man zweifeln kann, ob sie rückerobert wird.« Ein kurzer Kommentar zum Krieg zwischen Polen und Schweden, wieder ist die Königin bis in militärische Einzelheiten informiert. Dann nimmt sie kritisch das Ganze in den Blick: »Ich wüsste gerne, wann dieser Krieg zu Ende geht. Er ist sehr leichtfertig und ohne viel Nachdenken begonnen worden, und für mich ist das größte Übel, dass die Verantwortlichen ihre Fehler nicht erkennen.«

Von der großen Welt draußen geht sie zum Privaten über: »Die Abreise der Kurfürstin habe ich sehr bedauert und die der schönen Prinzessin von Ansbach hat mich berührt. Sie hat ein sehr edles Herz gezeigt, indem sie keinen Schwur auf Dinge ablegen will, an die sie nicht glauben kann. Trotzdem bedaure ich, dass sie einen König verloren hat, der an Körper und Geist liebenswert ist.« Auch dieser Brief spiegelt, was für das gesamte Jahr 1704 gilt: Sophie Charlotte versucht, ihre kritischen Gedanken in Einklang mit einer Gesamtsicht zu bringen und allen Aspekten gerecht zu werden. Sie verschweigt ihre Gefühle nicht, lässt sich aber von ihnen nicht die Sicht auf andere, unbequeme Einblicke versperren. Sie scheut kein Urteil und ist zugleich um Ausgewogenheit bemüht.

Die größte Neuigkeit steht am Ende des Briefes: »Die Kurfürstin hat vor ihrer Abreise ein gutes Werk getan, indem sie bewirkte, dass mein Sohn die Erlaubnis bekommen hat, nach Holland zu reisen. Er ist total begeistert und ich bin es ebenso, denn das Leben, das er hier führt, ist zum Erbarmen.« Am selben Tag notiert der hannoversche Gesandte in Berlin: »Des Cron Printzen reiße nach Holland undt nach Engelland soll festgestellet sein undt dem Verlaut nach zu ende dieses monahts vor sich gehen.«

König Friedrich hat sich von der brillanten Idee seiner Schwiegermutter überzeugen lassen: seinen Sohn dem Sieger der Schlacht von Höchstädt John Churchill, erster Herzog von Marlborough, Oberbefehlshaber aller mit dem Kaiser verbündeten Truppen, anzuvertrauen. An der Seite des Kriegshelden Marlborough sollte Kronprinz Friedrich Wilhelm nach Holland reisen, von dort mit ihm nach England übersetzen und am Hof von St. James in London dem Königreich Brandenburg-Preußen alle Ehre machen. Niemals war ein Mitglied der Berliner Herrscherfamilie so weit gereist.

England war sehr daran gelegen, dass Preußen als Verbündeter fest an seiner Seite stand. Am 22. November traf Marlborough in Berlin ein und lernte umgehend die königliche Familie kennen. Er hatte beste Manieren, sprach ein gutes Französisch. Er sei der höflichste Engländer, dem sie jemals begegnet sei, erklärte die Königin. Zwei Tage später organisierte Kronprinz Friedrich Wilhelm für den englischen Herzog einen großen Ball. Der König ließ ihm eine große Summe Reichstaler nebst zwei edlen Pferden mit feinstem Sattelzeug übergeben.

Am 27. November 1704 brach die Reisegruppe auf; der Erzieher Finck von Finckenstein gehörte zur engen Begleitung des Kronprinzen. Nach der Überlieferung malte Sophie Charlotte an diesem Tag in ihrem Gemach im Schloss von Berlin ein Herz in ihren Kalender und schrieb daneben *PARTI* – er ist fort. Und bei der letzten Umarmung soll sie ihrem Sohn mit auf den Weg gegeben haben, vor allem danach zu trachten, ein Ehrenmann zu sein – *un honnête homme*.

Die Reise führte über Hannover, wo mit der Kurfürstin Sophie und ihrem Sohn zwei potentielle Anwärter auf den englischen Thron lebten. Am 6. Dezember bat die Großmutter, Kurfürstin Sophie, Leibniz um Verständnis, »dass es mir mehr Freude gemacht hat, den Herrn Kronprinzen und den Herrn Herzog von Marlborough zu sehen, als Sie brieflich zu unterhalten ... Jetzt sind alle abgereist«. Am selben Tag greift in Berlin Sophie Charlotte zur Feder und bedankt sich bei Friedrich Wilhelm für einen Brief aus Hannover. Sie hoffe, dass er dort gute Unterhaltung habe, aus der Residenz könne sie nichts wirklich Neues berichten: »... Sie wissen, mein lieber Sohn, wie sehr ich Sie liebe und es mich freut, wenn Sie vernünftig sind und sich gut führen ...«

Sechs Briefe haben sich erhalten, die die Mutter bis zum Jahresende an ihren Sohn in Holland schreibt: eine Mischung aus überschwänglicher Anteilnahme, intensiver Fürsorge, Ermunterung, aber auch ständiger Belehrung. In einem der vier Briefe, die im selben Zeitraum an Johann Caspar von Bothmer gehen, der in Den Haag mit Friedrich Wilhelm zusammentrifft, heißt es selbstkritisch: »Ich habe mich daran gewöhnt, über vielen Dingen zu stehen, aber was meinen Sohn betrifft, habe ich noch nicht so viel Geduld ...« Am 23. Dezember nimmt sie einen Vorwurf auf, den Friedrich Wilhelm der Mutter in einem der Briefe, die nicht erhalten sind, gemacht hat: »Sie sagen, es ist öde, dass ich Sie belehre ...« Doch mit einem intellektuellen Salto kassiert sie den Vorwurf sogleich: »... ich glaube, das ist gar nicht nötig, denn Sie haben eine gute Natur und wissen sehr wohl das Gute vom Bösen zu unterscheiden.« Was soll Friedrich Wilhelm dazu sagen?

Die gute Natur ihres Sohnes ist auch der Pluspunkt, den sie Bothmer empfiehlt, »denn er hat ein gutes Herz und es fehlt ihm kaum an Geist, aber man hat ihn in Unwissenheit gehalten über die kleinsten Dinge, dass man nur Mitleid haben kann«. Was die Königin einst Minister Danckelmann vorgeworfen hat, macht sie nun nachträglich dem von ihr selbst empfohlenen Erzieher Dohna zum Vorwurf. Den Freund in Den Haag bittet sie, er möge Friedrich Wilhelm im Gespräch näher kennenlernen, »denn ich zweifle nicht, dass er von der angenehmen, tiefgründigen und lehrreichen Unterhaltung mit Ihnen profitieren wird«.

Man kann verstehen, dass die ständigen gut gemeinten Ratschläge der Mutter dem Sechzehnjährigen auf die Nerven gehen. Es freue sie unendlich, »wenn ich höre, dass Sie sehr vernünftig sind und sich nach der Vernunft und nicht nach der Leidenschaft ausrichten«. Er soll das weltoffene Den Haag genießen und dort einfach nur den guten Beispielen folgen. Und wieder fügt sie unterschwellig ihre Erwartungen hinzu: »... ich hoffe, es gibt dort viele Dinge, von denen Sie mir erzählen können; vor allem, dass Sie sich gut unterhalten und den ungezwungenen Lebensstil schätzen – *vivre sans facon* –, ohne einengendes Zeremoniell, höflich und zivilisiert – *polie et civile*.« Die Hoffnung, dass sich der preußische Kronprinz auf dem internationalen Parkett in Den Haag weltoffen und elegant bewegt und dank fester moralischer Grundsätze gegen schlechten Einfluss gefeit ist, wird zu einer Beschwörung, die nicht nur dem Sohn gilt, sondern ebenso mütterliche Ängste bannen soll.

Aus Berlin erfährt Friedrich Wilhelm kaum etwas. »Von hier nichts Neues«, heißt es fast in jedem Brief. Einmal berichtet die Mutter von einem Ball, »wo man bis 3 Uhr morgens getanzt hat; alles, was hier jung ist, war da«. Sie habe in einem trüben Vorzimmer, wo auch die Gräfin von Wartenberg saß, Karten gespielt. »Das Leben, das man hier führt, ist immer noch sehr fad«, klagt sie am 16. Dezember. Eine erhellende Aussicht ist, im Januar zum Karneval nach Hannover reisen zu dürfen. Allerdings braucht die Königin dazu die Erlaubnis ihres Mannes.

Auch der Sohn brauchte eine Erlaubnis des Vaters, um von Holland weiter nach England reisen zu können. Das war zwar angedacht, als er Hannover Ende November verließ, aber noch nicht beschlossen. Einen Tag vor Weihnachten schreibt die Mutter an Friedrich Wilhelm: »Ich habe einen Vorstoß gemacht, was Eure Reise nach England betrifft. Der König verweigert sich ihr nicht, stimmt ihr aber im Augenblick nicht zu und sagt mir, mit der Zeit wird es schon möglich sein. Ich bin guter Hoffnung, machen Sie sich keine Sorgen …«

Immer wieder ist von einer möglichen Reise des Königs nach Holland die Rede. Genaues erfährt die Königin von ihrem Mann nicht. Aber eins steht für sie fest, wie sie Bothmer schreibt: Falls sie stattfindet, will sie mitreisen, um den Sohn wiederzusehen, und außerdem »muss man hier immer auf der Hut sein«. Das zielt auf einen Anlass der Reise des Kronprinzen, den seine Mutter mit höchstem Misstrauen verfolgt. König Friedrich trägt sich mit Heiratsplänen für seinen Sohn. Finckenstein ist in diese Pläne eingeweiht und soll den Kronprinzen, wenn sich eine Gelegenheit ergibt, positiv beeinflussen. Sophie Charlotte befürchtet, dass ihr Mann diese Pläne in Den Haag persönlich vorantreiben möchte. Ein heikles Thema für die Königin und

Mutter, das sie im Dezember 1704 weder in ihren Briefen an den Gesandten Bothmer noch an ihren Sohn auslässt.

Wer in Den Haag als Fürst seinen festen Sitz hatte, als Angehöriger des Hochadels auf Durchreise oder auf Besuch war, konnte sicher sein, der Fürstin von Nassau-Oranien und ihren Töchtern zu begegnen. Sophie Charlotte weiß, dass ihr Mann eine dieser Prinzessinnen als vielversprechende politische Partie sehen würde. König Friedrichs Mutter war eine Oranierprinzessin und über eine ähnliche Heirat des Kronprinzen würden die Chancen des Hauses Brandenburg-Preußen auf die Statthalterschaft gewaltig steigen.

Bis 1702 hat das Haus Nassau-Oranien dieses höchste Amt in der holländischen Republik besetzt. Seitdem war das Amt vakant, denn es gab keine direkten männlichen Erben, und die Nachfolge war umstritten. Wenn ein Statthalter der Niederlande – wie bis 1702 – in Personalunion König von England sein konnte, warum sollte nicht der preußische König zugleich als holländischer Statthalter regieren? Es wäre ein machtpolitischer Zugewinn ohnegleichen für das junge Königreich.

Am 16. Dezember erkundigt sich Sophie Charlotte bei dem Gesandten Bothmer nach der Gesundheit der Prinzessin Nassau. Sie habe erfahren, dass deren Wassersucht glücklicherweise abgenommen habe und sie wieder mit ihren Töchtern in Den Haag sei. Dort müssten sie ihrem Sohn über den Weg laufen, »was ich nicht hoffe«. Dann erhält der langjährige Vertraute einen pikanten Auftrag: »Ich bitte Sie, Monsieur, ihn ein wenig über das Benehmen der Mutter zu informieren, auch wenn er darüber schon einiges weiß.« Es sei gut, wenn ihr Sohn darüber im Voraus etwas erfahre und nicht per Zufall. Sophie Charlotte muss Bothmer, der seit Jahren in Den Haag lebt, alle Welt kennt und über Fakten wie Gerüchte informiert ist, keine Hintergründe erklären. Deshalb erfahren wir in ihren Briefen auch nicht, warum sie eine solche Heirat zu verhindern sucht.

Das größte Risiko bei diesem Abwehrmanöver geht sie am

27. Dezember ein: »Diesmal schreibe ich Ihnen, mein lieber Sohn, um offen über ein Thema zu sprechen, über das wir uns schon vor Ihrer Abreise unterhalten haben. Es geht um die Töchter der Prinzessin von Nassau.« Aber bevor die Königin mit ihrer brisanten Botschaft fortfahren kann, muss sie den königlichen Vater aus dem Spiel nehmen. Natürlich weiß Friedrich Wilhelm, dass der Vater bei seiner Hochzeit das entscheidende Wort hat. An der Loyalität seiner Mutter gegenüber ihrem Gemahl darf für den Sohn kein Zweifel aufkommen: »Ich bin überzeugt davon, der König denkt immer nur daran, Sie mit einer Person zu verheiraten, die Ihnen gefällt. Sie müssen deshalb aufpassen, wie Sie sich verhalten, und sich nicht als junger Mann hinters Licht führen lassen. Wenn Sie diese Andeutung nicht verstehen, wird Monsieur Finck es Ihnen erklären.«

Dann rückt sie das Problem, allerdings sehr unscharf, in den Fokus: »»Man sagt, die Prinzessinnen von Nassau sind schön ... aber ihre Mutter, die sie täglich sehen, gibt ihnen ein so schlechtes Beispiel, dass man fürchten muss, sie werden ihr folgen.« Friedrich Wilhelm soll die Finger von diesen Prinzessinnen lassen, das ist deutlich. Aber warum, das erschließt sich auch aus diesem Brief nicht.

Die Ängste der Mutter müssen groß gewesen sein. Nach der Unterstellung, »dass Ihnen meine Gründe sehr einleuchten«, souffliert sie dem Sohn Argumente, mit denen er seinen Vater hinhalten soll. Wenn Friedrich Wilhelm in Den Haag die Prinzessinnen gesehen hat, soll er dem König sagen, dass er »noch keine ernsthafte Entscheidung habe treffen können ... Sie brauchten Zeit, um sie kennenzulernen. Wenn er Sie dennoch bedrängt, können Sie noch auf körperliche Makel hinweisen, gegen die er nichts sagen kann.« Das ist starker Tobak und weit entfernt von der Gelassenheit und inneren Balance, die Sophie Charlotte in dem Jahr, das gerade zu Ende geht, auszeichneten.

Man braucht nicht alle weiteren Argumente aufzuzählen, die sie Friedrich Wilhelm in den Mund legt. Die kluge, nachdenkliche Sophie Charlotte zögert nicht, ihren Sohn in einen schrecklichen Zwiespalt zu stürzen und ihn zum Komplizen ihrer Aktion hinter dem Rücken des Königs zu machen: »Ich schreibe Ihnen dies unter dem Siegel größtmöglicher Verschwiegenheit.« Sie hofft, dass der König nicht nach Holland reisen werde. Sollte er es dennoch tun, wird sie mitkommen, um ihren Sohn »vor allen Verwicklungen zu bewahren, wenn das möglich ist«. Noch einmal empfiehlt sie Friedrich Wilhelm die Stadt Den Haag, »denken Sie daran, Sie sind dort in Freiheit und haben immer die Gelegenheit, etwas zu lernen, was Sie hier nicht haben«.

Am Ende versucht die Mutter Friedrich Wilhelm emotional zu erreichen: »Ich spreche offen mit Ihnen als jemand, der Sie mehr liebt als alles auf der Welt, der Sie in allem so glücklich sehen möchte wie möglich.« Das ist aus einem übervollen Herzen geschrieben. Aber am 27. Dezember 1704 haben weder ihr Verstand noch ihre Gefühle die Königin davor bewahrt, ihrem Sohn einen Brief zu schreiben, der ihn nicht frei machte für eigenständiges Handeln, sondern unendlich beschweren und verwirren musste. Und würde König Friedrich jemals von diesem Brief erfahren, müsste er sich bitter von seiner Frau hintergangen fühlen.

Am 6. Dezember 1704 hatte Friedrich Wilhelm von seiner Mutter erfahren: »Der König von Polen ist in Dresden ... Leibniz ist auch dorthin gegangen, ... er wird bald wiederkommen, was mich freut.« Der Philosoph und der Kronprinz waren sich oft in Lietzenburg oder Berlin begegnet. Friedrich Wilhelm interessierte sich für die geplante Brandenburgische Akademie der Wissenschaften und das Observatorium. Leibniz erlebte ihn als einen sympathischen jungen Mann, wie er der Großmutter in Hannover schrieb.

Der König in Polen: Das war August der Starke, Kurfürst von Sachsen, der Leibniz zu Gesprächen nach Dresden gebeten hatte. Der Gelehrte sollte ihn beim Aufbau einer Akademie der Wissenschaften beraten. Am 27. Dezember, als Sophie Charlotte ihren zwiespältigen Brief an den Sohn schrieb, war er nach Berlin zurückgekommen. Vielleicht wäre der Brief anders ausgefallen, hätte die Königin in den vergangenen drei Wochen mit Leibniz über ihre Ängste und Sorgen in Bezug auf den Sohn reden können.

Die Weihnachtstage werden ruhig verlaufen sein. Das Königspaar ging in den Gottesdienst, die Hofprediger walteten ihres Amtes. Es war das erste Mal, dass die königlichen Eltern Weihnachten ohne ihren Sohn feierten, von den ersten drei Lebensjahren abgesehen, die Friedrich Wilhelm bei der Großmutter in Hannover verbrachte.

Dass der Jahreswechsel familiär und ohne Trubel vorüberging, erfuhr Friedrich Wilhelm in einem Brief seiner Mutter vom 3. Januar 1705: »... zwei Stunden nach Mitternacht haben wir alle dem König zum neuen Jahr gratuliert. Was mich betrifft, die ich nicht sehr eloquent bin, habe ich nicht viel gesagt, aber vielleicht sind meine Wünsche deshalb besonders aufrichtig.«

Wenn Sophie Charlotte am Jahresende 1704 zurückblickte, verdunkelten die Sorgen um Heiratspläne für den Kronprinzen ihre Freude über die Hollandreise des Sohnes. Doch wenn die Sechsunddreißigjährige diesen Kummer und die langweiligen letzten Wochen in Berlin beiseiteschob, an ihr Leben in Lietzenburg von Ende März bis Anfang November dachte und an das wachsende Vertrauen zwischen ihr und dem König, konnte sie sich sagen: Es war eine gute Zeit.

26. Kapitel

Tod im Karneval
1705 Januar und Februar

Drei Fragen standen für Sophie Charlotte am Jahresbeginn 1705: Würde der König doch noch seine Hollandreise antreten und sie ihn begleiten? Wann bekam sie die Erlaubnis, den Karneval in Hannover zu genießen? Außerdem hoffte sie für ihren Sohn, der in Holland immer noch sehnlichst darauf wartete, mit dem Schiff nach England überzusetzen, dass der König auch diese Reise umgehend erlauben würde. Sie versuchte, Friedrich Wilhelm mit einem Brief am 6. Januar Mut zu machen: »Der König hat sich nicht gesperrt, dass Sie nach England reisen, mein lieber Sohn, aber er wollte sich noch nicht auf die Zeit festlegen ... Behalten Sie einen kühlen Kopf und beunruhigen Sie sich nicht, mein lieber Sohn, vergnügen Sie sich, denn es gibt genug Gründe zu glauben, dass alles nach Ihrer Zufriedenheit verlaufen wird ...« Der Kronprinz soll wissen, er hat eine verlässliche Verbündete, die am väterlichen Hof seine Interessen vertritt.

Drei Tage zuvor hatte die Mutter ihrem Sohn zum neuen Jahr geschrieben. Ihre Wünsche kämen »aus ganzem Herzen«, erklärte sie, »wenn es irgendjemanden gibt, der Sie glücklich sehen möchte, dann bin ich das«. Aber selbst das Glücklichsein ist Anlass zur Belehrung: »Ich hoffe, Sie sind es aufgrund Ihres guten Benehmens und Ihres guten Humors; diese beiden tragen am meisten dazu bei.« Noch ein erhobener Zeigefinger: »Ich hoffe, Sie schreiben auch alle Stationen sehr genau an den König, denn ihm ist sehr wichtig, was Sie hier erleben.« Und immer noch kein Ende der mütterlichen Ermahnungen: »Ich wünsche, dass Sie schreiben lernen und lernen, sich zu beschäftigen ... Schreiben Sie mir einen Brief ohne Umstände, wie ich es jetzt mache ...« Die Mutter möchte das Beste in ihrem Sohn hervorbringen. Aber sind ihre skeptischen Anmerkungen nötig? Über einen Monat ist Friedrich Wilhelm nun schon im fremden Land, ohne dass sein Erzieher sich über schlechtes Benehmen beschwert hätte.

Sophie Charlotte sieht sich als eine Frau mit Grundsätzen, von denen sie auch unter Druck nicht abweicht. Am selben Tag, am 3. Januar 1705, beklagt sie in einem Brief an Johann Caspar von Bothmer den Tod eines Generals am Berliner Hof, der vor einiger Zeit in Ungnade gefallen war. Diplomatisch sind solche offenen Worte nicht, doch gerade deshalb aus ihrer Sicht eine Tugend: »Ich sage das, auch wenn man vielleicht meinen Brief öffnet. ... Aber ich kann nicht anders, in Bezug auf meine Freunde mache ich keine falschen Vorspiegelungen.« Dann bedankt sie sich bei dem Freund, der offensichtlich Positives über den Kronprinzen geschrieben hat, und hofft, »dass mein Sohn von Ihrer guten Gesellschaft profitieren wird. Er schätzt es, wenn man mit ihm vernünftig redet, aber das hat man mit ihm nur selten getan ...« Die Mutter kommt einfach nicht los von dem negativen Blick auf die Erziehung ihres Sohnes. Vielleicht war ihre Erwartung an Alexander von Dohna als Erzieher zu unrealistisch und die Enttäuschung, dass der Sohn viele ihrer Interessen nicht teilt, zu groß.

Für solche Überlegungen ist schon am 10. Januar keine Zeit mehr: »Ich schreibe nur zwei oder drei Worte, mein lieber Sohn, denn ich bin sehr mit meiner Reise nach Hannover beschäftigt.« Endlich – Sophie Charlotte wird auch 1705 den Karneval im heimischen Hannover genießen können. Diesmal jedoch wird sie von Lietzenburg abreisen. Das ist ungewöhnlich, denn für Winterwetter ist das Schloss nicht gerüstet. Dort will sie abwarten, »ob der König noch nach Holland geht, um dann mit ihm zu gehen, denn er hat mir die Erlaubnis gegeben und ich hätte das

Vergnügen, Euch zu umarmen«. Dass sie an diese Reise, die seit Wochen im Gespräch ist, dennoch nicht recht glauben kann, ist nachvollziehbar: »Aber ich zweifle immer noch ein wenig, ob das eintreten wird, denn zwischen hier und dort kann vieles geschehen.«

Kein Signal in Richtung Holland; die Königin begibt sich am Sonntag nach Lietzenburg. Leibniz stattet ihr noch einen Besuch ab und fährt wieder nach Berlin zurück. Nachts, es ist bitterkalt, bekommt Sophie Charlotte einen »beschwerlichen zufall«, eine starke Erkältungsattacke, die aber »nicht ungewöhnlich« ist und deshalb kein Grund, die Reise nicht anzutreten. Unterwegs verschlechtert sich ihr Gesundheitszustand. Als der Tross Magdeburg erreicht, wird eine längere Pause eingelegt. Neben der Erkältung leidet die Königin unter Koliken und Durchfall. Am 18. Januar kommt sie in Hannover an. Ihre Lebensgeister sind zurück, das »Ungemach« scheint überwunden. Sophie Charlotte genießt Aufführungen und Kostümfeste. Obwohl das Fieber am 20. Januar zurückkommt, lässt sie sich nicht abhalten, an einem großen Ball zu ihren Ehren teilzunehmen. Zeit für einen Brief an ihren Sohn hat sie an diesem Tag auch.

Sie bedankt sich für drei »sorgfältige Briefe«, die Friedrich Wilhelm ihr geschrieben hat. Dann bekommt er einen Auftrag: »Sie werden jetzt die Prinzessinnen von Nassau gesehen haben, bitte geben Sie mir ein Porträt von ihnen, nicht nur, was das Äußere betrifft, sondern auch ihren Humor und ihre Manieren. Ich hoffe, Sie haben einen guten Durchblick, ihre Qualitäten zu erkennen ...« Das ist angenehm unaufgeregt im Vergleich zu früheren Hinweisen auf die Prinzessinnen. Anschließend wird der Sohn erneut ermutigt, seine eigene Meinung zu vertreten: »Wenn Sie fest bleiben, sage ich Ihnen, der König wird niemals etwas gegen Ihren Willen tun.« Unausgesprochen, aber unüberhörbar: Die Königin geht davon aus, dass Friedrich Wilhelm ihrem Rat folgen und sich gegen eine Heirat mit einer Prinzessin von Nassau entscheiden wird.

365

Inmitten der heiteren Karnevalsatmosphäre kann Sophie Charlotte das Thema entspannter angehen, einen heiklen Punkt ansprechen und ihren Sohn beruhigen: »Ich schreibe Ihnen so offen, weil es von hier kein Risiko ist. Sie können mir gleichermaßen antworten, wenn Sie in Amsterdam sind.« Die hannoversche Post hat kein Interesse an den Briefen der preußischen Königin; im Gegensatz zur preußischen, die schon Briefe der Königin geöffnet hat.

Welche Mutter möchte ihrem Sohn nicht etwas Gutes tun und ein konkretes Zeichen ihrer Zuneigung in die Ferne schicken? In Amsterdam eine Gutschrift gegen Bargeld einzutauschen, ist nichts Besonderes am Beginn des 18. Jahrhunderts: »Ich schicke Ihnen dieses Billet, damit Sie sich ein paar Kleinigkeiten kaufen können.«

Während König Friedrich allein in seinen Schlössern weilt, mal in Berlin, mal in Oranienburg und in Potsdam, hält er Kontakt mit seiner Schwiegermutter in Hannover. Briefe gehen hin und her. Am 23. Januar schreibt er an Kurfürstin Sophie: »Es ist Mir von hertzen lieb, dass Euer Churfürstliche Durchlaucht Sich über die glückliche Überkunft der Königin erfreuet.« Am selben Tag hat Sophie Charlotte in Hannover einen Rückfall; eine Halsentzündung mit Fieber zwingt sie wieder ins Bett. Ein weiterer Arzt wird ins Schloss gerufen. Aber was soll er zu dieser Zeit, als die Medizin auf wissenschaftlicher Grundlage in ihrem frühesten Stadium war, machen? Er verschreibt Gurgelwasser, Hustensaft und Brustpflaster, kein Grund zur Beunruhigung.

Die Königin fühlt sich schnell merklich besser, steht auf und sitzt wieder »in angenehmer Gesellschaft« an der Tafel, worauf sie sich seit Wochen im langweiligen Berlin gefreut hat. Und es geht nicht nur um gute Gespräche: »... der Karneval hat begonnen und man ergötzt sich sehr. Die Königin von Preußen, welche äußerst gut Cembalo spielt, macht mir manchmal die Ehre, mich bei einer Sonata zu begleiten, was wahrhaftig meine größte Lust ist.« Das schreibt Anthony Cope, Sprößling einer angesehenen englischen Familie, am 28. Januar 1704 an seinen italienischen Geigenlehrer Nicola Cosimi.

Sophie Charlotte übte täglich am Cembalo. Auch diesmal wird sie ihr Reise-Cembalo mitgenommen haben, das ihr kurz nach der Jahrhundertwende die Herzogin Elisabeth Charlotte von Orléans geschenkt hatte. (Es ist heute im Berliner Musikinstrumenten-Museum am Tiergarten zu sehen.)

Am Mittwoch, dem 28. Januar, obwohl heiser und gesundheitlich in keiner guten Verfassung, setzt die Königin sich an die Mittagstafel; auch ihre stark erkältete Mutter hält es nicht mehr im Bett. Doch bald wird Sophie Charlotte so übel, dass sie sich nach dem Essen sofort in ihr Zimmer zurückzieht. Ihre Kraft reicht noch für einen Brief an den Gemahl: »Tausend Dank für Ihren freundlichen Brief; ich hoffe, dass man sich in Oranienburg und Potsdam gut vergnügt. Ich habe eine gewaltige Erkältung, die mich daran hindert, an irgendeinem Vergnügen teilzunehmen. Ich hüte das Zimmer, ebenso die Kurfürstin.« Jetzt wird der Leibarzt des Hofes von Hannover, der selber krank im Bett liegt, herbeibefohlen. Brandt August Conerding findet die Königin trotz aller Beschwerden »bey ziemlich frölichem Gemüth«.

Das Auf und Ab dauert an. Erstickungsgefühle und Atembeklemmung werden so beängstigend, dass Sophie Charlotte den Arzt zu einem Aderlass auffordert. Am Freitagmorgen, den 29. Januar gegen vier Uhr, wird die »MedianAder am rechten Arm« geöffnet. Die Kranke empfand darüber Linderung, ging ein wenig in ihrem Zimmer auf und ab, legte sich aber wieder zu Bett. Die äußere Medikation wurde mit Pflaster und einer Mixtur aus Süßholz, Rosenblättern und Zimt fortgesetzt. Den Freitag verbrachte Sophie Charlotte schlafend, ihr Atem ging röchelnd.

Ihre Umgebung hatte den Eindruck, dass sich ihre »schöne und lebhaffte Gestalt mercklich geändert« hatte und die Kräfte schwanden. Ohne die Königin zu fragen, schickte ihr Oberhofmeister am Freitagmorgen eine »eiligste Staffetta« von berittenen Kurieren auf den Weg nach Berlin, um den König über die sorgenvolle Entwicklung zu informieren. König Friedrich wusste, wie er seine Frau aufmuntern und ihr die größtmögliche Freude machen konnte. Postwendend eilten seine Kuriere zurück nach Hannover, wo Sophie Charlotte das Handschreiben des Königs noch am selben Nachmittag las. Sie erhielt »die verlangte Permisßion zu Ihres Sohnes des Kron-Prinzten Reise aus Holland nach Engelland«.

In der Nacht zum Samstag wurden die Schweißausbrüche stärker, gegen die Kopfschmerzen bekam die Kranke einen Umschlag, der Linderung brachte. Am Samstagmorgen konnte sie den inneren Schleim kaum aushusten und hatte Angst, zu ersticken. Zugleich spürte sie im Unterleib »große Bewegungen« und verlangte einen weiteren Aderlass. Den verweigerten die Ärzte und gaben ihr ein Klistier aus »Milch mit Camillen aufgekochet, darinnen Zucker und Butter zerlassen«. Das verschaffte einerseits ein wenig Erleichterung, aber wenn »sich Ihre Majestät nur bewegten und in die Höhe heben ließen, hatte sie das Gefühl, zu ersticken«.

Im Laufe des Samstags dämmerte den hilflosen Ärzten, dass bei der Königin »menschliche Hilfe verloren« war, wie es in einem ihrer Krankenberichte heißt. Sie widersprechen nicht, als Sophie Charlotte um einen weiteren Aderlass bittet. Sie wollen der Todkranken die Hoffnung, die sie selbst nicht mehr teilen, nicht nehmen.

An diesem 31. Januar 1705 schreibt in Berlin Gottfried Wilhelm Leibniz an seine Königin. Stolz erzählt er ihr, König Friedrich habe ihm tausend Taler für seine Ausgaben im Rahmen der Arbeit zur Entwicklung der Akademie der Wissenschaft zugesagt. Der Freund wünscht Sophie Charlotte eine vollkommene Gesundheit: »Man hat mich alarmiert, dass daran wieder Zweifel bestehen. Ich hoffe, dass die Wünsche der Menschen ganz viel Kraft haben, und dass ich Euer Majestät, wenn ich mich bald auf den Weg mache, völlig wiederhergestellt vorfinde.«

Auch König Friedrich greift an diesem Tag zur Feder. Er antwortet aus Schloss Oranienburg seiner Schwiegermutter. Zu seinem Leidwesen sehe er aus ihrem Brief, dass sie und die Königin »übel auf seindt« und hoffe, bald von ihrer Genesung zu hören. Sein Informationsstand ist der vom Freitagmorgen – besorgt, aber keineswegs hoffnungslos.

Am späten Samstagabend alarmieren diejenigen aus dem Kreis um Sophie Charlotte, die sich keine Illusionen mehr machen, Claude de la Bergerie, den reformierten Hofprediger und Pfarrer der hugenottischen Gemeinde in Hannover. Sophie Charlotte hatte den reformierten Theologen, der in Berlin tätig war, 1692 an den Hof ihrer reformierten Mutter in Hannover vermittelt. Claude de la Bergerie hat seine Erinnerungen an die Nacht vom 31. Januar auf den 1. Februar 1705 später aufgeschrieben. Sie sind, im Gegensatz zu manchen anderen, ein glaubwürdiges Zeugnis.

Mitternacht war schon vorbei, als der Pfarrer in das Krankenzimmer geführt wurde. Claude de la Bergerie warf sich am Fußende des Bettes zu Boden und sagte der Königin, wie sehr es ihn schmerze, sie so leidend zu sehen. Dann besann er sich auf sein geistliches Amt und das, was er den Menschen in ihrer Todesstunde vor Augen hielt, egal ob sie hohen oder niedrigen Standes waren. Er erinnerte Sophie Charlotte daran, dass sie vor Gottes Gericht Rechenschaft über ihr Leben abgeben müsse. »Das weiß ich wohl«, antwortete die Königin. Vielleicht habe Ihre Majestät eine zu starke Neigung zu den irdischen Dingen gehabt und darüber die himmlischen vernachlässigt. »Gewiss«, sagte die Königin. Dann forderte der Pfarrer die Kranke auf, ihr Vertrauen auf Gott zu setzen, um Verzeihung für alle ihre Sünden zu bitten und Zuflucht zum Blut und Verdienst Jesu Christi zu nehmen. »Ja«, sagte die Königin.

Währenddessen war Prinz Ernst August, Sophie Charlottes

jüngster Bruder, eingetreten und bat de la Bergerie, ihn mit seiner Schwester allein zu lassen. Allzulange hielt es den Pfarrer nicht vor der Tür. Er kehrte zurück und wartete auf eine weitere Gelegenheit, mit der Kranken über ihr Seelenheil zu sprechen. Doch Sophie Charlottes Bruder erklärte dem Geistlichen, das sei nicht nötig, die Königin stehe gut mit ihrem Gott. Am nächsten Tag erläuterte der Prinz dem Hofprediger seine Reaktion in der Nacht. Er habe seine Schwester gefragt, ob sie noch einmal mit de la Bergerie sprechen möchte. Das habe die Königin abgelehnt; sie wisse alles, was er ihr noch sagen könnte.

Der reformierte Pfarrer hat in seinen Erinnerungen den Übergang Sophie Charlottes vom Leben in den Tod beschrieben. Es gibt keinen Grund, warum seine nüchterne Information nicht der Wahrheit entsprechen sollte. Während seiner zweiten Anwesenheit sei bei der Kranken »eine Ohnmacht eingetreten, die das Leben der Königin beendete«. Damit bestätigt er den späteren Krankenbericht des hannoverschen Leibarztes Conerding, der ebenfalls im Sterbezimmer anwesend war.

Der kurfürstliche Leibarzt schrieb in seinem Bericht, die Königin habe in dieser Nacht »in der größten Gelassenheit ohne einige Bezeugung der Todesfurcht Ihr Ende geduldig erwartet, und von mir begehret, wenn Sie keine Hilfe mehr zu hoffen, sollte ich Ihr doch Wein trinken lassen ...« Diesen letzten Wunsch versagte ihr der Mediziner nicht. Nach drei Uhr sei die Königin »unter dem Gebeht der umstehenden und deren größtesten Leidwesen sanft und ohne einige ungebährden mehr eingeschlafen als gestorben«. Mitten im geliebten Karneval von Hannover. Sechsunddreißig Jahre alt ist Sophie Charlotte geworden.

Conerding erhielt umgehend den Befehl, »für die Balsamirung des Entseelten Cörpers Sorge zu tragen«. Wegen des extrem kalten Wetters war keine schnelle Verwesung zu befürchten. So begann der Arzt erst am Montagmorgen, dem 2. Februar 1705, unter der Assistenz von drei weiteren Ärzten mit der Obduktion und möglichst lebensechten Konservierung der königlichen Leiche. Es hatte Zeit gebraucht, die »Specereyen« für die Balsamierung vorzubereiten. Nach dem Obduktionsprotokoll und mehreren Krankenberichten – sie spiegeln Medizingeschichte von vor über dreihundert Jahren – ist eine genaue, seriöse Diagnose der Sterbeursache nicht möglich. Mit aller Vorsicht lassen sich die überlieferten Fakten so deuten, dass alles mit der Halsentzündung der Königin in Berlin und Lietzenburg begann, die aufgrund der Reisestrapazen nicht ausheilen konnte und sich noch verschlimmerte. Vielleicht ist eine Grippe hinzugekommen, bevor Sophie Charlotte in Hannover an einer schweren Bronchitis erkrankte, die in eine Lungenentzündung überging. Nach dem Stand der damaligen Medizin war dagegen kein Kraut gewachsen.

Am Morgen des 1. Februar wurde die tote Sophie Charlotte – bis zur Einbalsamierung – im Schloss auf einem Paradebett aufgebahrt. Kurfürstin Sophie hütete an diesem Sonntag ahnungslos das Krankenbett und schrieb an ihren Schwiegersohn in Berlin. Sie freue sich, dass es dem König gut gehe, »da wir hir hinngegen an husten, schnupen und starke flüsse haben müssen zu bett ligen. Ihre Majestät die Königin haben so ein starckes flus am hals gehatt, das man Ihre Majestät hatt müssen ader lassen um Luft zu bekommen, war nicht ohne gefar, aber Nun gottlob Nach dem aderlassen und schwitzen finden Ihre Majestät sich viel besser undt sein gans ausser gefar.« Sie selbst habe auch starken Husten, müsse deshalb im Bett liegen, hoffe aber, wieder gesund zu sein, wenn Luise, die Tochter des Königs, in den nächsten Tagen mit ihrem Mann, dem Erbprinzen von Kassel, zum Karneval nach Hannover komme.

Am nächsten Tag, dem 2. Februar, während die Ärzte in Hannover den Körper der toten Königin öffnen, erreicht Sophie Charlottes Oberhofmeister Berlin und überbringt König Friedrich die katastrophale Nachricht. Der König wird ohnmächtig; er weiß, was er verloren hat. Er wird zur Ader gelassen, neben dem Klistier das einzige Mittel, von dem sich die Ärzte Besserung in Krisensituationen erhoffen. Dann schließt sich der König für einige Tage in sein Zimmer ein und ist für niemanden zu sprechen.

Am selben Tag wird Leibniz, auch in Berlin, über den Tod der Königin informiert und schreibt einen Brief an Henriette von Pöllnitz: »Ich beurteile Ihre Gefühle nach meinen eigenen. Ich weine nicht, ich beklage mich nicht, aber ich weiß nicht, woran ich bin. Der Verlust der Königin erscheint mir wie ein Traum, aber wenn ich aus meiner Betäubung erwache, finde ich ihn nur zu wahr.« Sein Brief sei philosophischer als sein Herz, fügt der um Fassung ringende Philosoph im zweiten Absatz hinzu.

Und als P. S.: »Der König scheint untröstlich, die ganze Stadt ist in einem Zustand der Betroffenheit. Ich wage nicht, an die Kurfürstin zu schreiben, da ich nicht weiß, in welchem Gemütszustand sie ist. Wenn Sie es für angebracht halten, ihr etwas von meinen Gefühlen zu übermitteln, dann können Sie hinzufügen, dass ich darüber nachdenke, was ich machen kann, dass die Dinge, die in meinem Haus sind – Sie wissen schon, Mademoiselle –, wieder dorthin zurückkehren, woher sie gekommen sind.« Henriette von Pöllnitz wusste Bescheid: Es ging um die Briefe, die die Kurfürstin über viele Jahre an ihre Tochter geschrieben hatte und die Leibniz teilweise schon an sich genommen hatte. Was darin stand, sollte nicht in fremde Hände fallen, auch nicht in die des Königs.

Wie es um den Gemütszustand von Kurfürstin Sophie steht, lässt sich aus ihrem Brief lesen, den sie – ebenfalls am 2. Februar – an ihren Schwiegersohn schreibt, nachdem sie endlich vom Tod ihrer Tochter erfahren hat: »Euer Königlichen Majestät kann ich zwar kein trost geben, da ich selber in so eine Consternation bin, die wol nicht zu beschreiben ist ...« Was sie besonders betrübe, sei die Gefahr, die man ihr »bey Ihrer Majestät krankheit verhelte ... Undt ich mein Herzliebes kindt verloren, ohn es einmal zu sehen«. Mehr könne sie nicht schreiben, weil ihr Herz so voll sei, und sie versichert nur noch, »das ich lieber selber gestorben were«.

Am 3. Februar erhält in Den Haag der preußische Kronprinz durch einen Kurier die gute Nachricht, dass sein Vater die Erlaubnis für seine Englandreise erteilt hat. Freude und Erleichterung müssen groß gewesen sein.

Am 5. Februar erreicht ein Hauptmann aus Hannover mit der Todesnachricht Den Haag und informiert Finckenstein. Der Erzieher lässt Friedrich Wilhelm ungestört zu Mittag essen, gönnt ihm noch ein paar Stunden Ruhe. Am Nachmittag beginnt er ein Gespräch mit der Nachricht, die Königin sei krank geworden, und teilt dem Kurprinzen schließlich den Tod der Mutter mit. Friedrich Wilhelm »alterierte sich aufs höchste« und geht auf sein Zimmer. Dort hält er sich auf, bis alles zur Abreise nach Berlin bereit ist. Durch Finckenstein lässt er seinem Vater mitteilen, er könne nicht selber schreiben. Am Abend des 17. Februar trifft der Kronprinz mit seiner Begleitung in Berlin ein und geht sofort zum König.

Epilog

Als Friedrich Wilhelm seinem Vater gegenübertritt, sind die Trauervorbereitungen schon in vollem Gange. Preußen wird seine erste Königin mit allen Ehren und dem größtmöglichen staatlich-zeremoniellen Aufwand zu Grabe tragen. In dieser barocken Zeit sind Gesten und symbolische Handlungen kein oberflächlicher Zierrat, sondern Sichtbarmachung innerer Prozesse und Werte. König Friedrich ist überzeugt, seinem Land und seiner Frau eine tiefgehende repräsentative Trauer schuldig zu sein.

Er hat darüber hinaus auch gute persönliche Gründe: Sophie Charlotte hat mit ihren Aktivitäten in Schloss Lietzenburg tatkräftig daran mitgewirkt, dass das junge Königreich in kürzester Zeit an allen Höfen Europas Aufsehen erregte und die Residenz Berlin sich zu einer geistig-kulturellen Metropole entwickelte, die kluge Geister von überall her an die Spree zog. Entgegen den negativen Gerüchten hat das königliche Ehepaar sich diesem hochpolitischen Projekt gemeinsam verschrieben. Dem König war bewusst, wie sehr die glänzenden musikalischen Aufführungen, die seine Frau organisierte, die offenen Diskussionen freier Geister, die sie in Lietzenburg anregte, und nicht zuletzt ihre eindrucksvolle Persönlichkeit, bei der Klugheit, eine breite Bildung, Einfühlungsvermögen und ein Sinn für Schönheit sich auf ungezwungene Weise verbanden, seine machtpolitischen Ambitionen stärkten.

Am Beginn aller Feierlichkeiten stand eine »Notification«,

die König Friedrich an alle europäischen Fürstenhöfe sandte, »wegen des betrübten, doch seligen Hintritts aus diesem zeitlichen Leben, Dero nunmehr in Gott ruhenden höchstgeliebten Gemahlin Königl. Majestät, Der Allerdurchlauchtigsten Großmächtigsten Fürstin und Frauen, Sophien Charlotten, Königin in Preussen ...« Trotz seines Kummers empfing der König den Gesandten seines Schwagers, des Kurfürsten von Hannover, um die Überführung des Leichnams von Hannover nach Berlin zu besprechen. Eine halbe Stunde hielt der König die nüchternen, praktischen Absprachen durch, dann begann er »wiederum bitterlich zu weinen«. Der hannoversche Gesandte zog sich diskret zurück.

In der Residenzstadt waren Tausende Handwerker, Bildhauer, Maler, Schneider und Schneiderinnen, Juweliere, Kerzenmacher und Arbeiterinnen in den Textilmanufakturen in größter Hektik beschäftigt, die gewaltigen Dekorationen für den Abschied im Dom anzufertigen und anzubringen, die schwarze Kleidung für alle bei Hofe zu schneidern und überhaupt so viel schwarzen Stoff wie möglich herzustellen oder aufzukaufen. Für die offizielle Hoftrauer wurden alle Wände im Berliner Schloss nebst den Fenstern der Empfangssäle sowie die Kutschen mit schwarzem Stoff verhängt. Mit der Trauerdekoration im Dom war der Hofarchitekt Eosander von Göthe beauftragt. In der Hauptstadt läuteten seit dem 2. Februar täglich zwischen 12 und eins die Glocken aller Kirchen.

Der König fand Zeit, auf das »betrübte handtschreiben« seiner Schwiegermutter »von der notification Ihr Sel. M. meiner incomparablen Königin todt« zu antworten. Er wählte ähnliche Worte, mit denen er Kurfürstin Sophie im Sommer 1683 seinen inneren Zwiespalt nach dem Tod seiner ersten Frau beschrieben hatte. Sie könne nachfühlen, schrieb er 1705, »wie schmertzhaft« ihn dieses Unglück getroffen habe, »da Ich jeder Zeit mit Ihro Sel. M. meiner incomparablen Königin so wol gelebet, jedennoch aber muhs ich gedencken, dass der Höheste Gott Mir solches unglück nicht ungefehr zugeschicket, sondern mit aller unterthänigkeit von der Handt des Höhesten annehmen ...« Friedrich war ein frommer Christ, seine Worte waren mehr als Lippenbekenntnisse und der feste Glaube war für ihn ein Trost in schweren Zeiten.

Sein Sohn fand Trost im brieflichen Zwiegespräch mit seiner Großmutter. Glücklicherweise haben sich einige seiner Briefe aus dem Frühjahr 1705 erhalten. Aus ihnen spricht ein ernsthafter junger Mann, der bereit ist, den Rat der Kurfürstin anzunehmen, geradezu darum bittet: »Der letzte Brief Euer Kurfürstlichen Durchlaucht war mir umso lieber, als ich darinnen Lehren für meinen Briefstil fand. Ich habe sie mit demselben Respekt und derselben Herzlichkeit angenommen, als wenn sie von meiner lieben verehrten seligen Mutter gekommen wären ... Ich möchte wohl viele Leute finden, die mir die Wahrheit sagen. Alle Welt weiß, dass ich Schmeicheleien gar nicht gern habe, und doch ist die Zahl derer, die mir nicht damit kommen, sehr gering.« Der Sohn zeigt Selbstkritik und einen distanzierten Blick auf seine Umgebung, um den ihn Sophie Charlotte manches Mal in ihren Briefen gebeten hatte.

Zwei Tage später, am 9. März 1705, machte sich im Schlosshof von Hannover der Trauerkondukt mit der toten preußischen Königin auf den Weg nach Berlin. Acht Pferde zogen den Leichenwagen, auf dem der Sarg stand; ihm folgten zwölf sechsspännige Trauerkutschen des Kurfürstentums Hannover und die Kutschen mit den Hofdamen der Verstorbenen. An der Grenze des Kurfürstentums wurde der Sarg einem preußischen Oberhofmarschall und seinem Gefolge übergeben. Auf dem Weg nach Berlin wurden für die Nächte Städte ausgesucht, wo die »Königliche Leiche angemessen untergebracht werden konnte«. In Magdeburg machte die Trauerprozession zwei Tage Pause. Wie an jedem Ort läuteten die Glocken, und diesmal donnerten dazu von den Wällen die Kanonen.

Am 22. März erreichte der Leichenzug abends gegen acht

Uhr das Berliner Schloss. Der König hatte sechsundsechzig Trauerkutschen entgegengeschickt. Auf dem Weg ins Schloss brannten Kerzen in den Fenstern der Häuser, im Schlosshof erhellten zweihundert Fackeln die angehende Nacht. In der alten Schlosskapelle fand die tote Sophie Charlotte zwischenzeitlich ihre Ruhe.

Am 1. April gibt König Friedrich den Befehl, dass Lietzenburg die Stadtrechte erhält und das Schloss der Königin ab sofort den Namen »Charlottenburg« tragen wird. Drei Tage später versammeln sich in Schloss Charlottenburg der König und der Kurprinz, die Oberhofmeisterin von Sophie Charlotte und Henriette von Pöllnitz, ihre oberste Hofdame. In den Zimmern der Königin werden alle Behälter geöffnet und alle Briefe, die man findet, vor den Augen der Anwesenden ungelesen verbrannt.

Als Tag der feierlichen Beisetzung im Dom zu Berlin hat der König den 28. Juni festgelegt. So viel Zeit muss sein für die gewaltigen Vorbereitungen, nicht zuletzt für die Arbeit des Hofbildhauers Andreas Schlüter und aller Künstler, die bis zu diesem Termin einen vergoldeten Zinksarkophag mit reichem Schmuck, einem Porträtrelief der Königin und Figuren erstellen müssen. Der Kronprinz kritisiert in einem Brief vom 30. Mai an Kurfürstin Sophie den »Brauch hierzulande, wo man glaubt, die Verstorbenen durch einen riesigen Geldaufwand bei ihrer Bestattung zu ehren, obwohl sie nichts mehr davon haben«. Der Sechzehnjährige lässt es nicht bei Andeutungen: »Der König tut es auch nur, um einen öffentlichen Beweis seiner Liebe zur verstorbenen Königin und seines Schmerzes um ihren Heimgang zu geben …« Bei aller Kritik: Der Sohn ist überzeugt, dass sein Vater nicht aus eitler Prunksucht handelt. Es gilt, was der König wenige Tage nach dem Tod seiner Frau dem hannoverschen Gesandten sagte: dass Gott ihm genommen habe, was er am meisten liebte.

Kurfürstin Sophie bat den König um Verständnis, dass sie der Einladung, ihre Tochter auf dem allerletzten Weg zu begleiten, nicht nachkam. Diesen Schmerz könne sie nicht ertragen.

Als am 28. Juni morgens um acht Uhr in Berlin erstmals die Kirchenglocken läuteten, wussten die Bewohner, der traurige Tag für die verstorbene Königin nahm seinen Anfang. Im Schloss wurden zwischen neun und zehn Uhr alle Bediensteten an zweiundachtzig Tafeln verpflegt. Auf dem Schlossplatz sammelten sich in den Vormittagsstunden verschiedene Regimenter, die Schweizer Garde und die Musketiere zu Fuß und zu Pferde. Ab elf Uhr kamen die Stände und Vertreter der Städte aus dem ganzen Land Brandenburg-Preußen im Schloss zusammen.

Kurz vor ein Uhr wurde der hölzerne Sarg mit der toten Königin aus der Schlosskapelle getragen und im Schlosshof auf den Leichenwagen gesetzt. Der Sarg war mit einer Decke aus Brokat umhüllt, die mit Hermelin, Kronen und schwarzen Adlern besetzt war. Und »über die Königl. Leiche wird ein brocadener mit schwartzen Adlern und Königl. Kronen gestickter Himmel« aufgestellt. Als die Glocken kurz nach zwei Uhr ein Signal gaben, setzte sich der Trauerzug mit dem Leichenwagen, der von »8 mit schwartzen Sammeten Decken gantz bekleideten Pferden gezogen wurde«, in Bewegung. Der bestickte Baldachin wurde den ganzen Weg zum Dom über dem Sarg getragen.

Direkt hinter dem Sarg gingen der König und der Kronprinz. Es folgten die engsten Verwandten, Angehörige der regierenden Fürstenhäuser, hohe königliche Beamte, angesehene Bürger mit ihren Frauen, der gesamte Hofstaat der Königin. Ein kilometerlanger Zug von Trauernden.

Der Innenraum des Doms war in Schwarz und Silber ausgelegt. Im hohen Chor hatte Eosander von Göthe einen »magnifiquen Pavillon« errichtet, ein »Castrum Doloris«, das im Barock über dem Katafalk eines jeden fürstlichen Toten errichtet wurde. Die »Trauerburg« im Berliner Dom schuf mit einer gewaltigen Stoffbahn als Raum im Raum eine eigene Atmosphäre um die tote Königin, deren Sarg auf dem Katafalk abgesetzt wurde. Jenseits von Erde und Himmel schien die Tote wie in ihre eigene Zeit eingekapselt, gleichermaßen entfernt von irdischer Vergänglichkeit wie himmlischer Entrückung.

Dennoch hatte die makabre Faszination des Barock für Tod und Verwesung auch bei dieser Totenlegung ihren Platz. In der Wölbung der »Trauerburg« schwebten zwei Engel, aber in den Eckgewölben des Chores Mumien, Gerippe mit weißen Leichenmänteln und Totenköpfe mit Flügeln. Die unwirkliche Stimmung wurde befördert durch Tausende von Kerzen und das flackernde Licht der Lederphylonen. Um die Pfeiler am Castrum Doloris wand sich als goldene Girlande die Auferstehungsverheißung: Der Tod ist verschlungen in den Sieg.

Der König und sein Sohn hatten ihre Plätze eingenommen. Der Gottesdienst begann. Ein Werk für hundertstimmigen Chor und großes Orchester, das Ruggiero Fedelio für seine tote Königin komponiert hatte, brachte die Erinnerung an Sophie Charlotte und ihre Welt in die Mitte der Trauernden. Erst im Herbst 1704 hatte sie den italienischen Musiker, einen alten Bekannten, wieder für Aufführungen im Theater von Lietzenburg gewinnen können. Es folgte die Predigt.

Noch als Kurfürstin hatte Sophie Charlotte, gerade dreiundzwanzig Jahre alt, 1691 ihr Testament gemacht und darin aus dem Johannesevangelium Kapitel 11, Vers 25 und 26 als Grundlage für ihre Leichenpredigt festgelegt: »Ich bin die Auferstehung und das Leben. Wer an mich glaubt, der wird leben, auch wenn er stirbt; und jeder der lebt und an mich glaubt, wird in Ewigkeit nicht sterben.« Das vertraute Gespräch mit dem Philosophen Leibniz über die Seele und eine mögliche Weiterexistenz nach dem Tod begann erst einige Jahre später. Doch die Frage nach der Unsterblichkeit scheint sie schon als junge Frau begleitet zu haben.

Im Trauergottesdienst am 28. Juni 1705 predigte der reformierte Hofprediger Benjamin Ursinus über diese biblische Vorlage. An gleicher Stelle hatte er am 17. Oktober 1684 bei der Hochzeit der sechzehnjährigen Sophie Charlotte von Hannover mit Kurprinz Friedrich von Brandenburg die Predigt gehalten. Seine langatmigen, verworrenen Vergleiche mit biblischen Vorbildern, seine blumenreiche überbordende Sprache waren schon damals nicht erinnerungswürdig. Auch sein biblisches Totengedenken verlor sich in schiefen Vergleichen. Umso erstaunlicher, dass der Prediger die Trauergemeinde daran erinnerte, dass die Königin ihren christlichen Glauben nie zu Markte getragen habe. Eine »Verborgene des HERRN« sei die Verstorbene gewesen, die ihren Gott meist »heimlich liebte«. Das war eine respektvoll-zutreffende Würdigung von Sophie Charlotte, die in Lietzenburg so manche Diskussion zwischen ihren kirchenkritischen Gästen und dem reformierten Berliner Hoftheologen angeregt hatte.

Nach der Predigt folgte eine weitere Trauermusik. Begleitet vom Choral »Nun lasst uns den Leib begraben«, wurde der Sarg dann vorsichtig vom Katafalk gehoben und in die Gruft getragen, wo die brandenburgische Herrscherfamilie ihr Erbbegräbnis hatte: »Nun lasst uns den Leib begraben / Daran wir kein Zweifel haben / Er wird am Jüngsten Tag aufferstehn / Und unverweßlich herfür gehen.«

In der Hohenzollerngruft des Berliner Doms steht bis heute der übermächtige vergoldete Prunksarkophag, den der Hofbildhauer Andreas Schlüter mit anderen Künstlern und Handwerkern in weniger als fünf Monaten auf Befehl des Königs geschaffen hatte. Er wird an den Ecken getragen von vier preußischen Adlern und an den Seiten von vier Pferden, dem Symbol der welfisch-hannoverschen Herkunftsfamilie der Königin. Am 28. Juni 1705 entschwand der Sarg mit dem Leichnam von Sophie Charlotte für immer in diese kostbare Hülle.

Am Fußende des Sarkophags sitzt der Tod, kein sichtbares Gerippe und ohne mahnende barocke Symbole wie Sense oder Stundenglas. Sophie Charlottes Tod ist eine schlanke Gestalt, elegant vom Kopf bis zu den Knöcheln in ein faltenreiches Tuch gekleidet. Konzentriert schreibt er in ein überdimensionales

Buch »sempertinae memoriae Sophiae Carolae reginae« – dem ewigen Andenken der Königin Sophie Charlotte.

Dieser Tod ist kein drohender Wächter, der eine sterile Totenruhe bewacht. Er ist vielmehr der hoffnungsvolle Türöffner in eine Unsterblichkeit, die kein Philosoph versprechen kann, aber Sophie Charlotte sich selbst erschlossen hat: Durch ein Leben, das Anspruch hat, jenseits flüchtiger Gegenwart einen angemessenen Platz zu finden im Buch der Geschichte.

Nach dem Staatsbegräbnis für seine Frau schrieb König Friedrich aus Schloss Charlottenburg, wo er sich von nun an bevorzugt aufhielt, an seine Schwiegermutter, die Kurfürstin von Hannover: »Alles konte ich verschmertzen, wie aber die Leiche aufgehoben wardt, solches ginck mir durch den gantzen Leib und wusste nicht, was ich thun sollte; nuhn dancke Gott, dass alles führbey ist …«

Literaturhinweise

Geheimes Staatsarchiv Preußischer Kulturbesitz

Im Geheimen Staatsarchiv in Berlin habe ich dank der professionellen, immer freundlichen Mitarbeiterinnen und Mitarbeiter die folgenden Bände mit Quellen von Sophie Charlotte und ihrem Umkreis eingesehen:
BPH Rep 45, Tb 7
BPH Rep 45, Tb 8
BPH Rep. 56 II F Nr. 7, Bd. 1.1
BPH Rep. 56 II F, Nr. 7 Bd. 1.2
BPH Rep. 56 II F, Nr. 7, Bd. II

Literatur sowie gedruckte und digitalisierte Quellen

Sophie Charlotte und ihr Umfeld: Briefwechsel

E. Berner (Hg.): Aus dem Briefwechsel König Friedrich I. von Preußen und seiner Familie, Berlin 1901
E. Bodemann (Hg.): Briefe der Herzogin, späteren Kurfürstin Sophie von Hannover an ihre Oberhofmeisterin A. K. v. Harling, geb. von Uffeln, in: Zeitschrift des Historischen Vereins für Niedersachsen Jg. 1895, S. 1-91, Hannover 1895
Ders. (Hg.): Briefwechsel der Herzogin Sophie von Hannover mit ihrem Bruder, dem Kurfürsten Karl Ludwig von der Pfalz, und des Letzteren mit seiner Schwägerin, der Pfalzgräfin Anna. Neudruck der Ausgabe 1865, Osnabrück 1966
Ders. (Hg.): Briefe der Kurfürstin Sophie von Hannover an die Raugräfinnen und Raugrafen zu Pfalz, Neudruck der Ausgabe 1888, Osnabrück 1966
Briefe der Königin Sophie Charlotte von Preußen und der Kurfürstin Sophie von Hannover an hannoversche Diplomaten, hg. von R. Doebner, Leipzig 1905; im französischen Original, die Zitate daraus sind von der Autorin übersetzt
Elisabeth Charlotte von Orleans: Aus den Briefen an die Kurfürstin Sophie von Hannover, hg. von E. Bodemann, 2 Bde, Hannover 1891, ND Hildesheim 2003

R. Geerds (Hg.): Die Mutter der Könige von Preußen und England. Memoiren und Briefe der Kurfürstin Sophie von Hannover, Ebenhausen-München 1913
A. Haberl (Hg.): Liselotte von der Pfalz. Elisabeth Charlotte, Duchesse d'Orléans, Madame. Briefe, München 1996
K. Hartbecke: »Heliosopholis« – Leibniz' Briefgespräche mit Frauen, Hameln 2007
O. Klopp: Correspondenz von Leibniz mit Sophie Charlotte, Königin von Preußen, Hildesheim 1970
W. Li (Hg.): Gottfried Wilhelm Leibniz – Kurfürstin Sophie von Hannover, Briefwechsel, Göttingen 2017
Liselotte von der Pfalz in ihren Harling-Briefen, hg. von H. Helfer, Hannover 2007
G. Schnath (Hg.): Briefwechsel der Kurfürstin Sophie von Hannover mit dem preußischen Königshause, Berlin 1927
Sophie de Hanovre: Mémoires et Lettres de voyage, édités, annotés par D. Van der Cruysse, Paris 1990

Sophie Charlotte: ihre Herkunft, ihr Leben

B. Borkowski: Königin Sophie Charlotte als Mutter und Erzieherin, Hohenzollernjahrbuch 7, Berlin 1903, S. 223-245
B. v. Brentano: Sophie Charlotte und Danckelmann. Eine Preußische Historie, Wiesbaden 1949
H. Denningmann: Sophie Charlotte. Eine Königin aus Iburg, überarbeitete Fassung eines Vortrags von 2001, Stadt Iburg 2010
Ders.: Die Iburg. Kleiner Führer durch die ehemalige fürstbischöfliche Residenz mit Benediktinerkloster und Erläuterungen zu ihrem geschichtlichen Umfeld, Bad Iburg 2010
J. P. Erman: Memoires pour servir à l'histoire de Sophie Charlotte Reine de Prusse, Berlin 1801
S. Externbrink: *Quel Carnaval mon Dieu* ... Ein unbekannter Brief von Elisabeth Charlotte von der Pfalz an Ezechiel Spanheim anlässlich des Todes der Königin Sophie Charlotte von Preußen (1705); Zeitschrift für die Geschichte des Oberrheins, 158. Bd., Stuttgart 2010, S. 259-271,
Fénelon: Die Erlebnisse des Telemach, hg. von B. Stehle, Paderborn 1892
K. Feuerstein-Praßer: Die preußischen Königinnen, München 2003
Friedrich der Große: Denkwürdigkeiten zur Geschichte des Hauses Brandenburg, Nachdruck München 1975
K. Ghayegh-Pisheh: Sophie Charlotte von Preußen. Eine Königin und ihre Zeit, Stuttgart 2000

I. Gundermann: Sophie Charlotte. Preußens erste Königin, Karwe bei Neuruppin 2005
Dieselbe: Tod und Bestattung der Königin Sophie Charlotte von Preußen, Der Bär von Berlin, Verein für die Geschichte Berlins, Jahrbuch 54. Folge 2005
Chr. van den Heuvel: Das Osnabrücker Schloß. Quellen zur Baugeschichte, Hofhaltung und Gartenanlage im Hauptstaatsarchiv Hannover, in: Osnabrücker Mitteilungen, Bd. 98, Osnabrück 1993
C. Hinrich: Friedrich Wilhelm I. – König in Preußen. Eine Biographie: Jugend und Aufstieg, 2. Aufl. Hamburg 1941
M. Knoop: Kurfürstin Sophie von Hannover, Hildesheim 1964
K. Merkel, H. Wunder (Hg.): Ungewöhnliche Frauen. Deutsche Dichterinnen, Malerinnen, Mäzeninnen aus vier Jahrhunderten, Darmstadt 2000
S. Paas: Liselotte von der Pfalz. Madame am Hof des Sonnenkönigs, Heidelberg 1996
H. Petrich: Zwiefach gekrönt, das ist: Lebensgeschichte der ersten preußischen Königin Sophie Charlotte, Diesdorf bei Gräbersdorf 1901
Schloss Herrenhausen. Architektur – Garten – Geistesgeschichte, München 2013
G. Schnath: Geschichte Hannovers im Zeitalter der neunten Kur und der englischen Sukzession 1614-1714, Bd. 1-3, Hildesheim 1938, 1976, 1978
R. Schneider: Ernst August I. und Sophie von der Pfalz als »Bischofspaar« in Iburg und Osnabrück (1662-1679), in: Heimat-Jahrbuch Osnabrücker Land 2003, Georgsmarienhütte 2003
D. Schönpflug: Die Heiraten der Hohenzollern. Verwandtschaft, Politik und Ritual in Europa 1640-1918, Göttingen 2013
W. Schwerdtfeger: Sophie Charlotte oder Ein anderes Preußen, Berlin 2014
R. Th. Senn: Sophie Charlotte von Preußen. Biografie, Weimar 2000
H. Sievers: Hannoversche Musikgeschichte. Dokumente, Kritiken und Meinungen, Bd. 1, Tutzing 1979
K. R. Spillmann, K. Spillmann: Friedrich Wilhelm I. und die preußische Armee: Versuch einer psychohistorischen Deutung, Historische Zeitschrift, Bd. 246, H. 3, Juni 1988, S. 549-589
M. Stürzbecher: Krankengeschichte und Sektionsbericht über die Königin von Preußen aus dem Jahre 1705, Deutsches medizinisches Journal, Berlin, Jahrgang 1960, Heft 8, S. 241-245
S. Tauss (Hg.): Der Rittersaal der Iburg. Zur fürstbischöflichen Residenz Franz Wilhelms von Wartenberg, Osnabrück 2007
D. Van der Cruysse:»Madame sein ist ein ellendes Handwerck«. Liselotte von der Pfalz – eine deutsche Prinzessin am Hof des Sonnenkönigs, München 1988
K. A. Varnhagen von Ense: Leben der Königin von Preußen Sophie Charlotte, Berlin 1837
Ders.: Biographische Denkmale, 4. Theil, Wien 1828

F.-J. Verspohl (Hg.): Das Osnabrücker Schloß. Stadtresidenz – Villa – Verwaltungssitz, Bramsche 1991
U. Weiß: Dame, Herzog, Kurfürst, König. Das Haus der hannoverschen Welfen 1636-1866, Hannover 2008

Friedrich III. / I. – Sophie Charlottes Ehemann

J. von Besser: Preussische Krönungs-Geschichte, Cölln an der Spree 1702, Neudruck Verein für die Geschichte Berlins, Berlin 1901
L. u. M. Frey: Friedrich I., Preußens erster König, Graz 1984
F. Göse: Friedrich I. (1657-1713) – Ein König in Preußen, Regensburg 2012
J. Kunisch (Hg): Dreihundert Jahre Preußische Königskrönung. Eine Tagungsdokumentation, Berlin 2002
H.-J. Neumann: Friedrich I. – Der Erste König der Preußen, Berlin 2001
W. Schmidt: Friedrich I. – Kurfürst von Brandenburg, König in Preußen, München 2004

Sophie Charlotte und ihr Musenhof – Musiker, Philosophen, Theologen

E. J. Aiton: Gottfried Wilhelm Leibniz. Eine Biographie, Frankfurt/M. 1991
Aspekte der Kunst und Architektur in Berlin um 1700, Stiftung Preußische Schlösser und Gärten Berlin-Brandenburg, Potsdam 2002
C. Bischoff: Fürstliche Appartements um 1700 und ihre geschlechtsspezifische Ausstattung, in: M. Droste, A. Hoffmann (Hg.): Wohnformen und Lebenswelten im interkulturellen Vergleich, Frankfurt/M. 2003
H. Bredekamp: Leibniz und die Revolution der Gartenkunst. Herrenhausen, Versailles und die Philosophie der Blätter, Berlin 2012
C. Bartoli: Mission, Musik von Agostino Steffani, Decca-CD mit Cecilia Bartoli, I Barocchisti + Diego Fasolis, 2012
H. A. Frenzel: Brandenburg-Preussische Schloßtheater. Spielorte und Spielformen vom 17. bis zum 19. Jahrhundert, Berlin 1959
O. B. Hankins: Leibniz as Baroque Poet. An Interpretation of his German Epicedium on the Death of Queen Sophie Charlotte, Bern 1973
G. Hinterkeuser: Ehrenpforten, Gläserspind und Bernsteinzimmer. Neue und wieder gelesene Quellen zur Baugeschichte von Schloß Charlottenburg (1694-1711), JB Stiftung Preußische Schlösser und Gärten Berlin-Brandenburg, Bd 3, 1999/2000, S. 65-102
L. van der Hoven: Musikalische Repräsentationspolitik in Preußen (1688-1797). Hofmusik als Inszenierungsinstrument von Herrschaft, Kassel 2015

E. Kimmel, R. Oesterreich: Charlottenburg im Wandel der Geschichte. Vom Dorf zum eleganten Westen, Berlin 2005

L. M. Koldau: Frauen – Musik – Kultur. Ein Handbuch zum deutschen Sprachgebiet der Frühen Neuzeit, Köln 2005

D. Leon: Himmlische Juwelen, Zürich 2012

I. Marchlewitz, A. Heinekamp (Hg.): Leibniz' Auseinandersetzung mit Vorgängern und Zeitgenossen, Stuttgart 1990

K. Müller, G. Kröner (Hg.): Leben und Werk von Gottfried Wilhelm Leibniz. Eine Chronik, Frankfurt/Main 1969

H. Poser, A. Heinekamp (Hg.): Leibniz in Berlin, Studia Leibnitiana, Sonderheft 16, Stuttgart 1990

C. Sachs: Musikgeschichte der Stadt Berlin bis zum Jahre 1800, Berlin 1908, ND Hildesheim 1980

Ders.: Musik und Oper am kurbrandenburgischen Hof, Berlin 1910

U. J. Schneider (Hg.): Kultur der Kommunikation. Die europäische Gelehrtenrepublik im Zeitalter von Leibniz und Lessing, Wiesbaden 2005

Sophie Charlotte und ihr Schloß. Ein Musenhof des Barock in Brandenburg-Preußen, hg. v. der Generaldirektion der Stiftung Preußische Schlösser und Gärten Berlin-Brandenburg, München 1999

G. Stedman, M. Zimmermann (Hg.): Höfe – Salons – Akademien. Kulturtransfer und Gender im Europa der Frühen Neuzeit, Hildesheim 2007

G. Ph. Telemann: Singen ist das Fundament zur Music in allen Dingen. Eine Dokumentensammlung, Leipzig 1985

C. Timms: Polymath of the Baroque: Agostino Steffani und His Music, Oxford 2003

John Toland: LETTERS to SERENA, London 1704; https://archive.org/details/letterstoserena00tolagoog

John Toland: Letters to Serena, Chippenham 2013

G. Wagner (Red.): Sophie Charlotte und die Musik in Lietzenburg, Berlin 1987

Preußen-Brandenburg: Einzel- und Gesamtdarstellungen

P. Bahners, G. Roellecke (Hg.): Preußische Stile. Ein Staat als Kunststück, Stuttgart 2001

F. Beck, J. H. Schoeps (Hg.): Der Soldatenkönig. Friedrich Wilhelm I. in seiner Zeit, Potsdam 2003

J. von Besser: Preußische Krönungsgeschichte, 1. Druck 1702, ND 1901

B. Beuys: Friedrich Wilhelm der Große Kurfürst, Neuauflage München 2012

O. Büsch, W. Neugebauer (Hg.): Moderne Preußische Geschichte 1648-1947. Eine Anthologie, 3 Bde, Berlin 1981

Ch. Clarke: Preußen. Aufstieg und Niedergang 1600-1947, München 2007

J. Frölich u. a. (Hg.): Preußen und Preußentum vom 17. Jahrhundert bis zur Gegenwart, Berlin 2002

H.-J. Giersberg u. a. (Hg.): Der große Kurfürst: Sammler, Bauherr, Mäzen, 1620-1688, Potsdam 1988

B. Gloger: Friedrich Wilhelm Kurfürst von Brandenburg, Berlin 1985

Der Große Kurfürst. Begründer der preußischen Großmacht, Die Mark Brandenburg, Zeitschrift für die Mark und das Land Brandenburg, Heft 59, 2005/ IV, Berlin 2005

S. Haffner: Preußen ohne Legende, Bildteil U. Weyland, Hamburg 1978

O. Hauser (Hg.): Preußen, Europa und das Reich, Köln 1987

B. Heidenreich, F.-L. Kroll (Hg.): Macht- oder Kulturstaat? Preußen ohne Legende, Berlin 2002

L. Hüttl: Friedrich Wilhelm von Brandenburg, der große Kurfürst 1620-1688. Eine politische Biographie, München 1981

H. Kruma: Preußens Adoptivkinder. Die Hugenotten, 300 Jahre Edikt von Potsdam, Berlin 1985

V. Loewe: Ezechiel Spanheim (1629-1710). Ein Diplomat und Gelehrter, Berlin 1924

I. Mittenzwei, E. Herzfeld: Brandenburg-Preußen 1648 bis 1789. Das Zeitalter des Absolutismus in Text und Bild, Köln 1987

E. Opgenoorth: Friedrich Wilhelm der Große Kurfürst von Brandenburg. Eine politische Biographie. Zweiter Teil: 1660-1688, Göttingen 1978

Preußen 1701. Eine europäische Geschichte, hg. vom Deutschen Historischen Museum und der Stiftung Preußische Schlösser und Gärten Berlin-Brandenburg, Berlin 2001

Das 17. Jahrhundert
Frauen – Musik – Literatur – Kultur – Bei Hofe

P. Allsop: Arcangelo Corelli und seine Zeit, Laaber 2009

R. Baader: Dames de lettres. Autorinnen des preziösen, hocharistokratischen und »modernen« Salons (1649-1698), Stuttgart 1986

B. Beuys: Maria Sibylla Merian. Künstlerin – Forscherin – Geschäftsfrau, Berlin 2017

A. Buck u. a. (Hg.): Europäische Hofkultur im 16. und 17. Jahrhundert, Hamburg 1981

V. Buckley: Christina Königin von Schweden. Das rastlose Leben einer europäischen Exzentrikerin, Frankfurt/M. 2005

P. Burke: Venedig und Amsterdam im 17. Jahrhundert, Göttingen 1993

K. Dickhaut, J. Steigerwald, B. Wagner (Hg.): Soziale und ästhetische Praxis der höfischen Fest-Kultur im 16. und 17. Jahrhundert, Wiesbaden 2009

R. v. Dülmen, S. Rauschenbach (Hg.): Denkwelten um 1700. Zehn intellektuelle Profile, Köln 2002
J. Falcke: Studien zum diplomatischen Geschenkwesen am brandenburgisch-preußischen Hof im 17. und 18. Jahrhundert, Berlin 2006
F. Fénelon: Über Mädchenerziehung, ungekürzte Ausgabe, 2. Auflage, Nachdruck Bochum o. J.
K. W. Geck: Sophie Elisabeth Herzogin zu Braunschweig und Lüneburg (1613-1676) als Musikerin, Saarbrücken 1992
E. Gössmann: Für und wider die Frauengelehrsamkeit. Eine europäische Diskussion im 17. Jahrhundert, in: G. Brinker-Gabler (Hg.): Deutsche Literatur von Frauen, 1. Bd., München 1988
E. Gössmann (Hg.): Kennt der Geist kein Geschlecht?, München 1994
U. Gerhard (Hg.): Frauen in der Geschichte des Rechts. Von der Frühen Neuzeit bis zur Gegenwart, München 1997
R. Hagengruber (Hg.): Von Diana zu Minerva. Philosophierende Aristokratinnen des 17. und 18. Jahrhunderts, Berlin 2011
A. E. Imhof: Der Mensch und sein Körper. Von der Antike bis heute, München 1983
Ders.: Lebenserwartungen in Deutschland vom 17. bis 19. Jahrhundert, Weinheim 1990
R. Jütte: Ärzte, Heiler und Patienten. Medizinischer Alltag in der frühen Neuzeit, München 1991
K. Keller: Mit den Mitteln einer Frau: Handlungsspielräume adliger Frauen in Politik und Diplomatie, in: H. v. Thiessen, Ch. Windler (Hg.): Akteure der Außenbeziehungen, Köln 2010
Königin Christina von Schweden: Gesammelte Werke, Hamburg 1995
E. Labouvie: Andere Umstände. Eine Kulturgeschichte der Geburt, Köln 2000
A. Landwehr: Geburt der Gegenwart. Eine Geschichte der Zeit im 17. Jahrhundert, Frankfurt/M. 2014
S. Leopold (Hg.): Geschichte der Oper, Bd. 1: Die Oper im 17. Jahrhundert, Laaber 2006
J. Locke: Gedanken über die Erziehung, Paderborn 1967
K. Losleben: Musik – Macht – Patronage. Kulturförderung als politisches Handeln im Rom der Frühen Neuzeit am Beispiel der Christina von Schweden (1626-1689), Köln 2012
K. Losleben: Kristina von Schweden, in MUGI. Musikvermittlung und Genderforschung, Lexikon und multimediale Präsentationen, hg. von B. Borchard, N. Noeske, Hamburg 2003ff
V. Meid: Barock-Themen. Eine Einführung in die deutsche Literatur des 17. Jahrhunderts, Stuttgart 2015
S. Müller: Leben in der Residenzstadt Hannover. Adel und Bürgertum im Zeitalter der Aufklärung, Hannover 1988

J. Pfitzer: Zwey sonderbare Bücher / von der Weiber Natur / wie auch Deren Gebrechen und Kranckheiten. Nürnberg 1673
G. Praschl-Bichler: Alltag im Barock, Graz 1995
R. Pröve, N. Winnige (Hg.): Wissen ist Macht. Herrschaft und Kommunikation in Brandenburg-Preußen 1600-1850, Berlin 2001
W. Pulz: »Nicht alles nach der Gelahrten Sinn geschrieben« – Das Hebammenanleitungsbuch von Justina Siegemund, München 1994
S. Rode-Breymann, A. Tumat (Hg.): Der Hoff. Ort kulturellen Handelns von Frauen in der Neuzeit, Köln 2013
M.-L. Rodén: Queen Christina, Lund 1998
J. Schlumbohm u. a. (Hg.): Rituale der Geburt. Eine Kulturgeschichte, München 1998
R. Schulte (Hg.): Der Körper der Königin. Geschlecht und Herrschaft in der höfischen Welt seit 1500, Frankfurt/M. 2002
M. Stürzbecher: Beiträge zur Berliner Medizingeschichte, Berlin 1966
M. E. Wiesner: Gender, Church and State in Early Modern Germany, London 1998
Th. Wobbe (Hg.): Frauen in Akademie und Wissenschaft. Arbeitsorte und Forschungspraktiken 1700-2000, Berlin 2002

Pietismus, orthodoxes Luthertum, Reformierte Kirchen/Calvinismus

J. Bahlcke, W. Koorthaase (Hg.): Daniel Ernst Jablonski. Religion, Wissenschaft und Politik um 1700, Wiesbaden 2008
M. Böhm, J. Häseler, R. Violet (Hg.): Hugenotten zwischen Migration und Integration. Neue Forschungen zum Refuge in Berlin und Brandenburg, Berlin 2005
Ch. Brunners: Paul Gerhardt. Weg – Werk – Wirkung, 4. Aufl. Göttingen 2007
P. Grünberg: Philipp Jakob Spener, 2. Bd., Spener als praktischer Theologe und kirchlicher Reformer, Göttingen 1905
C. Hinrichs: Preußentum und Pietismus, Göttingen 1971
B. Hoffmann: Radikalpietismus um 1700. Der Streit um das Recht auf eine neue Gesellschaft, Frankfurt/M. 1996
H. Klueting (Hg.): Irenik und Antikonfessionalismus im 17. und 18. Jahrhundert, Hildesheim 2003
Pietismus und Neuzeit, Jahrbuch zur Geschichte des Neueren Protestantismus, Bad. 37, Göttingen 2011
J. Wallmann: Pietismus-Studien, Gesammelte Aufsätze II, Tübingen 2008
Ders.: Pietismus und Orthodoxie, Gesammelte Aufsätze III, Tübingen 2010
D. Wendebourg (Hg.): Philipp Jakob Spener – Leben, Werk, Bedeutung. Bilanz der Forschung nach 300 Jahren, Tübingen 2007

Bildnachweise

akg-images, Berlin: Abb. 3, 6, 10, 14, 16, 17, 19, 24, 25, 26, 29
bpk, Berlin: 8, 13 (Staatsbibliothek zu Berlin), 18 (Kupferstichkabinett, SMB, Jörg P. Anders), 21 (Stiftung Preußische Schlösser und Gärten Berlin-Brandenburg, Jörg P. Anders), 23 (Musikinstrumenten-Museum, Staatliches Institut für Musikforschung, SPK, Jürgen Liepe), 30 (Stiftung Preußische Schlösser und Gärten Berlin-Brandenburg, Daniel Lindner), 31 und 32 (Geheimes Staatsarchiv)
Bridgeman Images, Berlin: 7
mauritius images, Mittenwald: 4, 9
Nationalmuseum Stockholm: 20, 22
Niedersächsisches Landesmuseum, Hannover: 11
Christoph Praxmarer, Wikipedia, Berlin: 5
Stiftung Preußische Schlösser und Gärten Berlin-Brandenburg, Potsdam: 1 und 12 (Roland Handrick), 28 (Jörg P. Anders), 33 (Daniel Lindner), 34
ullstein bild, Berlin: 2
Universitätsbibliothek Heidelberg: 15

Weitere Nachweise über das Bildarchiv des Insel Verlags.

Register

(nicht aufgenommen wurde neben Sophie Charlotte auch deren Mutter, Sophie Herzogin von Braunschweig-Lüneburg, Kurfürstin von Hannover)

Aly, Friedrich 206-207
Ariosti, Attilio 160, 202, 204, 247, 270, 274, 305, 307, 310-311, 331
August der Starke → Friedrich August I.

Ballati, Lodovici 69-70, 80, 84-85, 87, 89, 90-91, 95
Bayle, Pierre 227-229, 283, 287-289, 295, 337-338
Beausobre, Isaac de 249-250, 253, 291, 303
Benedicta Henriette von der Pfalz (Herzogin von Braunschweig-Calenberg) 32, 40-41, 53
Bergerie, Claude de la 369-370
Besser, Johann 126, 132-133, 144, 150, 180, 186, 199, 201, 203, 234, 236, 241, 243
Bichi, Alessandro 152-153
Boethius, Anicius Manlius Severinus 157
Bonne, Anne Sophie 31

Bononcini, Antonio 274
Bononcini, Giovanni 270-274, 296, 325, 330-331, 348-349
Bothmer, Johann Caspar Freiherr von 119, 263, 266-268, 271, 277, 283, 291-292, 295, 297-298, 307-309, 312-314, 317, 319, 321, 329-333, 335, 339-342, 347, 350, 352-353, 356-358, 364

Calvin, Johannes 22, 70, 83, 127, 288
Caroline von Brandenburg-Ansbach 345-346, 348, 350-352
Cesti, Marc Antonio 41
Christian Heinrich von Braunschweig-Lüneburg 34, 312
Christina von Schweden (Königin von Schweden) 195, 324-325, 348
Churchill, John, 1. Duke of Marlborough 308, 354
Cochius, Christian 139

Conerding, Brandt August 367, 370
Cope, Anthony 367
Corbetta, Francesco 24
Corelli, Arcangelo 195-196, 324
Corneille, Pierre 94, 137
Cosimi, Nicola 367

Danckelmann, Eberhard von 143-148, 154-156, 163-165, 167, 172, 176, 182-183, 188, 208, 356
Descartes, René 23, 55, 212, 228, 281, 289, 324, 337
Dohna, Alexander Graf von 146-148, 154-156, 164, 179, 222, 227, 242, 266, 276, 319, 341, 356, 364
Dönhoff, Friedrich Graf von 144
Dorothea von Schleswig-Holstein-Sonderburg-Glücksburg (Kurfürstin von Brandenburg) 68

Eduard von der Pfalz 32, 43
Elisabeth Charlotte von der Pfalz (Herzogin von Orléans) 11, 13, 28-30, 34, 38-39, 43-44, 46, 48, 50, 64, 116, 149, 171, 193, 246, 269, 367
Elisabeth Henriette von Hessen-Kassel 69, 72, 75, 78
Elisabeth Stuart (Kurfürstin von der Pfalz) 21, 23, 29, 55-56, 228
Elisabeth Sophie von Brandenburg 131, 273, 282
Elisabeth von der Pfalz 23, 54-55

Eosander von Göthe, Johann Friedrich 246, 259, 269, 272, 376, 379
Epikur 285
Ernst August II. 35, 369
Ernst August von Braunschweig-Lüneburg (1692 Kurfürst von Braunschweig-Lüneburg/ Hannover) 9-11, 14, 24-29, 31-33, 35-36, 38-41, 44, 52-53, 56-58, 64-71, 79-81, 83-84, 89-90, 95-96, 99, 101-103, 109, 111, 122-124, 131, 135, 138, 158, 161, 166, 174, 209, 225, 277, 351

Farinelli, Jean-Baptiste 93-94, 97
Fatouville, Nolant de 336
Fedeli, Ruggiero 274, 349, 380
Fénelon, François 217, 226
Ferdinand II. 21
Finck von Finckenstein, Albrecht Konrad 341-342, 355, 357, 359, 373
Fridlin, Paulina 202, 273-274
Friederike, Raugräfin zu Pfalz 13
Friedrich von Brandenburg (als Friedrich III. Kurfürst von Brandenburg, als Friedrich I. König in Preußen) 69, 72-84, 86, 88-94, 96, 100, 104-111, 113, 115, 117-118, 121, 123-129, 131-135, 138-139, 140-144, 146-156, 163-165, 167, 172-174, 176-177, 179-183, 185-211, 215, 219, 221-224, 227, 229-247, 250, 252, 256, 260-264, 267, 270-273, 282-284, 286, 290-291, 294-295, 298-302,

305, 308-314, 316-319, 331-334,
340-344, 346-349, 352, 354-355,
357-361, 363-366, 368-369, 371,
373, 375-381
Friedrich von Hessen-Kassel 198
Friedrich I. (»Barbarossa«) 24, 122
Friedrich I., König in Preußen
→ Friedrich von Brandenburg
Friedrich III. → Friedrich von
Brandenburg
Friedrich V. (Kurfürst von der
Pfalz; »Winterkönig«) 21-22
Friedrich August I. (»August der
Starke«) (Kurfürst von Sachsen,
als August II. auch König von
Polen-Litauen) 302, 360
Friedrich August von Brandenburg 102-103
Friedrich August von Braunschweig-Lüneburg 13
Friedrich Wilhelm von Brandenburg (»Der Große Kurfürst«)
67-69, 75, 77, 79, 86, 89, 94, 96,
106, 108, 110-111, 119, 127-128,
138
Friedrich Wilhelm von Brandenburg (Sohn von Sophie
Charlotte und Friedrich I., 1713
als Friedrich Wilhelm I. König
in Preußen) 116, 118, 120, 133-
134, 145-146, 148, 150, 154-156,
179-180, 186, 215-216, 218-219,
221-223, 226, 242, 262-263, 272,
276-277, 301, 311-312, 315, 330,
341-342, 349, 354-357, 359-361,
363-365, 373, 375
Fuchs, Paul von 147, 156, 158-159,
188-191

Georg Friedrich von Brandenburg-Ansbach 151-152, 182
Georg Ludwig von Braunschweig-Lüneburg (Kurfürst
von Braunschweig-Lüneburg) 18, 176, 248-249
Georg Wilhelm von Braunschweig-Lüneburg 25-29, 31,
58
Godeau, Simon 149-150, 178
Grosser, Samuel 293
Grünberg, Martin 149
Guidi, Alessandro 325, 348
Gustien → Friedrich August von
Braunschweig-Lüneburg
Gutjahr, Sophie 202

Harling, Anna Katharina von
13-16, 29, 45, 61, 97, 99-101,
103, 108-109, 114, 116-120, 133,
224
Hassen, Friedrich Wilhelm
206-207
Hedwig Sophie von Brandenburg (Landgräfin von Hessen-
Kassel) 78
Heinrich der Löwe 24, 122
Hinrichs, Carl 216
Honthorst, Gerrit van 60

Jablonski, Ernst 157, 167, 175-176,
197, 243
Jacquelot, Isaac 303
Jakob I. 21, 248
Jemme (Tanzmeister) 31, 66
Johann Friedrich, Herzog von

Braunschweig-Lüneburg 31-32, 37-38, 40, 50, 53, 56-58, 69
Joseph Clemens von Bayern 271, 307

Kant, Immanuel 229
Karl von Hessen (Landgraf von Hessen-Kassel) 349
Karl I. Ludwig (Kurfürst der Pfalz) 11, 23, 25, 28, 30, 32, 40, 64
Karl II. (König von Spanien) 222
Karl der Große 10
Karl Emil von Brandenburg 77-78
Karl Philipp von Braunschweig-Lüneburg 33, 125
Katharina Gräfin von Wartenberg 209-210, 237, 321, 340
Keiser, Reinhard 240, 253
Ker, John, Earl of Roxburghe 282
Kirch, Gottfried 197
Kolbe von Wartenberg, Johannes Kasimir 208, 263
Königsmarck, Aurora Gräfin von 136-137

Landini, Agnete 137
La Rose, August 102-103, 114
Leibniz, Gottfried Wilhelm 117, 120, 134, 157, 162-163, 166-171, 173-176, 181, 183, 191, 193-194, 196-201, 205-208, 210-216, 219-221, 229, 246-249, 253-255, 259-260, 262-266, 268, 270, 273, 277, 280-289, 291-292, 298, 302-303, 305-308, 311, 313-315, 319-321, 325, 328, 334-338, 343-345, 348, 352-353, 355, 360-361, 365, 368, 372, 380
Lenfant, Jacques 291, 303
Le Nôtre, André 149-150
Leopold I. 43, 68, 70, 79, 117, 121, 124, 135, 167, 188, 190, 222-223, 225, 231, 233, 270-271, 296, 307, 313, 331, 339
Liselotte von der Pfalz
  → Elisabeth Charlotte
Locke, John 319-320, 335, 338
Louise Henriette von Oranien-Nassau (Kurfürstin von Brandenburg) 68, 75
Louise Hollandine von der Pfalz 45, 54, 60
Ludwig von Brandenburg 105
Ludwig von Frankreich (Dauphin) 43-44, 50-51
Ludwig XIV. 34, 36, 38, 44, 46-48, 50, 53, 59, 68, 80, 83, 106, 117, 120, 122-123, 127, 141, 189, 217, 222, 271, 277, 296, 350
Lukrez 285-286, 338
Luise Dorothea Sophie von Brandenburg (Erbprinzessin von Hessen-Kassel) 78, 84, 154, 198, 208, 244-246, 250-251, 299, 321, 334, 336, 345, 348-349, 371
Luther, Martin 22, 70, 288

Maria Anna Victoria von Bayern 50
Maria Antonia Theresia Josepha

von Österreich (Kurfürstin von Bayern) 70
Maria Stuart (Königin von Schottland) 21-24, 55, 248
Maria Stuart 121, 317
Mauro, Ortensio 122, 202, 204, 260, 268, 272, 305, 315, 323
Maximilian II. Emanuel (Kurfürst von Bayern) 70, 223-225, 230, 307, 311, 342
Maximilian Wilhelm von Braunschweig-Lüneburg 18, 313, 342
Mignard, Pierre 59
Molière (eigentlich Jean-Baptiste Poquelin) 137, 326
Montbail, Marthe von 134, 146, 148
Montespan, Madame de 47
Monteverdi, Claudio 160

Nering, Johann Arnold 149
Neukirch, Benjamin 247, 275

Obdam, Jacob van Wassenaer 177-178

Palmieri, Francesco 251, 325
Peter der Große (Zar von Russland) 155-156, 158-159, 239
Petronius Arbiter 260
Philipp, Herzog von Orléans 34, 45-46, 48-49
Philipponeau de Montargis, Elisabeth 39

Piscopia, Elena Lukrezia Cornaro 304
Pistocchi, Francesco Antonio 151-152
Platen, Clara Elisabeth Gräfin von 36, 179
Platen, Franz Ernst, Graf von 36
Pöllnitz, Henriette Charlotte von 114, 137, 212-215, 219-220, 253, 259-261, 264-266, 268, 271, 311, 323, 326-328, 335, 346, 372, 378

Quirini, Giacomo Marchese 183

Raby → Wentworth, Thomas, 1st Earl of Strafford, 3rd Baron Raby
Racine, Jean 94, 309
Rébenac (französischer Gesandter in Berlin) 105-106
Rebeur, Jean Philippe 156, 179-180, 222
Reuter, Christian 307, 310
Rieck, Carl Friedrich 150, 202-203, 247, 274-275
Romandon, Abraham 128
Romandon, Gedeon 128
Rosière, Jean-Baptiste de la 140-142
Roxburghe, Earl of → Ker, John

Sartorio, Antonio 31
Scarlatti, Alessandro 324

Schlüter, Andreas 192-193, 204, 294, 378, 381
Schoonjans, Anthoni 273, 329-331
Schoonjans, Regina 273-274
Schurman, Anna Maria van 55-56
Scudéry, Madeleine de 324-327
Sophie Amalie von Braunschweig-Calenberg 66
Spener, Philipp Jakob 316
Steffani, Agostino 121-122, 136, 175, 182-183, 225-226, 229, 231, 251, 273-274, 295-297, 305-306, 311, 330

Telemann, Georg Philipp 259, 274–275, 349–350
Teresa Kunegunda Karolina Sobieska 225
Tessier, Antoine 218
Toland, John 248-250, 253, 257, 277, 279-280, 282-289, 291-293, 337-338
Torelli, Giuseppe 151
Tosi, Antonio 273

Uffeln, Anna Katharina von → Harling, Anna Katharina von
Ulrike Eleonore von Schweden 136
Ursinus, Benjamin 97, 380

Vota, Carlo Maurizio 302-304

Weidemann, Friedrich Wilhelm 256
Wentworth, Thomas, 1st Earl of Strafford, 3rd Baron Raby 314, 340
Wilhelm III. von Oranien-Nassau (Statthalter der Niederlande, 1689 auch König von England, Schottland und Irland) 121, 189, 223-224, 228, 230

Ziani, Pietro Andrea 41

von Österreich (Kurfürstin von Bayern) 70
Maria Stuart (Königin von Schottland) 21-24, 55, 248
Maria Stuart 121, 317
Mauro, Ortensio 122, 202, 204, 260, 268, 272, 305, 315, 323
Maximilian II. Emanuel (Kurfürst von Bayern) 70, 223-225, 230, 307, 311, 342
Maximilian Wilhelm von Braunschweig-Lüneburg 18, 313, 342
Mignard, Pierre 59
Molière (eigentlich Jean-Baptiste Poquelin) 137, 326
Montbail, Marthe von 134, 146, 148
Montespan, Madame de 47
Monteverdi, Claudio 160

Nering, Johann Arnold 149
Neukirch, Benjamin 247, 275

Obdam, Jacob van Wassenaer 177-178

Palmieri, Francesco 251, 325
Peter der Große (Zar von Russland) 155-156, 158-159, 239
Petronius Arbiter 260
Philipp, Herzog von Orléans 34, 45-46, 48-49
Philipponeau de Montargis, Elisabeth 39

Piscopia, Elena Lukrezia Cornaro 304
Pistocchi, Francesco Antonio 151-152
Platen, Clara Elisabeth Gräfin von 36, 179
Platen, Franz Ernst, Graf von 36
Pöllnitz, Henriette Charlotte von 114, 137, 212-215, 219-220, 253, 259-261, 264-266, 268, 271, 311, 323, 326-328, 335, 346, 372, 378

Quirini, Giacomo Marchese 183

Raby → Wentworth, Thomas, 1st Earl of Strafford, 3rd Baron Raby
Racine, Jean 94, 309
Rébenac (französischer Gesandter in Berlin) 105-106
Rebeur, Jean Philippe 156, 179-180, 222
Reuter, Christian 307, 310
Rieck, Carl Friedrich 150, 202-203, 247, 274-275
Romandon, Abraham 128
Romandon, Gedeon 128
Rosière, Jean-Baptiste de la 140-142
Roxburghe, Earl of → Ker, John

Sartorio, Antonio 31
Scarlatti, Alessandro 324

Schlüter, Andreas 192-193, 204, 294, 378, 381
Schoonjans, Anthoni 273, 329-331
Schoonjans, Regina 273-274
Schurman, Anna Maria van 55-56
Scudéry, Madeleine de 324-327
Sophie Amalie von Braunschweig-Calenberg 66
Spener, Philipp Jakob 316
Steffani, Agostino 121-122, 136, 175, 182-183, 225-226, 229, 231, 251, 273-274, 295-297, 305-306, 311, 330

Telemann, Georg Philipp 259, 274–275, 349–350
Teresa Kunegunda Karolina Sobieska 225
Tessier, Antoine 218
Toland, John 248-250, 253, 257, 277, 279-280, 282-289, 291-293, 337-338
Torelli, Giuseppe 151
Tosi, Antonio 273

Uffeln, Anna Katharina von → Harling, Anna Katharina von
Ulrike Eleonore von Schweden 136
Ursinus, Benjamin 97, 380

Vota, Carlo Maurizio 302-304

Weidemann, Friedrich Wilhelm 256
Wentworth, Thomas, 1st Earl of Strafford, 3rd Baron Raby 314, 340
Wilhelm III. von Oranien-Nassau (Statthalter der Niederlande, 1689 auch König von England, Schottland und Irland) 121, 189, 223-224, 228, 230

Ziani, Pietro Andrea 41